## 权威·前沿·原创

皮书系列为
"十二五""十三五""十四五"时期国家重点出版物出版专项规划项目

# BLUE BOOK

**智库成果出版与传播平台**

吉林蓝皮书
BLUE BOOK OF JILIN

# 2025年吉林经济社会形势
## 分析与预测

ANALYSIS AND FORECAST ON ECONOMY AND
SOCIETY OF JILIN (2025)

主　编／刘立新
副主编／丁晓燕　徐卓顺

社会科学文献出版社
SOCIAL SCIENCES ACADEMIC PRESS (CHINA)

图书在版编目(CIP)数据

2025年吉林经济社会形势分析与预测／刘立新主编；丁晓燕，徐卓顺副主编.--北京：社会科学文献出版社，2025.3.--（吉林蓝皮书）.--ISBN 978-7-5228-5097-9

Ⅰ.F127.34

中国国家版本馆CIP数据核字第2025BW5449号

## 吉林蓝皮书
## 2025年吉林经济社会形势分析与预测

| 主　　编 / 刘立新 |
| 副 主 编 / 丁晓燕　徐卓顺 |

| 出 版 人 / 冀祥德 |
| 组稿编辑 / 任文武 |
| 责任编辑 / 刘如东 |
| 责任印制 / 岳　阳 |

| 出　　版 / 社会科学文献出版社·生态文明分社（010）59367143 |
|   地址：北京市北三环中路甲29号院华龙大厦　邮编：100029 |
|   网址：www.ssap.com.cn |
| 发　　行 / 社会科学文献出版社（010）59367028 |
| 印　　装 / 天津千鹤文化传播有限公司 |
| 规　　格 / 开　本：787mm×1092mm　1/16 |
|   印　张：25.25　字　数：379千字 |
| 版　　次 / 2025年3月第1版　2025年3月第1次印刷 |
| 书　　号 / ISBN 978-7-5228-5097-9 |
| 定　　价 / 128.00元 |

读者服务电话：4008918866

▲ 版权所有 翻印必究

## "吉林蓝皮书"编委会

主　任　刘立新
副主任　丁晓燕　徐卓顺
编　委　张丽娜　郭永智　赵光远　陈姝宏

# 主要编撰者简介

**刘立新** 法学博士,吉林省委宣传部副部长(正厅长级),吉林省社会科学界联合会副主席,吉林省社会科学院(吉林省社会科学界联合会)党组书记,吉林省社会科学院院长。长期致力于党建研究、思想文化宣传工作。

**丁晓燕** 吉林省社会科学院副院长,研究员,吉林省委省政府决策咨询委员,中国城市经济学会常务理事。国务院政府特殊津贴专家,吉林省有突出贡献的中青年专业技术人才,吉林省拔尖创新人才。长期从事区域经济、产业经济、文旅经济研究,主持、承担各级各类课题上百项,发表论文和研究报告百余篇,主编出版专著多部。

**徐卓顺** 数量经济学博士,吉林省社会科学院软科学研究所所长,研究员。主要研究方向为宏观经济学、产业经济学。主持各类项目30余项,出版专著7部,公开发表学术论文30余篇,多篇报告获省部级及以上领导批示。

# 摘　要

2024年，实施东北振兴战略迈进第三个十年。全新起点下，吉林省委省政府认真学习习近平总书记在新时代推动东北全面振兴座谈会上的重要讲话重要指示精神，深入贯彻落实党的二十大及二十届二中、三中全会精神，全力以赴拼经济、稳增长、促发展，努力完成全年经济社会发展目标任务。然而，2024年的国际局势变幻莫测，地区环境错综复杂，改革、发展与稳定的任务依然艰巨，在这种新的背景和趋势下，"吉林蓝皮书"客观描述吉林省经济社会发展现状，深刻剖析发展中存在的问题和原因，科学研判吉林省经济发展面临的机遇和挑战，并对2025年吉林省经济发展趋势进行分析与预测，深入探讨吉林省实现振兴新突破的对策。

报告指出，2024年前三季度，随着财政、货币、产业及就业政策效力的不断深化，吉林省经济发展中的积极因素逐步累积，经济增速虽有所放缓，但经济运行仍保持平稳态势。新兴动能持续汇聚，民生建设加速推进，经济社会发展呈现较强的韧性和稳定性，主要宏观指标处于合理区间，部分指标增速超过全国平均水平。

报告指出，2024年前三季度，吉林省密集出台了一系列旨在刺激内需增长、优化供给结构的政策举措，三大产业支撑作用稳中加固，实现农业生产全面增长，工业经济质升量稳，服务业增加值进一步提高，为经济持续向好发展和实现全年经济目标奠定了基础。农林牧渔业同比增长4.8%，高于全国1.2个百分点。规模以上工业增加值同比增长3.0%，汽车制造、冶金建材、信息等重点产业支撑作用明显。服务业增加值同比增长3.9%，占地区生产总值的比重达57.9%,有效发挥了对经济增长的提振作用。但三大需求支撑呈现分化趋势,消费增速有所放缓,有效投资略有提振,对外贸易增速快速攀升。前三季度,吉林省消费同比增长仅2.9%,限额以上社会消费品零售总额中,粮油食品类、饮料类零售额增长保持强韧,数字、文娱等新型消费实现增长,而家装、化妆品、珠宝等相关产品零售则大幅下降,拉低了消费增幅。工业投资大力增加,前三季度同比增长18.6%,增速超全部投资17.2个百分点,在全省固定资产投资中占比30.8%,但基建投资增长弱于预期,致使固定资产投资同比增长仅1.4%。前三季度,吉林省不断深化对外贸易往来,积极引领企业开拓国际市场,加速培育外贸新增长点,全省实现贸易总额同比增长11.1%;2024年以来,吉林省高度重视民生领域发展,持续加大投入力度,有力推动了就业岗位供给持续增加,居民收入稳步增长,消费支出持续恢复,民生保障水平不断提升。

报告指出,当前吉林省发展仍面临着地区经济发展不平衡、有效需求不足、老龄化程度加深、财政自给率不高、政府债务拖累等问题。

报告指出,2024年全球经济增长在保持韧性的同时,仍面临着多地局部冲突加剧、金融市场持续动荡、全球公共债务高企、贸易投资陷入困局、美联储降息前景不确定、大宗商品价格显著下跌、中国改革开放和社会主义现代化建设进入新阶段等多重挑战。2025年是"十四五"的收官之年,面对着复杂的国内外形势和各项艰巨的改革任务,经济稳中有进仍将是吉林省可持续发展的主要任务。全省上下应聚焦产业升级、创新驱动、提振内需,深入推进改革、扩大开放、协调发展,进一步巩固和增强经济回升向好态势,加速推动经济社会高质量发展。

**关键词:** 经济形势 经济运行 东北振兴 吉林省

# 目　录

## Ⅰ　总报告

**B.1** 2024~2025年吉林省经济社会形势分析与预测
　　　　……………………………………………… 徐卓顺　王天新 / 001

## Ⅱ　产业篇

**B.2** 吉林省因地制宜发展新质生产力的对策研究
　　　　……………………………………………… 崔　巍　吴　妍 / 033
**B.3** 加快吉林省制造业与人工智能融合发展研究
　　　　……………………………………………… 崔剑峰　杨郁枫 / 047
**B.4** 吉林省生产性服务业高质量发展对策研究…… 张丽娜　邵　东 / 058
**B.5** 吉林省新电商产业加速发展研究……………………… 纪明辉 / 074
**B.6** 吉林省加快培育文旅产业新优势的对策研究
　　　　……………………………………………… 田振兴　顾佳宁 / 088
**B.7** 吉林省康养产业高质量发展研究……………………… 刘月乔 / 103

## Ⅲ　动能篇

**B.8** 吉林省消费水平提升对策研究……………………………… 赵　奚 / 115

**B.9** 吉林省创新型县（市）发展路径研究 ………………… 徐　嘉 / 127

**B.10** 加快吉林省金融科技发展的对策研究 ………………… 贾雪松 / 140

## Ⅳ 区域篇

**B.11** 长春市数据要素市场试点建设研究 ………………… 任　鹏 / 156

**B.12** 通化市建设全国新时代"两个健康"先行区试点研究
　　　……………………………………………………… 张春凤 / 168

**B.13** 珲春跨境电商综合试验区发展路径研究 …… 肖国东　杨　辉 / 182

**B.14** 辽源市加快发展新能源产业的对策建议 …… 刘欣博　张诗悦 / 193

## Ⅴ 开放篇

**B.15** 吉林省提升对内对外开放合作水平研究 ……………… 邵　冰 / 205

**B.16** 吉林省对俄优势领域合作对策研究 …………………… 崔小西 / 219

**B.17** 吉林省边境地区旅游业发展问题研究 ………………… 倪锦丽 / 231

## Ⅵ 民生篇

**B.18** 吉林省人口高质量发展研究 …………………………… 周　含 / 245

**B.19** 吉林省养老服务业普惠式发展研究 …………………… 韩佳均 / 261

**B.20** 吉林省残疾人事业高质量发展研究 …………………… 朱月琦 / 275

**B.21** 吉林省职业教育高质量发展面临的问题与对策研究
　　　………………………………………………… 王浩翼　孙　冰 / 287

## Ⅶ 专题篇

**B.22** 吉林省乡村旅游高质量发展的对策建议 …… 刘　瑶　林丽敏 / 300

目　录

B.23　吉林省与俄罗斯远东地区旅游业合作可持续发展
　　　战略与机遇研究 ………………………………… 陶　丽 / 314
B.24　吉林省县域经济高质量发展研究
　　　　………………………………… 赵光远　姚　堃　李雪松 / 327
B.25　吉林省城乡融合发展对策研究 ……………………… 李　平 / 340
B.26　吉林省黑土地保护的长效机制研究 ………………… 丁　冬 / 352

Abstract ……………………………………………………………… / 363
Contents ……………………………………………………………… / 366

皮书数据库阅读使用指南

003

# 总报告

## B.1
## 2024~2025年吉林省经济社会形势分析与预测

徐卓顺 王天新*

**摘　要：** 2024年，吉林省积极贯彻落实党中央的战略部署，密集出台一系列旨在稳增长、扩内需、保就业的政策措施，经济规模稳步扩大，新质生产力加快形成，高质量发展成效显著。然而，随着国际国内形势日益纷繁复杂，吉林省面临外部风险挑战与内部结构性、周期性问题的双重压力，当前仍存在经济发展不平衡、有效需求不足、老龄化程度加深、财政自给率不高、政府债务拖累等问题。未来一段时间，吉林省需要深入贯彻落实习近平总书记关于东北全面振兴的重要指示和党的二十届三中全会精神，积极抢抓"两重""两新"政策带来的机遇，系统落实一揽子增量政策，着力加快产业升级、创新驱动、提振内需，深入推进改革、扩大开放、协调发展，进一

---

\* 徐卓顺，数量经济学博士，吉林省社会科学院软科学研究所所长，研究员，主要研究方向为宏观经济学、产业经济学；王天新，博士，吉林省社会科学院软科学研究所副研究员，主要研究方向为产业经济、城市经济。

步巩固和增强经济向好态势，加速推动经济社会高质量发展。

**关键词：** 经济运行　经济形势　提振内需　吉林省

## 一　吉林省经济社会运行的主要特征

2024年前三季度，随着财政、货币、产业及就业政策效力的不断深化，吉林省经济发展中的积极因素逐步累积，经济运行保持平稳态势，新兴动能持续汇聚，民生建设加速推进，经济社会发展呈现较强的韧性和稳定性，主要宏观指标处于合理区间，部分指标增速超过全国平均水平。

### （一）经济运行保持平稳态势

2024年以来，吉林省经济增速虽有所放缓，但经济运行仍保持平稳态势。第一季度，全省实现地区生产总值2936.19亿元，同比增长6.5%，相较于全国平均水平高出1.2个百分点，在全国31个省（区、市）中位居榜首。三次产业分别同比增长3.0%、9.5%和5.7%，形成了"第一产业稳健增长、第二产业快速扩张、第三产业优化提升"的良性发展格局。进入上半年，吉林省的重点产业保持稳定发展，新兴动力不断积聚，全省地区生产总值达到6335.46亿元，同比增长5.7%，尽管增速有所回调，但仍旧高出全国平均水平0.7个百分点。在此期间，三次产业的增速分别为6.2%、7.5%和4.7%，其中，工业部门成为推动地区经济增长的关键力量。步入第三季度，吉林省经济结构进一步优化，发展韧性有所增强。前三季度，全省地区生产总值达到10116.13亿元，同比增长4.1%，在全国31个省（区、市）中列第24位。此期间，三次产业增速分别为4.8%、4.2%和3.9%，产业结构调整为6.7∶35.4∶57.9。总体来看，2024年前三季度，吉林省有效应对内外部环境变化，经济保持平稳运行，展现了较为强劲的发展韧性和潜力（见图1、表1）。

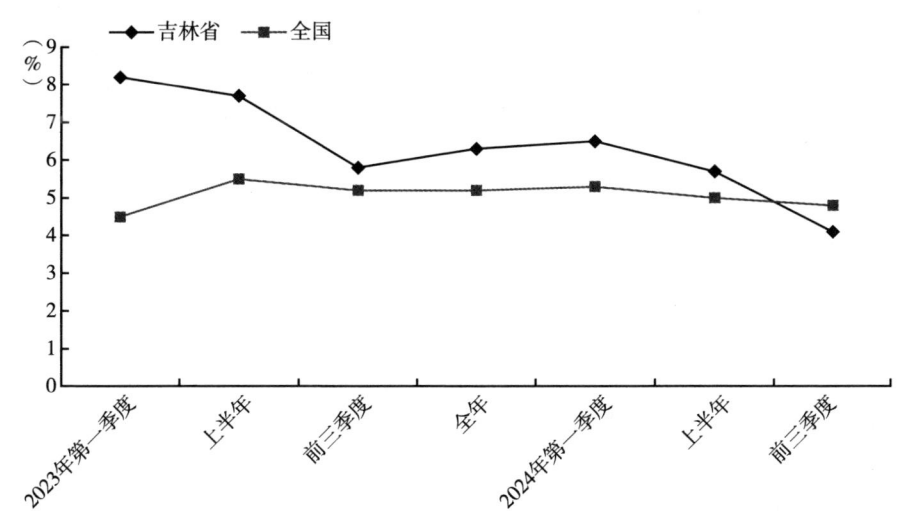

图 1  2023 年和 2024 年前三季度吉林省和全国 GDP 增速

资料来源：国家统计局。

表 1  2024 年前三季度全国及各省（区、市）GDP 增速及位置

单位：%

| 位置 | 地区 | 2024 年前三季度 | 位置 | 地区 | 2024 年上半年 | 位置 | 地区 | 2024 年第一季度 |
|---|---|---|---|---|---|---|---|---|
|  | 全 国 | 4.8 |  | 全 国 | 5.0 |  | 全 国 | 5.3 |
| 1 | 西 藏 | 6.2 | 1 | 内蒙古 | 6.2 | 1 | 吉 林 | 6.5 |
| 2 | 甘 肃 | 6.0 | 2 | 重 庆 | 6.1 | 2 | 重 庆 | 6.2 |
| 3 | 重 庆 | 6.0 | 3 | 西 藏 | 6.1 | 3 | 江 苏 | 6.2 |
| 4 | 内蒙古 | 5.8 | 4 | 山 东 | 5.8 | 4 | 浙 江 | 6.1 |
| 5 | 湖 北 | 5.7 | 5 | 江 苏 | 5.8 | 5 | 四 川 | 6.1 |
| 6 | 江 苏 | 5.7 | 6 | 湖 北 | 5.8 | 6 | 湖 北 | 6.1 |
| 7 | 山 东 | 5.6 | 7 | 甘 肃 | 5.8 | 7 | 山 东 | 6.0 |
| 8 | 福 建 | 5.5 | 8 | 吉 林 | 5.7 | 8 | 北 京 | 6.0 |
| 9 | 新 疆 | 5.5 | 9 | 浙 江 | 5.6 | 9 | 内蒙古 | 5.9 |
| 10 | 安 徽 | 5.4 | 10 | 福 建 | 5.6 | 10 | 甘 肃 | 5.9 |
| 11 | 浙 江 | 5.4 | 11 | 新 疆 | 5.4 | 11 | 宁 夏 | 5.8 |
| 12 | 四 川 | 5.3 | 12 | 四 川 | 5.4 | 12 | 福 建 | 5.8 |
| 13 | 贵 州 | 5.2 | 13 | 北 京 | 5.4 | 13 | 新 疆 | 5.6 |
| 14 | 北 京 | 5.1 | 14 | 贵 州 | 5.3 | 14 | 河 北 | 5.6 |

续表

| 位置 | 地区 | 2024年前三季度 | 位置 | 地区 | 2024年上半年 | 位置 | 地区 | 2024年第一季度 |
|---|---|---|---|---|---|---|---|---|
| 15 | 河南 | 5.0 | 15 | 安徽 | 5.3 | 15 | 贵州 | 5.5 |
| 16 | 河北 | 5.0 | 16 | 宁夏 | 5.1 | 16 | 辽宁 | 5.4 |
| 17 | 辽宁 | 4.9 | 17 | 辽宁 | 5.0 | 17 | 天津 | 5.3 |
| 18 | 宁夏 | 4.9 | 18 | 河北 | 5.0 | 18 | 安徽 | 5.2 |
| 19 | 江西 | 4.7 | 19 | 天津 | 4.9 | 19 | 西藏 | 5.1 |
| 20 | 天津 | 4.7 | 20 | 河南 | 4.9 | 20 | 上海 | 5.0 |
| 21 | 上海 | 4.7 | 21 | 上海 | 4.8 | 21 | 湖南 | 4.8 |
| 22 | 陕西 | 4.6 | 22 | 江西 | 4.5 | 22 | 河南 | 4.7 |
| 23 | 湖南 | 4.5 | 23 | 湖南 | 4.5 | 23 | 云南 | 4.6 |
| 24 | 吉林 | 4.1 | 24 | 陕西 | 4.3 | 24 | 广东 | 4.4 |
| 25 | 广西 | 3.6 | 25 | 广东 | 3.9 | 25 | 陕西 | 4.2 |
| 26 | 广东 | 3.4 | 26 | 广西 | 3.6 | 26 | 江西 | 4.0 |
| 27 | 海南 | 3.2 | 27 | 云南 | 3.5 | 27 | 青海 | 3.6 |
| 28 | 云南 | 3.0 | 28 | 海南 | 3.1 | 28 | 海南 | 3.3 |
| 29 | 青海 | 2.5 | 29 | 山西 | 1.9 | 29 | 广西 | 3.1 |
| 30 | 黑龙江 | 2.3 | 30 | 黑龙江 | 1.5 | 30 | 黑龙江 | 2.2 |
| 31 | 山西 | 1.8 | 31 | 青海 | 1.0 | 31 | 山西 | 1.2 |

资料来源：国家统计局。

## （二）三次产业支撑稳中加固

2024年前三季度，吉林省密集出台了一系列旨在刺激内需增长、优化供给结构的政策举措，实现农业生产全面增长，工业经济质升量稳，服务业增加值进一步提高，为经济持续向好发展和实现全年经济目标奠定了基础。

### 1. 农业生产全面增长

2024年，吉林省以现代化大农业为主攻发展方向，前三季度农林牧渔业实现增加值695.24亿元，同比增长4.8%，高于全国1.2个百分点。粮食生产稳步增长。吉林省全面贯彻落实"藏粮于地、藏粮于技"的战略方针，通过科学种植、技术推广和农田基础设施建设等一系列措施，推动粮食生产能力持续提升。全省粮食总产量已经连续三年稳定在800亿斤以上,并向着1000亿斤粮食综合产能的目标稳步前进。截至10月下旬,全省粮食作物已收6067.52万亩,占比65.22%,收成有望再创历史新高。畜牧业保持增长势头。前三季度,畜牧业产值占全省农业总产值的67%,出栏生猪、牛、羊、家禽数量分别同比增长2.3%、4.6%、7.4%、0.9%,猪、牛、羊、禽肉产量分别同比增长2.5%、7.6%、4.6%、1.1%,其中猪、牛、羊肉产量增速分别高于全国3.9个、3.0个、6.8个百分点。农特产业发展加快。吉林省统筹推进参、菌、鹿、蛙等特色产业链发展,人参产业综合产值向千亿元目标迈进,黑木耳、鹿茸、桑黄等特色产业规模也在全国保持领先地位。汪清黑木耳、抚松人参、洮南绿豆、白山蓝莓、查干湖淡水有机鱼、集安冰葡萄酒等特色品牌的竞争力不断提升,为农民增收致富提供了有力支撑。农业基础设施建设持续推进。全省加快高标准农田建设,上半年开工建设713.9万亩,同比增长135.3%,同时积极改造提升中低产田,加快完善土壤改良、灌溉排水、田间道路等配套设施,为农业生产的可持续发展奠定了重要基础。

**2. 工业经济质升量稳**

作为吉林省经济发展的"压舱石",工业经济在前三季度增长稳定,规模以上工业增加值同比增长3.0%(见图2),在全国31个省(区、市)中列第27位。重点产业支撑作用明显。前三季度,吉林省八大重点产业增加值呈现"六升二降"格局,其中汽车制造业、冶金建材产业、信息产业增加值分别同比增长0.6%、5.4%、9.8%;医药产业受益于医药集采订单增加,增加值同比增长8.3%;食品产业、纺织工业也实现了2.8%和7.2%的显著增长;石油化工产业和电力生产行业分别同比下降1.7%和2.7%(见表2)。新发展动能加速蓄力。前三季度,吉林省战略性新兴产业产值和高技术制造业增加值增速分别为3.7%和7.9%,占规模以上工业增加值的比重分别达到17.2%和12.5%,装备制造业增加值同比增长11.7%,高于规模以上工业增加值增速8.7个百分点,中车风电叶片、新能光伏科技、三一风电装备技术等大型新能源装备制造项目发展加快,成为工业经济增长的新亮点。重点项目加快建设。针对年度内着重推进的

891项重点项目，各级部门主动协调解决项目实施过程中的难点和瓶颈问题，一系列项目如中车新能源、正泰新能源及富赛汽车电子等已逐步转化为经济增量。奥迪一汽新能源汽车、吉化120万吨乙烯转型升级等重大项目建设明显加快，为全省工业经济增长提供了坚实支撑。

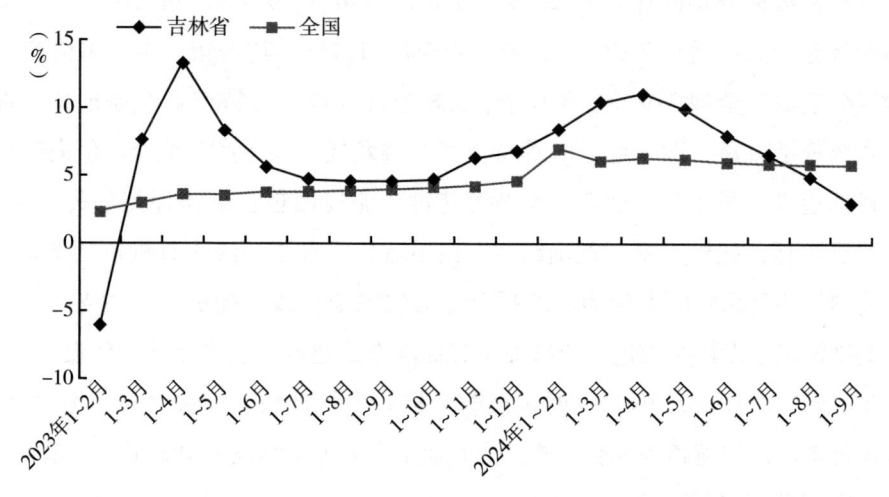

**图2  2023年和2024年前三季度吉林省和全国规上工业增加值累计同比增速**

资料来源：国家统计局。

**表2  2024年前三季度吉林省规上重点产业增加值增速**

单位：%

| 指标 | 增速 |
| --- | --- |
| 重点产业合计 | 2.2 |
| 　汽车制造业 | 0.6 |
| 　石油化工产业 | -1.7 |
| 　食品产业 | 2.8 |
| 　信息产业 | 9.8 |
| 　医药产业 | 8.3 |
| 　冶金建材产业 | 5.4 |
| 　　冶金产业 | 6.3 |
| 　　建材产业 | 3.2 |
| 　电力生产行业 | -2.7 |

续表

| 指标 | 增速 |
| --- | --- |
| 纺织工业 | 7.2 |
| 装备制造业 | 11.7 |
| 高耗能产业 | 0.0 |
| 高技术制造业 | 7.9 |
| 战略性新兴产业（产值） | 3.7 |

资料来源：吉林省统计局。

**3. 服务业支撑作用明显**

2024年，吉林省服务业规模持续扩大，前三季度实现增加值5860.21亿元，同比增长3.9%，占地区生产总值的比重为57.9%，有效发挥了对经济增长的支撑作用（见图3）。传统服务业增势稳定。前三季度，全省批发业销售额同比下降5.3%，其中限额以下及个体户销售额增势向好，同比增长6.6%；零售业销售额同比增长6.5%，显示了增长潜力；住宿业营业额同比下降0.9%，其中限额以下及个体户营业额同比增长2.3%，保持稳健发展；餐饮业营业额同比增长7.2%，行业复苏迹象明显。现代服务业发展加快。随着吉林省加速推动服务业数字化与融合化转型，现代服务业的专业化和高端化水平不断提升。1~8月，科学研究和技术服务业增加值同比增长22.5%，软件和信息技术服务业同比增长27.4%，互联网和相关服务增加值同比增长1.9%，为战略性新兴产业等重点领域提供了有力支持。长光卫星等企业的数字化产品和服务成功实现对外输出，进一步拓展了服务业的发展空间。旅游业潜能持续释放。2024年以来，得益于节假日经济的强劲拉动，吉林省旅游业延续了快速发展的良好态势。优质旅游供给不断丰富，文旅宣传力度持续加大，长白山、查干湖、净月潭、松花湖等各大景区热度不减，旅游业对全省经济增长的贡献明显提升。

**（三）三大需求支撑呈现分化趋势**

2024年前三季度，吉林省消费增速有所放缓，有效投资略有提振，对外贸

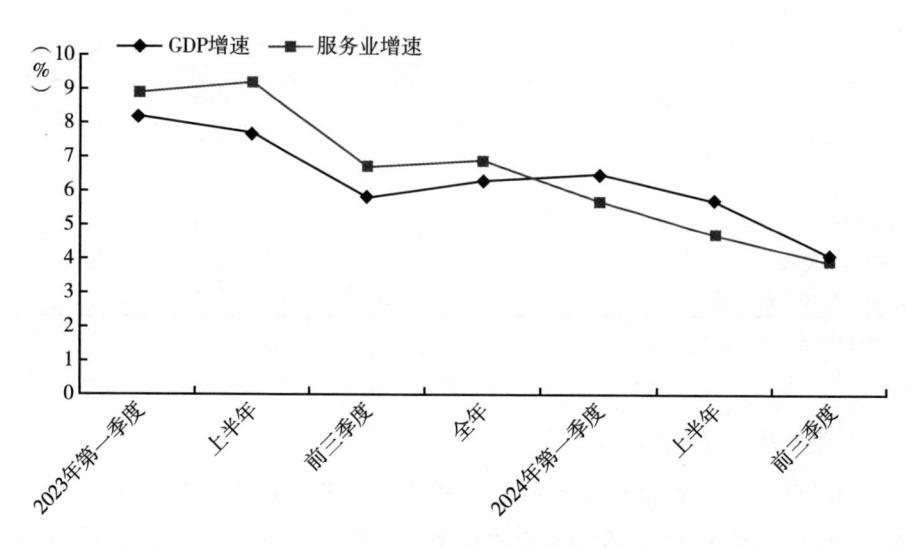

**图 3　2023 年和 2024 年前三季度吉林省 GDP 和服务业增速**

资料来源：吉林省统计局。

易增速快速攀升，实现两位数的较高增长，三大需求的支撑作用呈现分化趋势。

**1. 消费增速有所放缓**

2024 年前三季度，吉林省社会消费品零售总额达到 3058.34 亿元，同比增长 2.9%，较上年同期因高基数效应回落 7.1 个百分点（见图 4），列全国第 20 位。升级类商品销售分化明显。限额以上社会消费品零售总额中，粮油食品类、饮料类零售额增长保持强韧，数字、文娱等新型消费实现增长，通信器材、文化办公及体育娱乐用品类零售额分别增长 21.6%、7.1% 和 0.2%，而家装、化妆品、珠宝、汽车等相关产品零售额则分别下降 20.4%、17.8%、11.4%、1.3%，拉低了整体消费增速。服务消费提质扩容。2024 年以来，吉林省着力建设夜间消费集聚区和消费新场景，有效带动餐饮、文旅、交通等相关服务消费增长。前三季度，全省餐饮收入同比增长 1.5%，商品零售同比增长 3.1%，其中限额以上餐饮收入和商品零售分别实现 3.0% 和 2.0% 的增长。城乡消费保持同步提升。前三季度，全省城镇和乡村消费品零售额分别增长 2.7% 和 4.2%，显示了城乡消费市场的同步发展与协同共进。

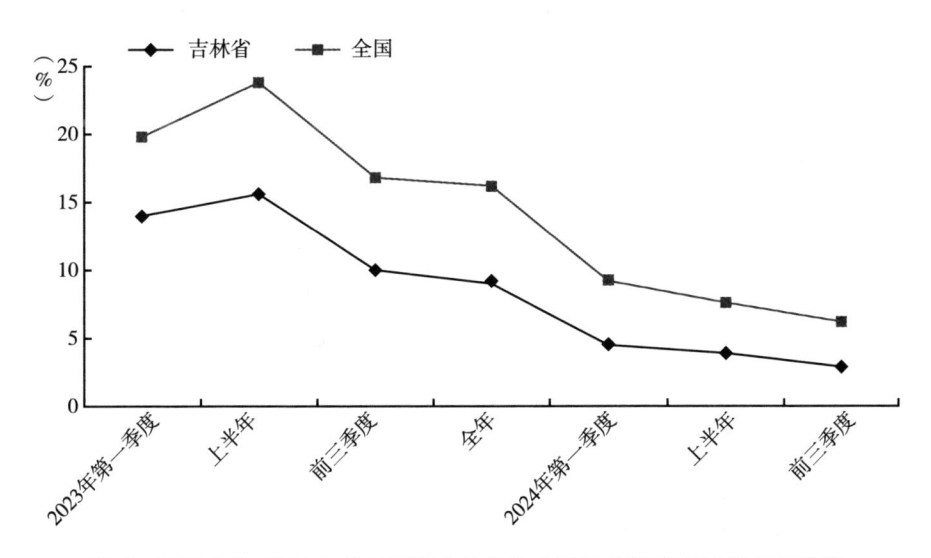

**图 4　2023 年和 2024 年前三季度吉林省和全国社会消费品零售总额增速**

资料来源：国家统计局。

#### 2. 固定资产投资略有提振

2024年，吉林省固定资产投资增速逐季放缓，前三季度同比增长1.4%，较上半年回落4.2个百分点（见图5），列全国第26位。基建投资增长弱于预期。前三季度，全省基础设施投资同比增长3.6%，增速比全部投资高出2.2个百分点，在全省固定资产投资中占比26.1%。房地产开发投资下行压力依然较大。前三季度，全省房地产开发投资同比下降20.6%，增速较上半年扩大4.3个百分点。工业投资带动增强。吉林省大力推动传统产业改造升级，加速推进先进制造业发展，前三季度工业投资同比增长18.6%，增速超全部投资17.2个百分点，在全省固定资产投资中占比30.8%。投资结构持续优化。前三季度，在全省产业投资中，汽车、医药、装备等领域进行的"智改数转"项目占据了相当比重，推动了产业结构升级和优化。此外，随着一系列鼓励民间投资的政策持续落地和显效，前三季度全省民间投资增长2.5%，在全省固定资产投资中占比达到34.5%。

#### 3. 对外贸易规模快速增长

2024年以来，吉林省不断深化对外贸易往来，积极引领企业开拓国

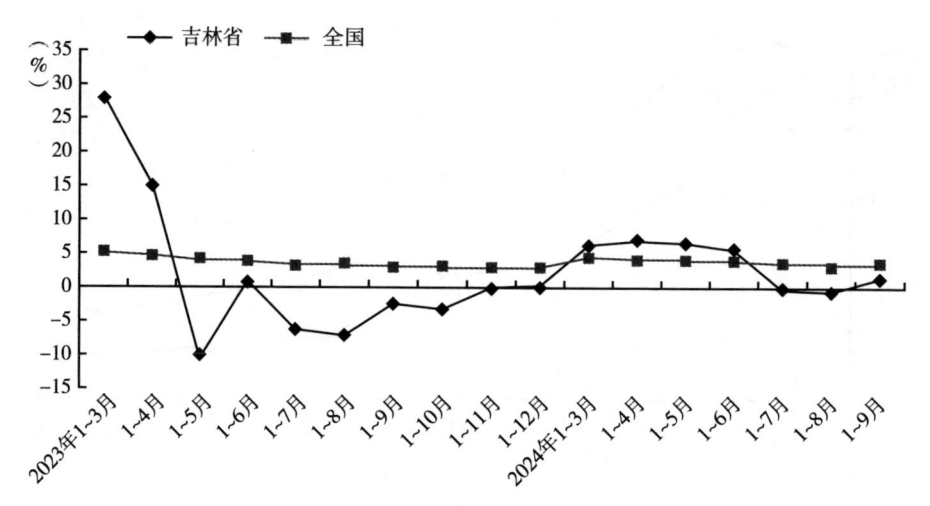

**图5　2023年和2024年前三季度吉林省和全国固定资产投资（不含农户）累计同比增速**

资料来源：国家统计局。

际市场，加速培育外贸新增长点。前三季度，全省实现进出口总值1327.48亿元，同比增长11.1%。其中，出口总值489.20亿元，同比增长11.7%，进口总值838.28亿元，同比增长10.7%，外贸出口及进口均保持强劲增长势头（见图6）。国际市场开拓步伐加快。2024年以来，吉林省积极组织企业参加广交会、中越博览会、中俄博览会等国际性展览活动，全力协助企业稳定订单、拓展海外市场，对外贸易发展不断加快。一汽大众零部件、一汽进出口公司整车进出口等业务量明显增长，机电产品、高新技术产品等重点商品也为外贸规模的扩大提供了有力支撑。对外贸易结构优化升级。前三季度，从贸易方式看，全省一般贸易出口同比增长13.4%，进口同比增长10.5%；从企业分布看，外商投资企业的进出口活动增长显著，出口和进口分别实现6.3%和21.3%的显著增长。外贸新动能培育加速。吉林省持续开展"数链全球，吉品出海"系列活动，积极推动市场采购贸易、互市贸易商品落地加工、出口加工复进境、跨境电商、保税物流等外贸新业态新模式快速发展。截至2024年9月末，全省已累计培育建成国家和省级电商示范基地、示范企业182个，涵盖直播带货、商贸流通、电商企业、平台供应商、技术研发等多个领域，为外贸经济的持续健康发展注入了新活力。

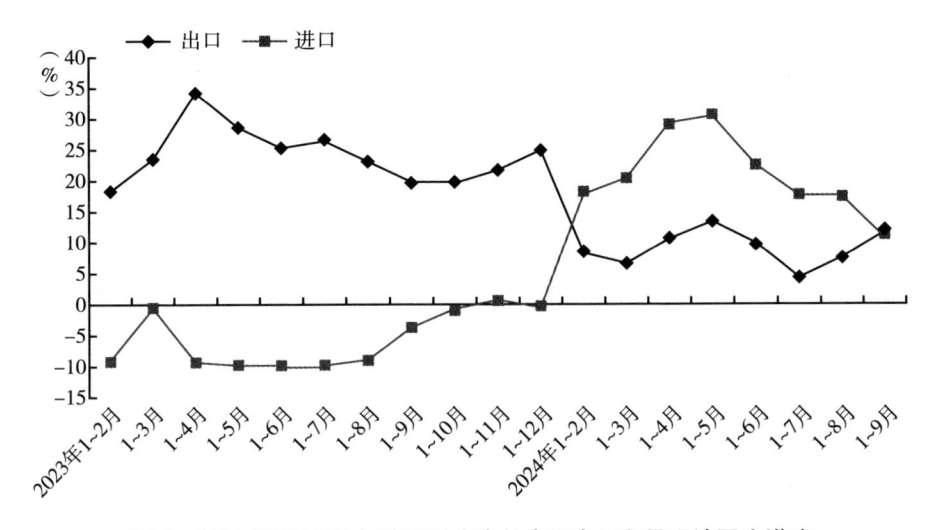

**图6　2023年和2024年前三季度吉林省进出口贸易累计同比增速**

资料来源：吉林省统计局。

## （四）价格指数平稳运行

2024年前三季度，吉林省经济运行保持平稳，消费市场有所恢复，消费领域价格温和上涨；生产供给较为稳定，生产领域价格小幅下降。

### 1.消费领域价格温和上涨

前三季度，吉林省居民消费价格指数（CPI）同比上涨0.1%，涨幅比上半年扩大0.2个百分点，但仍低于全国平均水平0.2个百分点（见图7）。食品价格降幅收窄。前三季度，吉林省食品烟酒价格同比下降0.6%，降幅较上半年收窄1.0个百分点。食品价格中，畜肉价格下降3.2%，较上半年降幅收窄2.3个百分点；鲜果价格下降1.9%，较上半年降幅收窄2.6个百分点；鲜菜价格上涨4.8%；粮食价格微涨0.3%，与上半年持平。服务价格略有上涨。前三季度，吉林省的其他用品和服务、教育文化娱乐、生活用品及服务、医疗保健价格依次上涨3.8%、1.8%、1.0%和0.7%。其中，教育文化娱乐价格、生活用品及服务价格涨幅分别较上半年回落0.4个和0.3个百分点，医疗保健价格与上半年表现持平。此外，受居民出行需求季节性波动的影响，交通和通信价格同比下降1.2%，较上半年降幅扩大了0.5个百分点。

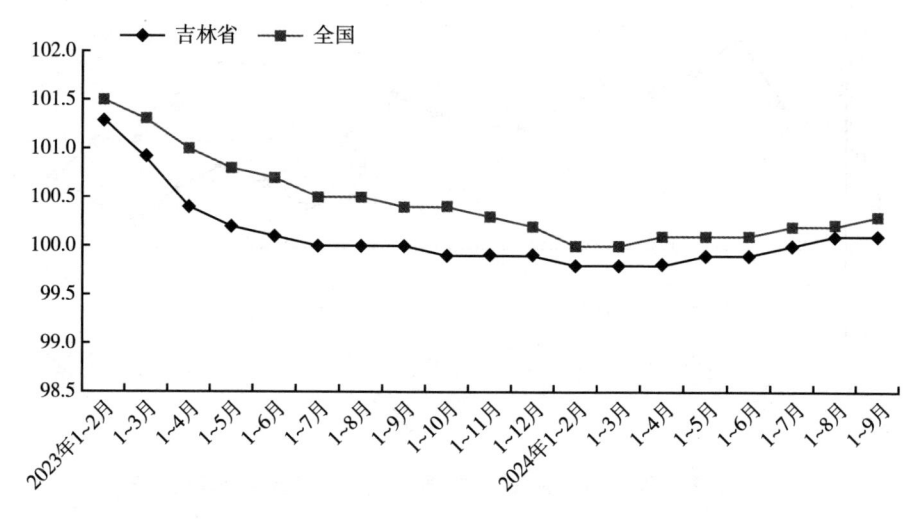

图7　2023年和2024年前三季度吉林省和全国CPI累计上涨情况

资料来源：国家统计局。

### 2.生产领域价格小幅下降

前三季度，在大宗商品价格波动及部分工业品市场需求疲软的双重影响下，吉林省工业生产者出厂价格指数（PPI）较上年同期下降2.1%，相较于上半年收窄了0.2个百分点（见图8）。细分来看，生产资料价格下降1.0%，与上半年持平；生活资料价格下降3.6%，降幅较上半年缩小0.5个百分点。与此同时，全省工业生产者购进价格指数也呈现下降趋势，同比下降1.4%，降幅较上半年缩小0.7个百分点，与工业生产者出厂价格降幅相差0.7个百分点。在九大类原材料的购进价格中，呈现"六降三升"的格局。其中，建筑材料及非金属类、农副产品类、黑色金属材料类、木材及纸浆类、化工原料类、其他工业品原料及半成品类的价格均呈现明显下降，降幅分别为5.9%、3.0%、1.9%、1.8%、1.0%和0.8%，纺织原料类、有色金属材料和电线类、燃料动力类的价格分别上涨2.6%、2.1%和1.9%。

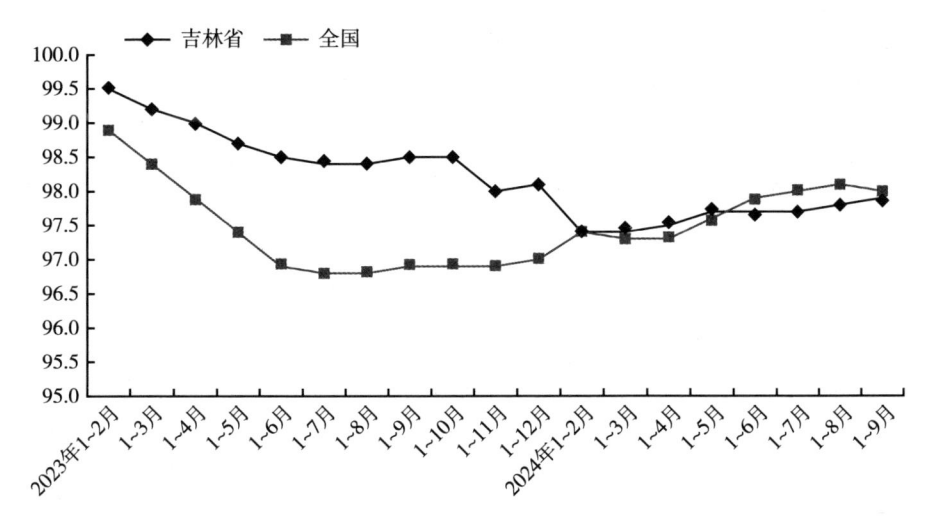

**图8　2023年和2024年前三季度吉林省和全国PPI累计上涨情况**

资料来源：国家统计局。

### （五）民生领域保障持续增强

2024年以来，吉林省高度重视民生领域发展，持续加大投入力度，有力推动了就业岗位供给持续增加，居民收入稳定增长，消费支出持续恢复，民生保障水平不断提升。

#### 1. 就业形势总体稳定

2024年以来，吉林省推出了一系列旨在稳定和促进就业的政策措施，截至上半年，全省城镇新增就业人数达到12.23万人，农村劳动力实现转移就业231.78万人。为了进一步减轻企业负担，全省继续实施降低失业保险和工伤保险费率的政策，并加大了稳岗返还和技能提升补贴的力度，有效增强了企业吸纳就业能力，为稳定就业形势提供了有力支撑。与此同时，还启动实施了"提升就业服务质量工程"，上半年建设完成1503个"15分钟就业服务圈"、25个规范性实体零工市场，还通过研发并推广微信小程序，使就业服务更加便捷高效，满足了求职者多样化的需求。针对高校毕业生这一重点就业群体，吉林省出台《关于促进高校毕业生就业创业若干措施》，积极落实就业生活、购房租房等一系列补贴政策。上半年，全省共有18.8万名高校毕业生已落实毕业去向，落实率高达79.14%。

**2. 居民收支平稳增长**

居民收入稳步提升。前三季度，吉林省居民人均可支配收入为22312元，同比增长5.2%，快于经济增速1.1个百分点。其中，城镇居民人均可支配收入为29105元，同比增长4.5%；农村居民人均可支配收入为13199元，同比增长6.4%，分别超出城市居民人均可支配收入增速和经济增速1.9个和2.3个百分点。城乡居民人均可支配收入比由上年同期的2.25下降至2.21。居民消费支出持续恢复。前三季度，吉林省居民人均消费支出为16492元，同比增长6.3%，较收入增速高出1.1个百分点，表明居民消费能力逐步增强，消费信心也在稳步提升。其中，城镇居民人均消费支出为20741元，同比增长7.4%；农村居民人均消费支出为10791元，同比增长3.0%。从消费结构看，全省居民人均超出2000元的支出主要集中在食品烟酒、居住、交通通信、医疗保健、教育文化娱乐方面，依次为4588元、2732元、2715元、2105元、2026元，反映了居民生活品质提升和消费观念转变，居民消费结构正在逐步优化和升级。

**3. 民生服务持续提升**

持续增加民生领域投入。前三季度，吉林省财政支出为3159.61亿元，同比增长2.8%，基本民生、农林水利、科学技术等重点领域支出得到充分保障。其中，社会保障和就业支出为764.87亿元，实现了10.8%的增长。不断提高社会保障标准。2024年以来，吉林省不断调整和提升养老、失业、工伤、低保等保障水平。其中，城乡低保月人均生活标准分别提升至643元和483元，农村低保标准为城市低保标准的75%，提前完成了民政部社会救助"十四五"规划的要求。持续救助特殊困难群体。截至上半年，吉林省各级残联组织为7500户困难残疾人家庭实施了无障碍改造，为95544名持证残疾人和残疾儿童提供了基本康复服务，有效改善了特殊困难群体的生活状况。加快完善各类公共服务。教育领域，倡导实施中小学校"活力操场"项目，加速"互联网+透明厨房"升级进程，为农民工、一线员工及产业工人等提供资助，鼓励参与继续教育。医疗卫生领域，加速构建医保服务网络，推动实现14项医保业务乡镇通办及8项业务村级可办，极大地方便了群众就医。养老扶助领域，着力推进社区居家养老服务设施、农村社会福利服务中心及养老大院建设，持续增设老年餐厅及助餐服务点，提高了老年人群的生活品质与幸福感。

## 二 吉林省经济社会发展存在的问题

吉林省在2024年前三季度取得了不俗的经济成就，但也面临着一系列的问题。

### （一）地区经济发展不平衡问题仍然严重

2024年前三季度，长春市作为吉林省省会，GDP达到了5265.29亿元，占据了全省GDP的52.05%，显示了其经济龙头的地位。然而，长春市在上半年受到经济环境下行所面临的增长压力和转型压力，名义GDP增速在上半年仅为2.21%，低于全省GDP的平均增长水平，不仅没有拉动地区经济发展，反倒拖累了经济增速，在第三季度经济发展速度有所提升，前三季度增速达到了4.2%，但仅仅较全省GDP的平均增速高了0.1个百分点，并未对地区经济增长起到显著的拉动作用。省内第二大城市吉林市的GDP增速达到了4.6%，但GDP却不足长春市的一半，仅为1229.97亿元。白城市的GDP增速达到了4.5%，高出全省平均增速0.4个百分点，但GDP却仅有423.71亿元，仅占全省GDP的4.2%，与长春市相比有较大差距，即使其增速较快，也无法起到显著拉动地区经济增长的作用。

### （二）有效需求不足严重影响经济增长

有效需求是指能够在市场上实际转化为消费和投资的需求。前三季度，吉林省社会消费品零售总额同比增长仅为2.9%，较GDP增速低了1.2个百分点，限额以上社会消费品零售总额增速更是仅为2.0%。同时，固定资产投资也表现疲弱，同比仅增长了1.4%，其中制造业投资降低了20.6%。房地产开发投资也降低了20.6%，房地产市场仍处于低迷状态。这一系列指标均表明经济的有效需求显著不足。有效需求不足的根本原因是近年来居民收入增速回落，前三季度，吉林省居民收入增速仅为4.5%，较上年同期低了2.3个百分点，较全国4.9%的平均增速仍有差距。有效需求不足导致其对地区经济发展没有起到显著的促进作用，且拖累了部分行业产出。前三季度，吉林省8个重点产业中，有6个产业增加值增速较1~8月回落，包括汽车制造、石油化工、食品、信息、冶金建材、电力生产等行业。

### （三）老龄化程度加深

2023年，吉林省总人口为2339万人，比2022年末的2348万人减少了9万人，人口总量在持续下降的同时，新出生人口也呈现下降趋势，老龄化程度加深。2022年吉林省人口出生率仅为4.32‰，人口死亡率却为8.39‰，人口自然增长率为-4.07‰。从人口结构来看，随着退休高峰的到来和新增劳动力的逐渐减少，劳动年龄人口将持续加速减少。根据国家统计局人口抽样调查数据，吉林省2022年15~64岁劳动人口数量占比仅71.5%，65岁及以上老年人口占比17.8%。国家统计局根据人口普查数据，推算了2023~2040年中国16~59岁劳动人口数量，发现2024年比2023年劳动力数量减少717万人左右，且未来仍将延续这种缩减趋势，预计吉林省的劳动人口数量也会随同中国的劳动力发展趋势呈现下降趋势，而且人口年龄结构更是将逐渐深度老龄化。中国自2000年初步进入老龄化社会以来，人口老龄化程度日益加深，老年抚养比从2000年的9.9%升至2022年的21.8%，2022年吉林省老年抚养比达到了24.8%，较全国平均水平高了3个百分点。

### （四）财政自给率有待提升

2024年，吉林省财政收支缺口仍较大。前三季度，全省一般公共预算收入897.3亿元，同比增长9.4%，同期，全省一般公共预算支出3159.6亿元，同比增长2.8%，财政收入不足、自给率低，与其财政收入结构不优密切相关。2024年，受汽车市场竞争加剧、房地产市场持续低迷、土地出让收入不及预期影响，支柱行业税收不及预期。加之受中小微企业缓税入库抬高基数，年中出台的先进制造业增值税加计抵减政策翘尾减收等因素综合影响企业上年利润降低，以及受"一老一小"个人所得税专项附加扣除标准提高政策影响，吉林省税收收入减少明显。其中，增值税205.4亿元，下降12.2%，企业所得税83.4亿元，下降1.2%，个人所得税27.9亿元，增加2.2%，最终导致吉林省的税收收入增速回落了2.8个百分点，达到524.2亿元，税收收入占比仅为58.4%，远低于全国80.8%的平均水平，排在全国中游水平，收入质量有待提升，可持续性有待增强。财政收入的增长最重要的拉动因素来自非税收入。前三季度，吉林省非税收入达到了373.1亿元，占比41.6%。同期，全省刚性支出持续增加，2024年前三季度，吉林省社会保障和就业支出增长10.8%，加之全省上半年60个县区"三保"支出需求占年初可用财力的75.5%，上半年教育支出增速加快，财政支出进一步增长，导致吉林省财政收支矛盾加大，经济发展对中央转移支付依赖仍较大。

### （五）政府债务拖累地区经济发展

近些年，吉林省政府债务余额持续增长。截至2023年底，全省政府债务余额约为8871.46亿元，其中一般债务4387.59亿元，专项债务4483.87亿元，位于财政部核定限额（9175.67亿元）之内。从偿债能力来看，2023年底吉林省政府负债率（债务余额/GDP）攀升至65.6%，2022年底地方政府债务率（债务余额/综合财力）攀升至533%，远超过财政部设定的120%的警戒线，在全国31个省（区、市）中位列第3位，仅次于青海、黑龙江两地。分地市看，吉林省债务规模与经济财政格局基本一致，长春、延边、吉林三地政府债务规模远超其他地市，2023年长春市地方债余额达到2863.23亿元，吉林市达到978.14亿元，延边州达到749.38亿元。吉林省整体经济实力不强，城投平台融资能力受限，融资平台有息债务规模较小，

导致吉林省除了显性债务压力较大以外，隐性债务风险化解压力也较大。2024年，国务院决定包括吉林省在内的12个债务负担很重的"化债大省"，除了基础的供水、供暖、供电等民生工程外，省部级或市一级均不得新开工程项目，并被要求尽一切努力将"债务风险降至中低水平"。吉林省作为投资拉动经济增长的主要地区，城投项目的减少必将影响地区经济发展。

## 三 2024~2025年吉林省经济发展形势预测

### （一）吉林省经济发展面临的机遇与挑战

**1. 发展机遇**

（1）中国经济增长韧性强劲

2024年，中国出台了一系列经济政策，落地大规模设备更新和消费品以旧换新等举措，显著拉动投资和消费，加快推进民营经济促进法立法进程，为各种所有制经济共同发展营造更加良好的环境，金融管理部门宣布的包括降准、降息、创设新工具支持A股等多项金融刺激政策对股市和楼市产生了显著的积极影响，并对居民心理预期和消费预期产生了正向效应。基于上述因素，中国经济即使面临外部严峻的国际环境，前三季度增速仍达到了4.8%，国内生产总值达到了949746亿元，虽然较第一季度增速降低了0.5个百分点，但是较上半年增速上行了0.1个百分点。三个季度同比增速依次为5.3%、4.7%、4.6%。虽然第二季度和第三季度增幅略有波动，但累计值显示经济稳定运行的总基调没有改变。10月财政部推出一揽子财政增量政策，内容涉及较大规模增加债务额度支持地方化解隐性债务，发行特别国债支持国有大型商业银行补充核心一级资本，叠加运用专项债、专项资金、税收政策等支持推动房地产市场止跌回稳。第四季度，未发行和已发未用的2.3万亿元的地方政府专项债券将投入使用。此外，预计在年底前开始建设国家发展和改革委员会在10月底之前批准的2000亿元人民币的项目。多重利好政策为经济稳定增长和高质量发展创造了良好环境。

(2) 技术领域取得新突破

2024年，中国科技创新领域迎来了新的发展热点，接连涌现一大批令人瞩目的成果。从C919大飞机到"胖五"火箭，从"奋斗者"号深海潜水器到"人造太阳"、"本源悟空"超级计算机，这些高科技装备不仅涵盖航空、航天、海洋、能源、信息技术等多个领域，更是展示了中国在这些前沿科技领域的最新突破。10月，中国宣布成功研发出7纳米芯片的量产技术，打破了美国的技术封锁。同一时期，全球首个5A级智算中心在上海诞生，中国芯片团队在硅光子学芯片、最大容量新型存储器芯片等方面取得重大突破，共同推动了我国人工智能、高性能计算等领域发展。随着AIPC（人工智能个人计算）、人形机器人、自动驾驶技术、玉米基因编辑育种等多项技术进入商业化阶段，科技进步在深刻改变商业生态和商业模式的同时，也带来了生产方式、生活方式、消费行为等多个方面的深刻变革，也为我国和吉林省经济增长打造了新的引擎。

(3) 亚洲经济一体化与区域合作深化

2024年，在全球经济动荡和分化的演变中，亚洲经济一体化和区域合作不断深化，经济增长动能依然较为强劲。例如，亚太地区的经济一体化进程仍在发展，中国—东盟自贸区3.0版谈判的推进以及"中国—东盟人文交流年"等活动的举办，都有助于加强地区国家之间的合作与互信。共建"一带一路"倡议、《东盟互联互通总体规划2025》、《上海合作组织成员国发展互联互通和建立高效交通走廊构想》等深度对接，中欧班列成为贯通亚欧大陆的国际运输大动脉、中老铁路客货两旺、雅万高铁客流保持高位。《区域全面经济伙伴关系协定》等新一代贸易协定的签署和落实等区域合作举措的深化，共同推进亚洲区域一体化进程，在推进平等有序的世界多极化和普惠包容的经济全球化中发挥了重要作用。这些合作不仅促进了地区经济的繁荣与发展，也为全球经济的稳定增长提供了重要支撑。《亚洲经济前景及一体化进程2024年度报告》预计，亚洲2024年经济增速有望高于2023年，达到4.5%左右。按照购买力平价计算，2024年亚洲经济体经济规模占全球的比重预计为49%。亚洲经济一体化与区域合作深化不仅促进了地区经济的繁荣与发展，也为全球经济的稳定增长提供了重要支撑。

2. 发展挑战

（1）地缘政治冲突加剧

2024年，俄乌冲突的持续拉锯和巴以冲突的蔓延，加剧了地缘政治对抗和地区间的紧张局势，造成部分地区和国家经济发展受挫。地缘紧张局势牵动着原油、黄金等全球大宗商品价格的走势，对全球经济稳定复苏造成了一定的影响。以欧洲为例，欧洲经济受到俄乌冲突和中东局势动荡所造成的能源价格高企、通胀压力等的影响，经济复苏仍面临阻力。欧洲央行行长拉加德指出，当前欧洲家庭消费减少，企业削减商业投资，住房投资下降，需求依然疲软。服务业虽保持增长但有减速迹象，制造业和建筑业活动仍然低迷。欧洲央行10月最新预测显示，2024年欧元区经济将增长0.8%，2025年增长1.3%。《全球贸易展望与统计》报告数据显示，2024年欧洲地区的出口额将下降1.4%，进口额将下降2.3%，地区贸易增长也弱于预期。此外，越来越多的地缘政治因素正在使全球供应链趋于复杂化。跨国企业在考虑经济因素之外，需要越来越多地考虑地缘政治风险，这也迫使供应链出现重组。研究显示，地缘政治分裂也影响了全球贸易路线，增加了碳排放和经济不稳定性。

（2）世界金融市场持续动荡

2024年，受地缘政治紧张、能源价格飙升、通货膨胀压力增大等诸多因素影响，金融市场的动荡再次成为焦点。中东局势的蔓延、俄乌冲突的持续拉锯，进一步放大了市场的避险情绪，使得黄金价格在2024年表现突出。年初开始，黄金价格就在各种不稳定因素中持续攀升，9月突破了历史新高，达到了每盎司2600美元以上。美国经济因过度依赖外国资本，政府持续通过信贷支持经济扩张，造成美国国债爆发式增长，年初美国国债突破35万亿美元，联邦债务再创新高，10月美联储在经济增长放缓、债务压力加大、通货膨胀等多重压力下，作出降息50个基点的决定，市场对美元贬值预期增加，在这种背景下，黄金作为避险资产的需求得到了进一步支撑。10月黄金价格虽因短期市场情绪的暂时缓和有所回调，但上涨态势依然稳固。美国超预期开启降息后，又有多位美联储官员表示未来将维持现有利率水平，导致投资者对经济前景担忧，使得全球主要股指起伏，如美国标普500指数和纳斯达克综合指数，都表现出显著的震荡特征。

(3) 全球贸易投资陷困局

2024年，地缘政治风险凸显、经济增长乏力、产业政策调整、供应链重塑、贸易保护主义加剧等因素交织作用，造成了当前全球直接投资收缩、贸易复苏动能趋弱的局势。《世界投资报告2024》显示，全球外国投资连续两年降幅超过10%，2023年已经降至1.3万亿美元，同比下降了2%。其中，流向发展中国家的外国直接投资下降了7%，亚洲发展中国家下降了8%，非洲下降了3%，拉美和加勒比地区下降了1%。欧洲和北美的外资流入量分别下降了14%和5%。米尔肯研究所（Milken Institute）发布的《2024年全球机会指数报告》显示，2024年最受国际投资者青睐的十大投资目的地有九个位于欧洲，丹麦位列第1，美国位列第4。中国位列第39，但创新力强劲，新兴产业崭露头角。世贸组织发布的10月更新版《全球贸易展望与统计》报告表明，全球贸易虽有复苏之势，但下行风险仍较为严峻。预计全球商品贸易2024年将会增长2.7%，2025年将会增长3.0%，较4月发布的预计结果分别上调0.1个和下调0.3个百分点，显示出贸易复苏动能不足、增长乏力。随着全球供应链、产业链和价值链的区域化、本土化、近岸化、友岸化的趋势越发明显，全球贸易投资趋势越发复杂多变，给全球经济增长造成了严重影响。

## （二）2025年吉林省主要经济指标预测

2024年，全球经济保持平稳。美国经济继续高于潜在增速水平，第二季度增长2.8%，较第一季度提高了1.4个百分点；上半年，欧盟27国实际GDP同比增长0.7%，较第一季度加快0.3个百分点；欧元区第一季度增长0.9%，第二季度增长0.8%，年增长率上升至3.1%；日本经济同比继续保持衰退，第二季度实际GDP同比下降0.84%，较第一季度微弱收窄0.02个百分点，比上年同期下跌2.8个百分点；除中国外的其他金

砖四国经济增长分化依然较大。印度经济继续稳步增长，第二季度印度经济同比增长6.7%；俄罗斯经济延续了短期韧性，第二季度经济同比增长4.1%，较第一季度的5.4%有所下降；巴西经济复苏动力增强，第二季度实际GDP同比增长3.3%，环比增长1.5%；南非经济保持微弱增长，第二季度实际GDP同比增长0.34%，低于上季度的0.55%。经济合作与发展组织（OECD）发布新一期经济展望报告，将2024年世界经济增长预期上调至3.2%，比5月时预测的3.1%高出0.1个百分点。2025年经济增长预测则维持在3.2%不变。在全球经济增长保持韧性的同时，仍面临着多地局部冲突加剧、金融市场持续动荡、全球公共债务高企、贸易投资陷入困局、美联储降息前景不确定、大宗商品价格显著下跌等多重挑战，中国经济面对复杂严峻的国内外环境，在宏观政策加力实施的作用下，2024年中国经济增速虽有所放缓，但保持了平稳健康发展，高盛对中国经济前景也持续看好，将第四季度环比年化增长率预测从5.5%上调至7.5%，进而将中国2024年全年实际GDP增长预测从4.7%上调至4.9%。同时，高盛将中国2025年实际GDP增长预测从4.3%上调至4.7%。综合考虑这些因素，并利用2003年第一季度至2024年第三季度数据构建的吉林省联立方程模型，对2025年吉林省主要经济发展指标进行预测，结果如表3所示。

表3　吉林省主要经济指标增长速度预测

单位：%

| 指标 | 2024年 | 2025年 |
| --- | --- | --- |
| 国内生产总值 | 4.7 | 5.3 |
| 　其中:第一产业增加值 | 4.9 | 5.7 |
| 　　　第二产业增加值 | 4.8 | 5.3 |
| 　　　第三产业增加值 | 4.1 | 4.5 |
| 固定资产投资 | 3.3 | 4.3 |
| 社会消费品零售总额 | 4.6 | 5.5 |
| 居民消费价格指数(CPI) | 0.2 | 0.3 |

续表

| 指标 | 2024年 | 2025年 |
| --- | --- | --- |
| 城镇常住居民人均可支配收入 | 5.5 | 6.2 |
| 农村常住居民人均可支配收入 | 7.0 | 7.6 |
| 外贸进出口 | 11.8 | 12.6 |
| 其中：出口 | 15.9 | 17.1 |

1. 地区生产总值预测

2025年是"十四五"的收官之年，面对复杂的国内外形势和各项艰巨的改革任务，经济稳中有进仍将是吉林省可持续发展的主要任务。在政府宏观政策调控下，各类刺激措施将在2025年产生深远影响，使得消费对经济的拉动作用将依然强劲，投资对经济的拉动作用将更加突出，出口受全球贸易保护加剧、主要经济体增长动能弱、债务负担重、关税提升风险加剧等因素共同影响，增速下行风险加大，但因俄朝"图们江跨境公路桥"协议的签订，图们江出海口航运问题将会加快解决，进一步推动东北亚一体化进程，吉林省对外出口有望逆势上行。受三大需求影响，预计2025年经济增长为5.3%左右。

2. 消费预测

2025年消费受中央银行降准、降息、降低存量房贷利率、创设股市流动性支持工具的影响，消费者信心将有所提升。吉林省政府会继续通过实施减税降费、增加居民收入、完善社会保障体系等一系列政策措施，改善消费环境，满足消费者个性化、品质化等消费需求，促使消费潜力进一步释放，提升消费对经济的拉动作用，预计全年消费增长5.5%左右。

3. 投资预测

2025年随着科创能力的提升，绿色科技、数字化转型与人工智能等企业的发展会继续加快，推动高技术产业投资增加。此外，随着我国提出"四个取消、四个降低、两个增加"，政策"组合拳"落地，房地产开发投资将会有所回暖。但由于吉林省会继续严格按照既定化债举措，加大存量隐性债务化解力度，在基础设施建设等领域的直接投资会有所放缓。据此，预计全年投资增速会达到4.3%左右。

**4. CPI预测**

2025年CPI在低基数作用下，猪肉类和其他食品类价格拉动的效应会继续增大，加之石油价格随全球需求疲软和燃料消费的结构性转变，令油价的整体前景保持下行，预计能源的价格拉动作用有限。而以黄金为代表的贵金属价格受到中东、俄乌、朝韩等地缘政治形势复杂性的影响，避险需求增加。加之美联储降息周期将继续延续的预期加大，加剧了美元贬值风险，增加了美国经济衰退风险，进一步增加了黄金吸引力，但因美联储降息周期的不确定性，贵金属价格会因此呈现震荡调整之势。而且特朗普的关税政策或将推高进口商品价格，进而提高物价，预计全球通胀也会随之调整。此外，预计促消费政策倾向会在2025年落地落实，加之居民收入预期会有所改善，经济增速将继续保持平稳，有望摆脱低通胀局面，CPI增速可能回升至0.3%左右。

**5. 出口预测**

2025年，全球经济增速有望温和回落，降低外部需求，加之部分发达地区的贸易保护加剧、供应链转移、外商直接投资额下降，导致贸易脱钩压力加大，均增加了出口下行风险。但科技周期上行又有助于支撑出口，加之图们江入海口的协商，俄罗斯东向政策进展的加快，将进一步推动东北亚经济一体化发展进程，这些举措又会有利于吉林省出口贸易的提升。综合上述因素，预计吉林省对外出口增长17.1%左右。

## 四 对策建议

当前，吉林省正处于大有可为的重要战略机遇期，尽管在经济发展过程中，仍需应对外部环境日益复杂及经济基础恢复不够稳固等多重风险与挑战，但经济回升及长期向好的根本态势未变，且有利于发展的各项因素正在快速累积。新征程上，吉林省需深入贯彻落实党的二十大及二十届二中、三中全会精神和习近平总书记在新时代推动东北全面振兴座谈会上的重要讲话精神，聚焦产业升级、创新驱动、提振内需，深入推进改革、扩大开放、协调发展，进一步巩固和增强经济回升向好态势，加速推动经济社会高质量发展。

### （一）全力建设现代化产业体系，发展壮大新质生产力

一是优化提升主导产业竞争力。围绕一汽、长客等核心企业，强化整车与零部件企业的协同对接机制，促进产业资源的集成化应用、平台化运营及网络化协同，加速完善新能源汽车产业生态，推动汽车产业集群进阶发展，进一步扩大市场优势。围绕提升农产品加工业质量效益，充分发挥产业引导基金、乡村振兴产业发展基金和现代种业发展基金作用，做好延链、补链、强链工作，做活"农头工尾""粮头食尾""畜头肉尾"，做强做优大米、鲜食玉米、肉牛、梅花鹿、人参、黑木耳等具有吉林特色的企业品牌，为农业现代化发展注入新动能。加快推动旅游万亿级产业发展，依托寒地冰雪资源和消夏避暑优势，深入推进旅游特色项目开发与品牌建设，推动旅游与演艺、体育、电竞、文化、会展、低空经济等业态深度融合，打造一批智慧景区、数字文旅体验区和夜间文旅消费示范区等创新场景，满足不同客源群体的多元化需求。充分利用"两重"建设、大规模设备更新及制造业技术改造升级工程等政策机遇，针对汽车、装备、医药、原材料等重点行业，全面实施数智化改造，为规模以上制造业企业提供个性化诊断服务，同时开展中小企业数字化赋能专项行动，推出一系列"智改数转"示范项目，推动智能制造数字化车间和"灯塔工厂"建设，加速重点产业链各环节的数字化、智能化转型进程。

二是加速新兴产业集群发展。充分发挥长光卫星等领军企业的带动作用，全面促进卫星制造、数据处理、无人机制造及低空服务产业的全链条协同发展。依托西部"陆上风光三峡"建设，加速清洁能源的规模化开发与产业集群化进程，构建起完善且高效的绿电转化与绿氢化工产业链。着力推进"长春光谷"建设项目，加速技术研发及产业化进程，推动光电产业快

速发展。依托在商业航天、高端装备制造、光电子信息等领域的既有优势，鼓励"链主"企业构建行业云平台与工业互联网平台，形成广泛覆盖且深度融合的基础设施网络，促进不同产业间的跨界融合与创新发展。此外，还需促进5G、人工智能、物联网等前沿技术在物流、商贸、金融等服务行业中的深入应用，鼓励个性化定制、共享制造等新型服务模式发展，全面提升生产性服务业的发展水平，助力新兴产业集群发展壮大。

三是前瞻布局未来产业发展。紧跟国内外技术发展的最新趋势，聚焦人工智能、生物制造、新型储能等前沿领域，突破关键技术，整合优质资源，引育具有强大创新能力和市场影响力的"链主"企业，带动更多未来产业领域的高科技企业在吉林落户，推动形成集群效应。充分发挥既有技术优势，提升自主创新产品的供给能力，积极融入全球产业分工与合作体系，面向全球逐步构建起有利于未来产业发展的创新生态系统。此外，还需加速数据中心、工业互联网等新型基础设施建设，提升在未来产业发展中的应用场景支撑能力，以有效适应和引领未来产业的发展需求。

## （二）加强科技创新支撑，塑造发展新动能新优势

一是加速构建高端创新平台体系。针对吉林省"支柱+重点"产业集群的战略需求，推动国家重点实验室和技术创新中心的重组和创建，支持省级科技创新平台、工业技术研究院及重点产业研究院与国家级高端平台开展对接合作，进一步强化从基础研究到产业化应用的全链条创新能力。积极搭建高水平的国际合作与交流平台，聚焦装备制造、新材料、新能源、生物制药、人工智能等新兴产业领域，建立国际科技合作示范园区和国际协作研究中心，加速融入全球科技创新网络。加强与粤港澳大湾区、长三角、京津冀、长江中游城市群等区域的科技创新合作，拓宽合作领域与方式，促进各类创新要素与省域产业发展深度融合。探索建立省域科技创新云平台，整合各级科技创新资源，实现数据互联互通与资源高效共享，助力提升全省科技创新的整体效能。

二是促进技术创新与成果本地转化。聚焦现代种业、新型工业化、新材

料、卫星数据服务等实体经济领域的核心技术瓶颈，制定完善技术创新路线图，集中力量开展原创性、引领性科技攻关，推动科技创新模式由供给导向向需求导向转变，确保产业链供应链的自主可控。完善政产学研用金深度融合机制，加强概念验证和中试验证平台建设，构建知识产权服务、检验检测、技术转移、科技金融等支撑体系，推动高校院所存量专利的盘活与利用，促进科技成果在本地重大项目和重点行业应用，加速科技成果向现实生产力转化。

三是激发企业创新主体作用。支持一汽、长客、吉化、吉林化纤等企业建设高水平研发中心，聚焦产业链的关键环节与核心技术，加速整合全球关键资源与技术要素，提升企业自主创新能力，完善以领航型企业为核心的科技创新体系。支持装备制造、农产品加工、商贸等重点领域的龙头企业组建创新联合体，与高等院校、科研机构、行业协会等开展深度合作，共同推动跨领域、跨地域的开放式创新生态建设。加大对科技型领军企业、高新技术企业的扶持力度，围绕"支柱+重点"产业集群，孵化和培育更多具备"专精特新"特征的中小企业和细分领域内的"隐形冠军"，促进产业链与创新链的融合发展。

四是精准引育创新人才及团队。根据省域新兴产业发展需求，动态制定紧缺人才需求清单，面向国内外持续引进能够支撑重点产业发展和技术攻关的创新人才及团队。同时，充分利用本省丰富的科教资源，加大对新兴产业领域人才培养的投入力度，优化相关专业课程设置及招生比例，确保人才培养与省域产业发展需求紧密对接。此外，还需深化高校与企业合作机制，进一步健全产教融合、校企协同的高技能人才培养体系，为实体经济的创新发展持续输送新生力量。

（三）充分挖掘内需潜力，筑牢经济回升向好基础

一是全力拓展有效投资空间。紧密契合国家重大战略部署与重点领域安全能力构建，围绕科技创新、粮食安全、节能减排降碳、防灾减灾能力提升、民生福祉保障等领域，积极争取更多政策性资金支持，规划与推进一批

重大项目，向市场传递积极发展信号。充分发挥政府投资的引导作用，激励并带动社会资本加大对光电信息、先进材料、清洁能源等高技术产业的投资力度，推动强链、延链、补链项目落地实施，构建新兴产业增长引擎。积极稳定房地产市场，为经营稳健的头部民营房企提供增信支持，消除商业银行的融资顾虑，鼓励房企进行再投资与再建设，推进闲置存量土地有效利用，加大对存量房收购的政策扶持力度，优化保障性住房再贷款政策，促进房地产市场的持续健康发展。加快推动基础设施建设，促进保障性住房、地下管网改造、教育医疗养老服务、农民工市民化推进以及城乡商贸物流网络优化等民生项目实施，同时加大对研发基地、实验室和生产厂房等基础研究与应用设施的投入力度，加速5G网络、工业互联网等新型基础设施建设，充分发挥基建投资对经济增长的拉动作用。进一步激发民间投资的活力，制定发布鼓励民间投资的重点行业指导目录，建立省级重点民间投资项目储备库，积极引导民间资本投身基础设施、科技创新、乡村振兴等关键领域的优质项目，通过组织招商会、现场交流会等多种形式加强项目合作与交流对接，及时协调并解决项目落地过程中遇到的各种难题与梗阻，为民间投资蓬勃发展创造有利条件。

二是有效释放居民消费活力。收入水平不高是制约居民消费增长的核心要素。在促进居民收入提升方面，应当强化对中小微企业的扶持力度，推动新型农村集体经济发展，积极扶持各类劳动力市场、人才市场以及灵活就业市场发展，确保城乡居民收入水平同步提升；进一步优化住房、教育、医疗卫生及养老等基本社会保障体系，促进农民工、灵活就业者、新兴就业形态从业者等重点群体全面纳入社会保障范畴，同时加大对生活困难群体的保障力度，有效降低居民的生活成本与负担，进而减少过度的预防性储蓄，充分释放消费活力。在促进传统消费升级方面，应充分利用超长期特别国债等财政政策工具，巩固并扩大传统消费及大宗消费市场，特别是在房地产、新能源汽车、电子产品、智能家居等重点领域，深入实施以旧换新、汽车下乡、优化家电售后服务等举措，进一步激发消费市场活力。在拓展新型消费方面，需不断改善服务供给结构，推动文娱旅游、数字消费、绿色消费、健康消费等品质提升与规模扩大，将老旧厂房等工业遗存空间改造成具有国潮特色的商业场所和展演空间，进一步丰富沉浸式、体验式的数实融合消费场景，积极举办新品首发、首次展览、首场秀等活动，培育并壮大新型消费增长点。在扩大县乡消费方面，需加快完善县域商业体系建设，优化农村电子商务与快递物流配送网络，完善农村充换电基础设施布局，促进优质工业品顺畅下乡与新鲜农产品高效进城，激发农村市场的消费潜力。在优化消费环境方面，需进一步推出促消费政策组合，优化消费券的发放范围及使用体验，针对市场中出现的负面问题，开展专项治理行动，确保消费者投诉渠道畅通，切实维护好消费者的合法权益，为消费市场的繁荣发展提供有力保障。

### （四）持续优化市场环境，增强经营主体发展信心和动力

一是深入推进市场化改革。持续深化国资国企改革，加速推进关键领域的战略性重组及专业化整合，积极引导国有资本向战略性新兴产业集中并加大投资力度，促进更多央地合作项目成功落地，全面激发国有企业的发展活力。积极落实支持民营经济发展的各项政策措施，确保各类经营主体在要素获取、市场准入、公平执法及权益保护等方面享有完全平等的地位，强化公平竞争审查制度的执行力度，有序减轻民营企业负担并提供有力支持，推动民营企业做优做强发展。深入推进金融供给侧结构性改革，着力构建多层次、多元化的新兴产业金融支持体系，完善耐心资本支持机制，加大对民营中小微企业的金融支持力度，推动金融资源更多流向实体经济和创新领域，有效提升金融资源的配置效率。

二是完善涉企服务体系。合理简化项目审批环节，强化资金筹措、土地供应及环境评价等关键要素支持，为项目加速推进并形成实物工作量提供坚实保障。构建与民营企业的常态化沟通交流平台，确保企业声音被及时听见、问题得到迅速响应与妥善解决，特别是在账款支付、招投标及贷款支持等方面，要坚决消除不公平待遇，营造公正透明的市场环境。针对技术改造、节能降耗、设备更新及产业升级等企业发展的重点领域，需精准捕捉企

业需求，主动提供上门服务，深入研究并制定个性化解决方案，确保服务保障与企业实际需求高度契合。此外，还需建立健全政策一致性评估与衔接机制，确保政策的稳定性和可预期性，为企业发展营造稳定、可靠、有利的外部环境。

三是优化数字营商环境。加速推进惠企利民措施的落地实施与在线服务升级，确保企业从设立到注销的全生命周期内，均能享受到"一网通办""一表通行"等便捷服务。增加"不见面审批""秒批"等政务服务项目，提升企业与群众的办事效率，打造优质高效的数字服务体验。运用"大数据+"技术，实现政策和服务信息的智能推送，有效降低企业和群众获取政策红利的门槛与成本，确保政策红利直达快享。加快数字政府建设，逐步打破跨部门、跨地域、跨层级的数据壁垒，完善数据资源的"一网共享"机制，同时支持公共数据资源的开发与利用，为优化数字营商环境提供更多保障。

### （五）不断扩大对外开放，提升开放型经济发展水平

一是培育外贸出口新优势。进一步拓宽国际贸易通道，持续提升"长满欧""长珲欧"等中欧班列的运营效率，积极开辟陆海联运新航线，促进汽车及其零部件、电子元器件、机械配件、医药产品、优质农产品、纺织品等多种类产品出口，增强国际贸易竞争力。加速加工贸易转型升级，重点发展新能源汽车、生物医药等高科技领域的中间品贸易，提升产品设计、制造、营销及关联服务能力，确保在全球价值链中占据更有利的位置。大力发展跨境电商，培育壮大跨境电商经营主体，优化全球海外仓的网络布局，推广"跨境电商+特色产业带"发展模式，完善电商品牌供应链资源库，推广长白山矿泉水、皓月牛肉、辽源袜业、梅河冷面等具有地域特色的网络热销品牌，进一步拓宽国际市场。促进服务贸易和数字贸易协同发展，加快云计算、动漫游戏等数字贸易增长点的培育，为外贸增长注入新动力。

二是提升开放平台发展能级。加快长吉图开发开放发展，充分利用延边等地的口岸优势，深入推进制度型开放，制定发布外商投资产业指导目录，

提升对外贸易的便利化水平，优化外资企业投资环境。统筹省内开发区、综保区、国际合作区等开放平台建设，加大对欧美、日韩俄、东南亚、港澳等国家和地区的招商引资力度，提升合作层次，打造一批具有牵引带动作用的标志性项目，为开放型经济发展提供新动力。推动东北亚跨境产业园等平台建设，加大优质商品的进口力度，有效满足市场多样化需求，进一步激发消费潜能，促进内外贸融合发展。

三是深化"一带一路"领域经济合作。深入挖掘"一带一路"重点市场的合作潜力，积极支持长光卫星、吉大正元、吉大通信、亦飞国际等企业在遥感数据服务、信息安全、数字基础设施建设、跨境电商等前沿领域布局海外市场，拓展对外合作网络，提升国际市场份额。高规格举办各类重大展会和招商活动，充分利用"一带一路"国际性组织、专业投资机构等多元化合作平台，汇聚全球高端资源，创新合作模式，提升外资利用水平，畅通国际商务人员往来渠道，推动形成更深层次、更宽领域的合作格局。充分利用"北极航线"开放带来的新机遇，积极融入海上丝绸之路东北段的建设与发展，进一步拓宽开放型经济发展的空间和领域，提升吉林省优势产业外向度和影响力。

### （六）加快推动城乡融合，促进区域经济社会协调发展

一是加快城乡要素市场一体化建设。深化农村土地制度改革，实践土地入股、土地托管、"飞地抱团"等多种创新经营模式，充分发挥合作社、家庭农场、"新农人"等农业经营主体的引领和带动作用，有效激活农村经济增长潜力。充分发挥财政资金的引导作用，鼓励商业银行跨城乡优化金融资源配置，吸引更多工商资本参与乡村富民产业发展，为乡村振兴提供坚实的资金支持。建立健全人才下乡的激励机制，吸引各类高素质人才投身乡村建设，促进人才、技术、信息等关键要素在乡村的良性循环与高效利用，为乡村振兴的关键领域和薄弱环节提供有力支撑。进一步优化城乡基础设施网络，充分利用5G、大数据和人工智能等先进技术，加强城乡基础设施的一体化管控与智能化管理。推动城乡共建基础教育线上平台、医疗培训联动平

台、商贸流通设施网络等，确保城乡居民能够公平共享优质的公共服务资源，有效缩小城乡之间的数字鸿沟，推动城乡经济社会协调发展。

二是强化县域产业承载与人口集聚能力。全面梳理县域产业发展底数，依托各县域的特色产业优势，创新运用平台招商、轻资产招商及"基金+股权+项目"等多元化招商策略，积极引进一批具有强大带动效应的优质企业及配套项目，打造更具市场竞争力的县域特色产业集群。支持符合条件的县域建设承接产业转移示范园区，加快标准厂房、通用基础制造装备、仓储集散回收设施等基础设施建设，将部分县域打造成工业品和农产品的分拨中转地，促进城乡联动的产业集群发展，为县域经济创造更大的经济效益和更多的就业机会。加快县域商业和旅游基础设施建设，完善生活配套服务，积极发展新型消费集聚区，促进人口与公共服务资源的适度集聚，提升县域人口吸引力与居民生活品质。

三是提升农业转移人口市民化质量。完善农业转移人口在农村的"三权"实现机制，制定出台具体可行的办法，确保农业转移人口能够依法、自愿、有偿地退出农村的"三权"，实现其权益与个人迁移的同步转移，从而有效增强农业转移人口进城落户的意愿与实际能力。推动城市根据实际服务的人口规模来合理配置公共资源，充分保障农业转移人口作为城市居民所应享有的各项权益，同时灵活运用消费品以旧换新、购房补贴等政策工具，释放新型城镇化、农业转移人口市民化的潜能，有效满足农业转移人口的刚性住房需求和改善性消费需求。此外，还需进一步完善农业转移人口的就业服务体系，实施具有针对性和实效性的职业技能培训项目，帮助提升就业竞争力和职业素养，促进稳定就业和安居乐业。

# 产业篇

# B.2 吉林省因地制宜发展新质生产力的对策研究

崔巍 吴妍[*]

**摘 要：** 本文探讨了吉林省因地制宜发展新质生产力的内涵、意义及现状。新质生产力以其创新性、高效性、可持续性和智能化特征成为推动区域经济高质量发展的关键。吉林省拥有丰富的资源和工业基础，但面临产业结构不合理等挑战。据此提出提升全要素生产率、加强人才引育、培育壮大高新技术企业、发展生产性服务业、加强新型基础设施建设、深化体制机制改革等对策建议，以推动吉林省新质生产力的发展，实现经济高质量发展、科技创新和人才集聚以及绿色可持续发展。

**关键词：** 新质生产力 科技创新 传统产业升级

---

[*] 崔巍，吉林省社会科学院城市发展研究所研究员，主要研究方向为科技创新和城市发展；吴妍，吉林省社会科学院城市发展研究所研究员，主要研究方向为区域经济和城市经济。

## 一 因地制宜发展新质生产力的内涵和重大意义

### （一）新质生产力的定义与特征

2024年6月出版的第11期《求是》杂志发表了习近平总书记的重要文章《发展新质生产力是推动高质量发展的内在要求和重要着力点》，文中全面论述了新质生产力的定义："新质生产力是创新起主导作用，摆脱传统经济增长方式、生产力发展路径，具有高科技、高效能、高质量特征，符合新发展理念的先进生产力质态。它由技术革命性突破、生产要素创新性配置、产业深度转型升级而催生，以劳动者、劳动资料、劳动对象及其优化组合的跃升为基本内涵，以全要素生产率大幅提升为核心标志，特点是创新，关键在质优，本质是先进生产力。"新质生产力不仅仅是一个简单的概念，它代表着在新一轮科技革命和产业变革的浪潮中，以高新技术为核心、以创新为驱动，所形成的具有高效率、高附加值、高成长性的新型生产能力。这种生产力形态，与传统的依赖土地、劳动力和资本等生产要素的生产力有着本质的不同。它更多地依赖于知识、技术、信息等高级生产要素的投入，是推动经济社会高质量发展的关键力量。

新质生产力的特征，可以从多个维度进行阐述。首先是创新性，这是新质生产力的核心所在。它不仅仅追求技术的突破，更在于模式的创新，通过不断地探索和尝试，推动产业升级和经济发展。这种创新是推动生产力发展的主要动力。其次是高效性，新质生产力通过智能化、自动化等高新技术手段，实现了生产效率的大幅提升，降低了生产成本，实现了资源的高效利用。再次是可持续性，它注重绿色发展，强调环境保护和资源节约，力求在经济、社会、环境之间找到平衡点，实现协调发展。最后是智能化，新质生产力广泛运用人工智能、大数据、云计算等现代信息技术，提升生产过程的智能化水平，实现精准管理和决策，为经济社会发展注入新的活力。

## （二）因地制宜发展新质生产力的内涵和意义

"因地制宜"的原则在新质生产力的培育和发展中显得尤为重要。新质生产力的发展必须要根据区域的资源禀赋、产业基础、科技水平等实际情况，制定符合区域特点的发展战略和政策措施，以实现资源的最优配置和经济的高质量发展。

吉林省作为我国东北地区的重要省份，拥有丰富的自然资源、雄厚的工业基础和较为完善的科教体系。然而，随着经济社会的快速发展，吉林省也面临着诸多挑战。产业结构不合理、创新能力不足、人才流失等问题日益凸显，成为制约吉林省经济社会发展的瓶颈。因此，因地制宜发展新质生产力，对于吉林省意义重大。

首先，因地制宜发展新质生产力是推动吉林省经济高质量发展的内在要求。吉林省面临着产业结构优化升级、创新驱动发展、绿色低碳转型等多重任务。因地制宜发展新质生产力，加速传统产业的智能化绿色化改造，提升产业链供应链现代化水平，催生出一批新兴产业，形成新的经济增长点，既是破题之法，也是推动吉林省实现高质量发展的关键所在。

其次，因地制宜发展新质生产力是增强核心竞争力的必然选择。新质生产力以高新技术为核心，具有高效率、高附加值的特点。通过发展新质生产力，吉林省能够实现从传统的粗放型增长向高质量增长的转变，提升吉林省的综合竞争力。

最后，因地制宜发展新质生产力是吉林省应对外部环境变化的有效路径。在国际形势日趋复杂多变的背景下，吉林省面临着前所未有的外部挑战，因此，加快发展新质生产力显得尤为关键。通过大力发展新质生产力，逐步减少对传统产业的依赖，提高经济的自主性和抗风险能力，从而更好地适应和应对外部环境的变化。

## 二 吉林省新质生产力的发展现状

### （一）科技创新与研发实力不断提升

科技创新是推动新质生产力发展的核心动力，吉林省依靠丰富的科技资源，科技投入持续增加，在科技创新与研发实力方面表现出色。

**1. 科技资源丰富**

2023年末，吉林全省院士工作站总数已达12家，柔性引进13名院士驻站指导，其中中国科学院院士4名、中国工程院院士9名。已建成国家级重点实验室11个、省重点实验室155个、省级科技创新中心238个。吉林省科教资源丰富，不仅有吉林大学、东北师范大学两所985、211高校，还有很多国家级优势专业，"双一流"学科各18个，建成一批省重点实验室和院士工作站。这些机构在新材料、新能源、电子信息等领域具有较强的研发实力，为新质生产力的发展提供了强大的智力支持。2023年高校在校生人数、毕业生人数分别为78.87万人、20.81万人，高等学校和科研机构为科技人才提供了广阔的研究和发展平台。自2018年以来高级职称人才从净流出转向净流入，高校毕业生留吉规模连续增长，2023年全省人才资源总量达245.2万人，为科技创新贡献了新生力量。

**2. 科技成果丰硕**

近年来，吉林省科技创新投入持续增加，实施了一系列重大科技专项，取得了显著成效。R&D经费支出由2019年的148.38亿元，增加到2023年的195.63亿元，"十四五"前三年增长7.19%，研发人员由2019年的8.1万人增加到2023年的8.9万人，省级重点实验室数量由2019年的114个增加到2023年的159个，省级科技创新中心数量由2019年的153个增加到2023年的241个，有效专利数由2019年的5.4万件增加到2023年的11.12万件。在高端芯片领域，吉林省的科研机构和企业联合攻关，成功研发出多款具有自主知识产权的高端芯片产品，打破了国外技术垄断。在新材料领域，吉林省也取得了多项重要突破，如碳纤维、石墨烯等新型材料的研发和应用取得了显著进展。这些科技创新成果不仅提升了吉林省的产业竞争力，也为新质生产力的发展提供了有力支撑。

**3. 创新成果转化成效显著**

吉林省通过优化科技成果登记程序和创新科技成果服务方式，为企业与高校科研机构在创新成果转让方面牵线搭桥，多次开展对接活动，解决成果转化"最后一公里"问题，2022年累计推动1205项创新成果成功转化落地。与吉林银行签订战略合作协议，积极探索科技金融服务新模式，努力打破科技企业融资瓶颈，实现科技、银行、企业三方共赢。配合省地方金融监督管理局等部门联合制定发布了《吉林省金融助力科技创新行动计划》，发挥金融助力科技创新驱动高质量发展的支撑作用，加大对中小型科技企业、高新技术企业的融资支持力度，促进科技企业创新创业。积极搭建企业和金融机构沟通合作平台，邀请省内外银行、投资机构作为中国创新创业大赛吉林赛事金融支持单位，为优秀参赛企业提供融资等支持。全省高校与科研院所通过转让、许可等方式承接科研成果合同金额达10.6亿元，位居全国第10；产出科技成果本地转化合同金额7.6亿元，位居全国第5。

### （二）工业基础与产业优势持续增强

吉林省作为东北老工业基地的重要组成部分，其工业基础深厚，传统产业升级与新兴产业崛起共同构成了新质生产力发展的坚实基石。

#### 1. 传统产业升级

吉林省汽车、化工、装备制造等传统产业，依托自身资源和产业基础，积极推动传统产业向高端化、智能化、绿色化转型，以实现效率变革、动力变革和质量变革，取得了重要突破。一汽汽车向新能源汽车转型，聚焦"三电"（电池、电机、电控）和"五智"（智联、智舱、智驾、智算、智能底盘）关键技术，实现了一系列开创性突破。一汽汽车不仅推出了多款新能源汽车产品，还在智能网联、自动驾驶等领域取得了显著进展，为吉林省乃至全国的新能源汽车产业发展树立了标杆。吉林化工依托全国首个大型化学工业基地的坚实基础，推进转型升级重大项目，努力打造全国一流化工产业基地。通过大幅提升精细化工比重，让新中国"化工长子"焕发新的生机。依托碳纤维原料产能世界第一的先发优势，加快T800级以上碳纤维产品的技术突破，并积极开辟碳纤维缠绕复合气瓶、汽车轻量化、无人机、航空航天等新应用领域，致力于打造世界级的碳纤维产业基地。依托丰富的冰雪资源，推进北大湖滑雪场和万科松花湖滑雪场的整体开发和扩建工程，旨在建设世界级滑雪大区，并通过举办国际雾凇冰雪节等重大活动，进一步培育壮大冰雪装备产业园，以打造世界级冰雪产业基地。依托丰沛的水资源，开工建设全国首个千万千瓦级抽水蓄能基地的标志性工程——蛟河抽水蓄能电站，并积极推进其他抽蓄站点的建设，总装机容量将达到千万千瓦以上，努力打造国家级清洁能源基地。同时，在智能化转型方面，全面实施"智改数转"，长春市申报并成功入选国家中小企业数字化转型试点城市。吉林建龙钢铁通过智能化升级改造，大幅提升了生产效率，并带动了钢化新材料研发的突破。在绿色化转型方面，吉林省积极落实"双碳"行动，创建了一批绿色工厂和绿色矿山，持续提升经济增长的"含绿量"。中油吉化转型升级项目作为吉林省单体投资最大的工业项目之一，不仅将大幅提升产品产能达到国内先进水平，还将大幅降低碳排放量成为绿色化工示范标杆。

2.新兴产业崛起

在传统产业升级的同时，吉林省也积极培育新能源、新材料、新医药、新康养、新服务、新电商等新产业，以及农业、装备、旅游、数据等产业集群。这些新兴产业和集群的快速发展，为新质生产力注入了新的活力。经过多年的培育发展，吉林省新一代信息技术产业、新能源产业、新材料产业、高端装备产业、新能源汽车产业、生物医药产业等战略性新兴产业得到了较快发展，形成了多业支撑、多化发展的格局。根据《新产业标准化领航工程实施方案（2023~2035年）》，在吉林省战略性新兴产业的189个三级行业中，生物医药、光电信息等关键领域在全省经济版图中的角色日益凸显，2023年，战略性新兴产业产值达到1万亿元，并且产业创新成果已经从实验室和中试阶段向产业化阶段转变，从基于产业自身优势竞争阶段向基于产业链整体优势竞争阶段转变。在新一代信息技术产业方面，已建成长春智能光谷产业园、光电信息产业园等重点园区，形成了以长春市为主的新一代信息技术产业集聚区。光华微电子12英寸全自动晶圆探针台实现批量生产，长光辰芯推出7个系列30余款CMOS图像传感器产品。现有108颗"吉林一号"卫星在轨运行，建成我国最大的商业遥感卫星星座。在新能源领域，吉林省利用丰富的风光资源，大力发展清洁能源产业，推动了新能源产业链条的形成和完善。在新材料领域，吉林省依托科研机构和高校的研发实力，取得了一系列重大突破，为高端制造业提供了关键材料支持。

（三）政策支持与战略规划明确有力

吉林省政府高度重视新质生产力的发展，出台了一系列政策措施和战略规划，为新质生产力的发展提供了有力保障。

在科技创新与产业创新方面，出台了《吉林省科学技术进步条例》，明确了科技创新的地位和作用，规定了科技创新的组织管理、投入保障、成果转化、激励措施等方面的内容。激发科技创新活力，推动产业创新升级。在新兴产业培育方面，吉林省政府出台了《关于加快培育和发展战略性新兴产业的实施意见》，提出了加快培育和发展战略性新兴产业的总体要求、重点任务和政策措施。抢占未来产业发展制高点，培育新的经济增长点。在人才引进与培养方面，出台了《关于激发人才活力支持人才创新创业的若干政策措施》，明确了高层次人才引进的目标、重点、条件和支持措施。吸引和集聚高层次人才，推动新质生产力发展。在服务业高质量发展方面，吉林省政府也印发了《关于加快服务业高质量发展的若干政策举措》，提出了支持服务业企业做大做强、推动中小企业加快发展、持续推动"个转企"等举措，为服务业的发展提供了强有力的政策保障。在区域合作与交流方面，《关于建立更加有效的区域协调发展新机制的实施方案》提出推进区域协同发展的总体要求、重点任务和政策措施。为加强区域合作与交流，推动新质生产力跨区域发展，在新能源产业发展方面，吉林省政府出台了《关于促进吉林省新能源产业加快发展的若干措施》，提出大力推进绿能产业园区建设、给予保障性电源电价支持政策、调整优化风电项目核准制度等一系列措施；出台了《吉林省种业振兴工程建设方案》，围绕发展新质生产力布局产业链，深化科企合作，建立新型"产学研"协同攻关体系，旨在培育和筛选市场急需的重大品种。

此外，吉林省还出台了《加快推进吉林省数字经济高质量发展实施方案（2023~2025）》《"氢动吉林"中长期发展规划（2021~2035年）》等一系列

专项规划，旨在推动数字经济、氢能产业等新兴领域的发展，为新质生产力的发展提供有力支撑。通过这些政策的实施，吉林省正逐步形成以创新为引领、以产业为支撑、以人才为核心的新质生产力发展体系。这些规划明确提出了构建现代化产业体系、培育新质生产力的战略目标，并围绕这一目标制定了详细的战略规划。通过实施"一主六双"高质量发展战略，为新质生产力的发展提供了明确的方向和路径。这些战略规划的实施，不仅促进了吉林省的产业升级和转型，也为新质生产力的发展提供了广阔的空间和机遇。

## 三 吉林省发展新质生产力存在的问题

### （一）全要素生产率对GDP增长的拉动作用不足

全要素生产率（TFP）作为衡量新质生产力发展的重要指标，在吉林省的经济增长中并未显现出显著提升。尽管吉林省的GDP从2019年的11726.8亿元增加至2023年的13531.19亿元，GDP增长率从2019年的3.3%增加至2023年的6.3%，表现出较强的经济活力和发展潜力。但从TFP数据来看，2019年TFP为2.37，固定投资增长率为3.4%，2023年TFP为2.11，固定投资增长率为10%，显然，全要素生产率对GDP增长的贡献率并未出现明显提高，且反映了吉林省的经济增长在很大程度上依然依赖于资本和劳动力的投入，而非效率和创新的提升。具体而言，一是传统产业比重较高，吉林省的传统产业依然占据较大比重，新兴产业和高技术产业虽有发展，但尚未形成足够规模和影响力，难以成为经济增长的新引擎。二是科技创新体系不完善，吉林省的科技创新体系尚待完善，科研成果的转化率不高，未能有效转化为生产力，从而限制了全要素生产率的提升空间。

### （二）高新技术企业占比偏低

高新技术企业作为新质生产力的主要推动者，在吉林省的发展中虽然呈现逐年增加的趋势，从2019年至2023年，高新技术企业数从1691家增加至3752家，高新技术企业占比从0.06%增加至0.11%，高新技术企业总收入从2782.24亿元增加至8870.32亿元，高新技术企业总产值也从2433.29亿元增加至7798.93亿元，从数据上看，5年来，吉林省高新技术企业实现了显著增长，显然已经成为培育和发展新质生产力的主导因素和促进吉林省经济高质量发展的重要引擎。然而，高新技术企业在全省企业中的占比仍然相对较低。2023年吉林省高新技术企业占比0.11%，虽然与2019年的0.06%相比增加近一倍，但与全国高新技术企业占比0.75%相比，仍然相差甚远。高新技术企业的快速发展需要良好的产业链协同、高水平的技术创新平台和良好的创新环境，而吉林省在这些方面还存在薄弱环节，制约了高新技术企业的进一步发展和壮大。

### （三）生产性服务业发展相对滞后

吉林省服务业发展虽然呈现稳步上升的态势，服务业增加值在产业结构中的比重不断加大，但生产性服务业的占比却始终徘徊不前。生产性服务业是现代服务业的重要组成部分，也是推动新质生产力发展的关键要素之一。吉林省生产性服务业发展不足的主要表现，一是占比低且增长缓慢。生产性服务业增加值占服务业的比重在22.31%至23.58%之间波动，没有实现突破性增长。二是高附加值服务业发展不充分。吉林省高附加值服务业发展不够充分，服务业赋能新质生产力的作用未能完全发挥，限制了产业链的整体效率和附加值的提升，也影响了新质生产力的发展。

### （四）"新基建"支撑能力有待加强

近年来，吉林省在新型基础设施建设方面取得了显著进展，《吉林省新基建"761"工程实施方案》等政策的实施，虽然有效地拉动了固定资产投资额的快速增长，并为经济结构调整和产业升级提供了有力支持，但新型基础设施的占比仍然低于全国平均水平。其主要表现，一是投资结构不合理。吉林省在交通、市政设施等传统基础设施领域的投资受到了一定限制，而对

5G通信网络、数据中心、工业互联网、智慧交通等新型基础设施的投资相对较少。二是建设进度不均衡。尽管吉林省在新型基础设施建设方面有所加快，但整体建设进度仍不均衡，部分领域和地区的新型基础设施建设相对滞后。

## 四 吉林省因地制宜发展新质生产力的对策建议

在新时代背景下，吉林省作为老工业基地，面临着转型升级和高质量发展的重要任务。为了推动经济持续健康发展，吉林省必须因地制宜，充分发挥自身优势，发展新质生产力。

### （一）提升全要素生产率，推动产业转型升级

加快传统产业技术改造与绿色转型。吉林省传统产业比重较高，这既是挑战也是机遇。为了提升全要素生产率，必须加大技术改造力度，推动传统产业向高端化、智能化、绿色化方向转型。在汽车产业方面，应积极推广智能制造技术，提高生产效率和产品质量，同时加强新能源汽车的研发和推广，降低能耗和排放。在化工产业方面，应鼓励企业采用先进的环保技术，实现绿色生产，减少环境污染。此外，还应加强传统产业与新兴产业的融合，推动传统产业向价值链高端延伸。

培育壮大新兴产业。吉林省应聚焦新能源、新材料、生物医药等战略性新兴产业，加大政策扶持力度，引导社会资源向这些领域集聚。通过建设产业园区、创新平台等方式，促进新兴产业的快速发展和集群化发展。在新能源领域，应大力发展风能、太阳能等可再生能源，推动分布式能源发电装备制造和电源侧储能系统等技术攻关。在新材料领域，应加强对新型功能材料、高性能复合材料等关键技术的研发和应用。在生物医药领域，应支持创新药物的研发和生产，推动生物医药产业的快速发展。

完善科技创新体系。为了提高科技成果的转化率，吉林省应加强科技创新体系建设，完善产学研合作机制。应鼓励企业、高校和科研机构加强

合作，共同开展科技研发和技术攻关。同时，应加大科技研发投入，提高自主创新能力，推动科技创新成果向现实生产力转化。此外，还应加强知识产权保护，完善技术市场体系，为科技创新提供良好的法治环境和市场环境。

（二）加强人才引育，提供智力支撑

人才培养方面，一是加强高等教育与产业融合。鼓励省内的高校与企业建立深度合作，通过校企合作、产教融合的方式，共同培养符合市场需要的高素质人才。推动高校专业设置与产业结构优化升级相匹配，加强新兴学科和交叉学科建设。二是提升职业技能培训水平。加大对职业技能培训机构的支持力度，提升其培训质量和水平。开展形式多样的职业技能培训活动，包括线上培训、线下实训、师徒传承等，满足不同行业、不同层次人才的需求。三是实施青年人才培养计划。针对青年人才制订专项培养计划，提供更多的学习机会、实践平台和成长空间。举办青年人才创新创业大赛、青年论坛等活动，激发青年人才的创新活力和创业热情。

人才引进方面，一是完善人才引进的优惠政策，包括住房补贴、税收优惠、子女教育等方面的支持，提高吉林省对高端人才的吸引力。建立人才引进的绿色通道，简化引进程序，提高引进效率。二是加强人才引进平台建设。搭建人才招聘网站、人才交流会等人才引进的线上线下平台，为吉林省与国内外优秀人才提供对接机会。在重点产业领域建立人才引进的专项平台或机构，负责该领域人才的引进、培养和服务工作。三是拓展人才引进渠道。加强与国内外知名高校、科研机构的合作，通过校地合作、产学研合作等方式引进优秀人才。鼓励吉林省内的企业、科研机构等通过海外引智、柔性引进等方式，吸引国际顶尖人才来吉林省工作或合作。四是营造良好的人才引进氛围。加大对吉林省人才引进工作的宣传力度，提高吉林省的知名度和影响力。举办人才峰会、人才论坛等各类人才引进活动，展示吉林省的引才成果和优势，吸引更多高素质人才来吉林省发展。

## （三）培育壮大高新技术企业，增强创新驱动力

实施"专精特新"中小企业梯度培育计划。建立"专精特新"的种子企业、市级中小企业、省级中小企业、国家"小巨人"企业分级培育库，形成梯度培育格局。优先支持"专精特新"中小企业申报高新技术企业，提供政策、资金、技术等方面的支持，助力其快速发展。

推动科技型中小微企业向高新技术企业发展。鼓励市（州）科技部门、科技企业孵化器、金融机构积极培育科技型中小微企业。对自主研发和科技成果转移转化成效显著的科技型中小微企业予以专项支持，推动其加快成长为高新技术企业。

加强高新技术企业后备力量建设。建立高新技术企业后备库，将有潜力的企业纳入后备库，进行重点培育和指导。设立高新技术企业培育专项基金，支持企业加大研发投入、开展技术创新和成果转化。优化高新技术企业发展环境。加强知识产权保护，完善技术市场体系，为高新技术企业提供良好的创新环境和市场环境。完善高新技术企业政策扶持体系。制定和完善税收减免、资金补助、融资支持等高新技术企业扶持政策，降低企业运营成本，增强企业发展动力。建立高新技术企业政策落实跟踪问效机制，确保各项政策真正惠及企业。搭建高新技术企业创新发展平台。支持高新技术企业建设研发中心、技术中心等创新平台，提高高新技术企业自主创新能力。搭建高新技术企业与高校、科研院所的产学研合作平台，推动科技成果转移转化和产业化。拓宽高新技术企业融资渠道。建立高新技术企业融资担保体系，降低企业融资成本。鼓励金融机构针对高新技术企业开发专属金融产品，提供定制化金融服务。支持高新技术企业通过多层次资本市场进行融资，推动企业快速发展。此外，还应加强国际科技合作与交流，推动高新技术企业参与国际竞争与合作。

## （四）发展生产性服务业，提升产业链效率

明确发展重点，推动生产性服务业专业化发展。聚焦研发设计、供应链

管理、品牌营销等高附加值服务业，推动生产性服务业向专业化、高端化发展。通过政策扶持和资金引导，鼓励企业加大研发投入，提升服务创新能力，提升产业链的整体效率和附加值。促进跨界融合，推动生产性服务业与制造业协同发展。鼓励生产性服务业与制造业的深度融合，支持制造业企业向服务型制造转型。通过发展定制化服务、总集成总承包等新型服务模式，提高制造业的附加值和市场竞争力。同时，生产性服务业企业应主动对接制造业需求，提供专业化、高效化的服务支持，共同推动产业链效率的提升。加强平台建设，构建生产性服务业生态系统。构建集信息、技术、资金、人才等要素于一体的生态系统。通过搭建公共服务平台、产业创新联盟等，促进生产性服务业企业之间的交流合作，推动资源共享和协同创新，加强产业链上下游企业的协同与合作，形成紧密的产业链和供应链体系。

### （五）加强新型基础设施建设，提升支撑能力

优化投资结构。加大对 5G 通信网络、数据中心、工业互联网、物联网等新型基础设施的投资力度。这些新型基础设施是推动数字经济发展、提升产业智能化水平的重要支撑，也是提升全要素生产率的关键因素。同时，加大对新型基础设施建设的投资力度，制定更加优惠的投资政策，通过政府引导基金、PPP 模式等多种方式，吸引社会资本参与。形成多元化的投资格局。在信息基础设施方面，科学合理布局各类通信基础设施，促进其他类型基础设施与信息通信基础设施融合部署。推进面向城市应用、全面覆盖的通信、导航、遥感空间基础设施建设运行和共享。在建设融合基础设施方面，加快工业互联网建设，推动企业上云和工业移动应用程序应用，促进制造业资源与互联网平台深度对接。加强交通、物流、能源、市政等基础设施智慧化改造，形成网络化、智能化、服务化、协同化的融合基础设施。汇聚卫星遥感、农情气象物联网采集等多渠道农业数据，引导建设数字农业示范基地、智慧农业产业园区、智慧农场、智慧农产品生产保护区等载体，提升农业生产、加工、销售各环节数字化水平。建设远程医疗、在线教育等民生基础设施。

## （六）深化体制机制改革，激发市场活力

推进市场化改革。充分发挥市场在资源配置中的决定性作用。应放宽市场准入，降低企业进入市场的门槛，激发市场活力。同时，应加强市场监管，维护市场秩序，保障公平竞争。加强政府引导和服务，为企业提供良好的发展环境。应制定科学合理的产业政策，引导企业向新兴产业和高端领域发展。

强化企业创新主体地位，探索由龙头企业牵头组织各级政府资助科技项目评审和资金分配。省级科技发展计划体系项目、省级科技奖励评审等向高新技术企业、科技小巨人企业等主体适度倾斜。深化园区制度改革，加快建设主题性、市场化的科技园区和产业园区，赋予一部分特色园区省级开发区甚至国家级开发区的管理权限。把发展较好的园区作为舆论宣传的重点、招商引资的重点、制度创新的重点。探索特色园区托管开发区的新型模式。深化奖补机制改革，制定全省统一的税收奖补政策。根据三类园区级别制定税收、奖补政策。支持制定企业向国家级园区以及基础设施较好的省级园区集聚的政策。同时，应加强政府服务，提高行政效率，为企业提供更加便捷、高效的服务。

# B.3
# 加快吉林省制造业与人工智能融合发展研究

崔剑峰 杨郁枫*

**摘 要：** 人工智能是新质生产力发展的重要领域，加快制造业与人工智能融合发展对制造业未来发展至关重要。吉林省人工智能产业已经具备一定的基础研究能力，正在努力拓展应用场景和智能产品体系，政策支持力度也不断加大。当前，吉林省人工智能与制造业融合发展中还存在一系列问题，如产业发展的关键要素不完备，应用场景开发能力弱，顶层设计和政策体系不完善等。为加快吉林省制造业与人工智能融合发展，应大力开发专用型人工智能，广泛实施制造业"AI+"行动；广泛拓展制造业应用场景，营造良好的人工智能产业链生态；强化政策支持引导，撬动更多社会资源投入人工智能领域；优化核心资源和要素配置，因地制宜打造区域优势产业集群；加强国家战略性产业保护，兼顾产业发展与数据安全。

**关键词：** 制造业 人工智能 应用场景 产业链生态 算力

加快培育新质生产力是当前我国经济发展的重中之重，而人工智能作为新质生产力培育的重点领域，是先进制造业"智转数改"后必然的前沿发展方向，是推进新型工业化的重要途径，具有较强的未来成长性。近年来，随着人工智能基础研究的重大突破和应用场景的大力拓展，制造业领域已经

---

\* 崔剑峰，管理学博士，吉林省社会科学院经济研究所研究员，主要研究方向为产业经济学和区域经济学；杨郁枫，长春理工大学经济学院硕士研究生，主要研究方向为区域经济学。

开始逐步应用人工智能，融合发展的前景十分广阔。吉林省作为老工业基地，过去几年在智转数改和数字经济上取得了较大成就，一部分企业已经开始应用人工智能进行辅助研发与生产活动，但成熟与完整的人工智能产业链尚未成型，与制造业的融合发展也只刚刚起步。当前，研究如何加快制造业与人工智能融合发展，对于吉林省加快布局未来产业、加快培育新质生产力，具有重大的现实意义和应用价值。

## 一 吉林省人工智能与制造业融合发展的现状

### （一）人工智能的基础研究能力不断夯实

2018年，吉林大学和长春理工大学两所重点院校分别成立了人工智能学院（研究院），致力于人工智能专门人才的培养和人工智能技术研发，在机器视觉、虚拟现实等方面技术研发取得了初步成果。两个学院目前均具备博士研究生培养能力，且将大量精力投入产学研结合项目，吉林大学分别与一汽、华为、百度、字节跳动、启明信息等企业开展战略合作，长春理工大学建立了机器视觉产业技术研发中心、吉林省工业机器视觉联合技术创新实验室、吉林省智能科学与工程联合重点实验室等专门实验室。长春工程学院和苏州苏相机器人智能装备有限公司及中车长春轨道客车股份有限公司联合成立了吉林省高端装备智能制造技术跨区域合作科技创新中心，致力于制造业领域的智能装备研发。

人工智能算力中心方面，长春人工智能创新基地长春算力中心已经完成2期建设，算力规模为超算10P+智算300P，在东北区域处于领先水平。按照"一中心（算力中心）四平台（公共算力服务、创新应用孵化、产业聚合发展、科研人才培养）"发展战略，推动全市人工智能与传统产业的加速融合，已为84家单位提供匹配了154.44P的算力支撑，助力省内几位院士团队在超硬材料、地质勘探、交通治堵、菌物研发等项目中取得突破性进展，当前处于算力供不应求的阶段。此外，博立科技的吉林省"智擎"人工智能基础支撑与服务平台，已完成平台基本建设，数据采集云服务系统和数据标注云服务子系统支持不少于 8 种数据标注方式，同时支持半自动标注与智能审核功能。

人工智能硬件基础方面，吉林省在芯片和传感器等核心元器件方面，已经形成一定优势。华微电子具有 4~6 英寸 IC 芯片加工能力，长光辰芯图像传感器芯片设计水平达到国际先进，长光圆辰专注于 CMOS 传感器晶圆加工，四平吉华和大陆电子从事部分汽车传感器产品开发。

## （二）人工智能与制造业融合发展的应用场景逐步拓展

随着人工智能技术的不断进步和制造业智转数改的不断深入，人工智能在先进制造业的应用场景开始逐步拓展，在研发、生产、服务等诸多环节都有人工智能参与。

在技术研发环节，一汽智能网联研究院、吉林大学材料实验室、中机实验等在技术研发环节应用人工智能进行实验控制、环境模拟、耐久实验等，大大提高了实验效率，降低了成本。长春工程学院机械学科智能检测团队研发的在线检测的图像提取、全局标定、点云配准等技术和装备，在一汽解放、中车长客等企业应用，取得了显著的经济效益，获吉林省科技进步二等奖。

在生产制造环节，一汽解放 J7 的整车智能工厂中全程进行数据采集，多个环节应用工业机器人，如涂胶、安装风挡玻璃、轮胎安装等都是由机器人全自动作业完成。易启科技是一家专注于机器视觉识别研发与应用的人工智能企业，其研发的工业视觉检测系统，已经在汽车及零部件生产领域应用。长光大器研发的超精密磁流变加工智能装备，正在与一汽开展合作，该设备可应用于汽车模具的设计和生产领域，以更高的精密度和稳定性替代成熟工匠。

在服务环节，博立电子异构计算达到国际领先水平；鸿达电子在指纹识别、无冈生物虹膜识别等生物识别技术领域达到国内先进水平；易加科技"EAI 工业数字化智能应用平台"项目已完成平台基础系统研发、测试，并进入汽配行业的装配和注塑,落地合作客户超百家,线束行业 MES 系统国内占有率达 70%。吉林省人工智能重点企业及其主要产品如表 1 所示。

表 1　吉林省人工智能重点企业及其主要产品

| 序号 | 企业名称 | 主要产品 |
| --- | --- | --- |
| 1 | 长春长光辰芯光电技术有限公司 | CMOS 图像传感器 |
| 2 | 长春长光圆辰微电子技术有限公司 | 背照式 CMOS 图像传感器晶圆 |
| 3 | 长春慧眼神光光电科技有限公司 | 固态激光雷达 |
| 4 | 吉林华微电子股份有限公司 | IGBT |
| 5 | 长春光华科技发展有限公司 | 读写器具、电子标签 |
| 6 | 长春长光辰英生物科学仪器有限公司 | 拉曼光谱检测设备 |
| 7 | 长春鸿达光电子与生物统计识别技术有限公司 | 指纹识别仪 |
| 8 | 吉林无罔生物识别科技有限公司 | 虹膜采集系统 |
| 9 | 中国第一汽车集团有限公司 | 智能网联汽车 |
| 10 | 易启科技(吉林省)有限公司 | 智能导诊机、人证合一设备 |
| 11 | 长春融成智能设备制造股份有限公司 | 自动灌装机器人 |
| 12 | 长春艾希技术有限公司 | 机械手、随行上线系统 |
| 13 | 中国电建集团长春发电设备有限公司 | 智能环保斗轮机 |
| 14 | 长光华大基因测序设备(长春)有限公司 | 基因测序仪 |
| 15 | 吉林亚泰中科医疗器械工程技术研究院股份有限公司 | 肝储备功能分析仪 |
| 16 | 长光卫星技术有限公司 | 卫星、无人机 |
| 17 | 长春博立电子科技有限公司 | 云平台、双目视觉设备 |
| 18 | 吉林市东杰科技开发有限公司 | 矿山整体解决方案 |
| 19 | 启明信息技术股份有限公司 | 数据中心、车联网 |
| 20 | 东北师大理想软件股份有限公司 | 智慧教育平台 |

资料来源:吉林省工信厅。

## (三)制造业的智能化产品体系日渐成型

汽车方面,一汽红旗、奔腾等自主品牌以及奥迪、大众、丰田等合资品牌量产主力车型已普遍实现 L2 级别辅助驾驶功能,搭载具备 L3 级别自动驾驶功能的红旗 E-HS9 车型已完成产品准入和上路通行试点申请。

轨道客车方面,新型奥运版复兴号智能动车组具备自动驾驶功能,可实现智能应急走行，在时速 350 公里行进过程中实现 4k 超高清视频实时稳定传输；采用车—车通信系统，优化了车辆控制流程，极大地提升了列车运行效率和安全可靠性；配置智能运维系统，实现了对列车关键系统在线状态的实时检测，搭载弓网、轨道、隧道等综合检测系统，数千个智能传感器，可结合实际运营工况对其他专业设备进行监测，犹如随车配备"地铁医生"。

光电方面，有长光卫星的小卫星及无人机、长光辰英的拉曼光谱分析仪、长光华大的高通量基因测序仪等智能医疗设备、长春鸿达的指纹识别仪等。

医疗器械方面，通化海恩达的中医机器人可以实现由连接大数据模型的机器人为病人问诊开方。吉林省医用智能技术及精准诊疗装备跨区域合作科技创新中心研制的内镜引导颅底外科手术导航定位系统、超声引导腹腔消融手术导航机器人系统、冠脉结构重建与功能分析系统、基于混合现实的静脉穿刺引导系统、牙齿矫正智能辅助系统，已在全国多地的医疗机构开展应用。

（四）人工智能与制造业融合的政策支持力度日益加大

国家对人工智能发展高度重视，2017 年 7 月国务院印发《新一代人工智能发展规划》，首次提出"抢抓人工智能发展的重大战略机遇，构筑我国人工智能发展的先发优势，加快建设创新型国家和世界科技强国"。2017 年 12 月，工信部印发《促进新一代人工智能产业发展三年行动计划（2018~2020 年）》，提出"加快人工智能产业发展，推动人工智能和实体经济深度融合"。2019 年，中央全面深化改革委员会第七次会议审议通过了《关于促进人工智能和实体经济深度融合的指导意见》，提出促进人工智能和实体经济深度融合，构建数据驱动、人机协同、跨界融合、共创分享的智能经济形态。

吉林省在 2017 年出台了《关于落实新一代人工智能发展规划的实施意见》，提出要培育人工智能产业，推动与实体经济深度融合。2019 年，为落实省委改革办关于人工智能重点任务要求，省工信厅牵头制定了实施意见，推动人工智能与实体经济融合发展。2020 年省政府出台《吉林省新基建

"761"工程实施方案》，工信厅制定了智能信息网人工智能专项行动方案，明确从培育壮大人工智能产业、推动制造业智能升级、推进人工智能场景应用和强化人工智能产业支撑四个方面，组织实施人工智能专项，促进人工智能与实体经济融合发展，截至目前，"761"工程人工智能专项项目累计入库项目123个，完成投资22亿元。2023年省委省政府出台《数字吉林建设规划（2.0版）》。

## 二 吉林省人工智能与制造业融合发展中存在的问题

### （一）人工智能与制造业融合发展所需的关键要素不完备

人工智能与制造业融合发展的前提是人工智能产业的发展，目前人工智能产业链尚未成型，正处于从未来产业向新兴产业过渡的阶段，无论是人工智能的基础技术还是人工智能与制造业融合的专用技术，都处于快速发展阶段，该阶段在基础研究、应用研发、人才团队、场景拓展等诸多方面需要大量的要素投入。吉林省作为老工业基地，制造业门类齐全，与人工智能融合发展的可应用场景较多，但发展人工智能的核心要素如资金、人才等不具备优势，限制了人工智能与制造业的深度融合。以人工智能的核心"算力中心"为例，目前长春的算力中心已经完成2期建设，但仍处于供不应求的状态，这一方面说明人工智能发展速度快，另一方面也反映了地方政府在建设算力中心方面投入能力有限，无力完成超前算力配置的"大手笔"，未来亟须中央资金支持或大规模外部引入投资。人才方面，受到工资待遇、发展前景、专业对口等因素影响，两所大学培养的人工智能专业人才多数流向外地。"缺钱"和"缺人"已经成为东北地区人工智能产业发展的重要阻碍。

### （二）应用场景开发能力弱影响人工智能与制造业深度融合

应用场景开发是人工智能与先进制造业融合发展的关键，从现有的成功案例来看，都是从事与人工智能相关的高科技公司为制造业企业研发专用的应用场景,然后应用于研发或生产制造环节。目前,吉林省的现状是制造业可开发的应用场景多,而有能力进行应用场景开发的人工智能科技企业少。以工信厅提供的人工智能重点企业名单为例,全省入围企业仅仅20家,其中有一半是从事人工智能核心元器件或其他硬件设备生产的企业,具备制造业应用场景开发能力的企业很少。就整个东北老工业基地的现状来看,高新技术企业相对较少,从事人工智能相关应用开发的企业更少,应用场景少意味着收益少,持续性投资无法有效扩大,导致人工智能产业发展的动力不足,反过来又限制了应用场景的进一步拓展,无法形成产业发展的良性循环,这一问题已成为人工智能与制造业深度融合的严重阻碍。

### (三)融合发展的顶层设计和政策体系有待进一步完善

从2017年国家层面出台《新一代人工智能发展规划》《促进新一代人工智能产业发展三年行动计划(2018~2020年)》至今,人工智能技术的发展已经进入新的阶段,需要针对加快人工智能与经济社会深度融合重新出台更具体更符合发展实际的专门规划体系。国内部分发达地区已经着手实施新的规划。2022年,上海市、深圳市先后出台《上海市促进人工智能产业发展条例》《深圳经济特区人工智能产业促进条例》,以人大条例形式确定人工智能发展规划。浙江省出台《建设杭州国家人工智能创新应用先导区行动计划(2022~2024年)》。2023年,北京市政府发布《北京市促进通用人工智能创新发展的若干措施》,提出充分发挥政府引导作用和创新平台催化作用,整合创新资源,加强要素配置,营造创新生态。从各地区发展人工智能产业和推进人工智能与制造业融合的政策体系看,都是根据资源禀赋特点和产业优势,选择重点领域加快推进,以打造优质的人工智能产业链和健康的产业生态。

吉林省在推进人工智能与制造业融合发展上,需要进行顶层设计的新问题有很多。比如,算力中心问题,是各地分头建立自己的算力中心,还是按区域规划建立更大型的综合性算力中心,哪种方式更符合成本效率原则,哪

种方式更符合产业发展需要,需要有整体的构想。又如,像轨道交通、船舶制造、卫星航天、光电信息等事关国家战略和产业安全的先进制造业领域,必须要考虑数据安全的问题,是否应该由国家层面统筹安排,筹建专用的数据中心和算力中心。还有人才队伍建设方面,从高等教育和职业教育领域应该统筹考虑人才培养体系和培养模式,多层次多元化储备人工智能专业人才。

## 三 加快推进人工智能与先进制造业融合发展的对策

### (一)大力开发专用型人工智能,广泛实施制造业"AI+"行动

人工智能可以分类为通用型人工智能(General AI,如 ChatGPT)和专用型人工智能(Domain-Specific AI),二者的技术路径、应用范围、智能化程度和开发难度均有所不同。专用型人工智能针对特定场景和特定任务而设计,虽然应用范围较小,智能化程度较低,但开发难度也更低,资源消耗也更少,而且在制造业领域内,能够基本满足多数应用场景的需求。当前,我国在通用型人工智能领域落后于美国,但在专用型人工智能方面没有明显劣势,而且我国制造业的规模大且门类齐全,因此大力发展专用型人工智能,能够更快地推进吉林省制造业与人工智能的深度融合。

一是坚定地实施制造业"AI+"行动,明确以专用型人工智能为重点的技术发展方向,针对吉林省制造业特点和需求匹配技术和设备,力争在全球范围内率先完成先进制造业的全面智能化,抢占竞争有利位置。

二是打造制造业人工智能全产业链,推进从人工智能技术到人工智能产业的衍进,一方面在制造业人工智能设备的研发、制造、系统维护等环节全产业链布局,形成相当的产业规模,培育制造业人工智能全方位解决方案自主可控能力;另一方面在制造业的研发、生产、检测、服务等全流程推进人工智能渗透,实现先进制造业的全链条智能化发展。

三是制订重点领域、重点行业的具体推进计划,分批次有步骤地实现制

造业全行业的智能化发展，如智能网联汽车和自动驾驶技术等，在当前国际汽车产业大变局下，必须率先突破才能赢得未来。

## （二）广泛拓展制造业应用场景，营造良好的人工智能产业链生态

人工智能与制造业融合发展的长期目标必然是提高效率、提升质量、增加收益、降低成本，形成新质生产力。就人工智能技术现阶段的发展水平来看，距离达成以上目标还有很长的距离，因此营造良性循环的人工智能产业链生态，创造健康可持续的发展环境至关重要。在当前应将人工智能与制造业融合的突破口放在拓展应用场景上，让更多企业、更多行业应用人工智能提升发展质量，提高效益水平，催生更多的应用场景需求，刺激人工智能产业加快发展，以盈利能力支撑研发投入，升级算力和智能水平，形成良性循环的产业链生态。

一是大力支持人工智能科技企业的发展，特别是支持企业在某一领域或行业长期投入，探索成熟的融合发展模式，形成示范带动作用。

二是完善多元化人才培养体系，在高等教育和职业教育多方面努力，形成从基础研发人员到新型技术工人的人才团队。

三是打造一系列公共发展平台，如创新平台、融资平台、孵化平台、项目对接平台等，为广大中小型科技企业提供更多的服务支持其健康成长。

## （三）强化政策支持引导，撬动更多社会资源投入人工智能领域

以东北老工业基地为例，虽然制造业基础雄厚，但高科技企业发展落后，资金、人才等核心要素不充分，要推进人工智能与制造业的深度融合，依靠地区力量存在很大困难，必须依靠国家支持。目前，工信部支持创建了11个人工智能创新应用先导区，科技部支持建设了15个人工智能创新发展试验区，26个支持城市中整个东北无一入选，亟须国家政策支持。

一是争取东北地区第一个人工智能先导区落户长春市，争取国家给予政策和资金支持，在事关国家产业安全的汽车、轨道交通、卫星航天等行业，加快推进人工智能与制造业的融合发展。

二是发挥好财政投入、政策激励的引导作用和市场配置资源的主导作用，撬动企业、社会加大投入，形成财政资金、金融资本、社会资本多方支持的新格局。建议推动设立人工智能与实体经济融合发展专项项目资金，通过采取事后奖补等方式对项目进行补贴，充分发挥政府投资"四两拨千斤"的引导带动作用。在现有各类产业发展引导专项资金中，针对人工智能优秀企业和拥有人工智能技术的企业在承担人工智能相关项目上给予一定的财政倾斜支持。

（四）优化核心资源和要素配置，因地制宜打造区域优势产业集群

人工智能是第四次工业革命的重要领域，事关新型工业化的成败，也决定了未来国际竞争格局。但发展人工智能需要消耗大量的优质资源和要素，在吉林省各地区、各行业发展不平衡的现状下，必须发挥新型举国体制的优势，在全省范围内实现核心资源和关键要素的高效配置。

一是整合算力中心和数据中心，加强数据互联互通，提高数据和算力的综合利用率。算力中心耗能量大，未来在算力不断提升的情况下需要稳定的能源支持，因此算力中心必须与新能源发展相捆绑，才能做长远规划，超前配置。比如，吉林省西部地区有丰富的风电和光电等新能源，可以考虑在此建设一个大型算力中心，供全省乃至东北地区使用，既可以带动地方数字经济发展，也可以消纳新能源，实现双赢。

二是因地制宜打造人工智能与制造业融合发展的产业集群，根据各地区的产业特色和资源优势，在优势产业率先推进人工智能化，带动全行业人工智能发展。比如，吉林省制造业的优势行业是汽车、轨道交通、光电信息和医药等，光电信息产业在人工智能核心元器件传感器方面具有世界领先优势，而用于交通装备和医疗器械的产品如智能网联汽车、医疗机器人等，均需要大量的传感器，各产业应寻求可以融合发展的领域共同发力实现突破。

（五）加强国家战略性产业保护，兼顾产业发展与数据安全

人工智能技术的核心是数据和算力，而数据既是产业发展的基础，也是

未来最有价值的资产。随着技术的发展和人工智能的大量应用，数据的价值将越来越高，而且伦理和安全问题也将越来越重要。尤其在国际形势不稳和竞争强度增大的背景下，制造业的产业安全问题更是不容忽视，而人工智能与制造业融合的条件下，数据价值保护和数据安全问题尤为突出，必须提前做好应对准备。

一是筹建战略安全数据库和算力中心，为国家战略行业和军工行业等提供专门服务，建立数据安全应急处理机制，做好技术储备，随时应对"算力战"和"数据战"。

二是加强数据资产的挖掘和保护，坚实推进数据资产入表工作，切实保护企业的数据资产，像保护知识产权一样保护企业的数据资产，探索数据交易模式，构建数据资产交易中心，促进有价值的数据在各主体间安全、合理、有效地流动。

# B.4
# 吉林省生产性服务业高质量发展对策研究

张丽娜 邵东*

**摘　要：** 本文对党的二十大以来吉林省生产性服务业进行了分析。总体来看，吉林省生产性服务业对全省经济的支撑作用逐步增强，生产性服务业比重不断提升，规上企业营业收入大幅提高，呈现金融服务业贡献加大、电商产业蓬勃发展、软件和信息技术服务业规模质量双提升、物流业总体保持平稳运行的发展特征。但是，目前仍然存在对经济总量提升作用有限、对创新型省份贡献不足、人才和就业吸纳能力较弱、行业生态亟须完善等问题。据此，提出因地制宜聚焦重点突破口、优化行业结构和布局、加大政策扶持力度、培养和吸收高素质人才的对策建议，旨在推动吉林省生产性服务业的转型升级和高质量发展。

**关键词：** 生产性服务业　高质量发展　吉林省

## 一　生产性服务业的内涵与发展

生产性服务业是专为工业生产提供连续性保障、技术进步、产业升级及效率提升的服务行业，在深度嵌入制造业并支撑其转型的同时，广泛连接第一和第三产业，促进三次产业深度融合与协同发展，为现代产业体系的高效

---

\* 张丽娜，吉林省社会科学院经济研究所所长，研究员，主要研究方向为产业经济和区域经济；邵东，吉林省社会科学院经济研究所助理研究员，主要研究方向为产业经济和数量经济。

协同奠定基础,是经济高质量发展的关键驱动力。党的二十届三中全会通过的《中共中央关于进一步全面深化改革　推进中国式现代化的决定》中指出,"聚焦重点环节分领域推进生产性服务业高质量发展,发展产业互联网平台,破除跨地区经营行政壁垒,推进生产性服务业融合发展",这一战略部署把发展生产性服务业作为"健全推动经济高质量发展体制机制"的重要内容,为吉林省加速推动生产性服务业高质量发展提供了方向指引和重要遵循。

### (一)生产性服务业的内涵

生产性服务业内涵特征的主要体现,一是产业融合度高。生产性服务业能够贯穿服务对象的全产业链并提升整体效能,重组原有的产业价值体系,形成新的增值能力更强的价值链,生产性服务业内部也通过深度融合催生出符合高质量发展需求的新业态。二是服务领域广泛。生产性服务业涉及第二产业的多个环节,涵盖众多服务领域,随着技术进步和产业升级,生产性服务业的范围将持续扩大,为各类新兴领域的多种市场主体提供全方位的支持和服务。三是技术创新活跃。数字技术、人工智能等新兴科技的广泛应用使生产性服务业的创新活力进一步迸发,将知识、技术、人才和数据作为主要生产要素,加速向知识和技术密集型产业转型。四是专业化程度高。随着新兴产业、未来产业发展不断催生个性化、创新型服务需求,生产性服务业的细分程度和专业化水平将进一步提高,侧重于提供高水平的标准化或定制化服务。五是经济效益显著。经济效益是生产性服务业高质量发展的直接体现,现代化的生产性服务业处于全球价值链的高附加值环节,不仅自身具有较强的盈利能力,而且能带动实体经济提高发展质量和效益。

### (二)生产性服务业的全球性趋势特征

生产性服务业在全球经济中的比重持续上升,在发达国家已成为经济增长的重要引擎,在发展中国家也呈现逐年上升的趋势。2023年,美国生产性服务业增加值占GDP的比重高达47.7%,中国生产性服务业增加值占

GDP的比重虽然仅为20.5%，但是增速达到10.5%，是GDP增速的2倍。国内外生产性服务业在全球经济体系中的重要性与日俱增，其发展趋势也呈现以下特点。一是数智化。全球生产性服务业正逐渐向数字化和智能化转型升级，企业充分利用现代信息技术大幅度提升服务能力和水平，预计信息技术服务市场将以每年10%以上的速度增长，成为推动行业发展的主要驱动力。二是高端化。世界各国纷纷加强在研发设计、决策咨询、金融服务、供应链管理等领域的高端生产性服务，服务中间投入和服务业务创造的价值大幅增加，推动生产性服务业逐渐向价值链高端延伸。三是国际化。全球服务业开放发展的大势日益凸显，跨国服务贸易和投资活跃，国外生产性服务业企业积极拓展国际市场，形成全球服务网络。我国服务业实际使用外资金额大多集中在生产性服务业领域，生产性服务业企业随着"走出去"和"一带一路"建设的不断开展，加快了融入全球服务网络的步伐。

## 二　吉林省服务业发展总体现状

党的二十大以来，吉林省服务业发展的总体趋势发生了显著变化，服务业产值占GDP的比重逐步提高，对经济的支撑作用日益增强。生产性服务业发展规模不断扩大，营业收入明显增长，对服务业内部结构转型升级起到了关键性作用。

### （一）服务业对经济的支撑作用逐步增强

近年来，吉林省服务业快速发展，推动了产业结构转型升级。2020~2023年，全省服务业增加值快速提升，在地区经济中所占比重呈不断上升趋势。自2017年吉林省服务业规模超过5000亿元关口，增加值在GDP中的占比首次过半以来，吉林省服务业增加值占GDP的比重始终保持在50%以上，2024年1~9月占比达到了57.9%，分别较第一、第二产业高出51.2个和22.5个百分点，服务业发展优势明显，对经济的支撑作用明显增强（见表1）。

表 1  吉林省三次产业增加值及结构

单位：亿元

| 指标 | 2020 年 | 2021 年 | 2022 年 | 2023 年 | 2024 年 1~9 月 |
| --- | --- | --- | --- | --- | --- |
| 地区生产总值 | 12256 | 13163.8 | 13070.2 | 13531.19 | 10116.13 |
| 第一产业增加值 | 1553 | 1553.8 | 1689.1 | 1644.75 | 678.97 |
| 第二产业增加值 | 4319.9 | 4768.3 | 4628.3 | 4585.03 | 3576.95 |
| 第三产业增加值 | 6383.1 | 6841.7 | 6752.8 | 7301.4 | 5860.21 |
| 三次产业结构 | 12.7∶35.2∶52.1 | 11.8∶36.2∶52.0 | 12.9∶35.4∶51.7 | 12.2∶33.9∶53.9 | 6.7∶35.4∶57.9 |

资料来源：国家统计局。

## （二）生产性服务业比重不断提升

长期以来，吉林省高度重视发展生产性服务业，取得了一定成效，规模不断扩大，以金融业以及信息传输、软件和信息技术服务业为代表的生产性服务业比重明显上升。2020~2023 年，金融业增加值占服务业的比重由 2020 年的 14.0%升至 2023 年的 14.8%，信息传输、软件和信息技术服务业增加值占服务业的比重由 2020 年的 7.9%升至 2023 年的 8.8%，租赁和商务服务业增加值占服务业的比重保持在 1.8%左右（见表 2）。

表 2  吉林省服务业分行业增加值占比

单位：%

| 时间 | 批发和零售业 | 交通运输、仓储和邮政业 | 住宿和餐饮业 | 金融业 | 房地产业 | 信息传输、软件和信息技术服务业 | 租赁和商务服务业 | 其他行业 |
| --- | --- | --- | --- | --- | --- | --- | --- | --- |
| 2020 年 | 11.4 | 9.1 | 2.5 | 14.0 | 12.6 | 7.9 | 1.8 | 40.7 |
| 2021 年 | 12.0 | 9.5 | 2.8 | 13.9 | 11.3 | 8.2 | 1.8 | 49.5 |
| 2022 年 | 11.6 | 8.8 | 2.4 | 14.8 | 10.5 | 8.5 | 1.7 | 41.7 |
| 2023 年 | 11.9 | 9.3 | 2.6 | 14.8 | 9.6 | 8.8 | 1.8 | 41.2 |
| 2024 年 1~8 月 | 11.3 | 8.9 | 2.6 | 14.0 | 9.6 | — | — | 52.6 |

资料来源：根据吉林省统计公报及吉林省统计月报数据经过作者核算后得出。

## （三）规上生产性服务行业收入提升较快

2024年1~8月，吉林省规模以上服务业企业营业收入为1014.89亿元，同比增长5.5%，其中，八大规上重点服务业行业营业收入达526.96亿元，同比增长13.5%。从重点行业来看，生产性服务业行业营业收入增速明显高于生活性服务业行业，对营业收入的整体贡献更强。1~8月规上生产性服务行业营业收入达403.22亿元，占八大重点行业的76.5%。其中，增速最快的是软件和信息技术服务业，为27.4%，其次是科学研究和技术服务业，增速达到22.5%，而租赁和商务服务业营业收入172.05亿元，在八大重点行业中占比最大，占规上重点行业收入的32.6%。以上三个行业都属于生产性服务业，是营业收入实现快速回升的主动力（见表3）。

表3　2024年1~8月吉林省八大规模以上重点服务业行业营业收入

单位：亿元，%

| 指标 | 2024年1~8月 | |
|---|---|---|
| | 绝对量 | 增速 |
| 合计 | 526.96 | 13.5 |
| 多式联运和运输代理业 | 11.68 | 19.3 |
| 装卸搬运和仓储业 | 67.47 | -0.2 |
| 互联网和相关服务 | 11.52 | 1.9 |
| 软件和信息技术服务业 | 49.37 | 27.4 |
| 租赁和商务服务业 | 172.05 | 10.3 |
| 科学研究和技术服务业 | 158.60 | 22.5 |
| 居民服务、修理和其他服务业 | 18.94 | 10.2 |
| 文化、体育和娱乐业 | 37.33 | 9.2 |

资料来源：2024年吉林省统计月报。

## 三　吉林省生产性服务业发展特点

目前，吉林省生产性服务业发展呈现金融服务业贡献加大、电商产业蓬勃发展、软件和信息技术服务业规模质量双提升、物流业总体保持平稳运行的特点。

## （一）金融服务业贡献加大

### 1. 金融对经济发展的贡献增强

吉林省金融服务业围绕经济高质量发展战略，积极为产业和企业发展提供资金支持，为全省经济社会恢复发展提供强有力的金融支撑。存款和贷款是银行信贷资金的主要来源和用途，一般来说，存款和贷款的增长会推动GDP的增长，2024年1~8月全省本外币各项贷款余额为28873.43亿元，同比增长4.1%，高于上半年0.9个百分点；全省范围内金融机构的本外币存款总额已累计达到38315.53亿元，与上年同期相比，实现了7.7%的增长。金融对地方经济发展的贡献逐步增强，2023年金融业增加值贡献度为7.96%，较2021年提高0.74个百分点，已接近全国平均水平7.99%（见图1）。

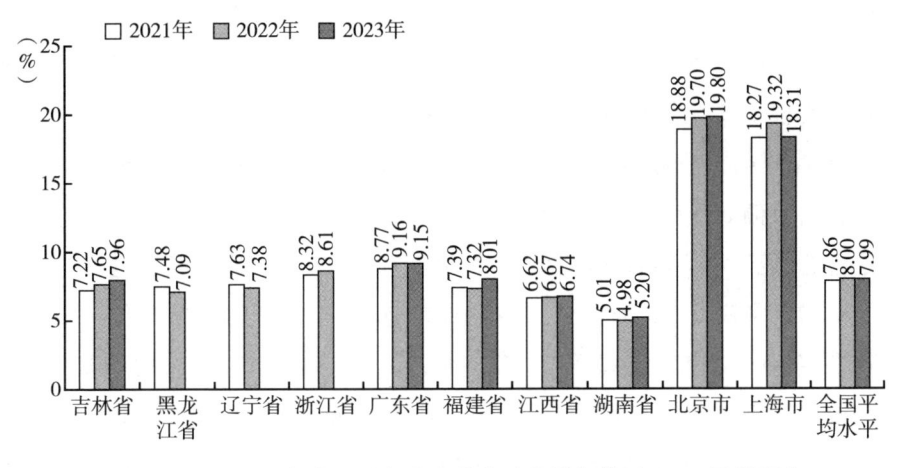

图1　2021~2023年全国及部分省份金融业增加值对GDP贡献程度

### 2. 重点领域金融支持力度加大

省国开行、省农发行运用政策性、开发性金融工具为全省重点基建项目提供资本金支持，截至2022年末，省内银行机构累计为重点基建项目提供基金和信贷融资169.7亿元，全省中长期贷款增长33.3%，高于全省贷款平均增速26.3个百分点。吉林省助力"专精特新"中小企业实现高质量发展，启动专项金融扶持计划。该计划包括构建系统的、涵盖企业"名录库+信用档案"的信息共享与推送机制，以指导银行机构采取精确的对接策略，为企业提供量身定制的信贷服务。此外，吉林省人民政府办公厅发布了《关于推进绿色金融发展的若干意见》，旨在深化绿色金融领域的实践探索，并推动长春市积极申报绿色金融改革创新试验区。2023年末，吉林省绿色信贷余额为2705.5亿元，同比增长32.1%。2018~2023年，吉林省绿色信贷余额的增速一直保持在较高水平，年均增长率超过20%。

## （二）电商产业蓬勃发展

**1. 产业规模不断壮大**

2023年，全省范围内的网络零售额成功跨越千亿元里程碑，总额达到1001亿元，实现了24%的年度同比增长，这一增速比全国平均水平高13个百分点，使得吉林省在网络零售领域的增长速度位于全国前列。在农村网络零售方面，吉林省同样取得了显著成就，农村网络零售总额达到470亿元，实现了31.2%的增速，这一增速比全国农村网络零售的平均增速高14.7个百分点，凸显吉林省农村网络零售在东北地区的领先地位。跨境电商进出口额53.2亿元，增长88.9%。在2024年的前8个月中，全省网络零售总额已达到711.08亿元，实现了16.36%的同比增长，这一增速比全国平均水平高5.66个百分点，同比增速排名稳居全国第8位。农村地区网络零售的销售额已攀升至352.14亿元，实现了19.93%的年度同比增长，较全国农村网络零售的平均增长率高6.02个百分点。跨境电商进出口总额达到32亿元，实现了326.3%的增长率，成为吉林省在国际贸易中的新增长点。

**2. 产业生态加速构建**

吉林省在电子商务领域取得显著进展，已成功培育并建立182个国家级与省级电商示范基地及示范企业，打造超过300家规模化的直播基地，吸引

33万名主播活跃其中，网商群体壮大至53.97万家，累计吸纳就业人数181.19万。在知名互联网企业布局领域，以阿里巴巴为代表的多家业界领军企业在吉林省设立分支机构或投资项目，华为科创中心等项目快速落实推进，标志着吉林省在数字经济领域实现新的突破。此外，吉林省积极推动电商进农村战略，已在32个县（市）实施示范项目，构建并运营总计268个电子商务服务中心、5316个电商服务站以及31个县城物流中心，为电商行业的持续繁荣奠定了坚实基础。

3. **跨境电商快速发展**

吉林省物流通道日益畅通，开通珲春至俄罗斯、日本、韩国和中国南方城市的陆海联运、内贸外运航线，实现国内跨境电商包裹TIR直通莫斯科，成功开通中俄邮路跨境电商班列，认定吉林省首个重点培育的"省级公共海外仓"，构建了综合性、立体式跨境电商货物运输体系。开展"数链全球，吉品出海"系列跨境电商促进活动，推动传统外贸和生产企业加快触网转型，截至2024年9月，上线阿里巴巴国际站、敦煌网、中国制造网等第三方平台企业已达到800余家，一汽实现解放整车跨境电商出口超过900辆约2.3亿元，覆盖15个国家，成功开发洪都拉斯等3个"空白市场"。珲春总投资6.5亿元的东北亚跨境电商产业园已入驻企业167家，入驻率达90%以上，获评全省创业孵化基地。

## （三）软件和信息技术服务业规模质量双提升

1. **软件和信息技术服务业收入实现快速增长**

2023年，吉林省软件业务收入553.49亿元，同比增长10.71%，规模以上企业177家。软件行业利润略增。2023年，吉林省软件业务利润总额为37亿元，同比增长5.24%。行业从业人员规模保持增长。2023年，吉林省软件行业从业人员达到6.8万人。

2. **软件行业收入结构继续优化**

2023年，吉林省软件业务收入中软件产品收入115.84亿元，收入占比20.93%；信息技术服务收入315.11亿元，收入占比56.93%，比上一年度

60%的收入占比降低了3.07个百分点；信息安全收入28.06亿元，同比增长24.88%，收入占比5.07%，比上一年度4%的收入占比增长1.07个百分点；嵌入式系统软件收入94.48亿元，同比增长42.68%，收入占比17.07%。软件产品收入平稳增长，信息安全和嵌入式系统软件收入增长明显，收入占比增大，产业结构向多元化发展。

**3. 行业资质和标准体系建设持续强化**

2023年，全省获得国家鼓励的重点软件企业1家，国家鼓励的集成电路设计企业1家，软件企业评估275家，软件产品评估151个。2023年，通过省级"专精特新"认证企业37家，累计达83家，吉大正元、万易科技、合心机械、科英激光、长光辰芯、荣德光学、吉科软、大正博凯、施耐利9家企业获得国家级"专精特新"小巨人认证。

**4. 工业互联网行业应用深入推进**

一汽启明信息的汽车行业工业互联网平台、丽明科技的汽车电子工业互联网平台、东杰的矿山工业互联网平台、吉林智信的纺织工业互联网平台、通钢自动化的医药工业互联网平台、东电开元的清洁能源工业互联网平台从布局到深入应用，引领行业数字化水平提升。

### （四）物流业总体保持平稳运行

**1. 物流行业规模稳步增长**

2023年，吉林省社会物流总额完成28687.9亿元，同比增长3.3%，增速比2022年提高2.4个百分点，物流需求稳步提升。从结构看，工业、消费、外部流入货物、再生资源物流需求保持稳步增长趋势，工业品物流总额完成12635.1亿元，同比增长0.7%，工业企业产成品周转效率提高，工业品物流需求稳步回升。外部流入货物物流总额完成9570.8亿元，同比增长7.0%，各季度均保持增长态势，对全省物流需求增长贡献较大，外部流入货物物流需求规模保持较快扩张。单位与居民物品物流总额完成3349.8亿元，同比增长10.1%，增速比上年提升了6.5个百分点，各季度呈连续回升态势，增速均超过4.0%（见图2）。

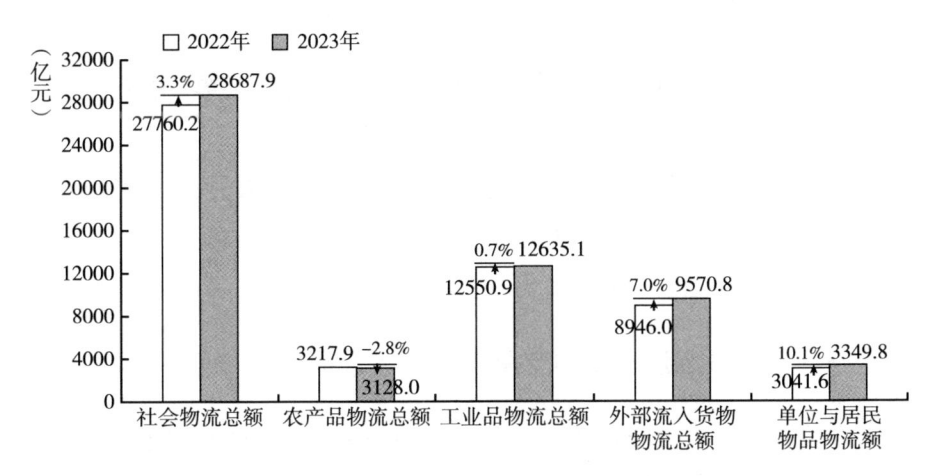

图 2　2022 和 2023 年吉林省社会物流总额及各类物流总额同比增长情况

**2. 物流市场保持稳步扩张**

2023 年，吉林省物流业总收入实现 1715.7 亿元，同比增长 6.6%。其中，运输收入实现 1480.0 亿元，同比增长 4.9%，占比 86.3%；保管收入实现 235.7 亿元，同比增长 18.6%，占比 13.7%。2023 年，吉林省物流业总收入保持稳定的增长态势，物流市场活力显著提升，其中保管收入增长明显，体现了吉林省物流企业物流供应链管理和仓储服务的不断优化。

**3. 物流基础保障不断加强**

2023 年，吉林省共有物流园区 34 个，吉林长春东北金属交易中心被中国物流与采购联合会评为国家示范物流园区。香江物流、中澳城物流园被中国物流与采购联合会评为全国"优秀物流园区"。物流企业快速成长。吉林省注册物流（包含物流园和物流园区）企业 8330 家，比上年增加 259 家，注册资本 787.2 亿元，从业人员 3.6 万人。运输企业 5368 家，注册资本 261.65 亿元，从业人员 2.4 万人。近年来，全省物流行业龙头企业不断涌现。全省共有 A 级物流企业 99 家，其中 4A 级及以上 58 家，占比超过 50%。在 2023 年度中国物流企业 50 强排行榜中，一汽物流位于第 38 位。

## 四　吉林省生产性服务业发展面临的主要问题

吉林省生产性服务业已取得一定的成绩，但由于规模小、发展慢、政策支持不够、人才短缺等方面原因对经济高质量发展支撑仍显不足，与新质生产力发展要求存在偏差，亟须加快改进。

### （一）对提升经济总量的支撑作用有待增强

近年来，吉林省生产性服务业虽然整体发展向好，但依然存在总量偏低、增速较慢、结构滞后的问题，对全省经济总量的提升作用有限，对经济高质量发展的支撑力度不足。2023年，吉林省生产性服务业增加值为2527亿元，低于全国8324亿元的平均水平。[①] 2022年，吉林省生产性服务业市场主体总量为7.3万家，与全国31.5万家的平均水平存在较大差距，也低于相邻省份黑龙江省的11.1万家。[②] 在增速上，2023年吉林省生产性服务业增加值同比增长10.39%，行业内固定资产投资增速为-0.83%，均落后于全国平均水平。在结构方面，吉林省生产性服务业增加值占全部服务业的比重为34.6%，低于全国平均水平2.9个百分点；在生产性服务业的各细分行业中，传统生产性服务业在总量和增速上占据主导，而知识密集型的信息传输、软件和信息技术服务业则表现平平，其固定资产投资增速甚至呈现下滑趋势。吉林省生产性服务业在总体规模上相对较小，发展速度相对缓慢，行业结构有待进一步优化，整体上对地区经济增长的贡献不足，难以有效发挥对经济高质量发展的促进作用。

### （二）对建设创新型省份的贡献仍需提升

吉林省虽然拥有丰富的科教资源和坚实的工业基础，但生产性服务

---

① 《吉林省2023年国民经济和社会发展统计公报》《中华人民共和国2023年国民经济和社会发展统计公报》。
② 《中国统计年鉴（2023）》。

业未能将科研技术优势有效转化为实际经济效益，对培育新质生产力的贡献不足。2023年，吉林省科技与金融领域的生产性服务业细分行业在增加值、同比增速和固定资产投资增速上均落后于全国平均水平。2022年，吉林省科学研究和技术服务企业仅有1.64万家，不仅远低于全国7.87万家的平均水平，也不及黑龙江省的3.01万家。[①] 生产性服务企业自身技术创新能力不足、服务能力较弱、产业链地位偏低，尚未形成集先进科技的推动者、使用者与传播者于一身的有效运行机制，不利于地区创新能力的提升和科技成果的转化。2023年，吉林省专利授权总量为2.7万件，与江苏省的44.7万件和广东省的70.4万件相比差距巨大，也不及辽宁省的6.7万件和黑龙江省的2.8万件；吉林省技术市场成交额仅为84亿元，远低于辽宁省的129亿元和黑龙江省的123亿元。吉林省科技与金融领域生产性服务业的总体规模较小、市场主体竞争力较弱，是生产性服务业的薄弱之处，对新质生产力培育和创新型省份建设的推动作用有限。

### （三）对就业和人才的吸纳能力尚待提高

服务业是经济社会吸纳就业的"主渠道"和"蓄水池"，生产性服务业对劳动密集型从业者和高素质人才的需求尤为旺盛。然而，2022年，吉林省生产性服务业就业人数仅为47.59万人，不仅远低于全国平均水平104.49万人，也不及辽宁省的89.51万人和黑龙江省的63.65万人。[②] 其中，在信息传输、软件和信息技术服务业以及科学研究和技术服务业等高素质人才密集的细分领域，吉林省的从业人员占全部生产性服务业从业人员的比重为23.62%，低于全国平均水平的30.41%和辽宁省的26.71%，仅略高于黑龙江省的18.27%。同时，吉林省生产性服务业平均工资仅为9.30万元，远低于全国平均水平15.60万元，与南方发达省份相比差距悬殊，也不

---

① 《吉林统计年鉴（2023）》《黑龙江统计年鉴（2023）》。
② 《辽宁统计年鉴（2023）》《黑龙江统计年鉴（2023）》。

及辽宁省的10.43万元和黑龙江省的9.72万元。吉林省生产性服务业就业规模总体偏小，就业吸纳能力较弱，劳动力素质偏低，薪酬水平与其他省份相比难以占有优势，在吸引和培养高素质生产性服务业人才方面面临严峻挑战。

### （四）政策支持力度和行业生态亟须完善

吉林省虽然已经出台了一系列促进服务业高质量发展的政策举措，如支持服务业企业做大做强、推动中小企业加快发展等，但针对生产性服务业的专项政策扶持还不够系统全面。现有政策更多关注宏观层面的引导和鼓励，而在具体操作层面、细化措施和财政支持方面仍有所欠缺。同时，吉林省的发展重心长期集中在第二产业，生产性服务业与第二产业的协同和融合发展是产业高质量发展的关键途径。但是，吉林省生产性服务业与第二产业的协同融合发展不够深入，产业间联动不紧密，资源共享不充分，影响了行业资源的利用效率，难以形成协同发展、互利共赢的良好局面。此外，吉林省生产性服务企业在市场开放度、融资便利性、行业标准体系等行业环境上面临诸多困境，如市场准入门槛高、外资进入限制多、投融资渠道受限、行业标准缺失、诚信体系不健全等，制约了行业内部的充分竞争，难以激发市场活力和创新动力，制约了企业的快速发展和行业整体水平的提升。

## 五 推动吉林省生产性服务业高质量发展的对策建议

党的二十届三中全会审议通过的《中共中央关于进一步全面深化改革 推进中国式现代化的决定》对发展生产性服务业作出了具体部署，提出"聚焦重点环节分领域推进生产性服务业高质量发展"。吉林省推动生产性服务业高质量发展应从因地制宜聚焦重点突破口、优化行业结构和布局、加大政策扶持力度、培养和吸收高素质人才四个方面着手。

## （一）因地制宜聚焦重点突破口

一是结合吉林省经济社会发展基础和特点，深入分析生产性服务需求，依托优势产业和特色产业谋划生产性服务业的发展方向和重点领域，因地制宜、重点推动优势产业和特色产业与生产性服务业的深度融合，形成产业协同发展新格局。随着现代生产性服务业向专业化、技术化、信息化方向发展，其服务标准和业务领域更加精细化。吉林省生产性服务业应紧密围绕汽车、装备制造、农副产品、石油化工、新能源、医药健康及旅游等优势产业和特色产业，聚焦细分领域和高端服务领域，加速推动产业间良性互动，扩大生产服务需求，培育行业新的增长点，进而提升市场主体的竞争力与产业发展的整体规模。

二是吉林省生产性服务业市场主体应着力提升技术与业务创新能力，充分利用省内众多高等院校和科研院所的丰富科教资源，建立一批生产性服务业科技创新平台，形成产学研用紧密结合的创新体系。通过聚焦科技服务与创新驱动，提升生产性服务业的技术含量和附加值，加速科技成果转化和应用，打造生产性服务业核心竞争力，赋能新质生产力培育和经济高质量发展。

## （二）优化行业结构和布局

一是要致力于优化吉林省生产性服务业内部结构，聚焦提升产业的整体价值链，优先发展附加值高、产业带动性强的细分领域，积极提升金融业，信息传输、软件和信息技术服务业，科学研究和技术服务业等高端生产性服务业比重。通过引导支持政策向高端生产性服务业倾斜，以精准的政策措施推动市场主体创新服务产品，加速传统生产性服务业转型升级。

二是要科学调整吉林省生产性服务业区域布局，促进各地区产业协调联动发展。鉴于生产性服务业天然的集聚特性，吉林省需打破当前以长春、吉林两市为中心的高度集中化布局，充分发挥产业的扩散效应与经济拉动作用。因此，应统筹全省生产性服务业发展规划，构建"一核两极多支点"

的现代生产性服务业区域发展体系，优化省内各地区产业分工布局，推动各市（州）聚焦特色化定位、差异化发展。通过顶层设计、长远规划与协同推进，集中谋划一批夯基础、强功能、利长远的生产性服务业重大项目，形成区域间优势互补、良性互动的发展格局，有效避免恶性竞争，引领吉林省生产性服务业步入高质量、可持续的发展轨道。

### （三）加大政策扶持力度

面对国内外生产性服务业市场的激烈竞争，吉林省需制定并实施具有鲜明差异化特征和显著比较优势的扶持政策，以加速推动生产性服务业的高质量发展。

一是制定并实施一系列积极有效的支持政策，涵盖财税激励、金融支持、投资引导以及价格调控等多个维度，在破除体制性障碍的同时，加大对生产性服务业的财政投入力度，通过增加专项引导资金额度、减免税收和管理费用、加强财政补贴和信贷支持等方式，全面促进产业的平稳与快速发展。应当积极鼓励并引导社会资本与各类金融机构加大对重点领域尤其是高附加值、知识密集型细分行业的投资力度，探索与粤港澳大湾区等服务业发达地区的资本合作，通过收购、兼并、投资基金、证券投资等多种灵活方式，吸引大湾区资本直接注入吉林省生产性服务业，从而引进先进技术和管理经验，激发产业创新活力。

二是探索建立混合所有制新型市场主体，推动省内国有资本运营和投资公司、相关产业的国有企业与生产性服务业的民营企业开展深度合作，通过资源整合、投资入股等方式共建混合所有制企业，充分发挥国有企业的资源优势和民营企业的运营优势，拓宽混合所有制生产性服务企业的经营资质、业务范围、市场份额和融资渠道，以推进吉林省生产性服务业的全面升级与快速发展。

### （四）培养和吸收高素质人才

一是要大力引进吉林省生产性服务业急需的高层次管理人才和高水平技

术人才，充分利用优势产业和特色产业的市场吸引力，结合具有针对性、创新性的高层次人才引进政策，鼓励生产性服务企业积极引进国内外相关产业的优秀人才，迅速提升行业整体素质，为生产性服务业的提质增效提供可靠的智力支撑。

二是要建立高素质人才培养体系，依托吉林省丰富的高校与科教资源，推动产学研深度融合，构建完善的生产性服务业人才培养机制。根据产业重点发展目标与企业实际需求，精准定位人才培养方向，加大力度培养高层次专业人才，为产业持续发展奠定坚实的人才基础。

三是打造全方位人才支持生态，从政策、机制、环境和激励等多个方面入手，形成全方位、多维度的人才支持体系，确保培养和引进的人才留得住、用得好。通过提高安家补贴、优化子女就学政策、提供高水平家庭医疗保障等方式，改善人才政策环境；通过构建与生产性服务业相契合的人才管理、使用、评价和流动体系，确保人才资源合理配置；通过建立贡献奖励机制、强化岗位激励、实施个税减免等方式，激励对吉林省生产性服务业具有突出贡献和关键作用的高水平人才，营造有利于专业人才成长和服务的良好生态。

# B.5
# 吉林省新电商产业加速发展研究

纪明辉*

**摘　要：** 吉林省大力培育新电商产业，产业呈现蓬勃的发展态势。新电商产业的发展有效带动了多领域的繁荣和发展，助力消费升级扩容，促进农业转型升级，推动工业领域创新发展，焕发传统商业新活力，带动外贸迅猛增长等。吉林省电商发展起步晚、基础差、底子薄，相对于发达省市新电商产业发展仍处落后水平。同时，本土龙头企业少、网销产品结构单一、高素质人才缺乏等也是较为突出的问题。面对新电商产业发展的新阶段新趋势新特征，建议吉林省做好七个"加快"，分别是加快提升新电商市场能级，加快壮大新电商经营主体队伍，加快推进"电商+"新模式，加快畅通吉林产销新渠道，加快打造吉品品牌体系，加快提升从业人员专业素质，加快营造一流产业发展环境。

**关键词：** 新电商　直播电商　跨境电商　吉林省

作为数字经济的核心组成部分，新电商产业具有的高度活力性使其成为经济新动能的引领者，为各行各业带来了前所未有的机遇，并在多个维度上影响经济社会的发展。新电商已经成为推动产业数字化转型、构建新发展格局的关键力量。吉林省积极响应国家"数字中国"战略，把握转型数字化、服务智能化、社会共享化、产业高级化新趋势，集各方之智、举全省之力，出政策、引项目、建体系、搭平台、强合作、促融合，构建新电商产业生

---

\* 纪明辉，博士，吉林省社会科学院软科学开发研究所研究员，主要研究方向为产业经济。

态，推动新电商产业持续做大做强。未来，新电商将在吉林省现代化产业体系建设、新质生产力加快培育、创新发展动能加快积蓄方面发挥更加积极的作用。

## 一 吉林省新电商产业发展总体情况

### （一）产业总体发展态势良好

新业态新模式竞相发展。近年来，吉林省大力培育电商直播、网红经济等新业态新模式，直播电商、生鲜电商、社区电商、内容电商、即时零售等新业态新模式从无到有、从有到好，发展快速。新电商产业在吉林省已呈现规模化发展态势。全省累计培育建成国家级和省级电商示范基地、示范企业182个，打造规模直播基地300多家，发展主播33万人，网商53.97万家。[①] 吉林省在32个县（市）开展电商进农村综合示范，已建设改造县、乡电商服务中心268个，农村电商服务站5316个，县城物流配送中心31个，培训39.5万人次，孵化网商12.1万人，建成省级电商镇（村）440个。[②] 邮政服务实现"乡乡设所、村村通邮"，快递服务实现乡镇全覆盖。农村电商实现快速进阶。全省共有6个县（市）入选全国农产品电商百强县，4个县（市）入选国家县域商业领跑县，4个县（市）入选全国农村直播电商优秀案例，9个乡镇、4个村屯入选淘宝村镇。[③] 长春市净月国家电子商务示范基地、聚发财集团分别获评国家级电子商务示范基地、示范企业。一批供应链服务企业、MCN机构不断壮大，如欧菲斯、满天欣、瑞雅、聚发财、智辉等。"吉林大米网""开犁网""长白山国际参茸网"等具有地方特色的电商平台稳健运营，促进了特色产品的推广、交流及销售。"吉林省电子商务云平台"整合各类特色产品资源并提供全方位服务。

---

① 资料来源于吉林省商务厅调研材料。
② 资料来源于吉林省商务厅调研材料。
③ 陶连飞、刘重奇：《新业态　新动能　新发展》，《吉林日报》2024年9月26日。

发展空间持续拓展。与京东集团等大型电商平台企业的合作是吉林省新电商产业高质量发展的重要一环，2018年吉林省政府与京东集团首次签署战略合作协议，合作取得了显著成果，为全省新电商产业的持续发展提供了有力支持。近几年，阿里、京东等知名互联网平台公司在吉林省加快布局，数字技术公司产业项目落地见效，推进顺利，如华为科创中心、京东"亚洲一号"、网易数字产业园、携程智慧网联等。吉林省持续推进网商孵化行动，积极对接京东"春晓计划"、阿里"产业带领跑计划"和天猫"生态繁荣计划"，搭建省内网商企业与互联网平台的沟通合作桥梁，推动网商企业在流量管理、AI技术运用以及高效运营方面加速成长。政府部门对新电商人才的培育力度加大，组建由60名专家组成的省级电商讲师库，各地政府、高等院校、行业机构、企业和媒体加紧合作，连续举办电商讲师大赛、巾帼创新创业技能大赛等品牌赛事，为全省新电商人才培养蓄能。

"集群效应"效果显著。新电商产业发展的各类要素资源加速集聚，各具特色的新电商产业园区加速构建，如人参产业电商集聚区、辽源袜业电商集聚区、梅河电商发展集聚区等，类型多样且特色突出的电商集聚区在省内形成区域互联互补的产业集群模式，实现吉林电商多样发展。新电商产业集聚区建设稳步推进。长春净月园区电子商务企业与新媒体有效对接，抖音、快手等全面布局，直播带货效果显著；四平电子商务产业园着力打造四平名优产品馆，电商交易额逐步攀升，聚焦东北地区名优产品，建立并推动"四平甄选"直播销售账号，商品品类及数量日渐丰富，涵盖农产品、美妆、数码等；辽源电商园区对展厅外围进行了全面改造，建立"吉林省东北袜业"抖音服务直播账号。众多新电商园区形成了数字化产业生态圈，为从事新电商行业的初创企业和小微企业带来了崭新的发展机遇。

网销品牌形成特色。吉林省全力开展电商品牌认证工作，建立全省电商品牌产品供应链资源库，纳入1000多个品牌。人参、鹿产品、黑木耳、吉林大米等产品的全国网络市场占有率分别达到74.6%、42.3%、32.7%、23.4%，长白山矿泉水、皓月牛肉、延吉泡菜、梅河冷面、公主岭鲜食玉米、辽源袜业等成为地标性网销品牌。[①] 为推动农产品品牌建设，吉林省还出台《吉林大米品牌跃升工程实施方案》以及支持全省肉牛产业发展有关的政策措施，整合新电商平台，实现品牌宣传、产品展示、质量安全追溯与信息共享的协同效应，瞄准高端市场，开展特色营销，推广定制化产品，提升吉林省农产品的线上影响力。

发展环境持续优化。吉林全省80%以上县区级政府成立了电商工作专门机构。政策体系逐步完善。包括《吉林省电子商务发展"十四五"规划》《吉林省新电商产业专项发展规划（2024~2030）》《吉林省发展直播电商三年（2020~2022）行动计划》《吉林省新电商产业高质量发展实施方案》《吉林省跨境电子商务产业园区认定及管理办法》等在内的产业政策和扶持方案接续出台，为全省新电商产业发展提供了方向指引和政策保障。党建对新电商发展的引领作用日益突出。吉林省全面加强党对新电商工作的领导，成立直播电商省级行业独立党委，各地区成立新电商产业党建联盟或新业态联合党支部，整合乡镇党组织优势资源，制定加强新业态新就业群体党建工作若干措施和帮扶政策。监管部门对新电商的监管规范力度加大。以全面提升吉林省网络市场整体竞争力为核心，开展全国网络市场监管与服务示范区创建培育，坚持监管规范和服务发展两手抓，加快本地特色产业与网络经济深度融合，优化网络经营模式和经营规范化水平，建立网络市场良好运营生态。

### （二）新电商产业发挥重要作用

新电商助力消费升级扩容。新电商通过新一代信息技术应用为消费者输送内容与个性化推荐，通过数字化与智能化升级的供应链创新实现了对消费潜力的激发和多样化消费需求的满足。新电商为全省消费规模扩大和消费结构优化作出了重大贡献。吉林省连续举办了四届中国新电商大会，开展网上

---

[①] 褚晓亮、段续、邵美琦：《新电商为吉林振兴注入新动能》，《新华每日电讯》2024年9月29日。

年货节、双品网购节、新电商直播节、"云上长白　惠享金秋"吉林好物直播节等系列活动，不断提升线上消费规模和质量。近几年，吉林省网络消费保持高速增长，2022年、2023年和2024年1~8月网络零售额和农村网络零售额增速均大幅高于全省社会消费品零售总额增速，且绝对值在东北地区保持前位。2024年1~8月，吉林省网络零售额和农村网络零售额分别同比增长16.36%、19.93%（见图1），分别高于全国5.66个、6.02个百分点。

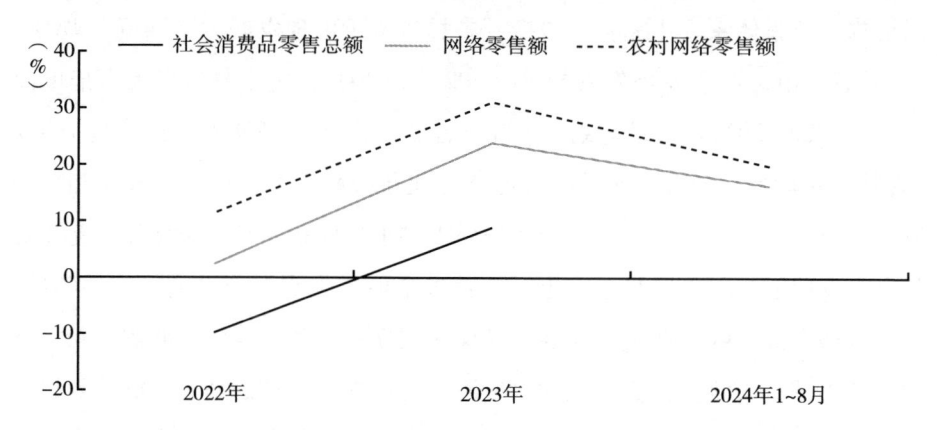

**图1　吉林省社会消费品零售总额、网络零售额和农村网络零售额增速**

资料来源：根据吉林省统计局和吉林省商务厅公布的数据整理而得。

新电商为农业转型升级提供了新路径。面对传统农业发展模式的局限性，新电商通过资源、技术、资本等多要素融通，实现了对农业等相关传统产业上下游的全链渗透，"数商兴农"是产业电商在农业领域的重要实践。"数商兴农"推动优质特色农产品网络销售，活跃线上线下城乡消费，通过电商平台，优质特色农产品能够更便捷地走向市场，实现了从田间地头到消费者餐桌的无缝对接，不仅提高了农产品的附加值和品牌影响力，还带动了农村经济发展和农民增收。围绕农产品十大产业集群，打造"吉字号"网销热品，全国人参之乡抚松县、最大肉牛交易市场桦甸市、黑木耳第一镇黄松甸镇、查干湖胖头鱼、长白山矿泉水等地理标志产品深度与电商"联姻"。吉林省各地市积极推广"农业+旅游"模式，通过线上预订、直播导览等方式，将农业资源与乡村旅游结合，推出采摘体验、田园度假等特色项目,实现了农业与旅游业的深度融合。

新电商推动工业领域创新突破。随着数字商务三年行动计划的深入实施,越来越多的企业开始将业务向线上转移,通过电商平台进行采购和销售,汇聚新质生产力发展新动能。通过培育垂直产业电商平台,推动工业领域的数字化升级,实现了产业链上下游的紧密连接和协同发展。产业电商发展不仅提高了供应链的效率和透明度,还促进了企业之间的协同合作和创新发展。聚焦电商赋能工业,加速企业运营模式创新。四平市巨元瀚洋板式换热器有限公司建立网上交易平台,整合行业资源,服务上下游企业400多家、供应商114家、换热器厂家98家,平台销售额年均增长40%以上。[①]"数商兴产"培育垂直产业电商平台,推动工业领域数字化升级。

新电商焕发传统商业新活力。加快发展新零售,借力新电商,拓展消费新场景。长春万象城、红旗街这有山、延吉水上市场、梅河口东北不夜城成为著名网红打卡地;长春欧亚集团、鼎丰真等百货商超、食品企业线上线下深度融合,好记有机酱油全网销量第一;吉林省老字号企业亮相上海进博会,开展云上逛展、云端采购、云端交易,助力"老字号"焕发新活力。随着数字经济的发展和居民即时消费需求的提升,省内城市本地实体门店适应市场变化,积极进行即时零售转型。吉林大药房积极布局线上线下融合发展模式,与美团买药携手,在居民购药需求量大幅增长的流感季节,以"即时零售"这种创新模式有效地保障了药品供给与配送,满足了市民的即时购药需求。"本地门店+即时配送"的新型零售模式,解决了居民"线下不知去哪买,电商下单来不及"的痛点,同时也让实体门店获得了销量增长的新渠道。

跨境电商带动对外贸易增长迅猛。吉林省加快推动"跨境电商+产业带"发展模式,开展"数链全球,吉品出海"系列促进活动,长春、珲春、吉林市、延吉4个国家级跨境电商综试区、跨境零售进口试点城市链接内

---

① 崔维利、袁松年、蒋志勇:《四平:"数实融合"推动电商赋能实体经济》,《吉林日报》2024年10月18日。

外，长春兴隆综合保税区在全国领先开通"网购保税+线下自提"业务，完成东北地区首单跨境电商保税备货进口。珲春成为我国首个对俄陆路白关口岸和3C产品最快最优惠通道，开通了香港至珲春大通关转关业务和东北首条跨境电商包裹国际公路运输业务。2023年，一汽解放整车跨境电商出口额近2亿元，珲春帝王蟹"高铁电商专列"发货近7000件。[1]

## 二 新电商产业发展中存在的突出问题

近年来，吉林省新电商产业发展取得显著进步，但是在取得成绩的同时，产业发展仍面临诸多问题与挑战。

### （一）产业发展层次亟待升级

总体上，吉林省新电商在形式的发展上取得了较大的进步，但新电商发展步伐落后于发达地区，增长动力仍显不足，与发达省份差距较大，还需加大培育力度。省内电商平台交易以本省市场为主，说明市场结构单一，未打开全国市场。以直播电商为例，由于距离直播电商平台较远，再加上专业人才的缺失，吉林省在直播电商规模化运营以及创新上还是有差距的，本土几乎没有诞生出知名的多频道网络（MCN）机构，也极少有批量培育头部主播能力的企业，直播电商专业化、正规化有待提升，近几年很多新品牌在发展时并没有充分利用直播电商的渠道去放大品牌影响力，导致吉林省在最近几年诞生的知名新消费品牌的数量远不如发达地区。此外，全省冷链物流、供应链体系建设、城乡高效配送等领域发展相对缓慢，创新、引领、示范作用发挥不足。

### （二）本土龙头企业较少

省内主要的电商龙头企业主体屈指可数。本土大型直播电商、内容电

---

[1] 邵美琦、黄佳琦：《吉林向东：面向东北亚 打好"开放牌"》，《经济参考报》2024年5月16日。

商、跨境电商服务商匮乏，制约了行业发展后劲。当前，新电商领域竞争激烈，省内出现电商企业流失的现象，由于电商企业无须固定的工作地点，企业落户往往更为看重地方给予企业的奖补政策以及营商环境。近一年，从年销售额 3000 多万元的淘宝大主播到全平台主播培训运营商、线上广告推广运营商等都出现了流失到其他省份的情况。[①] 除电商平台企业外，围绕产业链上下游的物流、支付、营销等服务商对行业发展也至关重要，吉林省内相应的服务商企业发展规模不足、层级不高。

### （三）网销产品结构单一

吉林省网销产品种类不多，以农产品和初加工产品为主，2023 年，吉林省实物型网络零售额为 775.85 亿元，实物型产品占比超过 80%，表明实物型网络零售额占据主导地位，有着强大的市场潜力。然而，从产品结构来看，食品保健一枝独大（基本集中于农业板块），占全部实物型网络零售额的 52.24%，其他领域产品占比偏低，结构不够均衡。外来的产品因为站不住脚，一些产品没有形成闭环的产品链，经常出现无售后、发货不及时、质量无保障等情况，难以保证持续性。而且全省能够适应直播销售、具有广泛影响力的"吉字号"产品数量不足，品牌建设的整体水平有待提升。这种失衡现象不仅限制了消费者选择的多样性，也制约了直播电商产业的多元化发展。

### （四）高能力、高素质人才缺乏

目前，吉林省电商人才总量尤其是运营服务类和产品整合类人才依然紧缺，成为制约新电商产业发展的重要短板，高素质、复合型的直播电商人才更是严重缺乏。内容运营、短视频营销、直播带货的结合要求更多复合型的人才，直播电商平台玩法的更新迭代，对管理者和从业者也提出了更高的要求。农村电子商务人才结构与农业现代化进程不匹配，缺少专业的农产品电

---

[①] 资料来源于四平市网红文化产业园调研材料。

子商务人才和营销人才。尽管有部分发达地区人才回流，但人才队伍建设的整体水平与吉林省直播电商产业发展的需求之间仍存在较大差距。因此，构建完善的人才培养体系，优化人才发展环境，吸引更多优秀人才投身电商产业，是破解人才瓶颈，推动吉林省新电商产业持续发展的关键。

## 三 新电商产业未来发展趋势

### （一）新电商发展逐渐进入稳定向上的规范时期

为了规范网络直播、短视频直播等新电商行业健康发展，从中央到地方，从行业监管到产业扶持，立法、立规多管齐下，为新电商规范性发展提供了体系性的保障。国家推出《电子商务法》《网络交易监督管理办法》等法律法规，出台了《互联网直播服务管理规定》《关于进一步规范网络直播营利行为促进行业健康发展的意见》《网络主播行为规范》等系列政策法规，针对虚假宣传、数据安全和消费者权益保护等问题，为规范直播电商等提供了有力的"武器"。中央网信办持续在全国范围开展"清朗"行动，专门整治虚假宣传、诱导打赏、编造虚假场景人设、无底线带货营销、"伪科普""伪知识"混淆视听等乱象。行业协会与各地政府部门积极参与行业标准的制定，包括电商直播、内容制作等多个方面，为行业提供了可参考的操作规范，推动行业向标准化、专业化发展。多个城市相继出台规范网络直播新政，规范政策明确了网络直播行业各方主体的责任和义务，为各类主体开展网络直播营销活动附上"说明书"，更好地保护广大消费者的合法权益，增强消费者对网络直播的信任度。未来，针对网络直播等新电商行业在快速扩张中逐渐暴露出的各类问题，相关规范将更加细致和明确。

### （二）新电商内容形式将不断创新

全民触网聚合新电商发展"大流量"。据统计，截至2024年6月，我国网民规模近 11 亿人，互联网普及率达 78.0%，[①]为更多人群接入互联网、共享数字红利奠定了坚实基础。随着数字化技术的深入应用和产业数字化转型的快速推进，新电商产业发展将呈现更多新形态新模式，电商直播、内容电商直播和社交电商直播等直播电商模式将逐步拓展，"直播+"与"沉浸式"向更深层次融合，直播与健身、旅游、游戏、教育等融合将催生出更多内容形式。

### （三）新电商促进线上线下融合的功能将更为凸显

融合化不仅体现在行业间的边界模糊，更体现在零售与技术的深度结合上。电商诞生以来，电商为实体带来的更多的是"冲击"和"瓜分"，"线上线下融合发展"始终围绕着线下如何迎合线上需求、参与线上分工而展开。近年来，实体商业利用线上化工具，获取线上流量资源，转化成实体商业消费者。在"万物皆可播"的当下，新电商正全面从线上渗透到线下，参与者更多、产业链更长，与实体经济的互动更加密切。数字化转型使得线上线下融为一体，也为消费者带来了前所未有的购物体验。数字化新零售模式探索将不断推进，本地生活数字化门店业务场景能力、即时零售工具与消费者三者在线上线下融合中形成无边界的互动，"线上获客，门店体验"的数字化新零售模式将进一步被打通。

### （四）网络主播正规化、职业化成为行业趋势

《中国网络视听发展研究报告（2024）》显示，截至 2023 年 12 月，我国短视频账号总数达 15.5 亿个，职业网络主播数量已达 1508 万人；在这样大体量的基础上，2024 年 7 月 31 日，人力资源和社会保障部会同国家市场监督管理总局、国家统计局正式增设"网络主播"为国家新职业。中网联于 2024 年 1 月启动"优质主播培育工程"，旨在促进直播行业高质量发展，挖掘培育一批行业示范突出、公益带动有力、社会知名度较高的优质主播。

---

[①] 中国互联网络信息中心第 54 次《中国互联网络发展状况统计报告》。

平台创作者群体日益职业化，创作者经济的专业化和精细化程度也在不断深化。

## 四 加快新电商产业发展的对策建议

新电商产业加速发展是大势所趋，吉林省应抢抓数字经济发展机遇，全面贯彻落实习近平总书记在新时代推动东北全面振兴座谈会上的重要讲话精神，聚焦数字吉林建设，瞄定建设新电商产业头部省份目标，加快形成更多新质生产力，加快推动新电商产业做大做强。

### （一）明确产业发展方向，加快提升新电商市场能级

牢牢把握"产业集聚化、平台规模化、市场全球化、经营资本化"的发展路径，深入开展新电商产业基地建设行动、自营电商培育行动和小微网商孵化行动，重点培育一批示范效应好、带动能力强、市场影响力大的新电商产业基地和示范企业，吸引和集聚一批头部企业在吉林省设立独立法人资格的直播中心、交易中心、结算中心、区域总部，孵化带动万千中小企业触网创业，壮大新电商市场能级，推动新电商产业集聚。加快构建直播电商产业集群，完善直播电商公共服务体系，建成立足吉林省、辐射东北、面向全国的直播经济总部基地。推动各地建设特色直播电商产业园区，培育一批网红集聚区、打卡地。深耕细分领域，突出区域特色，围绕构建现代产业体系，推动新电商与传统产业融合发展；积极用好国内平台资源，组织省内电商企业"走出去"，强化本土新电商产业推介。

### （二）招引与培育并重，加快壮大新电商经营主体队伍

推动知名电商平台在吉林省落地布局，招引新电商产业链项目、网红时尚国潮 IP 创意团队，壮大网商主体队伍。支持新电商龙头企业、培育精专初创企业提升壮大，建设新电商产业基地和自营平台。制定奖补政策，重点

吸引国内新电商企业落户吉林省，鼓励其设立区域总部和具有集中研发、运营决策、集中销售、财务结算等管理服务职能的独立法人机构，并正常开展业务。推动省内新电商企业做大做强，积极培育内容生产商、明星直播经济机构、电商服务商等新型企业，促进精细化运营和数据化管理，有效提高服务能力和运营能力。进一步加大力度建设和培育集企业集聚、项目招引孵化、数字化场景应用、供应链整合、新技术新模式实验室打造、人才引进及培育中心建设、共富示范创建等多功能、多业态于一体的新电商园区（基地），加速推动新电商产业集聚发展。遴选一批省内可复制可推广的新电商企业发展典型案例，树立行业发展示范标杆，尽快打造出土生土长的新电商龙头和企业梯队。

（三）充分发挥赋能作用，加快推进"电商+"新模式

鼓励商业实体实施数字化转型，打造"流动直播间"，发展"直播+商圈""直播+夜经济"等模式，将电商与农产品采摘采收、农历赶集等活动结合，探索"电商+旅游"新模式。引导旅游产品提供者主动"拥抱"新电商，结合本地自然风光和人文特色，全力推动产品营销，拓展旅游市场的深度广度和知名度。强化"电商+品牌"建设，让农村电商由"卖产品"走向"卖品牌"。充分发展直播带货、网店微商、农民博主等电商新业态、多元主体，引导其对吉林产品按照产地、产业、文化价值等进行品牌塑造，更好地对接和开拓国内外电商平台，助力吉林优秀产品品牌走向全国、走向全世界。

（四）构筑链接全球营销网络，加快畅通吉林产销新渠道

充分发挥吉林东北亚核心腹地的区位优势，畅通产销渠道，推动"商、仓、流、园"一体化发展。持续开展跨境电商扩量提质专项行动和"数链全球·吉品出海"促进活动，支持企业跨境电商海外仓建设，不断提升海外仓"端到端"服务能力，把更多跨境物流专线和海外仓服务扩展至内陆地区。指导企业多元化上线阿里巴巴国际站、亚马逊、敦煌网等各类知名跨

境电商平台，促进"跨境电商+产业带"发展。加强与菜鸟物流等国际物流合作，引导头部跨境电商平台在吉林省的物流节点布局。支持企业开拓俄罗斯、RCEP成员国等主要目标市场。

### （五）培育特色产品竞争优势，加快打造吉品品牌体系

吉林省应将新电商产业与自身产业优势相结合，打造一批特色突出、亮点突出、知名度高、附加值高的电商产品与服务内容，形成与实体经济发展良性互动机制。围绕吉林农产品十大产业集群和冰雪避暑休闲等万亿级产业，开展新电商品牌培育行动、数商兴农专项行动，实施重点产业带合作计划。重点打造吉林大米、鲜食玉米、吉林牛肉、吉林鹿茸、长白山人参、木耳、杂粮杂豆、矿泉水等优势品牌，以及冰雪避暑等旅游产品。推动"数商兴农"进吉林活动持续开展，支持吉林省农产品生产加工等企业开展农产品溯源、标准修订、商标注册和"三品一标"认证。加大与淘天、京东、拼多多、抖音等平台的合作，全面提升吉林优品品牌影响力和市场竞争力。培树优秀网销品牌，引导"老字号"企业开展数字化改造和反向定制，满足多元化市场需求。

### （六）积极开展专业培训，加快提升从业人员专业素质

专业化、高水平的电商人才是持续释放新电商活力的核心要素。要以产教融合扩"量"、产才融合提"质"、复合型培养促"融"，加快提高从业人员能力素养。支持电商企业与职业学校加强合作，通过建立实践基地、传授电商实际运营及销售技巧，以及开设产品直播的产品设计、内容定位等多样化课程等方式，全方位培养产业发展急需的专业化人才。积极开展专业培训，更好地提高从业人员专业素质。通过建立电商教育培训基地，面向从业者实际需求对其开展培训，着力培育储备更多实用型新电商人才。人才政策上给予贡献突出的新电商人才团队或个人每年若干人才名额，享受人才待遇，让拔尖和优秀的电商人才安居乐业、落地生根。

## （七）提高监管服务水平，加快营造一流产业发展环境

把优化产业发展环境摆在更加突出的位置。加强党建引领，发挥省直播电商行业党委的引领作用，指导各地成立新电商产业党建联盟或新业态联合党支部，以党建服务产业发展。加强服务保障，充分发挥吉林省政务服务优势，落实网商注册一网通办，研究制定新电商产业跨越发展的政策举措。加强规范监管，继续坚持审慎包容的原则，开展全国网络市场监管与服务示范区创建培育，提升平台经济常态化监管水平，推动直播带货治理重心从事中监管、事后处罚向事前预防转变，促进电商新业态健康有序发展，建立网络市场良好运营生态。

## 参考文献

[1] 杨晓艳：《新电商赋能产业高质量发展》，《吉林日报》2024年10月2日。

[2] 褚晓亮、段续、邵美琦：《新电商为吉林振兴注入新动能》，《新华每日电讯》2024年9月29日。

[3] 陶连飞、刘重奇：《新业态 新动能 新发展》，《吉林日报》2024年9月26日。

[4] 陶连飞：《锻造新引擎 发展新电商》，《吉林日报》2024年4月18日。

[5] 张凡：《新电商助力消费扩容升级》，《人民日报》2024年4月12日。

[6] 顾阳：《解开新电商强劲增长的密码》，《经济日报》2023年12月29日。

[7] 华迎：《新电商赋能经济发展的价值与贡献》，《人民论坛》2023年1月30日。

[8] 何艳君、李龙鑫：《基于"数商兴农"工程的农村"直播+电商"模式研究》，《山西农经》2024年第19期。

[9] 潘思捷：《经济全球化背景下跨境电商的发展趋势与机遇探讨》，《商展经济》2024年第19期。

[10] 崔维利、袁松年、蒋志勇：《四平："数实融合"推动电商赋能实体经济》，《吉林日报》2024年10月18日。

[11] 邵美琦、黄佳琪：《吉林向东：面向东北亚 打好"开放牌"》，《经济参考报》2024年5月16日。

# B.6 吉林省加快培育文旅产业新优势的对策研究

田振兴　顾佳宁*

**摘　要：** 随着国内旅游市场的快速发展和消费升级，吉林省作为拥有丰富自然资源和深厚文化底蕴的省份，面临着前所未有的发展机遇。然而，如何在激烈的市场竞争中脱颖而出，加快培育吉林省文旅新优势，成为当前亟待解决的问题。本文从规划引领、创新驱动、功能开发、资本和人才引入以及重大战略结合等方面，提出坚持规划引领，绘制文旅产业发展蓝图；推动能级提升，加强优质资本和人才引入；做好与重大战略结合，拓展文旅产业发展空间；依托地域文化优势，提升旅游文化竞争力；加强产业融合与基础保障能力，提升整体实力等对策和建议，以期推动吉林省文旅产业的高质量发展。

**关键词：** 文旅产业　文旅融合　协调发展

2021年，国家出台了《"十四五"文化和旅游发展规划》，明确了文旅融合高质量发展的目标、内容和路径，坚持以文塑旅、以旅彰文，推动文化和旅游深度融合、创新发展，不断巩固优势叠加、双生共赢的良好局面。世界百年未有之大变局的时代背景下，我国经济社会正在进入发展关键期、改革攻坚期和矛盾凸现期，文旅行业在经历了疫情的大考后，文旅融合发展也迎来了重大的机遇发展期。同时，吉林省大力实施"一主六双"高质量发

---

* 田振兴，吉林省社会科学院软科学开发研究所助理研究员，主要研究方向为消费经济、产业经济；顾佳宁，东北师范大学助理研究员，主要研究方向为消费经济、教育经济。

展战略，设立了将旅游产业发展为万亿级产业的目标。近年来，吉林省文旅产业规模不断扩大、水平日益提高、贡献逐步增强，为吉林省经济平稳发展发挥了重要作用。然而，吉林省文旅产业发展与其他省份相比，在主题特色和供给质量方面均存在明显的差距与不足。在此背景下，深刻认识吉林省文旅产业发展现状，探寻发展新优势，剖析其中存在的问题，有助于指明全省文旅产业发展方向，更有针对性地提出加快培育文旅新优势的对策措施，对于助推吉林省经济社会健康发展具有重要的意义。

# 一 吉林省文旅产业发展现状

## （一）旅游产业链企业效益持续向好

2024年上半年，全省接待国内游客1.7亿人次，实现国内旅游收入2962亿元，分别同比增长41%、52%。全省A级旅游景区接待游客4558.26万人次，同比增长35.7%，其中，4A级及以上景区游客量、旅游收入分别同比增长41.2%、63.6%；长白山景区接待游客108.67万人次，同比增长64.3%，营业收入2.04亿元，同比增长65.9%；查干湖景区接待游客128.28万人次，同比增长21.3%。5A、4A级乡村旅游经营单位接待游客987.05万人次，营业收入2.66亿元，分别同比增长12.8%、13.31%。丙级旅游民宿接待游客52.07万人次，营业收入2108.45万元，分别同比增长156.7%、142.4%。旅行社营业收入6.8亿元，同比增长39.5%。

携程平台数据显示，2024年上半年，全省在线旅游人次同比增长30.3%，在线旅游收入同比增长35.6%，两项指标增速均排名全国各省（区、市）第2位，度假、一日游、酒店、机票、火车票、门票等产品交易额分别同比增长158.4%、122.7%、40.4%、31.3%、29.9%、26.5%。省税务局数据显示，2024年前5个月，全省餐饮业、住宿业、旅客运输业增值税税收收入分别同比增长131.9%、25.9%、37.8%。跨区域人流量稳步增长。省机场集团数据显示，2024年上半年，全省保障航班7.3万架次，旅客吞吐量1023.2万人次，分别同比增长12.3%、25.3%。其中，长春机场保障航班6.02万架次，旅客吞吐量871.9万人次，分别同比增长7.9%、20.5%，分别恢复至2019年的125.6%、129.5%，两项指标恢复率居全国千万级机场第1位。吉林高速集团数据显示，2024年上半年，全省高速公路出入口客车交通量9702.12万辆，同比增长7.3%。省统计局数据显示，2024年上半年，全省铁路旅客发送量3200.5万人，同比增长23.8%；公路旅客运量4789.08万人，同比增长32.4%；水路旅客发送量44.88万人，同比增长8.8%。同时，由图1可以看出，吉林省近年来接待游客量和增长率整体均呈现上升趋势，说明吉林省旅游产业效益持续向好。

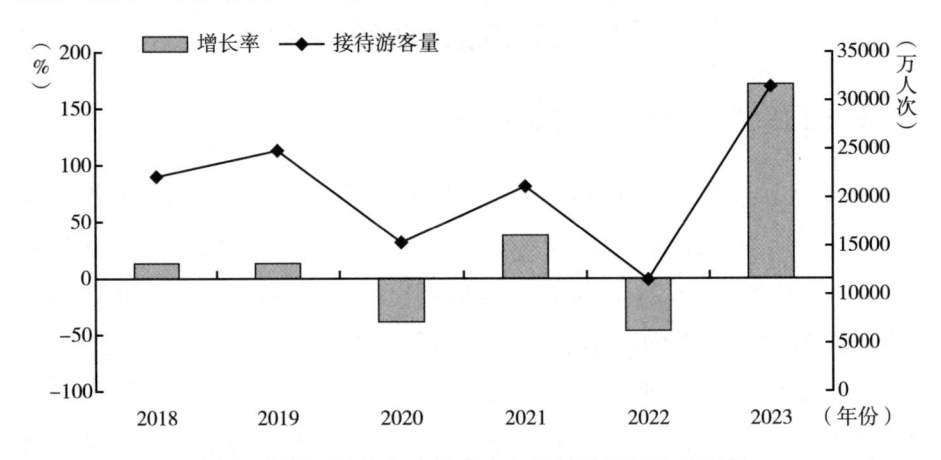

图1　2018~2023年吉林省全年接待游客量及增长率

资料来源：吉林省文化和旅游厅。

### （二）冰雪旅游品质规模双提升

2023~2024雪季，全省各地推出冰雪直通车、景区门票减免、演出活动奖励等18项创新政策，各级投放冰雪消费券超7100万元。吉林省新增国家级滑雪旅游度假地1家，总数达到5家，数量居全国第1位。全省滑雪场单日最大接待规模达到15万人次，同比增长25%。全省重点监测的9家滑雪度假区，接待滑雪游客405万人次，同比增长47.9%。其中，北大湖滑雪度假区游客量、营业收入分别同比增长34%、36%，酒店运营床位数全国最多，整体规模亚洲最大。吉林省冰雪旅游规模和质量都有较大幅度提升。

## （三）入境旅游加快恢复

一是入境游客数量大幅增长。2024年上半年，吉林省接待入境游客40.19万人次，同比增长218%。从接待地看，延边州、长春市、长白山管委会接待入境游客总量排名前3，分别占全省的43.4%、26.1%、22.4%。分客源地看，韩国、俄罗斯、港澳台地区入境游客总量排名前3，分别占入境游客的57.7%、10.1%、9.0%（见图2）。

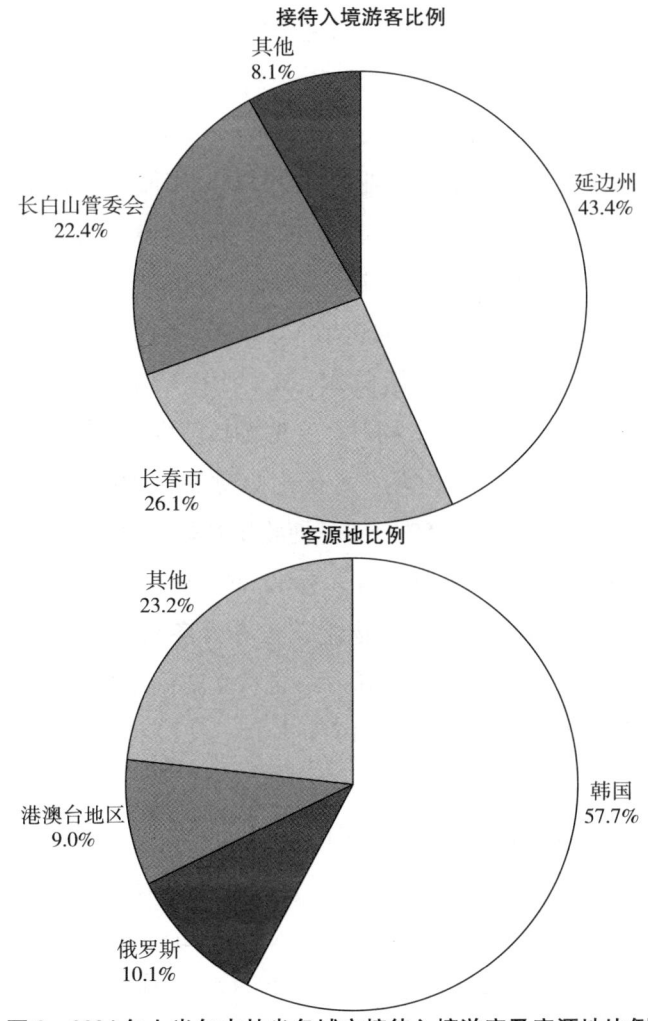

**图2　2024年上半年吉林省各城市接待入境游客及客源地比例**

资料来源：吉林省文化和旅游厅。

二是入境支付便利化水平有效提升。自2024年3月中旬国家部委部署入境支付便利化工作任务以来，全省重点文旅场所已安装布设911台POS机和22个ATM机兑换点，提前超额完成工作任务。按文旅部反馈的2023年入境游客在东北地区人均日花费196.31美元测算，2024年上半年，全省实现入境旅游收入7890.27万元，同比增长127%。

### （四）文旅融合发展势头良好

2024年上半年，吉林省文旅部门主管的娱乐场所、网吧等文化娱乐业企业营业收入5.35亿元，同比增长55.4%；非公有制艺术表演团体（场馆）、演出经纪机构等文化艺术业企业营业收入4418.76万元，同比增长7.3%。公有制文艺院团、剧场营业收入1812.8万元，同比增长8.5%。长春这有山、梅河口东北不夜城等8个国家级夜间文旅消费集聚区营业收入3.47亿元，同比增长6.8%。长春凝羽动画、知和动漫等10家国家认定动漫企业营业收入5854.45万元，同比增长116.6%。文化产业示范园区（基地）营业收入9.81亿元，同比增长24.6%。中医药旅游康养基地营业收入6552.48万元，同比增长14%。同时，文博游热度攀升。2024年初以来，全省114家博物馆举办活动2910场次，推出临时展览214个，累计接待观众约550万人次，同比增长70.5%。一是博物馆在热门时段延长开放时间。五一假期，全省66家博物馆延时开放，有17家开放至18时以后。二是创新推出展览、互动项目。吉林省博物院、长春万象城、中国一汽联合举办"红旗品牌文化巡展"和"吉韵撷珍——吉林文博创意展"，2024年1月15日至6月末展出168天，接待观众15万人次。长影旧址博物馆首创大型沉浸式话剧《消失的母带》，伪满皇宫博物院推出大型文旅演出《炫·墨》，长春市文庙博物馆推出话剧《密林中的孩子》和沉浸式国风戏剧《问月》。三是实施"点亮文博之光"全省中小型博物馆提质升级行动。2024年获评全国文物事业高质量发展"十佳案例"，为东北地区首次。

演艺市场快速兴起。一是新品迭出。2024年6月13日，吉林省首个大型室内沉浸式旅游演艺《粉雪传奇》在省旅游发展大会期间首秀。为"雪饼猴"王铁柱量身打造的吉剧儿童剧《新版真假孙悟空》，已累计演出7场次。长春莲花岛推出大型室外抗战实景剧《抗联抗联》、大型水上实景剧《莲花仙子传》、沉浸式彩妆歌舞剧《人鱼传说》。长春慢山里推出《王小二》《白雪公主历险记》等儿童剧目。二是热度攀升。2024年以来，全省共批准举办较大演出活动248批次，其中5000人以上大型营业性演出活动6场，包括张韶涵、周华健、悦享音浪三场演唱会，长春去野音乐节、禧都超级音乐节、向北音乐节三场音乐节。共批准涉外营业性演出活动86批次，酒吧、饭店等非演出场所驻场演出70批次10946场。

## （五）项目建设有序推进

一是项目建设提速。2024年，全省计划建设文旅项目216个，年度计划完成投资177.88亿元。截至6月末，已开复工项目205个，完成投资93.8亿元，占年度计划投资的52.7%，同比增长53.5%。

二是强化投融资对接。2024年上半年，征集并向金融机构推介有融资需求的文旅项目91个，总融资需求额402.51亿元。目前，已获得银行贷款30.43亿元，其中签约11.28亿元、发放19.15亿元。获得银行授信金额52.52亿元。在全省旅游发展大会上，组织全省重大文旅项目签约39个。

三是完善扶持保障机制。出台文旅项目贷款贴息政策，安排3000万元专项资金给予支持。印发《关于建立重点文旅项目会商机制破解制约旅游业高质量发展有关问题的工作方案》，定期调度，协调各部门强化保障，督促各地优化服务，统筹推动北大湖滑雪度假区整体开发、庙香山温泉滑雪度假区、伊通火山温泉国际旅游度假区、万科松花湖度假区西扩副中心项目、莲花山梦想国等一批省政府重点项目建设。

## （六）宣传营销效果显著

目前，全省文旅行业共运营各平台新媒体账号1095个，包括省级账号57个、各级政务号151个、各级文旅企事业单位账号599个、文旅自媒体号288个，总粉丝量2.7亿。一是组织达人冰雪生活节系列活动，"冰雪多巴胺"多平台话题播放总量26.7亿次，抖音话题#我们什么时候去长白山冲榜抖音全国热榜第2名，并连续一周在榜。二是"长白天下雪"全媒体营销案例获评"2023年全国国内旅游宣传推广十佳案例"。三是吉林文旅新媒体矩阵综合影响力处于全国文旅政务新媒体第一梯队。抖音号5月位列全国省级文旅影响力第1，微博位列全国文旅政务微博前10、吉林省政务微博前3，百度百家号、澎湃号位列全国文旅政务号影响力前3。

## 二　吉林省文旅产业发展的新优势

### （一）自然与人文资源优势明显

吉林省地处东北亚地理中心，拥有得天独厚的自然资源和丰富的人文历史。西部有广袤的草原湿地，如查干湖，冬捕活动尽显北国风情；中部是松辽平原腹地，长吉都市圈民族工业的荣光至今闪耀；东部与俄罗斯、朝鲜接壤，长白山、松花江等自然景观壮丽秀美，林海、冰雪、朝鲜族村落、边境风情等催生了诸多文旅爆款。这些资源为吉林省文旅发展提供了坚实的基础。

### （二）主题旅游加速崛起

近年来，吉林省将研学旅游作为发展文旅业态、激发市场活力的重要抓手，建设了一批研学实践基地和研学旅行基地，并评定了多个省级研学实践精品课程和研学旅行精品课程。同时，吉林省还依托丰富的冰雪资源，大力发展冰雪产业，如冰雪运动、冰雪风光、冰雪文化等特色资源，推出了多条冬季研学旅游主题线路和研学旅游活动，吸引了大量游客前来体验。与此同时，吉林省在文旅融合方面取得了显著成效，通过"旅游+文化""旅游+体育""旅游+商贸"等形式推进融合发展，深挖旅游资源，做大消费市场，丰富产品供给，回应服务需求。同时，吉林省还积极推动文旅产业与其他产业的协同发展，如与农业、林业、体育等产业的融合发展，形成了多个产业集群，进一步提升了文旅产业的竞争力和影响力。吉林省汽车主题文旅、影视主题文旅以及民族特色文旅的崛起，为吉林省文旅产业注入了新活力，吸引了大批游客。

## （三）政策扶持与规划引领力度加大

吉林省委省政府高度重视文旅产业的发展，出台了一系列政策措施，如《吉林省旅游万亿级产业攻坚行动方案（2023~2025年）》等，明确提出要建设旅游万亿级产业，并制订了详细的发展规划和行动计划。这些政策扶持和规划引领为吉林省文旅产业的快速发展提供了有力保障。除此之外，吉林省在旅游公共服务体系建设方面也取得了积极进展，如加强旅游基础设施建设、提升旅游服务质量、完善旅游公共服务信息等。这些措施为游客提供了更加便捷、舒适的旅游环境，提升了游客的满意度和体验度。

## （四）科技赋能文旅新模式

科技赋能文旅产业，能够给游客带来更多的旅游新体验。智慧化、数字化赋能文旅产业能够提升游客的沉浸式体验，给予游客更多更好的消费新体验。目前，吉林省在"滑呗"应用软件上开办了吉林专区，利用数字技术实现滑雪轨迹识别、影像识别以及流程自动化等前沿科技，实现了线上线下滑雪体验的融合。同时，线上滑雪产品网购、订车以及路线规划等技术均能够提升游客的体验。同时，吉林省科技馆引入AI技术，展现科技化的场景，机器人模拟对话等场景，给游客带来了更震撼的体验。除此之外，机器人送餐和无人机旅拍等服务，也已经广泛扩展到吉林省旅游场景中。5G+、虚拟影像、人工智能和大数据等新技术在文旅领域加速应用，科技赋能文旅融合高质量发展正不断展现生机勃勃、潜力无限的广阔前景。

# 三 存在的问题和困难

## （一）政策支持力度与硬件条件有待提升

虽然吉林省多次推出消费券、补贴红包等文旅惠民措施，并取得了较好的成果，但相较于单次的旅游消费补贴活动，常规化、日常化的文旅支持政策仍显不足，导致本地居民日常中短途旅行及日常文娱需求难以充分激发，文旅产业的长期发展动力不够强劲。除此之外，硬件设施也有待加强，吉林省演出场地不足。在大型室外演出场地方面，长春市具备条件的场所有长春体育场、经开体育场和奥体中心体育场3个，接待上限分别为4万人、2.5万人和4万人，又因季节、安全、档期等原因，实际售票量约为接待上限的60%。在室内演出场所方面，长春市仅有2家能承办千人以上大型演出的剧场，尚无面积1万平方米以上的专业剧院。长春市的室外、室内演出场所均不及哈尔滨、沈阳、大连等城市，不具备承办大型演艺的竞争优势。

### （二）公共服务能力及服务水平有待提升

2023年以来，通过项目贴息、床位补贴等政策，鼓励住宿行业发展，全省宾馆酒店客房数较2022年末增长了27%，但吉林省宾馆酒店的数量、规模、品质仍处于东北地区弱势地位。中国旅游饭店业协会数据显示，截至2023年末，全省共有宾馆酒店6155家，客房数20.75万间，高端酒店65家，3项指标均排名东北地区第3。在旅游公共服务体系方面，吉林省仍存在一些短板。例如，部分景区的配套设施不够完善，接待能力和服务水平有待提高；旅游公共服务信息不够透明和便捷，游客在旅途中可能遇到信息不对称或服务不到位的情况。这些问题都会影响游客的旅游体验和满意度。同时，吉林省旅游资源丰富，但旅游景点在地理上分布相对分散，且缺乏极具品牌特征的文旅IP群。这导致游客难以将吉林省作为首选旅游目的地，或难以促成外地游客在吉多停留、多体验、多消费。同时，现有的旅游产品多以"热门景点+车+导游+酒店+机票"的传统搭配为主，缺乏度假休闲属性与探奇属性，不利于游客的深度体验和二次游览。

### （三）旅游服务质量仍需改善

与先进省份相比，吉林省在旅游行业精细化管理水平、服务理念、投诉处置机制等方面仍有差距。同时，文旅从业人员是城市的代表，他们的素质和服务水平直接影响游客对城市的印象。然而，吉林省部分文旅从业者仍存在服务意识淡薄、服务质量不高等问题。这不仅会降低游客的满意度，还可能在社交媒体上产生负面评价，进一步损害城市的口碑和形象。

### （四）文旅融合度不够充分

虽然吉林省在文旅融合方面做了一些尝试，但整体上融合深度还不够。文旅资源的整合和开发利用不够充分，文旅产品的创新和多元化程度有待提高，吉林省具有独特的文化优势，如汽车文化、少数民族文化、电影文化，但是在开发旅游产品与线路时未将独特的文化优势融合其中，造成了吉林省的旅游线路未给游客展现出独特的吉林主题。同时，文旅产业与其他产业的融合发展也需进一步加强，以形成更加完整的文旅产业链和生态圈。

## 四 对策和建议

### （一）坚持规划引领，绘制文旅产业发展蓝图

近年来，吉林省委省政府高度重视文旅产业的高质量发展，将打造"旅游文化名城"和发展"旅游文化产业集群"作为重要的发展定位。为此，应编制"吉林省文化和旅游'十五五'发展规划"和"吉林省旅游文化名城建设行动计划总体方案"，明确未来五年的发展目标、重点任务和保障措施。同时，完善冰雪旅游、乡村旅游、红色旅游等专项规划，通过深入整合旅游文化资源，大力推进文旅融合转型升级。政府应出台一系列政策措施，支持文旅产业的发展。例如，设立文旅产业发展基金，用于支持重点文旅项目的建设和运营；制定税收优惠政策，鼓励企业投资文旅产业；加强土地供应保障，优先安排文旅产业用地指标。此外，还应建立文旅产业统计监测体系，定期发布文旅产业发展报告，为政府决策和企业发展提供数据支持。

## （二）推动能级提升，加强优质资本和人才引入

加速提升文旅产业能级。在文化层面，持续加强特色培育和示范引领，全面升级设施网络建设，切实提升服务效能，积极探索创新发展路径，促进文旅深度融合。在旅游层面，整合文旅资源，创新举办具有影响力的大型节事活动，进一步提升城市知名度和影响力。例如，高标准举办吉林国际雾凇冰雪节、开江鱼美食节、松花江避暑休闲季等品牌节事活动，指导各县（市、区）办好红叶节、白桦节、采摘节等特色节庆活动。同时，抓好平台建设与招商引资。一是持续推动文旅项目建设，加速产业发展。坚持"以项目论英雄"理念，推动乡村项目建设。聚焦全省乡村旅游产业发展，重点推进一批总投资额较大的乡村旅游项目建设。同时，指导各县（市、区）、开发区推动文旅领域新建项目开工、续建项目运营、招商项目落地，形成产业支撑。二是积极开展文旅项目招商引资工作。围绕"新旅游"产业，设计制作《吉林省文旅项目招商手册》，合理化利用省文旅厅招商推介平台，坚持"走出去、请进来"开展招商活动。支持各县（市、区）、开发区旅游产业链招商引资工作，积极谋划包装乡村旅游项目，对吉林省天桥岭滑雪场、雾凇岛旅游开发项目等重点文旅招商项目开展交流推介。

优化文旅产业发展环境。加强文旅产业基础设施建设，提升文旅产业服务质量和水平。完善文旅产业法律法规体系，加大市场监管和执法力度，保障文旅产业健康有序发展。同时，加强文旅产业宣传和推广，提升吉林省文旅产业的知名度和美誉度。营造良好的市场发展环境。落实安全生产责任。加强对各地文旅部门治本攻坚行动工作落实情况的服务督导，严格公共场所人群集聚活动特别是大型营业性演出、群众性文化活动等文化和旅游活动的安全管理。强化监督执法。开展执法业务培训，提高执法队伍的业务能力。提升行业服务水平。开展省级星级饭店服务技能竞赛，组织导游人员培训，强化导游讲解词管理，组织导游资格认证考试，不断夯实高质量旅游服务基础。优化政务服务质量。进一步灵活发挥风险评估机制作用，快速高效开展大型演出活动审批，节约主办成本，持续引进优质演出团队。

完善文旅产业人才体系。谋划建设吉林省文旅产业市场主体平台公司，负责整合全省重点文旅资源和资产集中运营。通过集团化运作，实现文旅资源的优化配置和高效利用，提升文旅产业的竞争力和影响力。鼓励文旅企业加大研发投入，推动技术创新和产品创新。支持文旅企业利用大数据、云计算、人工智能等现代信息技术，提升文旅产品的智能化、个性化和定制化水平。同时，加强文旅产业与文化创意、数字技术等产业的融合发展，培育文旅产业新业态、新模式。出台"吉林省'文旅智库'专家建设管理办法"，发挥文旅、规划、艺术等领域专家在决策咨询中的作用。实施文化旅游人才培养工程、非物质文化遗产传承人扶持工程，完善人才引进优惠政策，培养一批文旅产业领军人才。允许有特殊才能的专业人才和管理人才以其拥有的知识产权、创作成果和科研技术成果等无形资产参与收益分配，激发人才的创新活力。

### （三）做好与重大战略结合，拓展文旅产业发展空间

推动与优势冰雪产业发展战略相结合。吉林省拥有丰富的冰雪资源，应着力打造冰雪文化产业园。依托雾凇岛景区、乌拉街国家历史文化名镇等景点，深度挖掘满族文化遗产，着力推进雾凇岛、乌拉街古城遗址、乌拉街清代建筑群保护性开发，打造集雾凇观光、冰雪运动、民俗体验、文化创意、旅游度假等于一体的冰雪文化产业园。同时，加强冰雪文化的挖掘和传承，提升吉林省冰雪文化的知名度和影响力。推动冰雪产业再上新台阶。制定"2024~2025雪季重点工作任务清单"，对2024年雪季旅游进行提前谋划，协同各地各部门细化任务分工，加强新产品、新项目、新玩法有效供给。推动全省冰雪旅游项目快开工、快建设、快投产、快达效，重点推动北大湖、万科扩建项目，冰雪运动中心、柳河青龙山等新建项目，持续推动娱雪乐园建设，为新雪季的到来做好准备。办好第八届吉林雪博会，指导各地开展"一会十节百活动"等丰富多彩的冰雪节事活动。强化促消费政策落实，继续投放冰雪消费券3000万元。

推动与乡村振兴和区域协调发展战略相结合。吉林省应充分利用乡村旅

游资源，推动乡村旅游产业的高质量发展。加强乡村旅游基础设施建设，提升乡村旅游服务质量和水平。挖掘乡村文化内涵，打造具有地方特色的乡村旅游产品。同时，加强乡村旅游市场营销和品牌推广，提升吉林省乡村旅游的知名度和吸引力。吉林省应加强与周边省份的交流与合作，推动区域文旅产业的协同发展。共同打造跨区域文旅产品，实现资源共享和优势互补。加强区域文旅市场营销和品牌推广，提升吉林省文旅产业在区域市场中的竞争力和影响力。

推动与打造世界级汽车先进制造业集群发展战略相结合。谋划打造"一园、一馆、一校、一剧、一赛道"汽车主题系列文旅项目。一是打造亚洲最大、全球著名的汽车主题乐园。以上海迪士尼乐园和北京环球影城等主题乐园为标杆，将汽车动漫或汽车电影相关主题与公园内的娱乐设施、场景布置和项目设置融于一体，通过引进国际知名主题游乐场或与国际知名汽车企业合作打造具有国际化水平的汽车类主题乐园。二是建立全国第一的汽车博物馆。参照吉林省科技三馆，以更高的标准建设集历史博览、现代科技、研学体验、古董车收藏与品牌文化展示等特点于一身的汽车博物馆，通过运用现代科技和智能设施，使汽车博物馆具有沉浸体验、亲子互动、寓教于乐的新特点，打造吉林省研学文旅项目"第一馆"，发展成全国最大最好的汽车博物馆。三是谋划建立汽车体育学校。聘用有较高资质教练，开展驾驶技术、身体训练、职业车手的心理提升等培训和赛车执照考试与认证工作，同时开展儿童机车、儿童卡丁车、青少年驾驶及交规培训等青少年活动，以满足不同年龄层次人群对赛车文化以及赛车体验的多样化需求。四是创作汽车主题影视剧。以长影制片厂为依托，创作拍摄汽车类主题影视剧，通过影视剧的拍摄让全国人民了解长春市与汽车制造业的历史渊源，使其成为吉林省汽车万亿级产业的宣传名片。五是打造全国首屈一指的卡丁车运动赛道。引进全国知名的卡丁车项目管理团队，建设具有国际级专业标准的卡丁车赛道，并融合先进的多元化品牌经营理念，建立集娱乐、竞技、餐饮、休闲于一体的新型体育类综合体，打造"参与体验度全国第一的小F1"。

## （四）依托地域文化优势，提升旅游文化竞争力

深入挖掘地域文化资源。吉林省拥有丰富的地域文化资源，如满族文化、朝鲜族文化、关东文化等。应深入挖掘这些文化资源的内涵和价值，将其转化为具有吸引力的文旅产品。通过举办文化节庆活动、建设文化主题公园等方式，展示吉林省的地域文化魅力。同时，在文旅产业发展过程中，应注重地域文化的保护与传承。加大对历史文化遗址、非物质文化遗产等文化资源的保护力度，防止文化资源的破坏和流失。同时，通过教育、培训等方式，传承和弘扬地域文化，增强游客的文化认同感和归属感。

提高旅游资源开发水平和质量。强化旅游系统谋划，完成并发布《吉林省沿边开放旅游大通道旅游发展规划》《大长白山区域旅游发展规划》《松花江流域（吉林省段）旅游发展规划（修编）》等规划，科学布局全省旅游发展。强化旅游项目支撑，积极开展招商引资，邀请省内外投融资机构走进吉林。对重大项目实行月调度机制，及时研究解决项目建设中出现的问题，确保完成年度目标任务。推动旅游景区提质升级，组织开展全省A级旅游景区复核；按照标准评定一批旅游景区、旅游度假区、工业旅游、旅游休闲街区、乡村旅游经营单位等；推进景区城、镇、村建设，完成首批景区城、镇、村评定；指导嫩江湾景区加强日常管理，做好5A级景区迎检准备工作。积极推进"一卡游三国""图们江出海游""环长白山游"等旅游新产品开发，加快边境旅游发展。

## （五）加强产业融合与基础保障能力，提升整体实力

加快文化和旅游深度融合发展。鼓励文旅产业链中的企业建立产业联盟，加强合作与交流。通过联盟平台，实现信息共享、资源互补和协同发展。共同打造文旅产业品牌，提升吉林省文旅产业的竞争力和影响力。加强文旅产业与文化创意、数字技术等产业的融合发展。通过技术创新和产品创新，推动文旅产业的转型升级。同时，加强文旅产业与农业、林业等产业的融合发展，拓展文旅产业的发展空间。加强文旅产业服务体系建设，提升服

务质量和水平。建立健全文旅产业服务质量评价体系和反馈处理机制，及时解决游客在旅游过程中遇到的问题和困难。

加强旅游发展全链条保障。聚焦旅游要素短板弱项，采取针对性举措，提升旅游承载能力和接待能力，让游客吃得放心、住得安心、玩得舒心。一是树立吉林省美食标杆。在全省开展旅游美食评选，推出"吉林省旅游美食好评榜"，在网络媒体和OTA平台发布特色旅游美食地图，评定一批"吉林省旅游美食好评榜"体验店。二是提升住宿质量。加强与知名品牌合作，积极引进世界连锁酒店、投资商、运营商，推动旅游住宿配套升级；整合星级饭店、宾馆酒店、旅游民宿等产品，评选一批吉林省优秀旅游住宿门店。三是实施通信畅通行动。会同相关部门共同推进旅游景区、旅游服务设施、旅游线路等通信基础设施建设，提高通信保障水平。四是实施航空服务提升行动，大力拓展国际和地区航线，逐步打造面向京津冀、长三角、珠三角、环渤海等国内重点客源市场的航班快线化、航线直飞化、时刻全天化、服务本土化的空中巴士型国内航线航班。

## 参考文献

[1] 白长虹：《文旅融合背景下的行业人才培养——实践需求与理论议题》，《人民论坛·学术前沿》2019年第11期。
[2] 卓毅：《旅游产业转型视域下协同育人平台的升级路径》，《社会科学家》2021年第7期。
[3] 黄蕊、侯丹：《东北三省文化与旅游产业融合的动力机制与发展路径》，《当代经济研究》2017年第10期。
[4] 高雅楠：《安徽省"旅游+文化"产业融合发展研究》，《中国集体经济》2020年第26期。
[5] 陶丽萍、徐自立：《文化与旅游产业融合发展的模式与路径》，《武汉轻工大学学报》2019年第6期。

# B.7 吉林省康养产业高质量发展研究

刘月乔[*]

**摘　要：** 近年吉林省开拓多种模式因地制宜发展康养产业，直面老龄化趋势，谋划康养新思路。满足个性化需求，发展康养产业，优化康养服务，康养产业加快发展。康养产业的发展促进了吉林省医药健康产业与康养、旅游融合发展。但在近年的发展中，吉林省康养产业存在着一些问题，如缺少统一管理的组织机构，技术组织和相关人才不足，参与主体不对等，产业供给不能满足人民健康需求，产业融合程度和集群集聚效应有待提升，产业发展要素短缺等。为此，吉林省高质量发展康养产业应优化现有体系，提高康养产业标准的实用性和有效性；发挥财政作用，加大标准化工作的政策支持力度；加大项目推动力度，推动康养产业集聚发展；加强运营推广，提高康养产业吸引力；大力推广发展中医药，打造康养产业品牌。

**关键词：** 康养产业　深度老龄化　康养结合

党的二十大强调，"人民健康是民族昌盛和国家强盛的重要标志""把保障人民健康放在优先发展的战略位置，完善人民健康促进政策"。"十四五"时期，我国将从轻度老龄化进入中度老龄化，60岁及以上老年人口将超3亿人。健康养老关乎千家万户，事关亿万百姓福祉。2035年左右，60岁及以上老年人口将突破4亿人，在总人口中的占比将超过30%，我国将进入中度老龄化阶段。近几年，国家出台了一系列政策鼓

---

[*] 刘月乔，吉林省社会科学院东北亚研究中心副研究员，主要研究方向为东北亚国家老龄化问题。

励与支持养老和康养产业的发展。吉林省即将进入深度老龄化社会,第七次全国人口普查结果显示,吉林省常住人口中60岁及以上人口为5551165人,占吉林省总人口的23.06%,其中,65岁及以上人口为3757224人,占比15.61%。与2010年第六次全国人口普查相比,60岁及以上人口的比重上升了9.85个百分点,65岁及以上人口的比重上升了7.23个百分点。① 沉重的养老负担与迫切的养老需求已经成为制约吉林省经济发展的重要障碍。吉林省作为东北老工业基地,新形势下原有的传统产业在拉动经济增长与带动就业方面已经表现出一定的不足,而养老服务体系建设是否能够异军突起,进一步成功推动吉林省第一、第二产业向第三产业转移,则成为缩小省内外经济增长与民生发展差距的积极探索与有益尝试。

## 一 吉林省康养产业发展的现状

目前,吉林省康养产业体系以健康养生、养老服务、医疗服务为主体,2023年产业规模达700亿元左右。新康养产业拓展了现有的康养产业体系,在社会进步和消费升级的趋势作用下,在国家政策导向和省委省政府的全力推动下,到2025年,吉林省康养产业规模能够超过1200亿元,到2027年,吉林省康养产业规模能够突破1800亿元,到2030年,吉林省康养产业有望达到2500亿元。② 其中,作为省会的长春市预计2030年康养产业将达到1300亿元,延边州预计将达到140亿元,四平市、辽源市、通化市、白城市、白山市均预计将超过100亿元。③

---

① 吉林省统计局、吉林省第七次全国人口普查领导小组办公室:《吉林省第七次全国人口普查公报(第三号)——人口年龄构成情况》,吉林省人民政府网,https://xxgk.jl.gov.cn/zsjg/tjj/xxgkmlqy/202211/t20221125_8637646.html#:~:text=。
② 《关于公开征求〈吉林省新康养产业发展实施方案(征求意见稿)〉意见的公告》,吉林省发展和改革委员会网站,http://jldrc.jl.gov.cn/zmhd/yjzj/jybtjnm_423172/。
③ 《关于公开征求〈吉林省新康养产业发展实施方案(征求意见稿)〉意见的公告》,吉林省发展和改革委员会网站,http://jldrc.jl.gov.cn/zmhd/yjzj/jybtjnm_423172/。

## （一）因地制宜开拓多模式康养产业

开创养老服务新局面的"地产+养老+保险"模式。延边州针对外出务工人员返乡养老问题，打破民政和经济壁垒，在推进康养产业集聚融合发展的同时，投资超7亿元，建设延边州万隆医养康复等10个项目，为反哺经济发展提供了强大支撑。开拓养老服务市场广阔前景的"旅居+康养"模式。"南人北养、北药南治"旅居康养新模式在当前旅游热度不断升温的助推下，延边州充分发挥康养产业链项目专班机制的作用，成功落地并取得初步成效。为丰富旅居康养产业内涵，繁荣老年旅居生活，成立了延边州温泉养生协会，并公布了12个"2023年延边温泉养生优选地"，开创了新的路径和选择。

## （二）谋划康养新思路

结合中度老龄化社会省情，成立康养产业培育发展项目专班，并积极推进吉林省康养产业协会相关筹备工作，将全省从事康养产业服务、医疗、生产、经营、流通、科研、教学、管理等企事业单位、团体和相关行业专家资源进行整合。目前，已收集超百个有意愿参加协会的企事业单位和个人。打造健康养老新模式。开展老年人健康服务与医养结合服务，采取多种形式实现医养资源整合、服务衔接。目前，医养结合养老机构快速增多，在新增养老机构中占很大比重。各养老机构均与临近医院签订了医疗服务协议，确保入住老年人能及时得到医疗救助。同时，多个县市的中医医院或社区卫生服务中心与社区养老服务中心签订中医药服务下沉社区嵌入式养老服务机构协议，并安排医护人员为老年人提供相关中医药服务。社区卫生服务中心结合国家基本公共卫生服务项目，定期为养老机构的老人提供免费健康体检、建立居民健康档案等，提高老年人健康水平，推进养老服务提质增效。

## （三）优化康养服务

统筹医疗、健康、文化和养老资源，探索构建"居家+社区+机构"的

链式养老服务模式，向周边有需求的家庭和老年人提供"十助"服务（助餐、助医、助洁、助浴、助行、助乐、助学、助急、助怡养、助防诈），让"养老"变"享老"。近几年，吉林省各市县组织开展公益、文化娱乐等系列助老服务活动近千次，倡导青年志愿者深入老龄化社区，为社区老年人提供帮助，增强老年人的幸福感。

### （四）发展多样化康养产业

#### 1.医药健康产业快速发展

长春市围绕高端医药医疗、医药产品贸易、数字医疗服务，推动创新成果转化和推广应用，形成研发、中试、应用创新产业链条，打造中国北方世界级医药产业创新发展新地标。延边州重点聚焦中药现代化（朝医药）、原料药、生物医药、医疗器械、医药保健六大方向，形成了集中药材种植、新药和保健品研发生产及中药饮片、中成药、化学药、药辅包材生产等于一体的完整的现代医药产业链，已形成以敖东、华康、凯莱英、金派格、草还丹、健芝宁、广亿、元宝枫八大医药工业园为主的医药产业集群，2024年医药健康产业预计实现工业总产值突破150亿元。通化市全力打造"药、医、食、养、游、动"六位一体的"康养+N"产业格局，多元融合塑造"七色之城·康养通化"城市品牌，着力将通化市建设成为中国康养示范城市和东北亚国际康养旅游目的地。

#### 2.森林康养产业加快发展

不断优化森林康养环境，加快推进基地建设，繁荣森林康养文化，提高森林康养服务水平。吉林市依托雾凇冰雪、温泉旅游、森林生态、"一江三湖"等特色资源，全力构建"康养+N"产业体系，全力创建避暑康养旅居城市和东北地区养老示范城市，倾力打造享誉全国的旅游度假康养品牌。汪清县、安图县获评全国森林康养基地试点建设县。良田百世康养基地、敦化市寒葱岭红色文化旅游观光区具有代表性的康养基地发展态势良好，发挥了示范引领作用，并获评2022年省级康养基地。

**3. 涉老服务业发展壮大**

不断强化涉老服务业发展，积极培育服务品牌企业。优化居家养老服务供给。延边州"养老服务类"企业和个体工商户发展到227家，"家庭服务类"企业和个体工商户发展到111家，"家政服务类"企业和个体工商户发展到2868家。人力资源服务机构达21家，其中，2家家政服务企业进入全国家政服务百强企业，吉林小棉袄家政集团股份有限公司的"小棉袄"商标被认定为"中国驰名商标"。白山市践行"两山"理念，实施"一山两江"品牌战略，构建"一体两翼"发展格局，大力实施千亿级全域旅游产业壮大工程和千亿级人参医药产业振兴工程，全领域培育壮大体育运动、中医养生、休闲康养、医疗服务、养老服务五大城市产业品牌。

**4. 培育发展重大康养项目**

博远·祥祉圆作为目前东北三省规模最大的CCRC项目，很早就拥有了布局医养结合的意识。自2015年开业运营以来，一直在跟随市场需求调整设施和服务，积极开展数字康养和培养员工服务理念，成为全国单体服务规模最大的医养结合机构。此外，博远·祥祉圆创建于长春，坚持把"国风"落实到底，无论是园区内外随处可见的中式建筑风格，还是日常生活的养生观念，甚至在养生馆中都大力推广中医医养，将"医养结合"冠上国风色彩。

2024年8月永吉颐民康养医院开业，此次开业不仅是颐民养老中心发展历程中的重要里程碑，更是对"医养结合"理念深入实践、提升养老服务品质的重大举措。永吉颐民康养医院建筑面积超8000平方米，设有医疗总床位128张，涵盖内科、外科、康复科、中医科、预防保健科、安宁疗护科等多个科室，并配备了医学检验科、医学影像科、电诊科等辅助科室。这一综合性医疗机构的成立，将极大地满足入住老人及周边社区老年人的医疗康复需求，为他们提供及时、专业的诊疗服务。

延边州人民政府成立康养产业培育发展项目专班，着力推动重大康养产业项目。总投资50亿元的龙井市金江医疗康养产业园项目，总投资10亿元的敦化"长白山·龙狮谷"项目、总投资6亿元的延吉观唐温泉酒店项目、总投资5.7亿元的敦化六鼎山国际医疗康养产业园项目、总投资0.87亿元的汪清县新型养老服务中心建设项目开工在建，总投资1.75亿元的延边万隆医养康复中心项目已完成土建工程。同时，谋划储备了延边社会脑康医院医养中心（失能失智专业养护院）新建项目等31个重大康养项目。延边州立足州情，大力推动养生养老、旅游旅居产业结合，积极探索"南人北养、北药南治"的旅居康养合作模式。

## 二 吉林省康养产业发展的特点

### （一）旅居养老成为新模式

一是满足旅居专业化需求。吉林省康养企业通过旅游度假、健康养老，有归属感的异地生活体验，让老年人享受"吃、住、乐、行、医、养"的一站式专业化贴心服务，赋予"旅居养老"最深层的意义。目前，延边金江文旅康养实业有限公司与海南、江苏、浙江、广东等地的康养企业对接，进一步推广"候鸟式"康养合作模式。延边假日国际旅行社有限公司与吉林省社区老年大学达成共识，形成多方联动的合作格局。

二是满足旅居品质化需求。充分发挥吉林省康养产业链项目专班机制作用，着力促进"医养+康养+旅养+乐养"融合发展。延边金江文旅康养实业有限公司与韩国亚洲大学医院就康复、高端体检、齿科等项目签订合作意向协议，与广东万海细胞生物科技有限公司就细胞医学再生领域的研究、临床转化以及产业化开发等方面达成合作意向。

三是满足旅居个性化需求。积极探索"养老+房产+保险"新模式，为有房产但养老资金不足或没有养老保险的务工返乡人员增加一种养老模式的选择。目前，太平人寿延边中心支公司推出吉林省乐享游项目，保险融合养生养老、健康医疗、休闲度假、生态农业、文化教育五大板块，既为老年人提供了保险保障，又满足了养老需求。

## （二）促进医药健康产业与康养、旅游融合发展

立足中（朝）医药资源禀赋，将"山、水、林、景"等旅游资源及其一二三产业与中医药旅游全面融合，发展以中药花海游、中医药文化体验游、生态康体疗养游、古方膳食养生游、医疗美容游为载体的中医药健康旅游产业。运用传统中医药理念、方法和技术，为老年人提供保养身心、预防疾病、改善体质、诊疗康复等健康管理服务和医疗服务，建设旅游发展与健康密切相关的生产和服务产业。

## （三）以旅游业带动康养产业投资项目建设

近几年，延边州康养产业发展势头迅猛，极大地提升了延边地区在全国的知名度，间接为本地区招商引资做了免费的广告。截至2023年5月底，共完成投资3.24亿元，占全省的8.63%，列全省第二位。其中，"双链长"重点项目——延吉恐龙文化旅游设施综合开发项目（延吉观唐温泉酒店）总投资6亿元，2024年计划完成投资5亿元；渤海湖夜经济集聚区项目总投资3.08亿元，目前已完成主体土建工程和内部施工总工程量的95%；珲春丝绸之路渤海古镇旅游基础设施建设项目总投资3.08亿元，已完成投资1.13亿元，完成总工程量的28%；延吉希尔顿酒店已完成地上建筑10层，预计2024年底前完成工程主体建设，进入装修阶段。

# 三 吉林省康养产业发展存在的主要问题

## （一）缺少统一管理的组织机构

我国康养标准的建设过程是由政府主导的，但从全国范围来看，各地方康养产业的主管部门各不相同，有的由文旅局主管，有的由卫健委主管，有的由发改委主管，虽然绝大多数主管部门对康养产业的发展给予了大力支持，但政出多门，没有一个明确的部门来对康养产业的发展进行总体把控。

此外，除部分综合部门外，很多行业部门实际上都有标准化的工作职责，市场监管部门只是标准化行政主管部门。但很多部门总认为标准化工作是市场监管部门分内之事，只要提到标准化就往市场监管部门推，未能履行好各自职责，各司其职、协同推进的标准化工作模式还未形成。

### （二）技术组织和相关人才不足

由于康养产业具有高度融合的特性，康养产业标准化建设工作具有业务领域众多、业务类型复杂的特点，现有的标准化技术组织和人才队伍难以有效支撑康养产业标准化建设工作。一方面，全国普遍存在缺少康养产业标准化工作的长远规划，多数标准高度依靠少量行政人员通过阶段性工作任务来制定，个别部门与领导对康养产业标准制定与实施的重视程度较低，从党委政府、行业部门、企业及社会等不同层面，对标准化重要性的认识不充分，过多强调了产业发展的"量"，忽视了产业发展的"质"，甚至将标准化视为"可有可无"。另一方面，吉林省康养企业作为康养产业的市场主体，虽然客观上受到财力限制，但主要原因还在于追求眼前经济效益，对短期内得不到回报的标准化项目，参与和推动的积极性不高，并且缺少龙头企业的带动。

### （三）参与主体不对等

我国康养标准的建设是政府主导型，即康养产业标准由政府来主导，组织各方力量来制定和实施，康养消费者和企业在其中的参与度有待提高。在标准推进过程中，得到更多利益主体参与起草和制定的标准通常更能符合产业实际需求，标准质量也会更高。然而在实际过程中，个体消费者往往很难提出自身诉求，而且吉林省康养企业普遍规模较小，缺少投入标准建设的时间和财力，因此这两者都很难成为康养标准工作的主体。

### （四）产业供给不能满足人民健康需求

同质化的康养产品驱逐了高质量的康养产品，导致人民群众的需求无法得到满足。由于吉林省康养产业整体发育时间较晚，相较于大众需求，存在一定的滞后性，相对复杂的产业供给如高质量疗养、生命质量管理、老年人疗养的供应体系尚不完善，消费者的整体满足率和满意度较低，因此不少消费需求"逃逸"到了周边国家和地区。根据我国2021年全民旅游质量统计报告，2021年我国75%以上的医疗健康旅游消费"逃逸"到了周边的国家和地区，游客普遍认为相较于国内落后的设施条件，日本的恶性疾病防治、韩国的医疗养颜服务已经较为成熟，部分城市甚至将康养旅游当作吸引中国游客的金字招牌。

### （五）产业融合程度和集群集聚效应有待提升

就全国康养旅游产业的发育格局来看，不同行政区域间产业渗透和合作严重不足，并没有发挥康养产业联动三类产业的优势，这就导致康养旅游产业始终是单打独斗，无法做大做强。从一方面来看，不同地域、不同类型甚至是康养产业与其他产业间，打好"组合拳"，破除行业壁垒和偏见，仍然有很长的路要走；从另一方面来看，康养产业的发展始终不能脱离当地的支柱性产业而凭空起高楼。就2023年吉林省的情况而言，不少地区的康养旅游项目仍是高悬于地方经济之上的"空中楼阁"，康养产业与主导产业间联动效应尚未发挥出来，导致吉林省康养产业普遍存在后劲不足的问题。

### （六）产业发展要素短缺

毫无疑问，作为战略性新兴产业的康养产业具有较高的技术创新需求，然而吉林省当前的社会资源并未有效配置到康养产业，在康养产业发展急需的高质量人力、技术、资金等层面仍有严重不足。一是高素质人力资源吸引力不足，行业专门人才并未有完善的培育体系和职业规划，导致人力资源在比例、素养方面不具备优势。二是吉林省康养行业和医疗保健行业孵化机制不太通畅，导致不少医疗保健和生命制药产业的成果无法在康养产业落地转化，存在理论和应用的脱节情况。三是当前吉

林省的行业监管存在较多漏洞，如前文提及的，由于缺乏专门的统计指标和统筹工作，行业检测无法落实。此外，对于从业人员的资格审核、康养产品与服务的落地审批流程和环节、企业运营资质的鉴定等工作，尚需具体细化。

## 四 吉林省康养产业高质量发展的对策建议

### （一）优化现有体系，提高康养产业标准的实用性和有效性

依据我国康养产业发展的紧迫需求和经济形势，制定主要康养业态和核心康养资源等领域的标准体系，明确标准化工作的方向和要求。一是关键标准。互联网、大数据、人工智能等大数据和科技的应用，将对康养产业发展和服务升级起到至关重要的作用，但同样面临隐私泄露、权益维护等问题，因此需要智慧养老服务、智能社会建设、健康数据平台等相关标准出台，在对平台进行约束的同时，维护广大消费者权益，保障康养服务质量。二是紧缺标准。对缺少相关标准导致的产品服务纠纷、市场无序发展与监管不到位的领域，如医疗康养、母婴市场、安宁疗护、康养建筑与装修等，亟须制定和实施产品与服务质量规范、市场监督等相关标准。三是特色标准。持续做好具有中国特色和吉林省特色的标准，如最具代表性的中医药康养领域的中医药种植、制造与服务等，以高标准引领特色产业走向世界。

### （二）发挥财政作用，加大标准化工作的政策支持力度

吉林省各地各有关部门应发挥财政资金引导作用，强化金融、信用、人才等政策支持，积极引导社会资本投入标准化工作，考虑通过设立标准创新型基地、企业、项目等，出台相关优惠政策，鼓励和支持企业推进标准自我公开和监督检查，对通过标准研制实施引领产业发展并取得突出贡献的单位和组织给予有力支持和相应奖励。

## （三）加大项目推动力度，推动康养产业集聚发展

康养产业是为社会提供康养产品和服务的各相关产业部门组成的业态总和。吉林省应以多种项目来推动康养产业的良性发展。一是发展旅居康养，建设国际康养城，打造集休闲度假、康复医疗、智慧养老于一体的吉林高端"康养医疗度假项目"知名高端品牌。二是大力发展疗愈康养，成立更多不同档次的温泉度假场所。吉林省拥有天然的避暑气候、良好的自然资源和丰富的中医药资源，为康养旅游的发展营造了良好条件，应着重发展森林疗愈康养及温泉疗愈康养。依托长春国信南山温泉、白山抚松仙人桥镇、长白山火山温泉部落等高品质温泉景区，培育和创建一批中国冰雪温泉度假目的地。三是发展冰雪康养，吉林省冰雪文旅产品正在做大做强，已经成为吉林新名片，应不断推动吉林从冰雪资源大省向冰雪经济强省迈进。

## （四）加强运营推广，提高康养产业吸引力

运营推广不仅体现在通过官方公众号、视频号等社交媒体平台发布相关康养信息，更是通过群众参与，实现"人人皆是康养产业的建设者和参与者"。一是加强在传统媒体上的宣传。虽然近年来传统媒体影响力不断减弱，但是传统媒体的权威性仍然是最大的，特别是对于中老年群体来说，传统媒体的影响力仍然不容小觑。二是充分发挥社交媒体、网红、主播的影响力。让更多的网络红人宣传吉林康养，吸引更多的年轻群体。

## （五）大力推广发展中医药，打造康养产业品牌

党的二十大报告提出，"促进中医药传承创新发展""坚持以文塑旅、以旅彰文，推进文化和旅游深度融合发展"。科学开发民族医药文化旅游资源，既能推动民族医药的保护和传承，又能促进民族地区文化旅游蓬勃发展。一是依托中医药文化场馆载体建设中医药康养旅游项目，将居民对中医药保健功能诉求与游客对中医药的养生文化感知相结合。二是集中展

现系列品牌活动等实现中医药文化符号化是旅游开发的关键，通过中药的技术标准化和产业化能够加强多方文化认同与价值感知。三是大力推进医食融合、医养融合、医美融合、医旅融合、医网融合，形成完整的产业生态体系。

# 动 能 篇

## B.8
## 吉林省消费水平提升对策研究

赵 奚*

**摘　要：** 消费水平的提升对吉林省经济与社会发展具有多方面的积极作用。当前，吉林省消费水平在保持小幅提升的同时，消费政策日益完善，消费结构有所改变，并呈现明显的观念转变与群体性特点。与此同时，也存在差异化供给不足、质量不优、数字技术赋能不深入、监管不足、新业态开发不到位等制约。新时期，应通过聚焦多元化消费需求，打造高质量消费供给体系，强化数字技术赋能，完善消费政策体系，拓展消费新场景、新业态、新项目等路径，不断释放消费潜力，促进消费水平的提升。

**关键词：** 消费水平　消费　新业态　消费新场景

---

\* 赵奚，技术经济与管理博士，吉林省社会科学院软科学研究所副研究员，主要研究方向为产业经济。

消费作为直接需求，是经济发展韧性的直接体现。消费水平的提升对新时期吉林省的经济增长、消费结构优化、市场活力增强、居民生活水平提高等多个方面都具有积极影响。因此，探析消费水平提升过程中的问题，培育消费新业态，优化消费发展环境，对提升吉林省消费水平至关重要。

# 一　吉林省消费发展现状

## （一）消费水平小幅提升

2024年前三季度，吉林省社会消费品零售总额3058.34亿元，同比增长2.9%，其中，限额以上社会消费品零售总额1313.12亿元，同比增长2.0%。以绿色消费、数字消费、服务消费为代表的新消费蓬勃发展，网络零售额快速增长，全省实物商品网上零售额同比增长9.7%，高于全国1.8个百分点，高于社会消费品零售总额增速6.8个百分点。冰雪旅游和"吉菜"美食持续火爆出圈。吉林省城镇常住居民人均消费支出从2023年前三季度的19320元上涨到2024年前三季度的20741元，增长7.4%；农村常住居民人均消费支出从2023年前三季度的10477元上涨到2024年前三季度的10791元，增长3%。吉林省顺应消费数字化、绿色化、服务化升级趋势，全力促进消费水平提升，呈现更多消费发展新动能。

## （二）消费结构有所改变

吉林省居民消费结构的变化表现为享受发展型消费指标有所下降：2024年前三季度限额以上社会消费品零售总额零售类中，穿类商品零售总额69.53亿元，下降0.7%；用类商品中烟酒、日用品、家用电器和音像器材、家具分别下降8.6%、3.1%、11.3%和5.8%；体育、娱乐用品类零售总额4.43亿元，增长0.2%。以网络购物、"互联网+"服务、平台共享、线上线下融合等新业态、新模式为主要形式的新型消费逆势增长，线上消费规模的增加一定程度上缓解了线下消费下行压力，保障了民生，释放了消费潜力，促进了经济增长，成为拉动内需的新动能。

## （三）消费政策日益优化

吉林省为巩固扩大消费，2024年前三季度以"消费促进年"为主线，政策、机制、模式不断创新，"政策+活动+资金"叠加发力，线上线下融合互促，推动消费持续提质升级。落实了"消费券+以旧换新"政策组合拳，让百姓受益、企业有利、市场有效。挖掘新型城镇化、农民市民化潜能，释放刚性和改善性住房需求。为活跃消费市场，培育12个夜间消费集聚区。推进商旅文体融合，发展省级首店，前三季度新增200家区域品牌首店，提升5个高品质步行街，建设线上智慧街区，打造10个潮流IP集合体品牌宣发地。推动智慧商圈、智慧商店建设，实施便民生活圈建设三年行动。开展放心消费在吉林创建活动，大力推动了数字消费、绿色消费、健康消费等新型消费发展。

## （四）消费观念逐步转变

近年来，吉林省人文环境指数呈稳步增长的态势[1]，表明居民愿意为改善生活质量而增加消费支出。居民消费人文环境包括消费意愿、消费目的和文化水平，不仅影响居民当期消费，而且渗透至居民的远期消费，触动居民消费观念。吉林省居民文化水平的大幅度提升，从根本上打破了居民传统的消费观念，在消费结构逐渐向满足精神文化需求发展和享受型消费转变的同时，节约环保、绿色低碳、安全健康、理性适度的消费观念逐渐增强，消费品质逐步提升，文明健康的消费环境得到优化。

## （五）消费群体特点日益凸显

在近年的消费中，三大群体不容忽视。"新银发族"[2]大量显现。随着养老保障体系日益完善，"新银发族"群体相比"40后""50后"有更年

---

[1] 曲媛媛：《吉林省消费环境对居民消费水平的影响研究》，硕士学位论文，吉林财经大学，2021。

[2] "新银发族"是指出生于1960~1969年的群体。

轻的消费认知、更高的收入、更高的生活标准，除了基本生活消费外，在文化娱乐方面更追求社群抱团式的娱乐消费、专属的定制化旅游消费，以及智慧康养方面的助老消费，是吉林省重要的"消费需求型"群体。新城镇人口逐渐增多。吉林省2023年城镇化率达到64.7%，新城镇人口增加，当下已逐渐融入城市生活，产生新的消费理念，消费意愿愈发强烈。"Z世代"①脱颖而出。《中国移动互联网发展报告（2019）》指出，"Z世代"正在成长为中国互联网文化消费的主力群体。吉林省"Z世代"占2023年底吉林省总人口的15.5%，他们受数字信息技术影响较大，对消费需求的定义更多元化，追求具有独特个性、体验感更强的消费方式，热衷于游戏、二次元文化、极限运动、音乐节等新型消费模式以及满足个性化需求的定制化商品。在消费升级的背景下，新消费群体展现了前所未有的消费潜力。

## 二　吉林省消费发展存在的问题

### （一）差异化供给不足

当前，吉林省新生代消费群体成为消费的中坚力量，年轻人的消费呈现"人以群分"的细分特点，形成的个性化消费需求难以得到满足，热衷的二次元文化、小众艺术类消费模式较少。同时，吉林省适老消费仍停留在原始的消费模式上，消费供给形态单调，目前市场上旅游、医养、家政等服务领域的服务标准体系仍不健全，多层次、高质量的产品和服务的有效供给不足，不能完全满足"新银发族"对高品质生活的需求，未能追赶上他们以多维度消费形态取代传统消费方式，创造新型消费市场的速度。另外，新"城镇人"住房、养老托幼等方面消费的社会支持不足。吉林省庞大的新"城镇人"群体所需的改善性住房、养老托幼方面消费的社会支持力度不足，制约了他们的消费意愿转化为实际消费。

---

① "Z世代"是指出生于1995~2009年的群体。

## （二）供给质量不优

吉林省居民消费结构正逐渐从以商品消费为主转变为商品与服务并重。在消费结构升级的过程中，更大的增量来自服务消费，但供给体系尚未与需求体系形成高效匹配关系。服务消费有效供给不足导致部分消费意愿在难以转化为实际消费的同时，供给质量也不高。文化旅游等满足精神需求的服务型消费、高品质产品和享受型消费等消费新形态迅速发展，但以旅游消费中实际档次低于宣传标准、会员制消费权益无保障、老年康养服务存在诈骗等为代表的服务消费质量问题屡见不鲜，新消费的增长点受到掣肘，抑制了服务消费市场的进一步发展。

## （三）数字技术赋能不深入

新消费模式无论是在打破传统零售时空囹圄，还是在培育智慧旅游、智慧养老、智慧家政、数字文化、智能体育、"互联网+医疗健康""互联网+托育"智慧零售等新业态方面，都离不开数字技术赋能。尽管人工智能、区块链、物联网、VR/AR/XR 技术等日益成熟，但是其在消费领域的应用有很多还未能实现技术突破，未能投入大规模的消费市场拓展当中，对消费升级的作用有限。吉林省在消费升级的过程中，数字技术应用的核心产业发展滞后，制约了数字消费潜力的释放。数字技术与实体消费业态结合不全面，与该技术和装备所配套的数字消费内容匮乏，与数字化载体相配套的消费内容开发不足。对平台经济利用不足，欠缺线上、线下的深度连接，未能充分利用"互联网+"平台来创新消费业态。

## （四）政策监管不到位

当前新消费模式层出不穷，如数字消费、网络消费、文化消费等业态乱象频出、治理粗放等突出问题，缺少通过合理的政策设计弥补新型消费在机制方面存在的不足，制约了优秀的创新消费品进一步发展。传统的刚性干预方式正变得日益困难，亟须柔性干预方式在数字消费、文化消费等新型消费业态下进行规范，发挥政策的引导作用。同时，新的消费模式在为消费者提供更多选择和便利的同时，也在商品和服务质量、信息安全、合同履行、争议解决等方面带来了更多的风险和挑战。消费新业态的跨界融合可能会涉及商业、文化、旅游、体育、健康、交通等多个行业主管部门，需要多部门协同助力。但不同行业的监管标准、准入条件和合规要求存在差异，亟须积极兼顾管制过严抑制创新和监管缺位野蛮生长的情况。

### （五）新场景、新业态、新项目开拓不足

发展消费立足于当下的首要方式就是创新消费场景、打造消费新业态、开创消费新项目。消费场景的创新不应局限于新消费场景的建立，更应重视老场地的新消费场景打造。目前，吉林省城市传统经典商圈倒闭、闲置屡见不鲜。在传统商圈升级改造的同时，未能积极谋划创新消费场景；在传统商圈缺乏通过增加创意IP，以及聚焦国内热点活动对特定消费群体的锁定来挖掘消费主题，进而对多种消费业态进行融合创新。未能激发传统资源、地域和民族特色优势潜力，是制约吉林省消费新项目发展的问题之一。

## 三 提升吉林省消费水平的对策建议

### （一）助力多元化消费需求

**1. 开发年轻一代的个性化消费需求**

年轻一代消费群体是消费的重要力量，要强化对这一群体消费需求的研究，精准把握其消费重心转向体验感、情感共鸣及社交互动等变化趋势，以及追求新、奇、特的心理，创新打造个性化活动，不断满足年轻消费者多元化消费需求。根据"Z世代"消费呈现的特点，鼓励外卖平台的产品开发、营销方式等逐渐与线上渠道相适应，鼓励依托圈层文化、动漫、影视IP和信息技术开展小剧场、动漫展、科技竞技等个性化活动。

## 2.满足老年群体的适老、悦老、助老需求

随着养老保障体系的日益完善，老年群体消费结构从生存型向休闲型转变。在基本生活消费方面，提升日用品、健康文化产品的线上消费便捷程度，满足适老需求；在文化娱乐方面，提供社群抱团生活的娱乐场所以及专属的定制化旅游方案，满足悦老需求；在智慧康养方面，支持服务机器人等新技术用于看护，通过技术进步破解老龄化社会的挑战，满足助老需求。

## 3.完善新城镇人口的生活保障性消费需求

面对新城镇人口的基本城市生活需求，创新共享经济、预制菜等产业，满足其对专业服务的需求；促进智慧教育、学后托管等新业态发展，满足子女教育方面的托管需求；完善对改善性住房以及交通出行工具的金融支持方式，满足在城市生活的基本生存需求。

## （二）打造高质量消费供给体系

### 1.实现消费品高质量供给

围绕健康、医疗、养老、育幼、家居等民生需求大力发展"互联网+消费品"，加快绿色、智慧、创新产品开发。推进产品设计、文化创意、技术创新与品牌建设融合发展，将中华文化元素有效融入中国品牌，持续支持"国潮"品牌推广。培育一批时代元素强、引导时尚消费的"专精特新"品牌，充分满足居民个性化、多元化消费需求。

### 2.提升服务消费体验

在餐饮住宿、家政服务、养老托育、文娱旅游、教育体育、居住服务、健康服务等与人民群众生活密切相关的领域，持续深化智慧服务创新应用，鼓励发展基于"互联网+""智能+"的共享服务新模式。抓好服务消费品质，改善服务消费体验，鼓励发展多元化、多层级的服务消费体系。

## （三）强化数字技术赋能

### 1.牢固新型消费基础设施

加大对智能物流、冷链仓储、智慧零售等新消费基础设施建设的投入；

健全数字化商品流通体系，加快布局数字化消费网络，通过技术融合激发消费内生动力。加快终端装备技术的研发和新型基础设施的建设。利用智能装备终端和可穿戴设备作为实现体验变革的体感延伸装备，为数字消费的延伸提供技术支持，对人、物和环境之间的关系进行重塑。

2.打造消费企业数字化路径

深度使用数字技术是企业破解"供给难题"、满足消费者需求的有效途径。一是传统企业转型。持续实施商贸企业智改数转，打造一批传统商业数字化、批发市场信息化、社区零售智能化、医药零售智慧化企业，推广应用工业App等关键技术和核心装备，加快培育智能制造示范工厂。二是新型数字企业孵化。遴选精专初创数字企业打造行业"小巨人"，扶持数字技术龙头企业。三是"老字号"守正创新。打造"吉林好物"，指导中华"老字号"、吉林"老字号"企业推陈出新，开发"新字号"网销产品，进一步拓展数字化销售渠道。

### （四）完善消费政策体系

1.提高政策落实效率

全面落实消费政策，建立统一、规范的执法体系。完善解决各平台软硬件差异化设置、机构性质、人员结构、工作流程等每个环节的关键问题的政策，确保消费政策快捷高效。建立消费环境测评、消费环境评价制度。通过落实消费领域治理政策切实解决网络等新型消费领域新问题。创建放心消费示范单位，建立新消费安全示范园区。持续开展"放心消费在吉林"等效果显著的工作。

2.优化消费监管方式

消费的高质量发展需要先进的监管手段，以政策设计为切入点，以前瞻性思维统筹市场发展的社会效益和经济效益，从源头监管消费发展中违规穿越审核屏障、向公众传播不良价值观、扰乱消费市场秩序、诈骗等行为。一方面，制定直属机构投诉举报信息分流制度，为职能单位开通用户权限，确保便民利企、高效执法。协调有关部门与相关企业统一行动，破解信息接驳、数据跟踪等难题，做到各个平台无缝链接，确保各级部门依责办理。另一方面，举办优化消费环境、提升消费品质、促进消费增长高端对话会，推动建立健全企业自律、社会监督、政府监管、消费者参与的消费维权社会共治格局。

### （五）拓展城乡消费渠道

#### 1. 开拓城乡电商消费市场

鼓励企业针对农村市场开发个性化、定制化智能绿色家电产品，通过新零售、农村电商等方式推动渠道和市场下沉，开展以旧换新、以换代弃等活动，满足农村居民改善型消费需求。

#### 2. 提升城乡消费便捷程度

着力优化各级铁路网络、公路网络，根据不同地区地形和人口分布特点，因地制宜地扩大公路和铁路的覆盖面积，解决公路和铁路相应的衔接问题，提高城乡间公路通行能力。深入实施运输结构调整政策，使公路货运与铁路运输形成互补，全力辅助城乡电商物流行业的发展，提升城乡消费便利程度。

### （六）拓展消费新场景、新业态、新项目

#### 1. 创新消费新场景

（1）挖掘城市"立体经济"潜力

一是充分利用原有的地下经营空间。构建城市地下空间资源市场，促进城市地下空间资源流转。二是抓住交通网络新建契机。把握地铁网络新建与高铁网络延伸契机，将城市内与城市周边地下空间的开发利用与地表土地开发尽可能地结合起来，在有条件的交通枢纽场地设立指引牌（周边商场/娱乐/餐饮），引导便利服务。三是加大立体停车场地建设与利用力度。在有条件的公共交通枢纽建立立体停车场地，利用空间带动消费，针对拥有符合条件的消费凭证的消费者进行停车费用减免。四是连贯地上原有商业体与地下新空间。借助交通网络铺设，连贯地上原有商业体与地下商业空间，争取

做到"上下""进出"皆可便捷消费。

(2) 打造一体式社区消费

打造社区便民服务综合体,将社区消费纳入一刻钟便民生活圈。支持老年食堂向社区食堂转型,社区食堂向全体市民开放。积极拓展社区综合体的休闲、烘焙、地区特产销售等功能,丰富经营业态,满足居民多元化需求。整合社交电商与社区资源,建立社区电商平台。

(3) 拓宽多业态协同体验场景

推进新业态与潮流文化、影视IP、商圈载体等城市元素融合,促进同一场景跨业态消费,推动商品消费与服务消费相互转化和带动。开展"沉浸式"体验游。推动文化展馆、特色街区开发虚拟现实数字化体验产品,让特色文化、影视IP和旅游资源借助虚拟现实技术"活起来",运用AR技术满足消费者虚实融合的游览体验。

(4) 鼓励老场地打造新场景

延续老场地消费惯性,借新场景错位竞争放大休闲娱乐属性,增加同一场地、不同场景的有效供给,挖掘新消费增长点。如规划改造长春市重庆路步行街,融入迎合"Z世代"需求的"二次元"等新鲜元素和潮流主题,打造集吃喝玩购于一体的探案、动漫多元化主题街区。依托消费新场景,带动新兴产业落地应用。

2. 开拓消费新业态

(1) 打造夜间经济IP

一是助力特色美食文化消费创新。在区域优势明显的口岸及保税仓城市,以"跨境产品"+美食,发挥"前店后仓"功能优势,营造独特的跨境产品现场体验氛围;在文化底蕴浓厚的城市,以"文采"+美食,吸引拥有文化自信的年轻一代,弘扬传统饮食文化;在地域特色鲜明的旅游城市,以"民族特色"+美食,融合地方小店经济和夜经济,彰显风土人情。

二是推动民族文化融入夜经济。鼓励延边朝鲜族自治州、伊通满族自治县等有地域文化特色的城市在夜经济中注入文化、艺术等元素,将食、游、购、娱、体、展、演融合,营造浸入式文化体验,兼顾市井文化与高档文化、新型文化与传统文化，为本地居民及外地游客提供优质的消费体验。

三是打造夜间参观表演。支持文化底蕴深厚的城市通过延长博物馆、展览馆等营业时间、组织开展特定时间的特色展览或主题表演。如长春孔子文化园、文庙博物馆等开展优质的夜间休闲表演项目，通过弘扬传统文化为地方消费赋能。

（2）扩大即时零售优势

鼓励即时零售企业扩大线上线下融合发展优势。为线上平台下单用户在线下快捷提供商品。加快推广"生鲜电商+冷链宅配""中央厨房+冷链配送"等服务，对配送时效重要的生鲜农产品，采用即时零售实现"朝采夕至"。支持传统商业搭建5G+VR全景虚拟导购云平台，开启"云逛街"新模式，推广无界零售、无人零售、即时零售。支持零售企业开设24小时运营外卖仓，建立集团化智能化客服体系，提高消费者即时消费体验。

（3）推广"首店经济"效应

通过"首店经济"赋能品牌价值与区域资源。以区域品牌"新面孔"创造消费者"打卡"热潮，释放消费潜力。城市在筛选品牌，"首店"也在挑选城市。优化营商环境，为"首店经济"发展提供充足空间。吸引品牌资源集聚，激发城市消费差异化发展，增加城市影响力，带动消费能级提升。

3. 创建消费新项目

（1）打造非物质文化遗产项目

吉林省非物质文化遗产项目类别齐全，涵盖汉族、满族、朝鲜族、蒙古族和回族等。扶持以满族珍珠球等10类地域、民族特色鲜明的非遗项目为载体，开展参观、游览、竞技体验项目。

（2）完善特色鹿乡项目

吉林省作为全国梅花鹿发源地，已成为全国最大的梅花鹿养殖基地。鼓励企业拓宽产业发展模式，建立集鹿文化历史博物馆、鹿文化观光、鹿相关特需食品、药品科普中心于一体的花园式梅花鹿产业旅游区。

（3）优化冬奥冰雪项目

吉林省为备战冬奥服务保障工作，授予11家雪场、7家冰场作为"冬

季奥运项目训练基地"。鼓励吉林北大湖滑雪度假区等训练基地依托冰雪文化、冬奥会、亚冬会、冠军竞技等元素，创新开发观、滑、品、钓等多种项目，摆脱"老套""季节限定"制约，开拓新颖的冰雪消费模式。

（4）创新城区滨水休闲项目

吉林省主城区内贯通水域的城市不在少数，应因地制宜围绕城区湖、河沿岸构建全新的消费场景（如佛山吉利河滨水文化长廊）。加强如长春市伊通河沿岸、吉林市松花江沿岸、梅河口市辉发河沿岸的休闲设施建设，通过两岸景观提升增加消费设施，利用城市特色文化作为活化河、湖两岸景观的载体，利用滩涂河堤建设绿色滨水廊道，打造集生态休闲、文化宣传、体育活动、滨水观光于一体的活力滨水休闲项目，在加强城市建设的同时，拓展便民休闲消费新渠道。

# B.9
# 吉林省创新型县（市）发展路径研究

徐 嘉[*]

**摘　要：** 县域经济发展是当前区域经济发展的重点和难点，创新型县（市）建设同时也是建设创新型城市的重要组成部分。近年来，吉林省加大创新投入力度，提升国家级创新型城市建设水平，与之相对应的，加快创新型县（市）建设也迫在眉睫，提升创新驱动原动力，加速科技成果落地转换效率，增加企业研发投入，完善创新体制机制改革，加速县（市）产业转型升级，依靠科技创新来实现经济跨越式发展，以创新驱动为核心要素，打造高水平创新型县（市），提升整体区域创新省份建设效率，构建高效高质高能的协同创新体系，实现经济高质量发展。

**关键词：** 创新型县（市）　县域经济　创新驱动　吉林省

吉林省的区域科技创新意识贯彻落实情况相对较好，创新型县、市、区及试点工作一直稳步推进，多年来持续推进区域创新驱动建设，已经形成县、市、区和地级市及省会核心城市的不同层级区域的创新型城市建设齐头并进发展格局，为不断完善创新型省份建设打下了坚实的基础。

## 一　吉林省创新型县（市）的发展概况

### （一）创新型县（市）试点持续推进

《吉林统计年鉴（2023）》数据显示，吉林省共有20个县级市、16个

---

[*] 徐嘉，吉林省社会科学院城市发展研究所研究员，主要研究方向为城市经济、区域经济。

县、3个自治县，共39个县（市），县（市）生产总值约为5151.7亿元，户籍总人口占吉林省户籍总人口的60%以上。县域发展不仅是新型城镇化建设的重要枢纽，也是全省经济发展的重要突破口。吉林省一直重视县域科技创新驱动工作，创新型县（市）建设作为其中的重要组成部分起步较早，先是在2012年以长春市朝阳区、延边州敦化市为试点，进行创新型试点县市区的建设。2018年底，科技部落实国家在县域大力推进科技创新引领经济发展的政策要求，公布了首批52个入围的创新型县（市）建设名单，吉林省的通化县以科技支撑产业发展为建设主题入选，作为吉林省唯一入选的县，在全省起到了引领示范作用。2019年根据之前《国务院办公厅关于县域创新驱动发展的若干意见》以及全国首批创新型县（市）的考察要素，针对吉林省内县（市）的资源禀赋与产业特色，强调县域经济发展的重要性，省科技厅出台了《吉林省创新型县（市、区）建设工作指引（2019～2025年）》，公布了首批省级创新型县（市、区）建设名单，包括白城市的大安市和延边州的珲春市。2023年5月，科技部针对第一批创新型县（市）的建设验收成绩，继续推进科技创新在县域的发展，在总结凝练成绩与推广经验的基础上，公布了国家第二批创新型县（市）建设名单，其中东部地区37个、中部地区28个、西部地区27个，共计92个，吉林省再次有县（市）入选，大安市作为中部地区的创新型县（市）开展为期三年的建设工作。总结近年来吉林省在区域创新方面的工作成果可以看出，吉林省为进一步打造创新型省份建设，全面落实科技部《"十四五"县域创新驱动发展专项规划》，明确"十四五"时期吉林省县域创新驱动发展的总体要求、主要任务和保障措施，省科技厅制定了《吉林省科技厅关于"十四五"期间加快县域创新驱动发展的实施方案》，为吉林省创新型县（市）建设工作指引了新方向。无论是国家还是省级层面，创新型县（市）工作均得到了有效推进与积极落实，作为省内县（市）数量较多的延边州，在创新型县（市）建设方面走在了全省前列，敦化市和珲春市作为创新型县（市）试点运行情况良好，也带动了延边州整体县（市）在创新型县（市）建设方面的持续推进与稳步发展，通化市的通化县和白城市的大安市分两批入选国家创新型县（市）建设名单，对全省其他经济发展情况较好，具有区位和产业优势，具备申报及建设创新型县（市）潜力的其他省内县（市）起到了引领带动作用。

## （二）创新产业发展态势良好

在创新型县（市）的推动过程中，全省创新型县（市）试点逐步落实建设，县级市发展态势良好，伴随着新兴业态成为吉林省经济发展新动能，县域集群化发展格局逐步形成。在乡村振兴战略不断深化的过程中，吉林省县（市）围绕着农产品开展生产、加工、流通、销售等产业的集群化建设。通过农产品加工产业的相对集聚化创新化发展，最大限度地实现吉林省县（市）现有公共资源的共享利用，从而实现规模经济效益，利用高技术科技成果转化，从而带动区域经济产业链条的共同发展。县（市）经济的提升需要找到适合地区实际情况的产业结构转型升级路径，培育经济增长的新动能。以创新型县（市）试点最多的延边州为例，《延边朝鲜族自治州2023年国民经济和社会发展统计公报》显示，高技术含量的装备制造、能源矿产、食品加工等产业产值取得进展，分别增长5.8%、14.2%和5.6%。能源矿产开发技术升级项目加快推进，紫金铜业冶炼渣资源综合回收利用、国泰新能源汽车等产业链建设进展顺利；食品加工创新产业项目落地进展良好，以可喜安红参浓缩液、桃源小木耳产业园、好记传统木桶发酵酱油为代表的特色优势食品产业项目陆续投产。通化县经济发展水平也稳步提升，县域经济振兴发展考评位居前列，连续7年进入吉林省前10位。以科技创新驱动带动实体工业更新迭代，实现技术创新带动产能提升，为优势工业发展开创了新局面，以东宝集团、青山实业、振国集团、华夏集团、四方山铁矿、宏信研磨材、通天酒业、大泉源酒业为代表的工业企业实力雄厚，创新技术水平较高，产业发展态势较好。其他具有产业发展优势及创新驱动潜力的县（市）也在向建设创新型县（市）的试点不断迈进，也在积极谋求优势特色产业创新发展。在新旧动能接续转换、经济转型升级的关键时期，全力推动经济社会高质量发展成为县域经济发展共识。例如，蛟河市黑木耳产业集群，在木耳种植加工产业发展的辐射下，与之相关的锯末子和麦麸子制菌配料、草帘子、塑料薄膜、菌锅、菌袋发酵、压缩包装、浇灌设施制作和木耳饮料深加工等配套产业相继生成并得到快速发展。以试点带动全省县（市）创新主体彰显能力，以创新型县（市）推进效果较好的延边州为例，2024年新增省级"专精特新"中小企业达到20家，总数超过80家，敦化市和珲春市均有企业入围。《中国区域科技创新评价报告2022》及延边州《政府工作报告》显示，延边州各县（市）陆续组织实施技术创新工程超100个，首次认定国家高新技术企业17家，其中亚联机械实现自治州国家级专精特新"小巨人"零的突破，全州有67家企业达到国家科技型中小企业标准。

### （三）创新研发与合作能力增强

创新型县（市）不断加强产学研合作交流。各地继续加强高校资源整合，挖掘高校人才技术内涵，长春市周边的榆树市、德惠市、公主岭市加强与长春地区高等院校与科研机构的技术合作，发挥地域优势，提升产学研水平；中西部地区也尽可能地利用属地高校优势特色，加强特色技术攻关合作，如具有两个试点敦化市和珲春市的延边州，整体县（市）创新合作氛围良好，突出辖区内延边大学合作优势，实现国家级省级重点实验室、院士工作站的基础资源共享，从人才资源设备到理念意识精神，把握引才用才机会，提升自治州创新平台搭载水平。以参茸产品质量监督检验中心为代表的实验室不断更新信息管理系统（LIMS），打造现代化、专业化、实用化的标准管理模式。积极加强与州内外高校和科研机构的深入合作，包括但不限于州内的延边大学，省内的吉林大学、东北师范大学、吉林农业大学，省外的清华大学等知名学府，建立省级公共技术研发中心3家，围绕医药、新能源、矿产等新材料新技术新方法及绿色环保智能制造等方面开展校企校地合作。中国工程院院士建立省级工作站，加大延边大学和延边农科院等科研院所与优势特色产业龙头企业的合作力度，鼓励加大技术研发资金投入，以长白山天然药物及延边黄牛种质资源实验室为代表，加快技术成果转化速度，形成产业优势。研发投入建设力度增大，以创新型县（市）敦化的企业为例，2024年吉林敖东上半年营收突破14亿元，2023年营收同比增长也超过20%，主要借助于创新产业链研发实现收益。华康药业通过创新平台建设，不断推进药物研究开发与品种二次创新，把新升级的产业园区定位进行技术改造，加大传统中药技术与现代工艺和信息化智能化的融合创新，实现技术与环保动力升级。敦化市通过产城融合，扶植以敖东工业园、健芝宁工业园为代表的29家医药产业园区建设，围绕装备制造、新能源新材料、中医药研发等产业打造以技术升级为核心的绿色转型创新示范区，推动园区内技术开发与交流合作，加速产学研成果转化，推动敦化创新型县（市）建设。由此可见，研发投入力度直接关系创新型县（市）的整体建设水平和效率。

## （四）创新环境逐步改善

全省各县（市）推进创新驱动要素集聚，不断调整改善创新环境氛围。吉林省先后出台了《关于促进全民创业的若干政策》《关于推进大众创业万众创新若干政策措施的实施意见》等项政策，将激发市场主体活力，提升创业服务质量，营造良好的创业环境作为主要目标。以创新型县（市）试点的珲春为例，投资超过6亿元的珲春东北亚跨境互市电商产业孵化中心入围吉林省第五批大众创业万众创新示范基地名单，珲春拥有了集产品营销展示、双创基地孵化、货币结算、货物仓储、物流配送、金融服务、法律咨询、信息共享等多功能一站式服务于一体的综合性服务平台。继2022年以珲春政通科技创业基地为代表的13个双创园区落地建设顺利推进后，2023年珲春市人社局还与延边大学科技园共建"双创基地"，促进大学生创新创业，以科技与文化创新发展孵化青年人才双创梦想，留住创新人才助力城市发展。人才创新创业基地超过20个，仅省级补助资金投入就超过1100万元，实现入驻企业超过260家，在市州各县（市）累计直接带动就业达到750余人次。延吉高新区创新成果转化中心建设持续推进，在一期基础上，致力于青年创业孵化基地搭建，针对科技型中小企业和民营企业加大扶持力度，进一步缓解就业压力，营造创业氛围，催化技术研发与项目成果转化，加强创新人才培养，提升双创项目孵化率。不断优化政府服务，全省各县

(市)强化营商环境服务,通过明察暗访,整治腐败与作风问题,推进政府开放日活动,确保公开透明服务,打造绿色通道,确保创新创业重大紧急项目顺利推进。创新型县(市)试点珲春市利用税惠红利助力高新技术企业激发创新活力,税务部门实施研发费用加计扣除政策,组建团队对科技研发企业展开"一对一"专项服务,通过专员讲解政策、线上线下答疑解惑,提升服务企业对税收政策的运用,实现红利快享。延边州各县(市)政府机构服务质量在全省位于前列,营商环境相对较好。企业开办效率提升,可以实现网上申办,日内完成,免费办理。陆续出台了高新技术企业认定奖励政策及科技创新券实行方案,对州内各县(市)首次认定的高新技术企业给予资金奖励,相关政府部门不断加大创新驱动带动扶持力度,延吉高新区政府部门深入基层帮扶企业推进资质认定、法律援助、合作交流对接等服务,拓展了园区科技小巨人和科技企业数量,也实现了科技计划项目立项数量的提升。

## 二 吉林省创新型县(市)发展面临的问题

### (一)县域创新体系不健全

省内各县(市)创新发展仍受经济条件与区位条件的制约,各县(市)在科技研发服务方面存在诸多不健全的情况。特别是与首位城市或长春都市圈辐射范围内的县(市)相比,东西部县(市)缺乏形式丰富、层次多样的跨行业与区域的专业化技术性的科技管理服务中介组织机构。各地缺乏智能化、集成化的高新技术服务管理模式,政策扶植力度较弱,组建服务团队与机构的积极性不高,因此造成了各县(市)科技型中小企业在基层未能享受到完善且前沿的综合科技创新服务,此类服务包括但不限于成果的认定评级审核、科技项目的申报与专家鉴定、科技转化的层级与规模评定、专利技术的申报与评价、各类人才团队的搭建与技术设备资源共享等方面。各县(市)乡镇等技术专员的派遣、技术网络的搭载、资料数据查询、科普农业技术阅览场所的设立、特派员基层服务站的技术指导、农业技术与智能化信息化县级站点的搭建等，由于经费、人才等各方面的制约，科技管理相关部门在基层管理方面仍存在较大的可提升与完善的空间，基层科技服务效应最大化亟待提升。

## （二）人才需求缺口较大

尽管各县（市）近年来持续推进人才引智政策，但在基层科技服务工作的推进、科技创新服务平台的搭载、重点领域科技攻关、优势特色产业科学管理、科技民生扶持与科技扶贫等民生发展、科技信息基础设施搭建等诸多方面，高层次人才储备依然不足。县域经济发展的人才缺口一直相对较大，在县域发展过程中，创新型县（市）建设的高端人才需求更是供求严重不平衡。除了个别区位靠近省会城市的县（市）及经济发展条件较好的县（市）具有一定的引进人才优势外，其他各县（市），特别是边远地区、经济落后地区，受近年来东北地区流动人口增加、人口向国外省外及省内中心城市流失的影响，其无论是在经济发展，还是在公共服务及硬件承载能力等方面，都对高层次人才形成不了吸引力，形成了省内人才分布不均的情况。在短期改变不了各县（市）竞争力的前提下，应充分考虑县（市）在区域合作共建方面，如何打破现实地域壁垒，实现流动人才合作，打造县（市）科技服务平台人力资源库，力争通过线上共享线下交流完善县（市）在科研机构、高技术瓶颈、信息不对称、管理不规范、资源技术短缺等多方面的问题。

## （三）企业创新主体地位不明确

《中国区域科技创新评价报告2023》显示，吉林省有R&D活动的企业占比仅为13.29%，低于辽宁省的24.98%和黑龙江省的14.81%。企业研发投入强度在全国仅列第27位，企业无论是引进技术费用还是技术改造费用均大幅度下降。全省企业研发投入尚且如此，各县（市）在推进乡村振兴与县域经济发展过程中会面临同样的问题。各县（市）企业规模不大，经

营收入与研发投入不成比例，产业技术瓶颈较难突破。各县（市）绝大多数企业作为科技研发的主体单位，都面临研发投入困难、短期难以获利、研发难度大等问题，无论是人才、资金还是技术攻关效率都比较低。相当多的企业无论是传统产业还是新兴战略性产业，都面临被动研发的局面。一方面，研发急需的资金短缺，投资渠道少，融资难，风险较大，金融环境扶持力度较弱，企业研发投入预算较低；另一方面，企业攻关的创新观念较弱，企业经营理念缺乏创新意识与研发动力，企业研发中心普遍没有提上日程，日常技术培训与业务管理缺乏行业敏感度与技术创新性，企业缺乏核心技术提升的中长期规划，中小企业的主体研发技术机构不健全，管理与经营服务体系不完善，企业作为市场主体缺乏高新技术竞争力。

### （四）产业升级能力亟待加强

重点领域与重点产业集聚效应较弱，产业联动不强。目前，吉林省大部分县（市）第一产业农业在经济发展中所占的比例较大，而农业发展又相对粗放，融合发展程度不高。而第二产业工业一般以传统的产业类型为主，存在产业链不长、科技含量不高、创新驱动不足等问题，工业经济发展后劲不足，吉林省县域发展汽车制造、石油化工和农产品精深加工产业高端技术虽不断取得技术突破，但产业间关联度较薄弱，医药健康、装备制造、旅游产业新兴技术与战略性新兴产业和特色资源产业的智能绿色先进制造技术创新成果的协同创新与集成创新的有效性不高。第三产业发展不充分，在经济发展中所占的比重不大。由于缺乏必要的产业支撑，吉林省县（市）人流、物流、信息流的集聚能力相对较弱，城镇的辐射和带动效应没有显现，吸纳人口就业的能力明显不足。吉林省县域服务业发展相对滞后，直接影响了商业模式创新、智慧城市与数字社会创新成果的应用转化，弱化了科技成果与市场效应的反馈互动，在一定程度上阻碍了科技创新对经济社会的引领和带动。同时，吉林省又属于资源型省份，资源型县（市）较多，如舒兰市、汪清县、磐石市、洮南市等县（市），由于资源型产业的衰落，接替产业尚在培育，县域经济发展的产业支撑能力明显不足。此外，吉林省县域民营经济发展滞后，普遍存在"小而散"的问题，大多依靠要素低成本优势实现规模扩张，企业创新意识缺乏，优势产品的科技含量不高，不利于县域产业升级和创新发展。

## 三　吉林省创新型县（市）发展路径

### （一）完善创新体系建设，提升科技服务管理水平

一是建立健全科技创新体制机制。注重县（市）基层科技创新政策覆盖、资源分享、技术整合与信息链条搭建。针对各县（市）因地制宜统筹推进与其适配的科技创新、产业升级、环境协调、技术服务等综合协同效应的政策规划与资源适配体系。完善各级政府机构的有效配置，强化相关规章制度的执行力度，扩大政策的覆盖面，增强政策的可操作性与针对性，提升解决问题的能力，打造创新驱动的有效合法合规环境，营造有法可依、执法完备、制度清晰、操作规范的基层服务新格局。同时，提升机构职能对接效率，根据不同县（市）特色组建有地域优势的县域研发机构与服务平台以及技术中心等多功能新型创新组织机构，提升技术交流效率，简化资源共享流程，完善服务内容，参考发达省市组建县（市）科技创新服务中心的经验，加强基层服务建设。

二是提升资源配置与管理水平。找出各县（市）的资源禀赋需求，有针对性地选择合作城市，依托省级创新服务平台，打造自己的新型研发机构与技术平台，以资源禀赋为基础，加强技术扶持与团队建设，围绕县域特色产业和独特资源，对接先进地区的科技创新试点需求，加大政策优惠与资金、土地等的扶持力度，实现多元化招商合作，同时把企业化引智与市场化资本营销运作结合起来，在基层设立专项扶持资金，通过各种绿色通道激励，实现与发达地区高技术企业、科研院所、高等院校的创新协同发展，确保本地资源得到合理高效开发，提升创新管理水平，培育技术创新意识，实现创新驱动理念升级。

## （二）强化创新人才储备，激发创新创业发展活力

一是发挥县（市）聚才引智的灵活性。各县（市）受经济发展制约，天然不具备吸引高端人才的能力，应扬长避短，增加政策灵活性。积极推进共享人才机制，积极推进域内高等院校的人才库建设，通过院校之间的合作，实现人才流动，提升人才利用效率。打破引进人才的思路，转变观念，不纠结于人才归属，组建特色急需产业技术人才智库，建立人才联盟，通过线上人才交流平台，实现人力资源共享。线上可以解决的技术性问题建立线上智库服务平台，既能提升服务效率，还可以拓宽人才来源，建立全省全国乃至全球的特色智库。针对急需的高层次技术人员，灵活增加有偿技术服务补助，建立专项资金，加快技术攻坚项目审批流程进度，加大资助力度，根据实际情况拓宽经费管理方式，简化支出手续，有针对性地完善税费减免，鼓励更多适用于各县（市）产业企业需求的高层次人才带着项目与技术落地对接合作，尽快推进技术成果转化。

二是建立畅通的人才培育机制。避免引进人才后缺乏可持续管理，造成人才再次流失，同时丧失县（市）在人才市场的口碑。对高层次人才与高技术人才实施跟踪服务，引智人才的后续保障不仅体现在薪资待遇、住房社保、子女教育、医疗公共服务等基本方面，同样体现在人才的继续教育、业务提升、团队组建、研发扶持等方面，要针对急需和已引进人才定期组织专业技术培训，通过线上线下与国内外高等院校科研机构进行持续性培训合作，打造可持续性人才培育团队，建立技术创新与管理创新的培训体系。

三是为科研智库人才提供创业氛围。各县（市）要转变思路，鼓励辖区内的科研人员、事业单位技术人员解放思想，利用技术进行成果转化，通过财政资金扶持、转化收益分享比例、扩大股权分红、提升技术股权投资形式等多种手段，实现技术人员和科研工作者的创业需求，增加辖区内高层次人才创业比例。

## （三）提升企业创新能力，推动创新要素高效集聚

根据省内各县（市）经济发展规划与产业特色，甄选辖区内的龙头企业，鼓励进行技术攻关，实现产业升级。

一是突出企业主体研发地位与科技资源配置功能。通过政策指导与技术扶持，完善企业的研发机构设置。提升企业在市场中的技术地位，引导企业认识到技术攻关对企业长期发展的重要性，确保企业时刻保有技术是第一生产力的科学理念。

二是组织有能力的企业开展核心技术攻关。科技研发作为集聚创新要素的重要环节，从技术突破、产品开发、创业孵化、招商引资等创新主体需求出发，根据吉林省不同区域的县（市）地理区位和产业发展定位，积极培育县域特色优势产业，打破龙头企业技术壁垒，强调高技术核心要素，确保不但能利用高技术实现行业领先，还要进一步成为行业标准与规则的制定者，实现核心技术带动企业发展，进而形成产业优势，打造县域发展品牌。推进县域产业的规模化和产业化升级，加强县域产业园的精准化定位和可持续发展。着力推进梅河口市、敦化市、珲春市、前郭县、大安市等10个左右重要节点城市培育壮大特色资源产业。敦化市立足于自身的资源禀赋和基础，以保护生态环境为前提，重点推进工业转型升级，围绕绿色转型创新发展，大力发展医药健康产业、生态旅游业等，不断壮大战略性新兴产业以及旅游业的规模，促进经济发展方式转变。公主岭市着力发展装备制造、现代物流、现代种子产业，加快构建现代产业体系。前郭县立足资源禀赋及产业基础，重点发展现代农业和生态旅游业，在现代农业领域加强示范和引领。延吉市重点打造食品加工、新能源汽车、医药健康等优势产业集群，建设具有区域影响力的现代产业集聚地。同时，发展创新型县（市）过程中，要重视产业平台和配套设施的建设，加大县域产业集聚区、创新创业园区、经济开发区等平台建设与设施配套，促进县域产业集中集聚发展。此外，把科技创新作为壮大工业经济的重要任务，坚持推动传统产业绿色化改造提升含绿量、技术改造提升含新量、智能化改造提升含金量。

三是推动品牌创新。在各县（市）创新发展的过程中，加强原创开放，确保知识产权利益得到最大限度保护，营造原创与技术深受重视的氛围，引导企业争创品牌，加强技术研发，申请技术专利，保障合法权益，维护双创文化，以创新型县（市）的舆论引领为抓手，鼓励各县（市）勇于创新，打造县域品牌，实施品牌强县（市）战略，以技术发展企业，以企业塑造品牌，以品牌带动县（市）发展。

## （四）推进产业技术创新，促进产业加快转型升级

把吉林省传统优势特色产业与高新技术核心主导产业相融合，不断寻求突破和技术创新，培养打造具有核心竞争力的高技术主导产业，形成吉林县域技术特色与产业技术优势。发展汽车制造、石油化工和农产品精深加工产业高端技术，这三项均是吉林省传统优势产业，近年来，在科技研发方面也有新的突破，具备行业领先水平，要继续发挥科研团队的技术优势，加大投入力度，加快科技成果转化。一是汽车、机车制造方面，在整车技术上，逐渐提升高技术含量，向环保节能方向寻求创新，同时加快智能技术与数字信息技术的应用。二是加速突破绿色、低碳技术壁垒，既在大化工方向上有关键技术与重点技术的突破，又要继续围绕生物质高效转化等方向进行攻关。三是农产品加工与安全生产方面，要加快安全生产与溯源检测技术的突破，以绿色、产业化等示范基地为平台载体，尽快完善吉林省农产品深加工与农业现代化的技术创新。四是培育发展其他重点且具有一定优势的产业技术，力争发展壮大成为吉林省经济发展的新兴支柱产业。其中，健康医疗产业、医药保健服务业、生物保健材料开发等几个重点板块陆续可以实现新技术突破。装备制造业、信息产业化、光电子技术等多个领域都在科技创新和技术突破方面有着一定的积累，是未来重点打造的对象。

## 参考文献

[1] 中国科学技术发展战略研究院：《中国区域科技创新评价报告2023》，科学技术文献出版社，2023。

[2] 崔岳春、赵光远主编《吉林省城市竞争力报告（2023~2024）》，社会科学文献出版社，2024。

[3] 《科技部关于开展第二批创新型县（市）建设工作的通知》，中华人民共和国科学技术部网站，https://www.most.gov.cn/xxgk/xinxifenlei/fdzdgknr/fgzc/gfxwj/gfxwj2023/202305/t20230511_185876.html。

[4] 《关于首批创新型县（市）建设名单公示的公告》，中华人民共和国科学技术部网站，https://www.most.gov.cn/tztg/201811/t20181122_142860.html。

[5] 施蕾、陈红亚：《陕西省创新型县（市、区）评估指标体系研究》，《统计与管理》2019年第3期。

[6] 《延边工业的蜕变》，《延边日报》2022年7月21日。

[7] 代黎黎：《英才汇聚 潮涌边城——延边州人才工作综述》，《吉林日报》2020年5月28日。

[8] 李晓明：《建设创新型县（市） 推动天长县域经济高质量发展》，《安徽科技》2022年第9期。

[9] 彭志云、王成成、张敏等：《基于创新型县（市）建设的县域经济高质量发展实践与思考——以桐城市为例》，《安徽科技》2020年第5期。

[10] 张旭、袁旭梅、魏福丽：《县域经济高质量发展内部耦合协调水平评价与障碍因子诊断——以国家级创新型县（市）为例》，《统计与信息论坛》2020年第2期。

# B.10
# 加快吉林省金融科技发展的对策研究

贾雪松*

**摘　要：** 在金融科技迅猛发展的全球背景下，金融科技作为推动金融创新和转型的关键力量，对于提升金融服务效率、促进经济高质量发展具有重要意义。本文通过对吉林省金融科技发展现状进行深入分析，发现吉林省在金融科技领域面临着金融支持政策法规有待完善、专业性金融科技人才缺乏、金融安全保障性较低、金融科技创新滞后等诸多挑战。针对这些挑战，本文提出建立特色定位、强化产业协同创新、培育金融科技人才、便捷创业环境等构建吉林省金融科技的发展模式，以及加大政策与法规支持力度、推动金融机构合作与创新、加强科技金融知识普及和人才培养、优化金融科技创业环境等一系列具体的对策建议。

**关键词：** 金融科技　科技创新　产业协同　吉林省

金融科技是指将技术与金融服务相结合，创造新的金融产品、服务和解决方案的领域。它应用计算机科学、人工智能、大数据分析、云计算、区块链等先进技术，改进和创新金融业务的各个方面，包括支付、贷款、投资、保险、数字货币、风险管理等。它改变了金融科学的边界和研究范式。金融监管科技、加密货币、支付、金融信贷、财富管理、资本市场、保险等金融领域在新兴技术的推动下正在发生深刻变革，金融科技应运而生。金融科技作为传统金融与信息技术的结合体，已经对人们生活的方方面面产生了巨大

---

\* 贾雪松，吉林省社会科学院经济研究所助理研究员，主要研究方向为金融风险管理、金融科技、区域经济。

的影响，利用大数据等先进技术，推动了传统金融服务创新，提高了金融服务质量。一方面，金融科技对数据信息的筛选和区分能力非常强大，可以大大缓解信息不对称的问题；另一方面，金融科技具有较强的融资和服务能力，可以为金融机构、市场等创造良好的金融生态环境。深入研究金融科技发展模式对吉林省经济高质量发展至关重要，不仅有助于解决金融业发展中的挑战，更能充分利用技术创新的优势，为吉林省经济提供新动能，推动实现高质量发展目标。

# 一 吉林省金融科技发展现状

## （一）吉林省金融业发展现状

### 1.金融机构和产品服务资源丰富

吉林省拥有丰富的金融机构资源，省内设有多家国有银行、股份制银行、农村合作银行、城市商业银行、证券公司、保险公司等各类金融机构。金融机构的服务广泛涵盖了各个方面的金融需求，为吉林省的经济发展和人民生活提供了有力支持。为了满足不同客户的需求，吉林省的金融机构不断推出新的金融产品。例如，在农村地区，针对农民的特殊需求，金融机构推出了适合农民的农村信用合作社贷款产品，为农村经济发展提供资金支持。金融机构提供多样化的保险、基金和理财产品，帮助居民和企业实现资产保值增值。这些创新的金融产品有效地满足了客户的需求，促进了吉林省金融市场的繁荣与发展。

### 2.金融体系愈发完善

吉林省内金融机构通过推出手机银行、网上银行等便捷的金融服务渠道，客户可以随时随地进行交易查询。金融科技的应用不仅提高了金融机构的运营效率，也方便了广大客户的金融管理和使用。随着金融业的发展，金融风险也日益凸显，为了维护金融市场的稳定和安全，吉林省采取了一系列措施，加大金融监管的力度，加强对金融机构的监管和风险防控。通过完善

规章制度，加强风险评估和监测，及时发现和应对金融风险，提高金融体系的整体运行效率和风险防范能力。这些举措有助于建立和维护健康、稳定的金融市场环境。

**3. 金融业规模不断提升**

根据吉林省统计局数据，2024年上半年全省地区生产总值绝对量6335.46亿元，同比增长5.7%，其中，金融业地区生产总值570.60亿元，同比增长1.5%，占地区生产总值的9.0%。

2024年8月末，吉林省本外币贷款余额28803.96亿元，同比增长4.3%；人民币贷款余额28794.55亿元，同比增长4.3%，增速比上月末低0.1个百分点，比上年同期低2.5个百分点。其中，人民币贷款增加90.71亿元，同比少增14.84亿元。分部门看，住户部门贷款减少16.43亿元，企（事）业单位贷款增加108.71亿元，票据融资增加74.93亿元；外币贷款余额1.32亿美元，同比下降40.8%。当月外币贷款减少0.03亿美元，同比多减0.06亿美元。

2024年8月末，吉林省本外币存款余额38139.70亿元，同比增长8.0%；人民币存款余额38003.52亿元，同比增长8.0%，增速比上月末低0.4个百分点，比上年同期低2.1个百分点。其中，人民币存款增加380.84亿元，同比少增111.46亿元。其中，住户部门存款增加95.28亿元，非金融企业存款减少60.80亿元，财政性存款增加306.64亿元，机关团体存款增加80.87亿元，非银行业金融机构存款减少44.21亿元；外币存款余额19.15亿美元，同比下降2.3%。当月外币存款减少0.76亿美元，同比多减1.59亿美元。

2023年，全年全省社会融资规模增量3634.33亿元，比上年多增1097.03亿元。年末全省境内金融机构本外币各项存款余额36499.29亿元，比年初增加3766.14亿元，其中，人民币各项存款余额36352.85亿元，增加3757.48亿元。金融机构本外币各项贷款余额27792.42亿元，比年初增加1457.00亿元，其中，人民币各项贷款余额27777.34亿元，增加1463.52亿元。截至2023年末，全省共有境内上市公司49家。证券市场资金账户

393.45万户,增加26.54万户;证券账户676.15万户,增加35.72万户。全省证券交易额为132227.96亿元,同比增长6.7%。其中,股票交易额19315.21亿元,下降12.6%;债券交易额111438.29亿元,增长10.9%;基金交易额1446.57亿元,增长9.4%。年末主要农村金融机构(农村信用社、农村商业银行、村镇银行)人民币贷款余额5704.74亿元,比年初增加149.17亿元。全部金融机构住户人民币消费贷款余额6088.00亿元,增加119.85亿元。其中,个人短期消费贷款余额539.08亿元,增加32.61亿元;个人中长期消费贷款余额5548.92亿元,增加87.24亿元。全年全省原保险保费收入721.28亿元,比上年增长6.4%。其中,寿险收入363.81亿元,健康险收入147.01亿元,意外伤害险收入10.77亿元,财产险收入199.69亿元。全年支付各类赔款及给付293.48亿元,增长30.1%。其中,寿险赔款及给付74.07亿元,健康险赔款及给付64.98亿元,意外伤害险赔款4.34亿元,财产险赔款150.09亿元。

### (二)吉林省金融科技发展面临的挑战

吉林省在金融科技领域的发展虽取得了一定成效,如政策支持环境不断优化,金融科技在乡村振兴等重点领域得到应用,金融科技企业逐渐兴起并探索生态构建,但相较于国内外金融科技发展的前沿水平,吉林省仍面临相对滞后的局面。首先,吉林省在金融科技的创新应用上尚未形成具有全国乃至国际影响力的标志性成果,与一线城市及金融科技发达省份相比,其创新深度和广度有待拓展。其次,尽管政策扶持力度加大,但金融科技产业的集聚效应和规模效应尚不明显,金融科技企业数量、规模及竞争力仍有提升空间。最后,金融科技与实体经济的融合深度不足,特别是在提升金融服务普惠性、便捷性和安全性方面,吉林省还需进一步加大金融科技的应用力度和广度。

#### 1. 金融支持政策法规有待完善

吉林省金融科技发展面临的挑战在很大程度上与政策法规有关。如果能在政策支持力度,在创新支持、数据安全与隐私保护、金融监管以及人才培

养和引进等方面制定更加完善的政策法规，为金融科技的健康快速发展提供良好的政策环境和法律保障，可以更有效地支持吉林省高质量发展。

第一，创新支持政策还不够完善。金融科技领域需要积极的政策支持来推动创新和发展，但吉林省的相关政策还不够完善。缺乏完善的政策支持会限制金融科技企业创新能力和动力。创新需要一定的政策支持和激励机制，包括资金扶持、减税等优惠政策。如果政策法规不够完善，金融科技企业在研发新技术、推出新产品和服务方面可能受到限制，进而影响其竞争力和市场地位。可以加大对金融科技企业和创新项目的资金支持力度，建立更灵活的审批和监管机制，为金融科技企业提供更有利的发展环境。

第二，数据安全与隐私保护的相关法律制度有待完善。金融科技产业涉及大量敏感的个人和企业信息，对数据安全和隐私保护提出了更高要求。金融科技行业涉及大量敏感的个人和企业信息，而没有完善的数据安全和隐私保护规定可能导致数据泄露、滥用等风险。缺乏相关监管机制和法律规范可能使得金融科技企业在数据安全和风险管理方面存在漏洞，给个人和企业带来潜在的损失和风险。吉林省需要进一步加强数据安全与隐私保护的法律法规建设，制定更具针对性的规定，明确数据使用、共享和保护的权限和责任，确保金融科技发展的合法性和稳定性。

第三，金融监管体系亟须完善。随着金融科技行业的快速发展，传统的金融监管体系面临着新的挑战。金融科技行业的监管需要与其快速发展保持同步。如果政策法规不够完善，金融科技监管体系可能无法及时跟进发展需求，导致监管缺失、监管盲区和监管不一致等问题。这将引发市场混乱、不公平竞争和风险扩大的情况，对吉林省金融科技行业的发展产生负面影响。吉林省需要加强金融科技监管的法律法规制定和执行，建立健全金融科技监管的机构和框架，加强对金融科技企业的监管和风险防控。

第四，人才培养和引进政策不足。金融科技领域需要高素质的人才支撑，但吉林省在金融科技人才培养和引进政策方面还存在不足，而政策法规不够完善可能导致人才流失和招聘困难。缺乏针对性的人才培养和引进政策，以及优惠和激励机制，将使得优秀的金融科技人才更倾向于选择发展机会更多的地区，这将影响吉林省金融科技行业的人才储备和创新能力。吉林省可以加大对金融科技人才的培养和引进力度，提供更多的奖励和扶持政策，吸引优秀人才参与金融科技发展。

2. 专业性金融科技人才缺乏

吉林省金融科技专业人才短缺。金融科技行业需要具备金融知识和技术能力的复合型人才，而吉林省在金融科技领域相关专业的高等教育和培训机构相对较少，人才供给较为不足。当前，吉林省金融科技企业对人工智能、大数据分析、区块链等领域的专业人才需求旺盛，但市场上可供选择的人才数量不够，这给金融科技企业的发展带来了困难。

第一，吉林省金融科技专业人才培养体系不完善。吉林省的高等教育体系尚未完全适应金融科技快速发展的需求。现有的金融科技专业课程设置和师资力量可能无法全面满足行业的需求，缺乏与企业实际需求更紧密结合的教学内容和体系。此外，缺乏相关的实践机会和实验平台也限制了学生在金融科技领域的实际操作能力和技术创新能力的培养。

第二，吉林省金融科技专业人才流失严重。吉林省的金融科技人才在很大程度上面临着吸引力较低的问题。相对于一线城市和发达地区，吉林省的金融科技行业发展相对滞后，薪资福利、职业发展空间等方面可能无法与其他地区相媲美，导致优秀人才的流失。这也使得吉林省的金融科技企业在招聘与留人方面面临一定的困难。

第三，吉林省金融科技人才培养体系不健全。除了传统的高等教育机构，金融科技行业还需要相关的职业培训机构和跨学科的研究机构。吉林省目前在这方面的资源相对不足，缺乏全面覆盖各个层次的金融科技人才培养体系，从长远来看，这也会限制吉林省金融科技发展的潜力。

3. 金融安全保障性较低

金融科技的快速发展为金融行业带来了广阔的发展空间和市场机遇。然而，随着金融科技平台的兴起，监管也面临着新的挑战和困境。

金融科技涉及大量用户的个人敏感信息和财务数据。吉林省金融科技企业需要加强对用户数据的保护，防止数据泄露或内部人员滥用。同时，要合

规处理用户隐私，确保在数据收集、存储和使用过程中遵守相关法律法规，保护用户的个人隐私。

金融科技行业依赖互联网和信息技术，面临各种网络安全风险，如恶意软件、网络攻击、网络钓鱼等。吉林省金融科技企业需建立健全的网络安全体系，包括网络防火墙、入侵检测系统等技术手段，并注重员工的网络安全教育和培训，提高全员的网络安全意识。

金融科技企业的安全不仅取决于自身的安全措施，还与其供应商和合作伙伴的安全性息息相关。吉林省金融科技企业需要审慎选择合作伙伴，建立供应链安全管理机制，对合作伙伴进行风险评估和监控，确保整个生态系统安全。

随着技术的不断发展，金融科技行业涌现了各种新型技术和应用，如区块链、人工智能等。然而，这些新技术也带来了新的安全挑战。吉林省金融科技企业需要保持对技术安全的敏感性，及时识别和解决技术创新过程中的安全风险，并进行安全测试和评估，确保技术的稳定和可靠性。

现有的粗放式监管模式无法适应金融科技平台的快速发展和监管需求，导致监管周期性地从放松到严厉，形成了一个周期性波动的困境。精准化金融监管是一种根据实际情况精确地监管金融科技平台的监管模式。这种监管模式要求监管部门具备全面了解和把握金融科技平台特点和运作机制的能力，以便更好地制定监管政策和措施。同时，该模式还强调监管的实时动态调整，以适应金融科技平台的快速变化和需求。传统的粗放式金融监管模式是导致金融科技平台监管困境的根本原因，精准化金融监管可以实现监管的稳定和均衡。传统监管模式在监管手段和政策上相对简单粗暴，无法有效应对金融科技行业的复杂性和快速变化。因此，为了有效突破监管困境，必须转变监管模式，实施精准化、实时动态调整的金融监管。为了确保金融科技行业的良性发展，建立完善的金融科技监管框架，提升监管科技水平，加强监管部门间的协作与沟通，加大对金融科技创新的支持力度等，能够更好地适应金融科技平台的发展变化，保持监管的准确性和灵活性。

4. 金融科技创新滞后

吉林省在金融科技创新方面相对滞后，缺乏创新的氛围和平台。在金融科技发展方面面临着技术实力和人才储备的不足、金融科技创新生态系统的不完善、数据资源整合和共享的困难、金融科技监管体系的不完善以及竞争压力与合作机会并存等挑战。

第一，技术实力和人才储备相对不足。吉林省在金融科技领域的技术实力和人才储备相对较弱，与一线省市相比存在一定差距。高级的金融科技创新需要一支高素质的技术团队和人才队伍来支持，这对于吉林省来说是一个挑战。

第二，缺乏完善的金融科技创新生态系统。金融科技创新需要一个完善的生态系统来提供支持和保障。例如，科技企业、金融机构、政府部门和学术界之间的协作合作，以及金融科技创新的资金支持机制等，创新生态系统尚未成型，需要进一步完善和发展。

第三，数据资源整合和共享存在困难。金融科技创新需要大量的数据支持，而吉林省在数据资源整合和共享方面还存在一些困难。缺乏统一标准和平台，使得数据的获取和使用变得不便利，这对于金融科技创新来说是一个挑战。

第四，金融科技监管体系尚未完善。金融科技的发展必然引发监管的需求，但吉林省在金融科技监管体系方面仍然存在不足。金融科技行业的监管要求有其特殊性，需要制定相应的政策法规和监管机制。吉林省需要加强金融科技监管能力建设，以保障金融科技发展的合规性和稳定性。

第五，竞争压力与合作机会并存。吉林省的金融科技行业面临着来自全国范围内和跨国企业的竞争压力。这对于本地金融科技企业来说既是挑战，也是一个机会。吉林省需要积极发展本地金融科技企业，发挥自身优势，同时也要寻求与其他地区和企业的合作机会，共同推动金融科技发展。

## 二 构建吉林省金融科技发展模式

吉林省可以借鉴国内外建设金融科技中心的成功经验，构建适合本地区的金融科技发展模式,与新发展格局相融合。伦敦、硅谷和北京等地经济发展水平高,改革创新步伐快,它们的先进经验和成功做法值得吉林省认真学习和借鉴。同时,吉林省还需要结合自身实际情况,抓好经验的复制推广和转化落实。加快创新型省份建设,通过科技创新推动产业创新,促进更多新质生产力的形成。在数字化技术的应用上要深入学习,积极推进高质量发展格局的构建,持续培育新产业、新业态和新模式,加快打造吉林全面振兴的新增长点。

## (一)建立特色定位

吉林省可以基于自身资源优势和产业特点,建立一个独特的金融科技发展定位。一种可能的方向是结合吉林省丰富的农业资源和传统产业基础,发展农业科技金融,提供农产品溯源、智能化农业生产、农村金融服务等方面的创新解决方案。

第一,吉林省在传统农产品生产方面具备一定的优势和品牌影响力。通过应用金融科技手段,可以实现农产品的溯源和质量追溯。通过区块链等技术,可以建立起从农田到餐桌的完整溯源系统,消费者可以通过扫描产品上的二维码,了解到该农产品的生产过程、供应链信息以及质量检测报告等,增加消费者对农产品的信任度和购买欲望。

第二,吉林省拥有丰富的农业资源和良好的农田条件。通过引入先进的农业科技和数字化技术,可以实现农业生产的智能化和高效化。例如,可以发展农用无人机、智能传感器等技术,实现对农作物生长环境和土壤水分等因素的实时监测和管理,提升农业生产的精准性和稳定性。

第三,吉林省还可以发展农村金融服务,满足农村地区的金融需求。通过金融科技手段,可以提供便捷的农村金融服务,如农村小额贷款、农业保险、移动支付等。通过智能化的金融服务平台,可以实现对农民信用评估和风险管理的精准化,为农民提供个性化的金融产品和服务。

第四,在建立农业科技金融的发展模式时,吉林省可以借鉴国内外先进经验。比如,可以学习以色列的农业科技创新模式,通过与农业科技企业合作，推动科技创新在农业领域的应用。另外，可以学习澳大利亚的农业保险模式，通过合理的风险评估和定价，为农民提供灵活、可持续的农业保险产品。

总之，建立特色定位是吉林省金融科技发展的重要方向之一。通过发展农业科技金融，吉林省可以充分发挥自身的资源优势和产业特点，提升农业生产效率和质量，推动农村经济的发展。同时，建立起农产品溯源体系和农村金融服务网络，可以增加消费者对农产品的信任度，促进农产品的流通和销售。

## （二）强化产业协同创新

吉林省可以积极引导金融机构、科技企业、大学和研究机构之间的合作，推动产业协同创新。通过建立开放的创新平台和协作机制，促进各个领域的专业人才交流和合作，实现金融科技与传统产业的深度融合。

第一，在金融科技领域，吉林省可以建立一个开放平台，吸引金融机构和科技企业的参与。该平台可以提供信息共享、技术支持和政策指导等服务，为金融科技创新提供有力支撑。同时，吉林省可以鼓励金融机构与科技企业联合创新，共同开展金融科技项目的研发和应用实践。通过合作创新，可以将金融科技应用于不同行业，提升传统产业的效率和竞争力。

第二，吉林省可以推动大学和研究机构与金融机构、科技企业之间的合作。大学和研究机构拥有丰富的科研资源和技术优势，可以为金融科技创新提供智力支持。吉林省可以鼓励建立产学研合作的机制，促进专业人才交流和技术共享。通过合作研发，可以将科研成果转化为实际应用，推动金融科技的发展。

第三，吉林省还可以加大对创新创业的支持力度。可以设立金融科技创新基金，为有潜力的金融科技企业提供资金支持和风险投资。同时，可以建立创业孵化器和科技园区，为金融科技企业提供办公场所、技术支持和市场推广等服务。通过提供良好的创业环境和政策支持，可以吸引更多的创新创业者加入金融科技领域，推动产业协同创新发展。

第四，在推动产业协同创新的过程中，吉林省可以充分利用现有的产业基础和优势。例如，可以发挥汽车制造、生物医药、农产品加工等传统产业的优势，在这些领域与金融科技进行深度融合。通过应用人工智能、大数据、区块链等金融科技手段，可以提升传统产业的智能化、数字化水平，促进传统产业的转型升级。

### （三）培育金融科技人才

加大对金融科技人才的培养和引进力度，以满足金融科技发展对人才的需求。

第一，吉林省可以设立专业的金融科技教育培训机构，提供系统化的金融科技知识和技能培训。这些培训机构可以开设金融科技相关的本科、研究生和短期培训项目，为学生和从业人员提供全面的金融科技教育。培训内容可以包括金融科技原理与应用、人工智能、大数据分析、区块链技术等方面的知识和技能。

第二，吉林省可以与高校合作，开设金融科技专业和相关课程。通过与高校的合作，可以将金融科技纳入高等教育体系中，为学生提供更加全面和深入的金融科技学习机会。同时，吉林省可以引进国内外优秀的金融科技人才，聘请他们担任特聘教授或研究员，带领团队进行金融科技研究和创新。这样既能提高吉林省金融科技人才的整体素质，又可以推动金融科技研究的不断深入。

第三，吉林省可以加强与金融机构和科技企业的合作，共同推动金融科技人才的培养和引进。可以与金融机构开展校企合作项目，为学生提供实践机会和就业保障。同时，可以与科技企业建立合作关系，共同组织实习项目和创新竞赛，培养学生的实际操作能力和创新精神。通过与行业内的企业密切合作，可以确保培养的金融科技人才符合实际需求，提升就业竞争力。

第四，为了吸引优秀的金融科技人才来到吉林省，可以采取一系列措施。例如，吉林省可以推出金融科技人才引进计划，提供优厚的薪酬和福利待遇，为优秀的金融科技人才提供良好的发展平台。同时，吉林省可以加强与其他地区的交流与合作，吸引国内外优秀的金融科技人才来到吉林省工作和创业。通过搭建沟通交流平台和提供政策支持，可以让更多的金融科技人才选择来到吉林省发展。

### （四）便捷创业环境

吉林省可以通过创建适宜的创业环境，为金融科技初创企业提供便捷的注册、运营和融资渠道，推动金融科技创业的发展。

第一，吉林省可以建立创业孵化器和科技园区，为金融科技初创企业提供集聚创新资源的平台。这些孵化器和科技园区可以提供办公场所、技术支持、法律咨询等服务，帮助初创企业解决创业过程中的各类问题。同时，吉林省可以积极引进各类创业导师和投资机构，为初创企业提供指导和融资支持，促进其快速成长。

第二，吉林省可以优化营商环境，简化金融科技企业的注册程序和办理手续。可以建立一站式服务窗口，提供快速、高效的企业注册和相关证照办理服务，减少创业者的时间和精力投入。同时，可以加强与金融机构的合作，提供便利的金融服务，为金融科技企业提供融资支持和财务管理等方面的帮助。通过简化行政程序、提供金融服务，可以提高创业者的积极性和创业环境的竞争力。

第三，吉林省可以加强与高等院校和研究机构的合作，促进产学研结合，为金融科技初创企业提供技术支持和创新资源。可以建立校企合作基地，开展科技成果转化和技术转让，将高校和研究机构的科研成果应用于金融科技创业实践中。同时，可以设立科技创新基金，鼓励科研人员和创业者进行合作创新，提高创新能力和竞争力。通过产学研结合，可以加速金融科技创新的步伐，推动吉林省金融科技产业的发展。

第四，吉林省可以加大对金融科技创业人才的培养和引进力度，为企业提供人才支持。可以加强与高校合作，开设金融科技相关专业和课程，培养具备金融科技知识和技能的人才。同时，可以引进国内外优秀的金融科技创业人才，为吉林省的创新创业团队注入活力。通过培养和引进人才，可以提升金融科技企业的创新能力和核心竞争力。

吉林省可以通过创建适宜的创业环境，为金融科技初创企业提供便捷的注册、运营和融资渠道，加强与高校和研究机构的合作，促进产学研结合，培育金融科技创业人才。这些举措将有助于推动吉林省金融科技创业的蓬勃发展，助力吉林省建设现代金融科技产业体系。

## 三 加快吉林省金融科技发展的对策建议

### （一）加大政策与法规支持力度

近年来，金融科技作为一种创新型的金融服务模式，对各行业经济发展起到了积极的促进作用。为了推动吉林省金融科技的持续健康发展，可以从政策与法规支持角度出发，采取以下对策。

一是制定和完善相关法律法规。要加强对金融科技业务的监管，需要明确金融科技的监管要求和标准，规范金融科技创新和运营行为。重点关注数据隐私保护、网络安全、反洗钱和融资等方面的监管。通过建立健全的法律法规体系，确保金融科技业务在合法合规的范围内开展。

二是改善政策环境，加大对金融科技的支持力度。政府可以出台一系列激励政策，包括税收减免、贷款利率优惠、科研项目资金支持等，以鼓励更多的资金和资源流向金融科技创新领域。同时，建立科技金融创新示范区或专项基金，为科技金融企业提供优惠政策和资金支持，推动企业创新发展。

三是建立完善的监管体系。针对金融科技发展中面临的各种风险，应建立有效的监管机制。首先，加强金融科技企业的注册和备案管理，确保其资质和信誉。其次，建立信息共享和协作机制，加强金融科技企业、监管机构、其他金融机构和相关部门之间的沟通与合作，共同防范金融风险。最后，借助监测和预警系统，对金融科技业务进行实时监控和风险评估，及时识别和应对潜在的风险。

## （二）推动金融机构合作与创新

一是加强金融机构合作。吉林省可以建立共享平台和数据共享机制，金融机构可以更便捷地获取数据和信息资源，加强合作与创新。该平台可以建立行业标准，确保数据安全和隐私保护，激发金融机构间的信任和合作意愿；设立专项资金，用于支持金融机构之间的联合创新项目。同时，制定相关政策，鼓励金融机构合作开展创新项目，并对合作项目给予专项补贴和奖励；组织定期的金融科技交流会议和研讨会，提供交流平台，促进金融机构之间的沟通与合作，解决存在的问题和难题，并推动更多的资源共享和合作项目的落地；开展金融科技竞赛和创新大赛等活动，激发金融机构的创新潜能，培养和吸引更多优秀的金融科技企业和人才。政府可以设立奖励制度，表彰在金融科技创新和合作方面取得突出成果的金融机构，并为其提供进一步的支持和扶持；向合作项目提供资金补贴、贷款优惠等支持，降低合作风险和成本，建立专门的机构或部门，负责监督和支持金融机构间的合作项目，及时解决合作过程中出现的问题，促进合作项目的顺利进行。

二是推动金融科技与实体经济深度融合。吉林省可以通过建立金融科技平台，向实体经济提供个性化、差异化的金融产品和服务；通过引入金融科技手段，提高金融服务的可获得性和可负担性，推动金融科技与实体经济的深度融合，降低金融服务的门槛和成本，提高服务的便利性和效率；吉林省还可以推动金融机构与互联网企业合作，共同开发金融科技产品，如供应链金融平台、智能理财产品等，为实体经济提供更加灵活多样的金融服务；组织专业培训和交流活动，扶持金融科技创新基地和实体经济产业园区的建设，提供场地和资源支持，为金融机构和实体企业搭建合作平台，还可以鼓励企业与高校、科研机构合作，共同开展金融科技研究和创新，推动金融科技在实体经济中的应用。

三是加强金融科技创新能力建设。吉林省可以设立金融科技创新基地或实验室，提供优质的研发环境和专业的技术支持，吸引金融机构在该地区进行科技创新，加速科技成果的转化和应用；建立金融科技创新奖励制度，通过设立科技创新基金、提供专项补贴等方式，激励金融机构在金融科技领域进行积极探索和创新，建立一套完善的评价机制，对取得重大突破和成果的金融科技项目给予相应的奖励和荣誉，进一步推动金融机构加大对科技创新的投入。此外，吉林省可以鼓励金融机构与科研院所、高校等科技创新主体开展合作。建立产学研结合的合作平台，促进金融机构和科研机构之间的信息交流和技术合作。通过共享科研资源、组织联合攻关等方式，提高金融机构的科技创新能力和水平；支持金融机构与科技企业合作，共同开展技术探索和应用实践，培育一批具有核心竞争力的金融科技企业。

### （三）加强科技金融知识普及和人才培养

一是提高公众对科技金融的认知水平。可以在互联网、电视、广播等媒体上开展科技金融知识普及活动，发布科技金融领域的最新发展动态和成功案例，让公众了解科技金融的重要性和潜力。同时，可以组织专题讲座、学术研讨会等形式的活动，邀请知名专家学者向公众普及科技金融相关知识，提高公众对科技金融的关注和理解。

二是加强对科技金融领域人才的培养。吉林省可以充分利用优势的教育资源，加强与高校和科研院所合作，共同开展科技金融相关专业的培养和研究工作。建立科技金融专业课程体系，培养具备科技金融专业知识和技能的人才。同时，鼓励金融机构与高校、科研院所等合作开展科研项目，提供实践机会和科技创新平台，促进理论与实际应用的结合。此外，吉林省还可以设立科技金融专业岗位，并提供相关的培训和职业发展机会，吸引更多的优秀人才从事科技金融工作。

三是金融科技的发展离不开专业人才的支持。吉林省可以加强高校与金融机构的合作，开设金融科技相关专业课程，培养金融科技人才。同时，出台优惠政策，吸引优秀的金融科技人才来到吉林省就业和创业，为金融科技发展提供人才保障。

## （四）优化金融科技创业环境

吉林省作为一个发展中的地区，可以致力于创建适宜的创业环境，为金融科技初创企业提供良好的孵化和成长环境。在这个过程中，吉林省可以依靠创业孵化器和科技园区的建设，集聚创新资源，为金融科技企业提供便利的注册、运营和融资渠道。

一是建立创业孵化器。创业孵化器是一个可以提供创业者们所需资源和支持的平台，包括办公空间、设备、导师指导等。通过建立创业孵化器，吉林省可以吸引并扶持更多的金融科技初创企业，帮助他们快速成长并取得成功。此外，科技园区的建设也是非常重要的，它能够提供更多的资源和机会，促进不同企业之间的合作与交流，从而形成一个具有创新活力的生态系统。

二是优化营商环境。吉林省可以通过简化金融科技企业的注册程序和办理手续，降低创业者的成本和时间投入。建立一站式服务窗口，提供快速、高效的企业注册和相关证照办理服务，进一步简化行政程序。这样一来，金融科技企业就能够更加专注于产品研发和市场拓展，而不必被烦琐的行政事务所困扰。

三是加强与金融机构的合作。通过与金融机构建立紧密的合作关系，吉林省可以为金融科技企业提供更加便捷和个性化的金融服务，如贷款、支付结算、跨境金融等。此外，还可以帮助金融科技企业解决财务管理等方面的问题，提供专业的咨询和指导。

# 区域篇

## B.11
## 长春市数据要素市场试点建设研究

任 鹏*

**摘 要：** 建设数据要素市场是推进数字经济高质量发展的重要支撑。当前，我国数据要素市场化改革呈现飞速发展态势，突出表现在数据要素市场试点建设。长春市作为重要的省会城市，加快推进数据要素市场建设对于吉林省全面振兴取得新突破、助力全国统一大市场构建发挥着重要的引领作用。本文深入研究国家数据要素市场建设的相关政策导向，结合长春市数据要素市场试点建设的实际情况，对当前试点建设的主要问题挑战进行了多维度剖析，在此基础上有针对性地提出相应的对策建议：完善顶层设计，促进数据要素合法合规流通；落实国家部署，持续拓宽应用场景；夯实数据流通底座，推动数据要素高效流通。

**关键词：** 数据要素 试点建设 数字经济 长春市

---

\* 任鹏，吉林省科学技术信息研究所研究实习员，主要研究方向为区域经济与农村发展。

高质量发展是中国式现代化建设的内在要求，进一步挖掘释放数据要素价值则是培育发展新质生产力、推动高质量发展的有效途径。党的二十届三中全会对数据要素价值和数据市场建设等作出了重要安排，为"十五五"时期更好地推进数据要素改革创新发展，优化数据应用提供了遵循。2024年吉林省《政府工作报告》中提出，要推动数据开发应用及产业化，支持长春数据要素市场试点建设，开展公共数据授权运营试点。近年来，长春市贯彻落实中央和吉林省委有关部署要求，深入挖掘数据要素发展潜力，推进数据要素市场培育，为数字吉林建设打下了坚实基础。

## 一 长春市数据要素培育发展的基本情况

随着数字经济进入高质量发展阶段，全国各省市均加快数据要素市场培育建设步伐，以市场培育撬动数据要素的潜能。长春也紧紧抓住"数字吉林"建设的重大契机，以数字经济新引擎激活高质量发展的"向新力"。

### （一）数据要素发展底座不断夯实

经过多年建设发展，长春市基本上搭建起了城市智能体系框架，政务云平台、全市一体化电子政务外网实现了集约高效安全快捷的性能应用，基本建成了区域性的算力算法枢纽，推动实现市、县、乡、村四级联动共享大数据。从数据要素的使用看，政府供给端打通了76个部门，合计开放2759类目录数据。目前，供给端和社会需求端已对接数据达200亿条，实现了600余个应用场景。比如，在城市交通智能化治理方面，通过实时监测区域交通相关数据指标，对拥堵原因进行大数据分析，针对不同成因采取"一堵一策"的治理方案，有效缓解了城市的拥堵问题。在安全应急方面，运用数据平台建设安全生产网上监督渠道，极大地发挥了社会监督的作用，有效预防了安全生产隐患，杜绝了违法行为，提升了城市安全治理效能。

## （二）数字经济聚合效应初步显现

近年来，长春市5G、超算智算、人工智能、云服务等基础能力建设显著提升，引进国内数字经济百强企业达到31家，华为长春研究所、科大讯飞东北亚研究院等多家新型研发机构落户长春。谋划建成数字经济产业园15个，构建智慧政府、智慧城市、智慧社区等数字化应用场景，提升长春城市治理能力和公共服务水平，数字经济蓬勃发展，聚合效应逐步显现。

## （三）数据要素市场体系加速培育

为夯实数据交易制度基础，长春市出台了《数据交易管理办法》等工作指南，建立健全了数据交易中关于信息披露、审计、管控、结算、安全管理等方面的规则，数据要素市场的发展得到进一步规范。目前，长春市在数据流通方面涉及市场主体登记监管、商业保险、交通等多个应用场景，实现了全方位便民利企。同时，做到了在全国范围内提供交易主体登记、合同备案、交易结算等服务。

## （四）数据赋能赋值水平加快提升

近年来，长春市立足产业化的需要强化了数据要素供给，加快推进数字农业、数字文旅、智改数转等行业的场景应用，重点产业数据化应用水平不断提高。长春大数据深加工基地、长春算力中心、长春数据交易中心的运营，为数据价值的挖掘和转化提供了有力支撑。在推动传统产业转型升级的基础上，催生了新的产业形态和商业模式。吉农云、开犁网等平台推动数字技术与农业深度融合，加快数据要素赋值农业产业。通过举办论坛和赛事，为企业和人才搭建平台，不断扩大影响力和知名度。

# 二　主要挑战

经过多年的发展，长春数据要素市场建设从探索培育到发展壮大，持续为推动全市高质量发展注入创新动能。但因数据要素发展阶段和发展规律，数据要素市场建设仍存在着一定的问题和不足。

### （一）基础设施有待健全

近年来，长春市数据要素市场建设步伐加快，但与其相适应相匹配的基础设施建设仍显缓慢，具体表现在数据交易公共基础设施尚不健全，数据交易生态系统还不完善，造成数据交易成本偏高，主体参与交易的积极性不强，市场成熟度不高。政府、企业、科研院所、创新产业园区等协同推进不足。与此同时，当前长春数据要素的相关政策仍有待完善，需要细化行业数据分类分级标准制定，加快构建数据要素市场规则，让数据要素更好地为产业赋值。

### （二）应用场景不足

数据应用的关键在于不断催生新场景、拓宽应用渠道。目前，长春市数据市场应用场景释放不足，特别是在现代产业体系构建、现代化大农业建设、科技创新推动产业创新、文化旅游、大健康等优势领域新应用场景挖掘不充分、数据流通不畅，数据交易不活跃。数据要素快捷、高效、低成本的优势没有充分赋能应用场景的拓展中，制约了数据要素价值的体现。

### （三）数据监管体系不健全

目前，长春市尚未组建专门机构对数据要素市场规范治理进行监管，仍然主要通过公安、网信、政数等行政主管部门按照各自的职能进行监管。这种"条块监管"的模式带来了监管分散、信息壁垒的问题，难以实现监督预期效果。同时，传统监管模式不能适应数据要素本身线上线下并行、高速流动的特点，出现了在社交软件、电子商务、移动支付等领域企业经营者在数据流量和资源价值方面垄断的情况。

### （四）数据交易机制不健全

一是确权难。数据交易的前提是产权和权属登记制度基础。数据主体多

元，数据衍生流动不定，权属生成过程多变，数据产权归属难以明确。[①] 当前，长春市数据要素市场建设还在加快探索建设之中，数据要素确权体制尚不完善，尚未建立起健全的数据产权制度和规范的交易秩序。

二是定价难。数据产品不同于大多数商品可以先了解后使用，大部分数据产品需要在使用过程中了解，交易标的质量不一致，数据流通面临障碍，无法事先确定数据可用性，对于数据价值的评估买卖双方有不同认知，存在"双向不确定性"。[②] 数据要素本身具有收集难但复制扩散相对容易的特点，导致其呈现固定成本高、数据来源广、产权确定难、结构变化多等复杂性，因而无法形成行业的定价通则，只能针对不同应用场景一事一议定价。从长春市数据要素市场现有情况看，不同交易所对同一数据产品的定价不同，同一交易所数据产品的定价机制也存在多种模式，直接影响了数据要素市场的流通。

三是互信难。双方互信是数据交易实现的前提和关键。但从长春市情况来看，目前还缺乏权威、统一的流通环境。在交易事前阶段，"点对点"场外交易方式是当前流行的方式，由于缺乏能被普遍认可和接受的数据产品评估体系，数据质量良莠不齐，假数据难以识别。[③] 在交易事后阶段，由于监管机制的缺少，数据交易后，双方很难控制未来数据流向和再交易行为。这种数据交易双方互信难的状态，也间接造成了市场交易成本提升。

## 三 发展机遇

党的十八大以来，中央始终高度重视数据要素的挖潜应用，作出了一系列重要的安排部署。2019年，党的十九届四中全会明确将数据作为

---

[①] 朱宝丽：《数据产权界定：多维视角与体系建构》，《法学论坛》2019年第5期。
[②] 梁继、苑春荟：《数据生产要素的市场化配置研究》，《情报杂志》2022年第4期。
[③] 顾洁、刘玉博、王振等：《信息生态理论视角下城市数据要素市场就绪度评估》，《信息资源管理学报》2024年第2期。

重要的生产要素。2020年，《中共中央 国务院关于构建更加完善的要素市场化配置体制机制的意见》强调要培育和发展数据要素市场。2021年，"十四五"规划纲要中明确了建立数据资源产权、交易流通、跨境传输和安全保护等基础制度和标准规范，推动数据资源开发利用。2022年12月，中共中央、国务院颁布了《关于构建数据基础制度更好发挥数据要素作用的意见》，提出了构建数据基础制度体系，促进数据的合规、高效流通和使用。一整套完整的制度体系为数据要素市场建设提供了根本保障。数据要素市场培育建设将成为推动高质量发展、助力中国式现代化进程的新赛道。

### （一）数据要素是提升经济发展效率的重要"驱动力"

数据要素潜能的挖掘发挥，能够有效推动各市场主体的高水平协同发展，促进产业链上下游之间的信息共享和协同合作，提高生产、分配、流通等各环节配置生产要素的效率，实现资源的优化配置和高效利用，从而提升社会生产力和经济发展效率。与此同时，数据要素市场的建设将有利于数据要素跨区域、跨行业高效联通，减少企业交易成本，促进政府、企业及个人等数据资源共享，提高市场运行效率。[1]

### （二）数据要素是培育和发展新质生产力的重要"内生力"

在数字经济时代，数据作为新型生产要素成为创新的重要源泉。[2] 发展新质生产力要求发挥创新的主导作用，数据要素通过与其他生产要素的结合实现生产资料重组，通过数据跨界融合和协同创新，进一步催生新技术、新模式、新产品、新服务，激发全社会创新活力，进而形成新质生产力。

---

[1] 任保平、王思琛：《新发展格局下我国数据要素市场培育的逻辑机理与推进策略》，《浙江工商大学学报》2022年第3期。

[2] 尹西明、陈劲、王冠：《场景驱动：面向新质生产力的数据要素市场化配置新机制》，《社会科学辑刊》2024年第3期。

## （三）数据要素是推动产业升级和转型的重要"指挥棒"

数据技术的普及和应用促进了传统产业的数字化转型和智能化升级，提高了生产效率和产品质量。数据要素的崛起催生了一批以数据为核心资源的新兴产业，为经济发展注入了新动能。大数据、人工智能等新兴产业的快速发展，不仅带动了相关产业链的延伸和拓展，也促进了经济结构的优化和升级。

## （四）数据要素是提升治理水平的重要"润滑剂"

数据要素在社会治理中发挥着重要作用。通过收集和分析社会运行中的各类数据，政府部门能够更为准确地把握社会发展态势和百姓需要，有利于科学精准地制定相关政策，提供公共服务。与此同时，数据还能够促进政府各部门之间的信息互通和协同配合，提高政府工作效率和服务水平。这种基于数据的治理方式不仅提高了社会治理的精准性和有效性，也增强了政府的公信力和民众的满意度。

## （五）数据要素是增强公共服务能力的重要"稳定器"

在教育、医疗、交通、环保等公共服务领域，通过收集和分析相关数据，可以更加精准地了解公众的需求和痛点，从而提供更加个性化和高效的服务。例如，在医疗领域，通过收集患者的健康数据，可以实现精准医疗和个性化治疗；在教育领域，通过收集学生的学习数据，可以实现因材施教和个性化教学。这种基于数据的公共服务模式，不仅提高了服务的针对性和有效性，也增强了公共服务的可及性和公平性。

## 四 经验借鉴

当前，各地都在抢抓机遇，加紧推进数据要素市场建设，形成各具特色的多元发展模式，为长春市数据要素市场建设提供了经验借鉴。

### （一）河南省：共建全省统一的数据交易平台新模式

河南省以数据要素市场培育作为引领新赛道的重要平台载体，打造以郑州、开封、洛阳、新乡、许昌5个城市为主的数据要素市场试点城市，大力推进全域数据要素市场培育，在全国开创全省共建统一数据交易平台新模式。从主要做法上看，一是建立健全体制机制，围绕数据平台、数据规则、环境优化、生态构建等方面出台支持政策，有效发挥示范引领作用。二是构建管理、流通、交易体系，优化数据要素配置，推动数据要素的有序流通和公平交易。建设河南郑州数据交易中心，并下设行业数据专栏，组建"中原数据交易联盟"，大大提高了公共服务水平，加快了数据产品衍生。三是建立丰富的数据资源库。河南省围绕数据采集存储、数据加工分析、数据应用服务、数据安全等，建设了数据要素金库、数据要素加工交易中心等一批重大项目，积累了丰厚的数据资源。目前，仅郑州一地公共数据累计归集就超过了1200亿条，数据交换量超1440亿条，蕴含着巨大的发展潜能和价值红利。

### （二）江苏省：数据要素市场化配置改革示范

江苏省在推进数据要素市场建设过程中，全力推进数据要素市场化配置改革，积极培育数据要素市场，构建多层次、多元化的数据要素市场生态体系，促进数据要素流通应用，发展数据产业，释放数据价值。数据作为全新的生产要素，在助力江苏经济社会高质量发展中发挥了积极作用。

一是健全体制机制。2024年1月，江苏省数据局挂牌成立，成为全国首个省级数据局。截至目前，全省13个设区市数据局已挂牌成立。省数据集团即将挂牌，数据工作体制机制初步成形，数据要素市场化配置改革正有条不紊地开展。全省数据供给能力不断提升，省市公共数据平台发布数据目录46万类，提供跨部门、跨地区供需对接超万次，调用26个国家部委数据64.6亿次。

二是多领域推进公共数据开发利用。江苏省在低空经济、绿色低碳、交通物流、医疗健康、金融服务、就业创业等领域深入推进公共数据开发利用，不断为全国各省份发挥示范带动作用。大数据交易场所获取企业数据需求后，开展"点对点"沟通，第一时间为企业找到数据资源，提供定制化的合规服务，促成数据交易。在大数据交易方面，已持续开展数据资源汇聚、数据要素合规流通、数据要素生态培育等，贯通数据要素开发—登记—评估—交易全链条，为全国数据要素市场化配置改革探索江苏路径。

## 五 对策建议

综上所述，本文认为，可以从以下三个方面进一步建立完善数据要素市场体系，发挥数据要素作用。

### （一）完善顶层设计，促进数据要素合法合规流通

数据要素已成为经济社会高质量发展的重要体系，加快推进数据要素市场建设，需要加快建立基础制度和标准规范的顶层设计，完善配套规则体系。

一是强化顶层设计，组建长春市数据局，协调推进数据基础制度建设，整合共享和开发利用数据资源，加快推进数字长春建设。借鉴发达省份经验，通过组建数据集团、设立数据发展促进中心，建立数据要素统一登记平台，拓宽数据产权登记应用场景。

二是加快启动数据要素市场化配置改革，充分释放数据生产力潜能。借助试点建设，因地制宜加快探索数据要素市场化配置的地方立法与制度规范，进一步细化法律法规体系和标准规范体系，明确法律边界，指导行业合规发展。为构建数据要素全国统一大市场提供有益参考。加快破解确权难题。以"数据二十条"为指引，在"三权分置"的基础上结合数据交易的重点环节，细化数据产权的具体内容和区分标准，探索出一套符合法理基础

和市场规律的数据产权制度体系。①

三是完善数据流通交易规则，构建于法有据的制度规范。受限于数据交易市场的发展阶段，目前我国的数据交易法律制度亟待健全。长春市应发挥示范作用，总结数据交易的规律性准则和常见风险，形成一套可复制、可推广的数据交易规范体系。

（二）落实国家部署，持续拓宽应用场景

按照国家《"数据要素×"三年行动计划（2024～2026年）》，细化实施细则，推动数据要素多场景、多领域融合应用，激发多方主体参与数据要素开发利用。

一是围绕现代化产业体系、医疗健康、交通治理、商贸流通、智慧城市建设、公共资源交易等领域，推动实现政府部门、公共企业、事业单位的公共数据共享，进而推动政务、行业、社会数据的有机整合、全面分析和融合应用。打造行业数据中台，构建智能集约的平台支撑体系，为数据要素参与应用提供平台支撑。支持跨场景数据流通和要素市场培育，探索建立数据要素分配机制，依法依规促进数据高效共享和有序开发利用。

二是深化产学研合作，推进数据产品研发，完善数据服务体系。培育引进一批符合长春市发展需要的数据流通解决方案集成供应商，打破数据专业壁垒，降低数据应用成本。加强应用场景创新，拓宽数据要素融入传统产业路径。加快打通不同链条环节数据流通渠道，鼓励数字型企业向传统产业延伸数据价值链，支持通过数据加工、数据清洗、数据融合等技术助力传统产业转型升级。

三是鼓励长春市数据类企业积极探索数据资源利用，创新开发全生命周期产品，紧扣行业特点和用户需求，研发既符合个性化又兼有适用性的数据产品，拓展配套增值服务，促进大数据与各行业各领域深度融合。探索在重

---

① 陈蕾、李梦泽、薛钦源：《数据要素市场建设的现实约束与路径选择》，《改革》2023年第1期。

点行业如金融、医疗、交通等领域建设大数据平台，形成典型案例，并向其他行业和领域推广。

**（三）夯实数据流通底座，推动数据要素高效流通**

通过夯实数据流通底座，补强数据要素流通基础，加快推进新型数字基础设施建设，积极拓展应用新场景，引导消费新需求，促进数据要素在生产、生活等各领域各环节的广泛使用。

一是构建完善的数据基础设施。加快长春市工业互联网、算力、移动物联网、数据汇聚处理与流通运营、安全保障服务等数据基础设施建设步伐。探索在医疗、金融、交通等重点行业领域建设大数据平台，在此基础上向其他行业和领域拓展。鼓励长春市数据企业探索数据资源利用模式，紧扣行业特点和用户需求，创新开发数据产品，拓展配套增值服务，促进数据要素与各行业各领域的深度融合。

二是积极打造数联网。长春市要在现有基础上，加快对保障数据要素有序流通的关键环节进行布局，尽快构建数据确权登记平台、区块链存证平台、公共数据综合服务平台、授权平台等底层技术平台。强化数据流通技术创新，持续推进技术创新和使用，增强区域数据处理能力，增强数据资源跨机构跨场景流通安全性。与此同时，要强化区块链技术的应用，建设可信数据空间，完善可信数据流通技术体系与应用体系，推动数据要素流通渠道安全可靠。

三是形成具有长春区域特色的数据监管治理模式，以高水平安全保障高质量发展。规划完善长春市数据安全监管体系，强化数据主管、安全主管、技术服务三者之间的协同机制，建立健全数据安全的联防联控机制。通过完善执法流程、创新监管手段、强化协同监管等方式提升数据流通交易的监管能力。分行业、分领域出台公共数据分级分类保护指引。从技术标准、规范认证、合规审查等方面细化安全监管的操作规程，健全公共数据产品的合规监管体系。善用地域优势探索数据跨境安全流动监管新机制。要依托净月、北湖等重大合作平台的数据跨境流动试点，探索数据跨境安全有序流动的体制机制，筑牢可信可控的数字安全屏障。

## 参考文献

［1］任保平、王思琛：《新发展格局下我国数据要素市场培育的逻辑机理与推进策略》，《浙江工商大学学报》2022年第3期。

［2］尹西明、陈劲、王冠：《场景驱动：面向新质生产力的数据要素市场化配置新机制》，《社会科学辑刊》2024年第3期。

［3］朱宝丽：《数据产权界定：多维视角与体系建构》，《法学论坛》2019年第5期。

［4］梁继、苑春荟：《数据生产要素的市场化配置研究》，《情报杂志》2022年第4期。

［5］顾洁、刘玉博、王振等：《信息生态理论视角下城市数据要素市场就绪度评估》，《信息资源管理学报》2024年第2期。

［6］陈蕾、李梦泽、薛钦源：《数据要素市场建设的现实约束与路径选择》，《改革》2023年第1期。

# B.12
# 通化市建设全国新时代"两个健康"先行区试点研究

张春凤[*]

**摘　要：** 自2022年8月通化市入选成为全国12个开展新时代"两个健康"先行区创建经验试点城市之一以来，通化市采取系列措施，持续壮大民营市场主体，大力弘扬企业家精神，构建亲清新型政商关系，持续优化营商环境，取得了显著成效。但是，困扰民营经济健康发展和民营经济人士健康成长的融资难、高端人才短缺、创新发展动能不足等问题也广泛存在。下一步，应大力开展招商引资，加快民营经济项目建设；立足特色优势产业，提高民营经济创新能力；加大资金支持力度，保障民营经济要素需求；建立有效的人才供应体系，强化人力资源保障；持续推动政策落实，降低民营企业生产经营成本，以更好地促进民营经济健康发展和民营经济人士健康成长。

**关键词：** "两个健康"　营商环境　亲清政商关系

改革开放40多年来，非公有制经济从小到大、从弱到强，已经成长为我国社会主义市场经济的重要组成部分。2015年5月，在中央统战工作会议上，习近平总书记提出"促进非公有制经济健康发展和非公有制经济人士健康成长……引导非公有制经济人士特别是年轻一代致富思源、富而思进"[①]；在党的十九大报告中，习近平总书记明确要"构建亲清新型政商关

---

[*] 张春凤，吉林省社会科学院经济研究所副研究员，主要研究方向为产业经济、产业政策。
[①] 《习近平：巩固发展最广泛的爱国统一战线　为实现中国梦提供广泛力量支持》，《人民日报》2015年5月21日。

系，促进非公有制经济健康发展和非公有制经济人士健康成长"[1]。"两个健康"系列重要论述，为新时期的民营经济高质量发展指明了前进方向、提供了根本遵循。[2] 2018年8月，由民营经济发展较好的浙江省温州市率先发起，开展新时代"两个健康"先行区试点工作。通过一系列改革探索，温州取得了阶段性成果，为全国乃至全球提供了可复制、可推广的经验和模式。2022年8月，全国工商联在全国范围内选择包括吉林省通化市在内的12个市级工商联，开展温州新时代"两个健康"先行区创建经验推广试点工作。2024年4月，全国工商联在现有的12个试点基础上，再向19个省份推广试点。开展试点工作两年多来，通化市积极构建新工作体系，为新时代民营经济飞跃发展赋能，取得了显著成效，对此开展经验总结与问题分析，对推动吉林省民营经济高质量发展具有重要的现实意义。

# 一 "两个健康"提法的由来及相关研究梳理

## （一）"两个健康"提法的由来

"两个健康"，即非公有制经济健康发展和非公有制经济人士健康成长。作为非公有制经济领域统战工作的重要指导思想[3]，"两个健康"提法经历了从"一个健康"到"两个健康"的演变过程。改革开放以来，非公有制经济领域发展迅猛，1982年2月，中共中央办公厅、国务院办公厅在转发中央统战部的文件中提出"要进一步调整政策、改革制度，以利于集体经济和个体经济的健康发展"，这是中央文件中最早提到非公有制经济的健康发展。1989年3月，中央统战部文件明确开展私营企业统战工作的指

---

[1] 习近平：《决胜全面建成小康社会 夺取新时代中国特色社会主义伟大胜利——在中国共产党第十九次全国代表大会上的报告》，中国政府网，https：//www.gov.cn/zhuanti/2017-10/27/content_ 5234876. htm。
[2] 陈伟俊：《以"两个健康"引领民营经济高质量发展》，《人民日报》2018年10月18日。
[3] 《"两个健康"提法的由来》，中国统一战线新闻网，https：//www.tyzxnews.com/static/content/TZBK/2014-05-04/792038756109787136. html。

导思想是鼓励、引导私营企业健康发展。1996年1月，全国统战部部长会议明确"做好非公有制经济代表人士的思想政治工作，直接关系到党的经济体制改革伟大战略的实施，关系到非公有制经济的健康发展"。至此，统一战线正式有了"非公有制经济健康发展"的提法。这意味着，做好非公有制经济人士思想政治工作，同非公有制经济健康发展之间关系密切，成为"两个健康"理论提出的重要基础。2000年12月，第十九次全国统战会议提出"着眼于非公有制经济健康发展和非公有制经济人士健康成长……帮助更多的人走上富裕之路"，自此，"引导非公有制经济人士健康成长"的提法，与"促进非公有制经济健康发展"并列，并强调了二者之间是相辅相成、相互促进的关系。

（二）新时代"两个健康"理论的相关学术史梳理

经过长期改革探索与实践，进入高质量发展的新时期，"两个健康"理论成为"中国道路"创新成果的集中体现之一。2015年5月，习近平总书记在中央统战工作会议上提出"促进非公有制经济健康发展和非公有制经济人士健康成长"，掀起了对新时代民营经济重要作用与地位的相关讨论。加上习近平总书记关于非公有制经济的系列丰富论述，"两个健康"理论思想逐步形成。综观改革开放以来党和国家关于民营经济政策中的定位描述，历经从"利用"到"允许"、从"有益补充""必要补充"到"重要组成部分""同等地位"的重大变化，至今已形成了稳固的"两个健康"理论体系。①

当然，随着我国民营经济领域改革与实践的不断推进，"两个健康"理论体系仍需进一步完善，相关理论政策的解释力度与适用性仍需在实践中加以印证。一是在中国特色社会主义市场经济体制中，非公有制经济与公有制经济之间的有效交融和各自作用的发挥尚待厘清。二是"两个健康"政策理论仅用市场经济相关理论难以达成逻辑一致的解释，面临着"有为政府"

---

① 隗斌贤：《新时代民营经济"两个健康"的理论与实践探索》，《治理研究》2019年第2期。

和"有效市场"的边界问题需要进一步拓展,构建"亲清政商关系"是实践中解决问题的准则。[1]而构建相对完整的、具有中国特色的、从理论模型到实践道路的"两个健康"民营经济发展理论,应围绕"公私互济"的包容性增长模式之内核,抓住"有为政府"和"有效市场"相结合的协同治理之要义,走"实践先行理论"的实验经济学之道路。[2]

从目前新时代"两个健康"试点实践来看,政策整体上从初期小范围探索进入扩大试点范围的新阶段,"两个健康"试点从最初的统一战线逐步进入深化改革区,相关研究已经在构建指标体系、设立市场准入等公平竞争制度、发挥党建引领作用等方面形成了一些研究成果。可以说,构建"两个健康"理论体系已经具备了一定的研究基础,未来仍需从宏观和微观多个角度对该政策理论开展更多实证研究,尤其是从政府行为与企业行为以及二者互动视角为"两个健康"提供更多经验素材,加快完整的理论体系构建进程。

## 二 通化市新时代"两个健康"先行区创建经验试点的主要做法与成效

近年来,通化市深入学习习近平总书记关于民营经济发展的重要论述和对新时代民营经济统战工作的重要指示精神,构建"1+6+N"工作体系,于2022年成功获批全国新时代"两个健康"先行区创建经验试点城市。自开展试点至今,通化市从民营经济高质量发展、营商环境持续改善、优质民营企业培育、优秀民营企业家队伍建设、民营企业作用发挥五个方面,确立了"五个先行"创建目标;制定创建工作方案并出台一系列政策举措,实施"六大品牌工程",明确30项重点任务,落实158项责任清单;首推抗

---

[1] 王喆:《非公有制经济"两个健康"与新型政商关系问题研究》,《四川省社会主义学院学报》2020年第2期。
[2] 汪占熬、贾劭婕、张琼心:《"两个健康"理论体系的构建与探索》,《温州职业技术学院学报》2021年第4期。

联精神教育引领企业家、设立新时代"两个健康"先行区特色实践基地、创建"办不成"事项诉求反映扫码解决平台等做法，获得中央统战部领导的充分肯定。

### （一）推动民营企业家健康成长，大力弘扬企业家精神

通化市聚焦服务"两个健康"，全面落实"民营经济31条"，完善关爱帮扶民营企业家的长效机制。尊重、关爱、培养、激励企业家，在全省率先设立企业家日，连续举办4届"企业家节"，为民营企业家颁发"英才卡""法人卡"，定期宣传优秀企业家事迹、讲好企业家故事、展示优秀企业家精神，引领塑造全社会尊重关爱民营企业家的浓厚氛围。加强企业家思想政治引领，以吉林杨靖宇干部学院为依托，建设全国民营经济人士理想信念教育基地，构建"专家辅导+研学实践+情景教学+交流研讨"模式，引导企业家坚定理想信念。支持企业家积极参与光彩事业，投身乡村振兴和公益慈善事业。成立新生代企业家联谊会，实施"七个一批"培育举措，荣获中央统战部"民营经济统战工作实践创新十佳案例"[①]，推动新生代民营企业家健康成长。截至2023年末，通化市共评选出功勋企业家5名、杰出企业家20名、优秀新生代企业家10名、优秀域外企业家10名、"通化经济年度人物"20名。成立东北地区第一个新时代"两个健康"研究中心、实践展览馆和实践基地。

### （二）构建亲清新型政商关系，营造民营经济良好生态

在全省率先成立民营经济综合服务中心，积极响应民营企业家诉求，及时调解商会经济纠纷，切实维护民营企业家合法权益，便利民营企业开展经贸交流活动等，为企业开展代办制"一站式"服务，打造一流的"企业家之家"。自开展试点以来，建立"两个健康"省市县街（乡）社区（村）

---

[①] 夏珺：《通化：深耕"两个健康"赋能民营经济高质量发展》，《通化日报》2023年10月30日。

五级组织服务网络体系，首创"组织+纪检+统战+工商联"的工作推进机制，制定激励干部担当作为、容错纠错、失实举报澄清"三个办法"。① 实施"清廉民企"创建行动，出台《政商交往正负面清单20条》，包括规范行政执法、帮助企业排忧解难、听取企业意见等正面行为，以及不得干扰企业正常经营、不得违规插手项目、不得泄露企业机密等负面行为，以更好地营造民营经济清明、清朗、清新的良好生态。

### （三）持续优化营商环境，着力为民营企业排忧解难

设立优化营商环境监测点，创办一张清单、一网覆盖、一城通办和无差别受理、无障碍服务、无证明城市的"三一三无""通·通办"服务品牌，在全省政务服务和简政放权考核中位列第一。在全国首创"市区深度融合"模式，将"1市2区15厅"整合为一个政务服务中心，实现两级2562项政务服务事项"一门一窗"无差别受理，这一经验做法成功入选国务院办公厅《政务服务效能提升典型案例》。开展信用修复"暖企"专项行动，在全省率先实现台账清零，通化的城市综合信用指数在东北地区排在第3位。② 聚焦优化政务、法治、市场、要素、信用和开放6个环境，通化市在全省率先出台《2024年通化市营商环境优化行动重点任务方案》，制定48项重点任务，包括加快推进"高效办成一件事"、打造"15分钟政务服务圈"、完善行政裁量权基准制度、深化行政监察执法备案智能化改革、提升金融服务质效、开展失信问题专项治理等方面，为民营企业着力解决政务服务短板、法治保障不足、信用环境差距等难题。2023年，通化市再次被评为全省营商环境建设标兵单位，连续两年位居全省第一梯队。③

---

① 通化市工商联：《"1+6+N"工作体系赋能新时代民营经济新飞跃》，《中华工商时报》2022年11月9日。
② 《通化市高水平创建"两个健康"先行区试点》，吉林省人民政府网，http://www.jl.gov.cn/yaowen/202404/t20240428_3153787.html。
③ 《通化市持续提升营商环境建设水平》，吉林省人民政府网，http://www.jl.gov.cn/yaowen/202409/t20240929_3304197.html。

## （四）培育壮大市场主体，为民营企业降低法律风险

开展试点以来，通化市实施培育壮大市场主体三年行动，保护和激发市场主体活力。2024年第一季度，通化市民营经济市场主体总数为16.16万户，占全部市场主体的97.91%；民营经济税收收入总额为8.2亿元，占税务部门全口径收入的64%；民营经济贡献了75%以上的城镇就业；民营经济持有专利数518件。[①] 2023年，通化市拥有"专精特新"中小企业75户，其中国家级专精特新"小巨人"企业5户。为壮大市场主体、解决金融难题，通化市在全省率先推出金融服务专员、"项目中心+行长制"融资服务机制。为切实保障民营企业和民营企业家合法权益，推行涉案企业"司法合规+行政合规+法治体检"改革。深入开展税商联动，大力推动"税事·通通办"服务和"告知承诺""容错受理""首违不罚"改革，累计为全市民营企业减免各类税费16.6亿元。[②]

## （五）鼓励支持科技创新，推动民营经济产业升级

依托张伯礼院士工作站、全国医药健康技术转移服务云平台等机构，加快科技成果落地转化，邀请国内人参领域90位顶级专家成立通化人参产业专家委员会，推动产业链、创新链精准对接。实施产业升级助力工程，鼓励和引导民营企业积极参与吉林省"一主六双"产业布局，在通化市重点发展的医药健康、人参、文旅三个千亿级产业领域，鼓励通化市"三个千亿级"产业和吉西南承接产业转移示范区项目建设，定期向民间资本推荐项目。截至2024年7月，全市实施的重点项目中，民营企业项目达11个，数量较上年增长16.8%，总投资额达407.46亿元，占全市重点项目投资总额的62.87%。[③]

---

[①] 韩佳哲：《市发改委助推惠企政策精准直达 助力民营企业发展壮大》，《通化日报》2024年7月9日。

[②] 李铭：《通化市全力推进新时代"两个健康"先行区试点工作》，《吉林日报》2024年6月11日。

[③] 韩佳哲：《市发改委助推惠企政策精准直达 助力民营企业发展壮大》，《通化日报》2024年7月9日。

## 三 通化市"两个健康"先行区试点面临的主要问题

两年多来,作为东北地区唯一入选的试点城市,通化市开展新时代"两个健康"先行区创建经验推广试点,拥有良好的发展基础和活跃氛围,采取了一系列有益措施,取得了显著成效;但促进民营经济健康发展仍然面临融资难、人才短缺、创新动力不足等问题亟待解决,促进民营经济健康发展的营商环境仍有改善空间。

### (一)民营企业融资难问题仍然广泛存在

整体来看,通化市民营企业普遍规模较小,数量众多的中小微民营企业普遍面临融资难、融资贵问题。对于广大中小微企业来说,自身很难形成高额的资本金积累,经营不够稳定、信贷风险较高,而正规金融机构在发放贷款时会对中小微民营企业的财务数据、资产、经营信誉等关键情况开展严格审查,一旦不符合金融机构标准要求,中小微企业的融资需求就难以获得支持。同时,广大民营企业普遍抗风险能力较差,大多数中小型民营企业存在经营范围单一、目标市场不够多元化的特点,一旦遭遇原材料价格上升、市场竞争波动、环境变化、危机来袭等因素冲击,不仅很难抵抗,且危机过后需要很长时间才能缓慢恢复。因此,通化市广大中小微民营市场主体普遍存在发展质量不高、抗风险能力不强、竞争力创新力较弱等短板,民营经济健康发展、高质量发展仍然任重道远。从金融服务来看,通化市间接融资方面存在信保基金资金规模较小、尚未取得政策性担保公司牌照的现实问题,且银企信息不对称问题较为突出,与发达地区相比差距较大。

### (二)民营经济创新发展动力不足

整体来看,通化市民营经济创新发展的原动力不足,尚未形成转型发展、创新发展、高质量发展竞相涌流的普遍氛围。从现实情况来看,广大中小微民营企业普遍存在以下三个方面的难题。一是普遍缺乏创新转型的紧迫感，缺乏做大做强的内生动力。民营企业受限于研发投入回报周期长、创新意愿低，投入研发的内在需求不足。绝大多数中小微民营企业靠灵活经营机制生存，综合实力较弱，缺乏创新投入的意愿，普遍没有研发部门和研发投入的计划安排。二是企业研发投入不足。企业受市场变化、资金紧张、投资风险、行业环境等外界因素影响较大，同时企业存在"小富即安"的思想观念，企业的研发费用不能形成逐年递增的良好发展态势。三是科技成果转化难。一方面，科技成果转化率低，市科技企业与高校院所合作存在不足，校地合作中与民营企业发展思路存在偏差；另一方面，科技创新投入不足，通化市2022年研发经费投入强度为0.9%，虽在吉林省内排在第二位，但研发费用总量较长春、吉林等城市还有差距，导致新产品开发缓慢，科研成果难以产业化，民营企业竞争力下降，后劲不足。大多数处于产业低端的中小民营企业对成果转化"有心无力"，企业吸收技术尤其是高新技术的能力和动力不足，企业在科技成果转化中的主体作用难以有效发挥。

### （三）高端人才、技术人才短缺

近年来，通化市通过强化政策落实、拓宽引进路径、构建和谐劳动关系等措施，着力优化民营经济就业、人才、用工环境，取得了显著成效。但整体来看，通化市高层次人才总量不够。受福利待遇、地域性因素等影响，虽然持续实施高层次人才引进计划，也在一定程度上缓解了一些民营企业的部分高层次人才需求，但是地区人才总体数量还不够多，较发达地区还有一定的差距。外部人才引进相对困难，企业尤其缺乏高端人才、专业技术人才，高端人才引进难。自主培养人才不足，基层一线员工缺乏有效的培训平台，跟不上企业快速发展的需要。人才外流依然突出。知识技术型人才在接受了企业一段时期培养后流失的比例较高，致使企业沦为人才培养的中转站。部分民营企业还存在招工难、工人流动性大的问题。

### （四）政府服务质量效率仍然有改善空间

近年来，通化市政务服务效能提升与营商环境优化取得积极成效，民营经济健康发展、民营经济人士健康成长的环境有极大改善，受到企业家一致好评。但与南方发达地区相比，通化市有利于民营经济健康发展和民营经济人士健康成长的营商环境仍有一定差距，主要包括政府服务理念有待转变、服务意识有待提升、公职人员专业能力有待提高、部门之间协同有待增强等，主要表现为个别部门领导服务市场主体意识不够，部门之间协同服务意识不强，职能部门负责营商环境的工作人员专业能力也有待提升。同时，数据"烟囱"依然存在，在进一步优化审批服务的过程中，往往由于市一级部门不具备各系统建设管理权限，政务服务数据共享难以满足高水平"一网通办"建设需求。另外，通化市产业数字化转型和数字产业化发展缺少省级政策扶持和资源倾斜，造成优秀人才和企业流失。

### （五）政府支持民营经济发展的能力有限

受宏观经济承压下行、国家税费政策调整等多重因素影响，通化市财政收入减少情况不容乐观，支持民营经济健康发展的财力受到限制。国家层面不断规范财经纪律整顿，对税收返还等扶持企业政策进行调整，很大程度上致使通化市难以形成政策吸引的洼地。同时，政府投资和政策激励的带动性不强。一些政策措施缺乏配套细则，部分政策的针对性、可操作性不够强，致使民营企业融资难、融资贵，且存在企业负担过重，各项生产要素成本有待进一步降低等问题。另外，通化市政府债务规模较大，对支持民营经济发展的相关政策落实带来了不利影响。受政府财力有限制约，一些争取到位的上级专项和地方出台的政策奖补等不能及时足额发放到位，加之政府拖欠民营经济账款等历史遗留问题仍然有待彻底解决等，对民营经济健康发展和民营经济人士健康成长的信心都造成了不利影响。

## 四 建设通化市全国新时代"两个健康"先行区的建议

整体来看，民营经济由来已久，但从"两个健康"提出，到相关理论体系的探索与初步构建，再到新时代"两个健康"先行区创建经验试点工

作的开展，均属于新生事物。包括基本概念特征在内，"两个健康"相关理论与实践层面的研究均处于摸索阶段。就目前通化市开展新时代"两个健康"先行区试点的实践来看，两年多来，通化市认真落实国家和吉林省促进民营经济发展壮大的系列部署，扎实推进各项惠企政策落地见效，取得了可喜成效，但也面临诸多问题，亟须在下一步工作实践中加以摸索解决。

### （一）大力开展招商引资，加快民营经济项目建设

按照通化市深改委部署，结合当前各项限制政策要求，制定一个符合通化资源优势、区位优势等相关资源禀赋条件的招商引资或扶持企业发展的政策，仍是当前通化市强商、招商的重要抓手。引进的项目要有助于形成产业集群、产业升级，以形成新的经济增长极和增加财政收入。持续鼓励和引导通化市民营企业参与吉林省"一主六双"、通化市"三个千亿级"产业和吉西南承接产业转移示范区项目建设，定期向民间资本推荐项目。目前，通化市实施的重点项目中，民营企业项目111个，项目数较上年增长16.8%，总投资407.46亿元，占比达62.87%。聚焦专项债券、中央预算内、超长期特别国债、推动大规模设备更新等国家资金投向领域，指导通化市直相关部门及各县（市、区）进行项目谋划包装，积极推动符合申报条件的民营项目应报尽报，着力帮助民营企业多方筹措建设资金，助力项目加快实施。在项目运营上，要充分听取企业专业人士的意见，尊重企业和企业经营人士的现实情况，做真服务不越位、真引导不干预。出台通化市扶持企业发展专项资金管理办法，对符合条件的企业进行"真金白银"的帮助。

### （二）立足特色优势产业，提高民营经济创新能力

立足通化市冰雪特色资源、人参独特物产、粮食精品加工等人无我有、人有我精的特色产业优势，采取引进资本、兼并重组、技术投资等多元化投资方式，推动通化市民营企业扩大规模、引进先进设备、提高产品研发能力、拓展销售渠道，在扩大市场份额的基础上，不断提升民营企业竞争实力。发挥集聚区带动作用，推进通化市现有省级服务业集聚区提档升级，精

准定位园区的基本功能、分工布局及产业发展方向，建立"半事业型+半企业化"管理的运行模式，打造专业技术服务平台、资源共享信息服务平台、多层次孵化资金平台等公共服务平台、院士工作站、中试车间、第三方检验检测机构等服务设施，促进企业自主创新能力的提升和高新技术产业的发展，推动民营经济提质升级，实现高质量发展。抢抓全省创建创新型省份的机遇，充分发挥通化市级科技资金引导作用，支持民营企业开展技术攻关和成果转化，严格落实相应扶持政策和资金奖励，为民营经济高质量发展提供坚实的科技支撑。加大对"专精特新"企业的培育力度，围绕创新能力强、成长性好、具有通化产业特色的行业领域，积极协调科技部门组织符合条件的企业申报项目资金支持，助力民营企业茁壮成长。

### （三）加大资金支持力度，保障民营经济要素需求

建立充盈的融资资金保障体系。通化是国家民营和小微企业金融综合改革试点城市，要充分发挥财政资金撬动作用，做大做强应急周转基金、信保基金，加快筹建产业发展基金，持续破解企业融资难题。在向上争取支持上，通化市要紧盯中央、吉林省预算内资金投向和专项债券支持领域，加强对上沟通衔接，协调项目实施单位做好项目包装谋划，推动企业项目获得更多、更大的资金支持。由省财政安排补助资金，支持通化市设立民营经济高质量发展引导资金。帮助争取中央财政转移支付资金、中央预算内资金，将通化市基础设施建设纳入全省年度固定资产投资计划，加大省级各类专项资金对通化的支持力度。保障民营经济发展用地需求，通化市列入重大项目清单的单独选址项目和城市批次用地，新增建设用地计划指标由省级负责保障。支持通化推进吉西南承接产业转移示范区建设，在财税金融、项目建设、特色园区等方面优先给予扶持。对申报债券项目，在新增债券额度分配上予以适当倾斜。对地方权限内的城镇土地使用税等，在国家规定的范围内降到法定税率较低水平。允许实行绿电，降低企业生产成本等，从而推动通化民营经济率先高质量发展，高水平创建全国新时代"两个健康"示范市。

### （四）建立有效的人才供应体系，强化人力资源保障

大力支持引才入通工程，持续落实人才资金支持"千名学子归巢计划""万名学子兴企计划"和柔性引才计划，在重大平台创建、人才项目引进、科技成果转化、"人才飞地"建设等领域给予相应的资金支持，特别是柔性引进人才在通化市申报入选国家重点人才工作的，要进一步加大资金支持力度，全面实现人才引进新突破。突出"高精尖缺"导向，鼓励企业引进急需紧缺人才，大力宣传对引进人才在职称评聘、工资、住房补贴、奖励及家属就业、子女入学等方面的政策倾斜，吸引人才就业创业。继续优化事业单位专业技术人员离岗创业政策，鼓励事业单位具备创业条件的专业技术人员离岗创业服务企业，激发专业技术人员创新创业热情。放宽民营企业职称评审条件，进一步打破户籍、身份、档案等制约，进一步下放副高级以下职称民营企业自主评审试点权限，提升企业人才核心竞争力。同时，围绕产业建设项目需求赴省内外开展人才招聘活动。加大技能培训力度，不断满足企业个性化用工需求。依托通化市职业技能教育集团开展常态化培训，建立培训就业联动机制，推动人力资源开发与企业用工需求"无缝对接"。积极推进企业自主培训和新型学徒制培训，提升企业职工专业技能。为民营经济发展定向培养急需紧缺人才。鼓励企业与职业院校、技工院校和职业培训机构联合开展订单式培训。利用通化市搭建的政校企合作平台，重点推动通化师范学院、通化医药健康职业学院、通化高等职业技术学院与企业对接合作，开展定向培养、委托培训，支持鼓励有条件、有意愿的企业建设实训基地、开办培训学校。为促进高层次人才与企业联合创新热情，打通"产学研"合作通道，继续大力实施"科创专员"专项行动，扩大该政策惠及范围，围绕通化市产业创新需求，推进更多高校科研院所成果落地转化。

### （五）持续推动政策落实，降低民营企业生产经营成本

强化减税降费、扶企资金、直达资金政策集成，持续推动中央和省市财税各项民营经济政策措施的落地、落实，充分发挥现有集中发布、送政策上

门等政策送达渠道的作用,让企业及时、全面享受政策红利,实质性降低企业制度性交易成本,让企业真正卸下负担、轻装上阵。同时,建立涉企政策评价机制,定期组织企业家对有关政策执行情况进行评价,及时调整完善有关政策措施,动态服务民营经济健康发展,提高民营经济人士的政策满意度。

# B.13
# 珲春跨境电商综合试验区发展路径研究

肖国东　杨　辉*

**摘　要：** 珲春获批中国跨境电商综合试验区城市以来，珲春跨境电商综合试验区充分发挥区位、资源、政策等优势，实现了贸易额不断扩大，产业园区承载能力日趋增强，综合服务平台优势逐渐增强，交通网络服务便捷高效，电商模式创新发展。但珲春跨境电商综合试验区也面临着购物高峰期物流和通关压力较大、平台间市场竞争日益激烈以及国家间政策法规存在差异性等挑战。在跨境电商发展政策环境逐步完善，技术进步和国际贸易便利化推动跨境电商加速发展的背景下，应推动珲春跨境电商综合试验区智能化发展，进一步完善政策保障体系，促进供应链全球化品牌化发展，拓展国际市场合作空间，全力打造东北亚跨境电商重要枢纽城市。

**关键词：** 跨境电商　综合试验区　电商模式　珲春

## 一　珲春跨境电商综合试验区发展现状

### （一）跨境电商贸易额不断扩大

珲春跨境电商综合试验区获批建设以来，珲春跨境电商贸易额快速增长。2018~2023 年，珲春市跨境电商贸易额从 0.4 亿元增加到 50.8 亿元，

---

\* 肖国东，博士，吉林省社会科学院城市发展研究所研究员，主要研究方向为区域经济、数量经济；杨辉，吉林省社会科学院科研管理处研究实习员，主要研究方向为区域经济、电商发展。

年均增长90%以上（见图1）。2023年珲春市跨境电商贸易额占全市外贸进出口总额的23.2%，并连续三年陆路过货量居全国首位，珲春已成为我国对俄最大的跨境电商陆路口岸。其中，跨境电商"9610"出口业务实现爆发式增长，出口商品涵盖3C类电子产品、服装、鞋类、汽车电池等众多领域。同时，跨境电商零售进口试点工作全面推进，保税"1210"进口业务取得突破性进展，在俄罗斯豆油、牛栏婴幼儿奶粉、挪威海豹油等商品进口备货销售基础上，俄罗斯日化洗护用品等商品的进口备货销售大幅度增加。与此同时，珲春跨境电商商品种类多、价值高，实现了多领域、多元化发展。2023年商务部跨境电子商务综合试验区考核评估结果公布，珲春市获评"成效较好"等级，考核成绩首次被列入全国第二档。

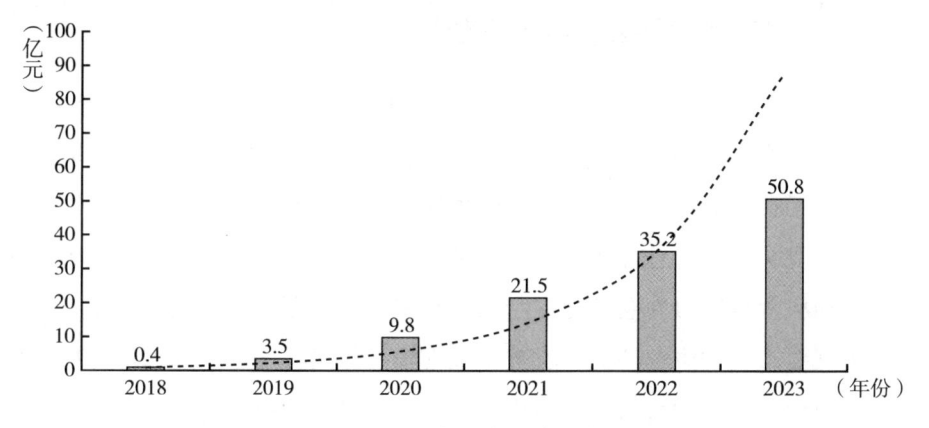

图1 2018~2023年珲春跨境电商贸易额

资料来源：吉林省邮政管理局。

## （二）产业园区承载能力日趋增强

2022年珲春市建成东北亚跨境电商产业园，吸引152家电商、物流、外贸企业入驻园区，2023年电商产业园区入驻跨境电商企业增加至167家。珲春市已成为俄罗斯大型电商平台OZON、WB的供应链基地，为中国首个境外边境仓。依托珲春市跨境电商和互市贸易两大优势政策，借助珲春毗邻朝俄、面向东北亚的独特区位，园区内有包括俄罗斯商品馆、韩国商品馆、日本商品馆和各国进口商品折扣仓在内的万余种商品。电商产业园通过完善产业体系，推动线上线下融合发展，逐渐形成政策集中投放、充分释放，企业交流合作、抱团发展的生态体系。产业园区综合服务平台和基础设施建设逐步完善，形成了跨境电商综合体。其中，东北亚跨境互市电商产业孵化中心项目建设总投资达6.5亿元，建筑面积11.5万平方米。此外，网红直播基地、创业指导、人才对接、法律咨询、金融贷款等综合性服务不断完善，为初创型企业快速成长提供助力。先进的软硬件设施、专业的运营团队构筑智能共享云仓，完善仓储、分拨、发货一体化服务，搭建现代化物流仓储管理体系，降低仓储快递成本，提升物流发货效率。园区先后获评省级跨境电商园区、现代服务业集聚区、双创示范基地、创业孵化示范基地、大学生创业园等称号。

### （三）综合服务平台优势逐渐增强

珲春跨境电商集散基地先后建成5400平方米的跨境电商监管中心、3200平方米的综保区保税仓和1800余平方米的区外备货仓。珲春跨境电商综合服务平台优势逐步增强，综合保税区内区外仓储资源有效整合，国内外跨境电商龙头企业合作不断加强，依托俄罗斯乌苏里斯克、符拉迪沃斯托克、莫斯科等地的海外仓，建立与俄方双向相互依存的联动仓储体系，释放更大的优惠力度和服务功能，发挥了辐射带动作用。珲春成为阿里巴巴菜鸟认证的对俄国际干线物流节点城市，在菜鸟首公里揽收、对俄大包专线等业务迅速壮大，建立与阿里巴巴集团合作和发展的紧密连接。京东全球售备货协同仓落户珲春综保区，成为京东全球售在全国设立的第二个跨境电商出口备货仓，在实现与京东集团合作的同时，抢抓国家跨境电商B2B试点全面推广机遇。2023年综保区开工建设7.2万平方米的保税云仓，8万平方米的非保税云仓，与传统仓储相比，云仓引入的云计算、大数据，实现仓储、物流、报关、清关等业务的自动化、智能化和高效化，推动企业快速响应市场需求、高效处理订单，更好地拓展海外市场，提高国际竞争力。海外仓面积扩大到8万平方米，被认定为省级公共合作海外仓、州级外贸合作服务仓，形成了海外仓与边境仓高效联动的格局。

## （四）交通网络服务便捷高效

珲春经俄罗斯至德国、波兰、英国等欧洲腹地国家的跨境商品运输通道被成功打通，在传统珲春—符拉迪沃斯托克机场—莫斯科传统公路+航空联运的基础上，开通珲春—俄远东公路网—莫斯科—欧洲的跨境电商包裹 TIR 国际公路运输专线，改变过去的沿途多段清关为现在的珲春—莫斯科点对点清关，缩短了珲春至莫斯科的运输时间，在莫斯科地区商品尾程派送速度得到提升。依托中俄珲马铁路和俄远东铁路网，积极探索开辟跨境电商商品铁路运输专线，构建公路、铁路、航空一体化联动交通网。国内首家菜鸟对俄大包专线业务开通，面向俄罗斯开展 31 公斤以下货物的快速类物流服务，时间与费用较以前节省 50% 以上，成为目前我国面向俄罗斯 3C 产品的最快、最优惠通道。2023 年，TIR 国际直通车稳定运行 281 车次，货值 23.6 亿元；铁路邮政跨境电商业务自开通以来累计发货 23 车次，共计 28.6 万件 206 吨。

## （五）电商模式创新发展

开通跨境电商"1239""1210""9610""9710""9810"等海关监管模式，实现进出口商品全模式、全包裹、全品类业务流程，为跨境电商企业落地发展、备案服务、破解经营难题提供助力，实现多种模式在同一查验仓进行，大幅提高查验效率，降低企业成本，使跨境电商业务取得新突破。在全国率先研发上线跨境电商保税出口及退货业务系统平台，实现珲春跨境电商出口退货商品单独运回与批量运回申报，破解跨境电商出口商品"退货难"这一全国性"瓶颈"。创新研发上线保税商品与电商商品账册转换系统和智能化仓储物流管理系统，实现综保区内产品从传统线下销售和只能外销出口，向线上线下同步销售、既可外销又可内销的巨大转变。综试区官网"单一窗口"提供完善配套服务，如口岸执法申报服务、金融保险服务和航空物流信息等。统一信息标准规范、备案认证和管理服务，海关、税务、外汇、商务、市场监管、邮政、交通、银行、保险、园区等方面与企业开展数据交换，形成"信息互换、监管互认、执法互助"的信息管理模式，实现

无纸化通关流程签批，提高通关效率，降低通关成本。建立企业和商品备案信息共享数据库，统一标准和要求，实现企业"一次备案、多主体共享、全流程使用"。

## 二 珲春跨境电商发展的机遇与挑战

### （一）珲春跨境电商发展的机遇

**1. 珲春跨境电商发展政策环境逐步完善**

2019年12月《国务院关于同意在石家庄等24个城市设立跨境电子商务综合试验区的批复》中珲春市被列为第四批跨境电子商务综合试验区。2020年4月，吉林省人民政府出台了《中国（珲春）跨境电子商务综合试验区建设实施方案》，提出将珲春打造成为东北亚跨境电商商品集散基地、双创基地、售后服务维修基地。2023年4月，国务院办公厅发布了《关于推动外贸稳规模优结构的意见》，提出推动跨境电商健康持续创新发展，支持外贸企业通过跨境电商等新业态新模式拓展销售渠道、培育自主品牌，建设跨境电商综合试验区线上综合服务平台并发挥好其作用，指导企业用好跨境电商零售出口相关税收政策措施。2024年6月，商务部等9部门联合出台了《关于拓展跨境电商出口推进海外仓建设的意见》，提出了一系列优化跨境电商出口监管模式的政策措施，为跨境电商出口企业创造了更加便利、高效、安全的通关环境。

**2. 技术创新推动跨境电商加速发展**

互联网、大数据、人工智能、区块链、物联网以及5G等数字技术的飞速发展及应用，极大地缩短了供应链条，降低了交易成本，提高了市场效率。技术创新对跨境电商的发展产生了深远影响，推动了行业创新与变革。技术创新在珲春跨境电商的发展中扮演了至关重要的角色。珲春充分利用地理位置和政策优势，通过技术创新推动了跨境电商的蓬勃发展。珲春建立的"白关"口岸，成为国内对俄唯一的陆路口岸，并采用国际先进的"9610"模式，大幅提升了查验效率，降低了企业成本。这一技术创新不仅加快了货物的通关速度，还提升了整体物流效率，使得珲春在跨境电商领域具有更强的竞争力。此外，珲春还研发出了一整套保税商品与电商商品账册转换系统和商品退货系统。这些技术创新为不断扩大的跨境电商市场提供了高效的保障，使得电商企业能够更加便捷地进行货物管理和退货处理，提高了运营效率。

3. 国际贸易便利化推动跨境电商发展

贸易便利化对推动跨境电商发展起到了至关重要的作用。通过减少贸易壁垒、简化海关程序、提高物流效率等措施，贸易便利化促进了商品的自由流通，为跨境电商创造了更为广阔和便利的交易空间。通过优化通关流程、缩短通关时间，珲春海关提升了贸易便利化水平，使得跨境电商货物能够快速、高效地进出境。特别是珲春综保区跨境电商"1210"保税出口业务的开通，在这一模式下，企业可以将国内货物集货到综保区内存储，依托综保区的保税仓储、分拨集散、国际运输等功能，极大优化了物流成本，缩短了时效，同时享受入区即退税政策，有效缓解了企业资金压力，提高了跨境电商的出口竞争力。此外，珲春市通过建立健全的国内外仓储和物流运输体系，不断提升进出口商品的物流效率。除在韩国等国家扩建海外仓外，市内还新设了28个货物回收仓，涉及东莞、义乌、宁波等地。不仅提高了电商交易的仓储能力，同时也为企业提供了更快捷的服务。

4. 政府监管日渐规范

政府对跨境电商的监管日益规范，这有助于推动行业向更加健康、有序的方向发展。珲春跨境电商政府监管规范涵盖了监管中心建设、监管流程、业务模式和监管措施等多个方面，为跨境电商的健康发展提供了有力保障。在促进跨境电商发展上，通过制度创新、加强跨部门协作、开展专项行动、创立一系列海关监管新模式和"秒通关"机制，促进数据合理、安全地跨境流动。能够满足跨境电商交易商品的"一次申报、一次查验、一次放行"要求，实现"信息互换、监管互认、执法互助"。通过建设智慧口岸、创新监管模式、优化税收政策、提升服务质量、完善配套措施等手段，为跨境电商发展创造了良好的环境保障。

## （二）珲春跨境电商综合试验区发展面临的挑战

### 1. 物流和通关仍有不足

"双十一""618"等网络购物节是随着互联网和电子商务的迅猛发展兴起的新型商业模式，购物节期间因商家与平台推出的促销活动，吸引消费者集中、大量购买商品，使国内运输压力剧增，各种货物堆积、运输拥堵、物流人员短缺现象频发，导致跨境电商包裹在集散中心的处理不及时、货物运输滞留等，造成物流效率低下、运输成本增加。跨境物流的发展跟不上跨境电商发展的需求。珲春开通了国内首条对俄大包专线，通过菜鸟官方网络，国内对俄跨境电商包裹可集中在珲春进行集货、备货，然后通过专线运输到俄罗斯各地，提升了物流便利性，但在国内购物高峰期仍然面临较大的运输压力与挑战。该专线采用公路运输与铁路运输相结合的运输方式，虽较航空运输成本相对较低，但对于一些产品价值高、保鲜要求高以及对运输时限有需求的高端产品来讲，怎样高效、安全、快捷地为客户提供专线物流服务，是现阶段跨境电商物流需要面临的重要挑战。珲春作为跨境电商的重要节点，需要处理大量的进出口货物，但现有通关环节流程繁复难以满足高效处理的需求。以跨境电商进口流程为例，包括入关等待、海关查验、抽样检测、订单处理、打包查验、国检查验、系统布控等烦琐的通关流程，其中任意环节存在信息共享不畅、效率低下或过货速度缓慢等都会造成清关延误和额外费用，从而影响口岸通关效率，造成口岸货运车辆拥堵，延长货物的运输时间，增加清关成本。

### 2. 平台间市场竞争日益激烈

市场竞争的加剧也是珲春跨境电商面临的一个重要挑战，主要体现在平台与品牌、品质与服务的竞争方面。平台与品牌竞争方面，"珲春e购"作为珲春跨境电商产品展销平台，近年来取得的成果较为丰硕，但与亚马逊、阿里巴巴、eBay等跨境电商平台相比，无论从选品多样化、平台知名度、受众客户群体、运营推广力度以及品牌入驻和服务体验等各方面均存在巨大差距；品质与服务竞争方面，产品的质量、价格以及独特性是吸引消费者的关键因素，而优质的服务和消费体验是留住消费者的重要手段，这就给珲春跨境电商在商品研发、品质提升、产品设计、功能特色、客户服务等方面带来新的挑战。随着跨境电商的快速发展，越来越多的地区和企业加入这一领域，市场竞争日益激烈，珲春需要不断提升自身的竞争力，才能在市场中脱颖而出。通过创新和提升服务质量，珲春跨境电商才能更好地满足消费者的需求，并在全球市场中占据一席之地。

3. 国家间政策法规的差异性

不同国家之间在政策法规方面存在差异，导致珲春跨境电商运营过程中存在违规风险。例如，因两国在检验检疫标准要求、关税税率及征税范围、环保等方面的具体政策存在差异，企业需要了解并遵守两国的政策法规，以防违规操作导致风险。跨境电商涉及多个国家和地区，政策和法规的差异和变化可能对业务产生重大影响。不同国家的政策法规可能会随着国内外形势的变化而不断进行调整和完善，这需要专线运营方实时关注国际形势，根据实际情况制定运营策略。此外，贸易限制与壁垒也对珲春跨境电商发展带来风险。如对敏感的贸易商品进口进行禁运限制或加征关税，利用技术壁垒或绿色壁垒对进出口货物进行限制等，都给珲春跨境电商企业的运营发展带来了障碍。相关政策法规对跨境电商资金交易中存在的网络安全和资金安全防范等规定仍存在疏漏，因不同国家（地区）安全标准和监管政策不同，进行跨境交易时，个人信息泄露、虚假支付、黑客攻击等安全威胁都可能造成消费者资金损失或数据泄露。政策和法规的不确定性以及贸易壁垒也是珲春跨境电商发展面临的挑战。

## 三　推动珲春跨境电商综合试验区发展的对策建议

### （一）推动综合试验区智能化发展

大数据、人工智能、云计算、区块链、5G技术应用日益广泛。通过大数据分析消费者行为，平台可提供更精准的个性化推荐，提高交易成功率；

利用人工智能技术优化物流配送算法，缩短配送时间、减少物流成本。智能客服、智能选品等应用技术的不断涌现，提升跨境电商的运营效率。虚拟现实（VR）和增强现实（AR）技术将为消费者提供更真实的购物体验，消费者可以通过 VR 技术在虚拟环境中体验商品，AR 技术则可以实现商品的虚拟展示和试穿，提高购物的趣味性和转化率。这些技术将在时尚、家居、电子产品等领域得到广泛应用。5G 技术的高速率、低延迟特性将为跨境电商带来更流畅的在线购物体验。支持更高清的视频展示、实时互动等功能，提升消费者的购物体验，推动物联网的发展，实现智能仓储、智能物流等的应用，提高跨境电商的供应链管理效率。社交媒体平台将成为跨境电商的重要营销渠道和销售平台，企业将通过社交媒体平台与消费者进行互动，开展社交营销活动，借助社交分享和口碑传播提高产品曝光度和销售额。通过直播展示商品、介绍产品功能和使用方法，增强消费者的参与感和信任度，使其能够更直观地了解商品，提高购买决策的速度。

### （二）完善政策保障体系

完善园区招商引资优惠政策，围绕跨境电商、直播电商引进更多优质企业。充分发挥跨境电商和互市贸易两大优势政策，紧抓市场采购贸易试点批设契机，吸引更多进口商品批发零售企业进驻东北亚国际商品城，提升商品展销规模。加大资金政策补贴力度，大力创建国、省各类优秀园区、示范基地，为园区持续发展提供资金政策保障。科学健全管理制度，推动公司化、市场化运作，争创全国一流园区。加强人才培养和引进，通过校企合作、人才引进政策等方式，加强跨境电商人才的培养和引进，为行业发展提供有力的人才保障。完善电商法规政策，政府部门应制定相关法律法规，明确网络安全与隐私保护责任和义务，健全网络保护屏障。通过 SASE 方案、数据加密等安全防护措施减少因数据泄露和黑客攻击造成的风险，确保跨境电商行业健康稳定发展。

### （三）促进供应链全球化品牌化发展

加强全球供应链布局，在其他国家和地区建立仓储、物流和配送中心，提高商品的配送速度和服务质量。通过与全球供应商的合作，实现商品的全球化采购和销售，降低采购成本，提高商品的竞争力。跨境电商平台、物流企业、支付机构等产业链各方将加强协同合作，打造一体化的跨境电商服务体系。通过信息共享、资源整合，实现跨境贸易的高效运作，提高整个产业链的效率和竞争力。采用区块链等技术，提高供应链的透明度和可追溯性，满足消费者对商品的来源、质量和安全性的知悉需求，增强消费者的信任度。本土品牌承载着当地的文化习俗与生活方式，本土品牌的崛起在供应链、价格等方面具有一定优势，在提升贸易额的同时，可以促进文化传播，因此品牌才是定价权。随着消费者对品质和品牌的关注度提高，跨境电商企业需更加注重品牌建设与推广。通过提升产品质量、设计、服务水平及营销策略，打造具有国际影响力的品牌，提高品牌附加值和产品利润率。品牌化发展将有助于跨境电商企业在激烈的国际市场竞争中脱颖而出，建立长期的竞争优势。

（四）拓展国际市场合作空间

珲春作为新时代面向东北亚开放合作的桥头堡，应深度融入"一带一路"建设，充分利用其独特的地理优势和政策优势，坚持以海为源、与洋互动、对外开放、向内辐射，积极拓展国际市场，加强与其他国家和地区的经贸合作，共同构建海洋经济合作共赢的伙伴关系，推动跨境电商产业的持续健康发展。进一步增强跨境电商平台在业态发展中的枢纽性作用，把现有的自营品牌平台、托管、代运营等模式逐渐升级为具有全球供应链管理能力的公共数字化平台，并以此来推动制造业、物流业及其他相匹配的现代服务业体系升级，扩大工业制成品、中间品的出口。同时简化通关流程、缩短查验时间、加强信息共享等，提高口岸通关效率，缩短货物运输时间。通过优化交通设施、提高仓储条件、加强物流管理等措施，降低物流成本，提高物流效率。通过双边合作促进多边合作，探索东北亚国家之间的共同利益，建立政府间合作、政府企业合作、企业合作的模式，发挥区域资源优势，充分挖掘开发区域内合作国家的人力资源和市场资源。

## 参考文献

[1] 宋子琰：《推进跨境电商发展 打造重要节点城市》，《图们江报》2021年12月14日。

[2] 余海涛：《商贸流通企业数字化转型对组织韧性的影响：双元创新的中介作用》，《商业经济研究》2024年第2期。

[3] 高情情、吕弼顺：《"一带一路"北向新通道背景下珲春海洋经济国际合作研究》，《延边党校学报》2021年第3期。

[4] 依绍华、宋玉茹：《商贸流通企业转型对区域产业协同发展的影响——以粤港澳大湾区为例》，《商业经济研究》2024年第19期。

[5] 郑昕：《新媒体营销思维下的零售业竞争力问题探讨》，《营销界》2022年第8期。

[6] 熊艳：《新时期电子商务产业高质量发展路径研究》，《国际公关》2023年第21期。

[7] 张沈青：《跨境电子商务与物流融合面临的困境与对策研究》，《现代商业》2019年第8期。

[8] 李静、曹银鑫、叶黴：《贸易方式转型与企业环境绩效提升——理论分析与经验证据》，《国际贸易问题》2023年第6期。

[9] 代黎黎：《延边州推动跨境电商高质量发展》，《吉林日报》2022年12月12日。

[10] 张鑫：《珲春跨境电商综试区首列全国第二档》，《图们江报》2024年9月18日。

[11] 《全方位创新，高质量出海——2024中国出口跨境电商发展趋势白皮书》，亚马逊，2024年8月16日。

# B.14 辽源市加快发展新能源产业的对策建议

刘欣博 张诗悦[*]

**摘 要：** 城市化进程的不断加快，城市规模的不断扩大，城市人口数量的增长，极大地推动了对资源和能源的需求和消耗，双碳目标背景下，在推动城市经济高质量发展的同时实现低碳排放，成为我国城市转型发展的关键环节。新能源产业是朝阳产业，是辽源扩大产业规模、优化产业结构的新探索。近年来，辽源市紧抓吉林省新能源产业跨越式发展的重大机遇，以新能源引领产业结构转型，推动辽源由传统煤炭基地向现代零碳高地转变。本文在分析辽源市新能源产业发展现状以及存在的问题的基础上，提出持续推进传统能源绿色转型，制定能源产业统筹工程，优化能源消费体系，实施能源要素保障工程，加强新能源产业宣传与普及等推动辽源市新能源产业发展的对策建议。

**关键词：** 新能源 转型发展 辽源市

城市化进程的不断加快，城市规模的不断扩大，城市人口数量的增长，极大地推动了对资源和能源的需求和消耗，双碳目标背景下，在推动城市经济高质量发展的同时实现低碳排放，成为我国城市转型发展的关键环节。辽源市拥有丰富的煤炭资源，自1911年开采以来，辽源依靠资源优势成为吉

---

[*] 刘欣博，吉林省社会科学院软科学研究所助理研究员，主要研究方向为产业经济、区域经济；张诗悦，吉林大学图书馆馆员，主要研究方向为图书情报研究。

林省经济增长重要的动力之一，逐步形成了以轻重工业为主的城市。"一五"时期，辽源煤矿"西安竖井"是全国156个重大项目之一，煤炭产量占当时全国总产量的约3.5%。从20世纪80年代开始，辽源煤炭资源逐渐枯竭，大量的煤炭企业关停，同时出现工人下岗、工资长期拖欠等情况，同大多数资源型城市一样，辽源的经济发展陷入低谷，进入转变发展方式、调整产业结构的发展阵痛期。除了经济增长低迷，长年煤炭开采所带来的生态环境破坏更是雪上加霜，约占城市建成区43%的采煤沉陷区无力治理。2005年辽源市被列为东北地区资源枯竭城市经济转型试点，2008年被列为全国首批资源枯竭城市经济转型试点，自此，辽源市开启了寻求城市转型发展的新路。

为科学有效地推动资源型城市可持续发展，近年来，辽源市加快建立多元产业体系，推动新老产业结构调整和转变，形成了纺织袜业、装备制造、医药健康、新能源等新支柱产业，发展方式由粗放向集约、产业布局由低端向高端，其中，以新能源产业助力产业转型正成为辽源市全面振兴的重要动力。

## 一 辽源市新能源产业发展现状

### （一）持续推进绿色能源发展

辽源市拥有绿色能源发展的资源优势，2020年辽源市全年日照时数为2171.8小时，东辽县年日照时数为2504.2小时，年日照率为57%。同时，风能资源较为丰富，辽源市部分地区100米高度年均风速为6.40米/秒，具备充足的自然资源来发展光伏发电和风能发电。2022年，辽源市全市完成全社会用电量27.91亿千瓦时，从产业结构来看，第一产业用电量为0.56亿千瓦时，同比增长10.4%；第三产业用电量为4.64亿千瓦时，同比增长4%。可以看出，辽源市用电需求量不断提升，开展以光伏发电和风能发电为核心的新能源项目十分符合辽源市发展的现实需求。如今辽源新能源厚积薄发，风电、光伏领域发展稳步提升，风电已完成核准总装机规模286.455万千瓦，光伏总装机规模12.815万千瓦，生物质发电总装机规模1.5万千瓦。2023年6月，辽源矿业集团总投资3.48亿元的5.455万千瓦光伏发电项目实现并入自有网络发电。光伏发电作为清洁可再生能源，能充分利用自身供电网、消纳等优势进行自发自用、余电上网，具有显著的经济效益。该发电项目能够有效降低供电区域内负荷企业的用电成本，进而实现发电企业和用能企业的互利共赢。白泉青龙和仁爱、东丰沙河镇庆余和盈仓4个分散式风电场工程以及辽矿集团配售电公司分布式光伏发电项目已全部实现并网发电。截至2023年7月，辽源市518个村均被纳入全省新能源乡村振兴工程建设计划，谋划源网荷储、风光储氢氨等项目。2023年，辽源市被国家发改委确定为吉西南承接产业转移示范区，辽源矿业集团紧抓此重大机遇，以汽车零部件配套产业园增量配电网为局部突破点，在原有的16.88平方公里增量配电试点区域的基础上进一步调整，配置了30万千瓦风力发电项目，为高新区新增项目增量配电，工业用电因此由每千瓦时0.67元下降至每千瓦时0.45元，达到全省最低，用电价格的优势也吸引了更多的企业到高新区落户。

## （二）强化新能源发展顶层制度设计

为进一步深入落实吉林省"一主六双"高质量发展战略和建设生态强省的决定，辽源市着力建设新能源绿色发展制度体系，一方面有序推动绿色低碳的转型发展，先后制定了《中共辽源市委、辽源市人民政府关于建设经济社会发展全面绿色转型区的决定》《辽源市加快建立健全绿色低碳循环发展经济体系实施方案》，从绿色生产、流通、消费、基础设施升级、法律法规等方面统筹推动全市经济社会绿色低碳转型。另一方面则是在节能降耗上加大政策供给力度，制发《辽源市"十四五"综合节能减排实施方案》《辽源市"十四五"用能指导意见》，对"十四五"节能工作提出总体目标和具体措施，厘清行业部门职责，科学推动产业结构和能源消费结构调整。为推动钢铁、水泥行业等传统高能耗高污染制造业节能降碳，辽源市制定印

发了《严格能效约束推动重点领域节能减碳行动方案》，着力提升工业企业能源利用效率。对重点企业提供节能诊断服务，重点领域企业已达到单位产品工序能耗标准。在相关制度的引领下，辽源市单位GDP能耗2021年和2022年连续下降两年，分别为8.77%和5.7%。

### （三）推进重点用能领域新能源应用

2021年，辽源市成功入选国家20个北方地区冬季清洁取暖城市。"十四五"期间，辽源市以《吉林省辽源市冬季清洁取暖实施方案》为核心，充分利用热电联产和生物质资源优势，发挥城市集中供热管网和农村生物质的基础作用，一方面在热源供给端使用清洁能源替代，另一方面在用户需求端提升建筑能效，将县城及农村作为重点清洁改造区域，同时逐步扩大县城及周边的热电联产清洁集中供热面积，在一些试点城镇合理布局生物质、污水源热泵和蓄热式电锅炉等可再生能源取暖，大力推进农村的生物质成型燃料替代劣质散煤和秸秆散烧，提高新建居住建筑节能标准，推进既有建筑节能改造，提升建筑能效。2023年辽源市累计完成清洁取暖改造672万平方米、建筑节能改造310万平方米，有效减排氮氧化物265.3吨。

近年来，辽源市不断重视交通能源消耗，积极调整城市交通能源结构，在运输服务领域大量推广和使用新能源和清洁能源车辆，同时加快规划和建设充换电基础设施，探索加氢站规划布局。出台《辽源市电动汽车充换电基础设施规划（2021~2025年）》，对市内出租车、公交车及城际公交车、环卫车等充换电基础设施进行合理布局，引导电动汽车充换电服务向标准化、规范化、网格化发展。推进重点单位和园区内充电基础设施建设，多样化推进私人电动车充换电基础设施建设。2023年辽源市新建红旗换电站2座，更换新能源公交车15台、出租车216台。

### （四）打造新能源汽车配套基地

2021年吉林省《政府工作报告》中提到要支持辽源建设新能源汽车产业配套基地，同时，辽源市作为吉林省"一主六双"高质量发展空间布局中重要的节点城市，肩负打造吉林省新能源汽车产业配套基地，新能源汽车动力电池及材料产业集聚发展的重担。辽源市凭借良好的新能源产业基础优势，吸引了辽源鸿图锂电隔膜科技股份有限公司、吉林中聚新能源科技有限公司等一批重点企业，不仅在高端锂离子电池隔膜生产技术等领域具备技术优势，同时也是吉林省新能源汽车零部件起步最早、关键部件配套基础较为完善的地区。2023年2月，吉西南承接国家产业转移示范区已承接智联新能源汽车新型关键零部件、海戈瑞储能装备（车）等重大项目。随着相关研发技术的不断创新，辽源已经参与到一汽乘用车和商用车等新能源汽车的试制配套中，部分关键部件如电池包铝合金箱体、热成型零部件等产品已经实现规模化、批量化、专业化的生产。目前，辽源市拥有格致汽车、鸿图锂电、启星铝业等重点企业40多家，形成了以动力电池及锂电隔膜、汽车轻量化产品为主的新能源汽车配套产业体系。为进一步落实吉林省汽车产业集群上台阶工程实施意见，出台《辽源市新能源汽车产业集群"上台阶"工程实施方案》。近年来，辽源市全力推进新能源汽车、轨道交通产业配套"双基地"建设，锦程重工年产1万台新能源整车及重载工程车、广州纳诺导电涂层生产线、晟源2400万3D标片车载盖板玻璃等16个项目已经落位新能源汽车产业园，总投资金额超过175亿元。辽源市全面强化同一汽的合作，如辽源市正轩车架有限公司与一汽奔腾、一汽红旗进行热成型件合作，成为一汽红旗一级供应商、大众内高压件二级供应商；辽源市汽车改装公司生产的新能源汽车铝电池包动力总成壳体、铝电池包动力总成模组支架、水冷板，为中国一汽等大型企业供货，2023年辽源市与一汽合作新增配套订单5.9亿元，截至2023年11月，配套企业累计获得配套订单35亿元。

### （五）扩大现有可再生能源规模

吉林省拥有丰富的风光资源、水资源和秸秆资源，近年来积极开展陆地风光项目和绿电制绿色氢氨醇项目的建设，启动了"氢动吉林""航煤绿动""醇行天下"等行动，实施了一大批重点绿色能源项目。在这一背景下，2023年10月，辽源市与中国天楹签署合作框架协议，通过重力储能实

现废矿坑绿色修复、打造风光储氢氨醇一体化项目，其中风力发电2.8GW、光伏发电0.45GW、重力储能330MW/660MWH、绿氢11万吨/年、绿氨65万吨/年，可见该项目能够极大地扩大辽源市现有可再生能源规模。在"十四五"期间，将分期实施建设包含风力发电、绿色氢氨醇等项目，通过将当地优质的风光资源转为绿电，就地电解水离网制氢，再以绿氢为原料与秸秆产生的绿碳反应，生产出符合欧盟ISCC认证标准的绿色甲醇产品，从而实现绿色能源生产与就地消纳的良性循环，辽源市已经逐渐形成风光储氢氨醇一体化完整产业链。

## 二 辽源市新能源产业发展面临的问题

### （一）新能源产业发展盲目扩张

近年来，辽源市不断加大新能源产业项目投资和招商的力度，吸引了越来越多的新能源企业来此发展。目前，我国新能源汽车市场、可再生能源市场均存在严重的产能过剩和需求萎缩的现象，如果在新能源项目招引阶段缺乏合理长远的规划，没有充分考虑外部宏观经济环境和市场需求的变化，极易导致项目后续跟进遭到阻力，有的项目甚至会出现夭折的情况，造成要素资源的浪费。同时，要尽可能避免区域之间的项目招引恶性竞争和配套资源浪费的问题，由于政策红利具有一定的时效性，项目会在一个时期内扎堆上马，极易出现项目投资转化率低下，对产业发展的支撑效果不明显。

### （二）对新能源产业扶持力度不足

辽源市新能源项目主要集中在新能源汽车零部件加工和风力、光伏发电上，多个项目的同时开展需要对相关要素资源进行深度整合。在资金供给方面，由于清洁能源项目需要大量的资金作为支持，且资金需求周期较长，辽源市金融机构为大型新能源项目落地提供充足的金融支持具有较大的挑战性且融资难度较大。同时，新能源产业技能人才方面也是较为缺乏的，人才队伍大而不强，新能源技术创新能力不高，缺少具有高附加值的科技成果。

## （三）能源消费结构有待优化

辽源是能源调入性城市，不仅没有石油、天然气和油页岩等资源，同时煤炭产量也呈现下降趋势，2020年全市煤炭产量为52.55万吨，比2015年下降155.38万吨，年均下降24.05%。可以说能源的保障问题是辽源市经济社会发展的重要大事。从能源消耗结构上来看，辽源市煤炭占一次能源消费比例仍处于较高水平，单位GDP二氧化碳排放量和单位GDP能耗下降幅度没有达到吉林省考核标准，能源结构亟待优化。数据显示，2020年辽源市能源消费总量为520.53万吨标准煤，较2015年增加近20%，六大高耗能行业能源消费量304.3万吨标准煤，占规模以上工业能源消费量的比重由2015年的76.9%增加至90.7%，这样的增长趋势可以反映出辽源市经济发展仍对煤炭资源具有较高的依赖度。目前，辽源市能源消费结构仍旧以煤炭和石油为主，能源消费结构需要加快优化调整。同时，天然气气源不稳定、生物质资源能源化可收集量有限、"煤改气""煤改电""煤改生"成本相对较高、光伏和风电指标争取难度大等因素制约，也为能源消费结构的调整带来了巨大的难题。

## （四）城市能源系统缺乏统筹机制

城市能源系统为现代化城市的运行发展提供了基础保障，现代化程度越高的城市对能源的依赖度也就越高。在能源逐渐向"新"转型的过程中，如何将城市能源系统进行优化与改造，将成为辽源市面临的重要挑战。辽源市位于北方地区，其能源系统可主要分为电力系统、燃气系统和供热系统三大板块。目前，辽源市的三个能源系统运行是独立的，相关的管理和规划主要以条块分割、各自为政为主，没有实现能源系统间的互补互济，缺少统筹的顶层设计。同时，随着新能源装机持续高速增长，消纳问题也会逐渐显现。此时，城市能源系统的统筹机制将对新能源消纳提供重要保障，有助于实现新能源的可持续发展。

## （五）产业尚未形成集群效应

目前，辽源市新能源链弱板短，尚未形成产业集群效应。近年来，辽源市新能源资源利用不充分，与新能源建设规模不匹配，已进入全市新能源市场的企业也主要以中端的风光发电为主，在前端的技术研发、设备生产制造和后端的电网电站布局、监管运维服务等链条上尚未进行布局，也缺乏高质量项目，引入的绝大部分产业同质化高，未能形成具有竞争力的产业链优势，氢能、生物质能未得到充分利用，储能产业尚未起势。风光氢储这四大新能源产业技术研发、设备生产制造、项目建设、维护服务等从头到尾的产业链尚未建立，也尚未形成链条清晰、功能完备、技术领先、竞争力强、产业附加值高的新能源产业链。

## 三 以新能源助力辽源城市转型发展的对策

### （一）持续推进传统能源绿色转型

一是针对煤炭消费采取减量替代和降碳排放的措施，严格控制煤炭消耗，加强对煤炭散烧量的控制，有序关停改造各类分散的燃煤锅炉。有序推进城乡的"煤改气"和"煤改电"工程，确保相关补贴政策能够落地。加快推进农村地区清洁取暖工程，尽可能地减少煤炭取暖用量。提高煤炭清洁高效利用水平。落实商品煤质量标准体系及配套政策，大力推进煤炭洗选和提质加工，完善煤炭洗选设施，提高原煤入选比重和煤炭质量，实现煤炭深度提质和分质分级。

二是加快建设光伏发电配套电网，确保光伏发电项目与配套电网能够同时完工、同步并网。做好"光伏+"文章，实施一批光伏复合型项目。大力支持辽源矿业集团分布式光伏项目建设。持续开发全市风能资源，有序推进全域新能源风电项目建设。

三是探索开发新型可再生能源。目前，吉林省正推进氢能产业高质量发展，辽源市应紧抓此次时机，合理制定氢能产业发展规划，加快氢能基础设施建设，积极发展可再生能源制氢项目。加大储能技术研发力度，提高可再生能源消纳能力，确保风能、光伏发电的稳定性，降低弃光弃风率。

四是建立"互联网+"绿色能源智慧系统。有序推动电网、热力网等能源网络互联互通，建立"源网荷储一体化"和"多能互补"的能源互联网，进一步优化配置方案，推进风光储、风光火储一体化等多能互补项目的建设。

## （二）制定能源产业统筹工程

一是加强风、光资源的开发利用，促进新能源领域高质量发展。不断优化风电开发格局，加强对风电项目的管理，充分发挥辽源市风力资源优势，提升风电基础设施建设和运行水平，提高风能利用效率。优先布局光伏发电，重点支持具有领先技术的光伏发电项目。

二是科学有序发展可再生能源，统筹制定相关电力规划，滚动优化调整，提升规划执行刚性，确保电力供给与需求相匹配。相关电力规划制定过程中，要综合统筹考虑电源、电网、用电及供热需求，做好地方经济发展与电力发展规划之间，电源、电网、供热规划之间以及地方与国家规划之间的相互衔接。规划实施过程中要及时反馈经济社会发展形势，并对规划目标和进程进行及时的合理修正；要不断提升规划的刚性，建立健全完成情况考核机制，保障规划得到有效执行。

三是鼓励引导各县区根据当地风、光资源的实际情况，因地制宜建设风电、光伏项目。以县域为单位，统一规划、统一选址、统一建设、统一运行。稳步推进辽源市绿电产业园建设，打造"新能源+储能+局域电网"的源网荷储模式，实现绿色用电，降低用电成本，以更低的电价优势，吸引用电大户来辽源落户。

四是加快调整交通能源结构。合理布局充换电基础设施建设，规划市内加氢站的布局，推动电动汽车充换电服务标准化、规范化和网格化，推进重点单位和园区内充换电基础设施建设，推进个人充换电基础设施建设。

五是采取政府引导、市场主导的方式,"五统一"新能源项目管理方式,即统一流转土地夯基础、统一规划设计优布局、统一办理手续加速度、统一基础配套强保障、统一运维管理增效益,坚决避免后续新能源开发项目出现"小、散、乱、弱"现象,对辽源市新能源项目进行统一管理。

### (三)优化能源消费体系

一是加大清洁能源使用覆盖面,在居民生活、工业与农业生产、交通运输等领域积极实施电能替换,推广电锅炉、电采暖等新型用能方式。实施工业节能、绿色建筑、绿色交通等清洁节能行动。落实节能标准体系,大力开发、推广节能高效技术和产品,实现重点用能行业、设备节能标准全覆盖。

二是提升煤炭生产供应水平。针对现有煤炭生产实际情况,全面系统监管煤炭的生产、加工、流通全过程,进一步提高清洁煤炭供应水平。落实煤矿清洁生产标准,推广应用煤炭清洁安全生产技术与装备,实施煤炭装备产业改造提升行动。推进采煤沉陷区综合治理,加强生态修复与环境整治。

三是加大新能源实用型科技成果的转移转化和生产应用支持力度,推动全市能源产业、能源体系实现高质量发展。加快整合现有能源创新技术力量,推进技术集成创新。强化企业创新主体地位,健全市场导向机制,加快能源生产、高效节能等技术的产业化应用。围绕风电、太阳能、生物质发电等新能源领域,应用推广一批技术成熟、市场有需求、经济合理的技术。

四是增强新能源创新创业活力。支持新能源企业根据自身发展需求开展创新创业活动,力争在节能、新能源、能源网络管理、能源相关材料技术等方面有所突破,围绕市域内能源生产、能源网络、能源管理以及主导产业利用能源等环节开发产品、研发技术。鼓励各类新能源企业与省内外高校、科研机构建立紧密联系,并为其搭建各类交流合作平台,增强辽源市科技服务机构对新能源创新创业的支撑能力。

## （四）实施能源要素保障工程

一是培育新的重点能源企业。明确产业空间布局和发展重点，优先扶持有发展潜力的龙头骨干企业，扎实做好科技创新和技术应用，以领头羊的示范作用，带动新能源产业全面发展。培育和引进并重，发挥辽源市产业基础和特色资源，搭建能源领域专业孵化器或园区，为全市能源行业可持续发展积蓄力量。

二是加强能源项目建设。加强与大型能源企业、能源研究机构在技术和能源项目方面的交流与合作。以国内大环境政策为指引，以本市实际情况为基础，因地制宜谋划一批新能源项目，为能源行业未来发展提供有力支撑。探索"新能源+储能"模式，谋划抽水蓄能、重力储能、电化学储能项目，实现"源网荷储"一体化。

三是加强招商推介。一方面，深挖本市自然资源优势，有针对性地开展招商推介和项目洽谈，引进带动性强、贡献大的新能源项目，推动辽源市新能源发展再上一个新台阶；另一方面，坚持"培大育强"优存量，重点扶持规模高、发展前景好、带动性强的优势新能源企业做大做强，在土地、人力、配套服务、资金、政策等要素方面予以优先保障。

四是强化部门协调，扩大新能源应用规模。加强部门和单位新能源产业发展相关规划的统筹衔接，保证各项规划的目标、任务和措施相互配套；扩大新能源在重点领域的应用规模，有序提高工业终端新能源用电比重；完善交易规则，鼓励机关事业单位、企业、个体工商户购买新能源成果，增加风电、光伏利用率，提升新能源就地消纳能力。

五是注重人才培养积累。充分发挥高校和科研院所的作用，优化新能源相关专业的课程设置，完善人才服务体系，鼓励引导企业制定合理奖励机制，搭建更多参与项目开发、技术研究和工程实施的实践平台，加强内部员工技能培训，提升员工的技术水平和创新意识，更好地掌握新能源产业的前沿技术和管理理念。

六是完善相关保障政策。从产业规划、资金扶持等方面多措并举，为新

能源产业发展提供激励性、保障性政策。鼓励企业与社会参与新能源转型发展进程，引导居民加快形成绿色低碳的消费方式，激励企业积极创新商业模式，构建能源供需互动的新业态。加大财政支持力度，通过直接投资、财政补贴、税收减免等方式，为新能源产业提供资金支持，降低企业和投资者的风险，提升新能源企业经济效益和质量，激励新能源技术研发和应用。

（五）加强新能源产业宣传与普及

要多维度持续扩大新能源产业影响力。拓宽官方宣传渠道，丰富宣传内容，通过组织高级别、大规模、传播广的新能源行业大会，承办各类行业峰会、高峰论坛、资本对接会、学术研讨会，吸引国内外新能源产业的领军企业、专家学者、政府部门等参与，借大会平台展示本地新能源产业发展的成就和优势，提升区域知名度和影响力。引导支持本市的优势企业积极参加全国性的或行业性的协会和产业联盟的各类活动及知名的会展、论坛、峰会，展示辽源新能源企业的先进产品和前沿成果。

# 开 放 篇

## B.15 吉林省提升对内对外开放合作水平研究

邵 冰*

**摘 要：** 近年来，吉林省贸易水平显著提高，互联互通取得突破，平台能级实现跃升，人文交流不断深化，营商环境持续向好，对内对外开放层次和水平不断提升。但与发达地区相比，仍存在经济外向度较低、招商引资效益不足、全球资源配置能力不强、新型贸易人才缺乏、开放型通道和平台建设仍需强化等一系列突出矛盾和问题。在新发展格局下，面对国际国内环境带来的新挑战，吉林省应以全面开放引领全面振兴为目标，全方位提升对外开放合作水平，促进吉林省经济高质量发展。

**关键词：** 对外贸易 互联互通 招商引资 对口合作 营商环境

开放是中国式现代化的鲜明标识，党的二十届三中全会提出"建设更

---

\* 邵冰，经济学博士，吉林省社会科学院研究生处研究员，主要研究方向为东北亚区域经济。

高水平开放型经济新体制"，习近平总书记在新时代推动东北全面振兴座谈会上强调，"要加快建设现代化基础设施体系，提升对内对外开放合作水平"，这为吉林省扩大高水平对外开放提供了遵循、指明了方向。如何开创高水平对外开放新局面，抢抓新一轮长吉图规划契机，深度融入共建"一带一路"，全方位提升对外开放合作水平，成为亟待破解的新课题。

## 一 吉林省对内对外开放取得的进展

近年来，吉林省践行习近平总书记重要讲话重要指示精神，深入贯彻落实国家对外开放工作部署，进一步完善开放机制，畅通开放渠道，出台了推进高水平开放"1+5"支持政策和行动方案，以全面开放促进全面发展，对内对外开放层次和水平不断提升。

### （一）贸易水平显著提高

2023年，吉林省实现外贸进出口总额1679.1亿元，增速居全国第9位，增长7.7%，高于全国7.5个百分点。其中，出口增长24.9%，连续三年实现20%以上的高增长（见表1）。从外贸国别地区看，吉林省对外贸易伙伴从2020年的181个国家和地区扩大至2023年的197个，贸易市场日益多元化。从出口商品结构看，2023年全省机电产品出口385.9亿元，增长79.6%，高于全国76.7个百分点；高新技术产品出口94.2亿元，增长122.1%，高于全国127.9个百分点；整车出口191.7亿元，增长170.1%。形成了以机电产品、汽车及零部件、农产品、基本有机化学品等为主导的出口产业。从外贸新业态发展情况看，2023年全省跨境电商进出口增长88.9%，保税物流进出口增长104.2%，市场采购贸易、互市贸易商品落地加工、外贸综合服务平台、二手车出口等新业态启动实施，持续为吉林省外贸发展注入新动能。2024年，吉林省对外贸易继续保持增长态势，前三季度实现进出口贸易额1327.5亿元，增长11.1%，其中，出口489.2亿元，增长11.7%；进口838.3亿元，增长10.7%。①

---

① 资料来源于长春海关。

表1　2019~2023年吉林省货物进出口总额

单位：亿元

| 进出口额 | 2019年 | 2020年 | 2021年 | 2022年 | 2023年 |
| --- | --- | --- | --- | --- | --- |
| 出口额 | 324.0 | 290.8 | 353.5 | 502.3 | 627.0 |
| 进口额 | 978.2 | 989.3 | 1150.2 | 1056.3 | 1052.1 |

资料来源：《吉林省2023年国民经济和社会发展统计公报》。

### （二）互联互通取得突破

近年来，吉林省着眼打造大交通、大枢纽、大物流，不断完善国际客货运输网络，为高水平对内对外开放提供保障，在互联互通方面取得突破。全省高速公路、高速铁路运营里程分别达到4395公里、877公里。先后开通运行"长满欧""长珲欧""长同欧"班列，连通吉林省与欧洲，连续连接俄罗斯80多个铁路站点和欧洲10国30多个铁路站点，服务涵盖国内外3000余家企业。依托珲马铁路，开通"海洋班列""清洁能源专列""汽车专列""邮政专列"等特色专列，进出口商品种类逐渐丰富多元，实现了中俄间多品种双向运输，带动口岸贸易发展持续向好，成为我国"一带一路"又一跨境大通道。2023年8月，开通了长春至莫斯科TIR跨境公路货运线路这一新的国际物流通道，填补了吉林省中欧公路直达运输的空白。开通了珲春经俄罗斯扎鲁比诺港至宁波、青岛等跨境运输通道，有效拓展了东北地区玉米、木材等大宗物资"北货南运"的运输渠道。推动符拉迪沃斯托克港获批内贸跨境运输中转口岸，进一步提高物资的流通效率，为老工业基地的振兴注入了新的活力。

### （三）平台能级实现跃升

中韩（长春）国际合作示范区于2020年4月21日获批，着力打造东北亚区域经济合作的引领区、中韩全方位宽领域合作的先行区，17个重点产业园区稳步建设，健康食品产业园等6个项目竣工并投入使用。2020年4

月，珲春海洋经济发展示范区获批，按照"内外一体、跨境合作、港区联动、通江达海"的思路，国际国内合作双轮驱动，率先构建跨境合作型现代海洋产业体系，不断提高境内外陆海统筹水平和开放合作水平，努力建设成为图们江区域港航物流中心、临港制造中心、国际贸易中心和开放合作中心，成为国内国际合作发展海洋经济的典范。2023年3月，吉林省获批设立范围包括四平、辽源和通化三个地级市的吉西南承接产业转移示范区，旨在建设成为特色产业基地和区域合作发展新高地。此外，长春兴隆综合保税区、珲春综合保税区、吉林市保税物流中心、延吉保税物流中心加快建设，功能不断丰富完善。

### （四）人文交流不断深化

吉林省加大与其他国家和地区的交流合作，与吉林省建立友好关系的城市增至60个，合作高校和企业超过百所。截至目前，吉林省已连续成功举办了14届中国—东北亚博览会、9届全球吉商大会。组织"韩国在长企业家畅游冰雪新天地"、中韩示范区投资洽谈会、中韩经贸日等活动，与韩中科技文化促进会、韩中经济协会等签署战略合作框架协议。通过举办"进博会走进吉林""世界寒地冰雪经济大会""跨国公司吉林行""台企吉林行""中日经济合作会议""中德汽车大会""东北亚地方合作圆桌会议""东北亚旅游论坛""图们江国际合作战略对话""中俄远东边境市长合作会议"等各种国际性展会、论坛、会议，以及国际体育交流赛事、旅游美食节等活动，使得吉林省的国际知名度和影响力不断提升。

### （五）营商环境持续向好

吉林省委省政府高度重视营商环境建设，连续4年召开全省优化营商环境加快项目建设大会，制定了《吉林省2024年营商环境优化重点行动方案》，突出重点领域和关键环节的优化提升，坚持以经营主体感受为标准，优化营商环境的保障措施，旨在打造一流营商环境，推动吉林高质量发展。近年来，吉林省营商环境持续向好，每千人拥有经营主体户数居全国前列。

2023年全省8.1万个事项实现全程网办,70%以上的市县政务服务事项实现"无差别"受理,网上审批效率、不动产登记效率、政务服务能力处于全国第一方阵。① 2023年,吉林省区域创新能力排名提升幅度全国第一,科研物质条件指数高居全国第五。② 社会信用体系建设不断提升,城市信用监测指标排名稳定保持全国第一方阵。由武大—北大联合团队发布的《中国省份营商环境研究报告2023》,对中国31个省市区营商环境进行评分,吉林省排名第13,得分超过全国平均水平。

## 二　吉林省对内对外开放合作存在的问题

近年来,吉林省对内对外开放取得了明显成效,但与发达地区相比,仍存在经济外向度较低、招商引资效益不足、全球资源配置能力不强、新型贸易人才缺乏、开放型通道和平台建设仍需强化等一系列突出矛盾和问题。

### (一)经济外向度较低,对外开放整体水平有待提升

虽然近年来吉林省对外贸易规模不断扩大,引进和利用外资有所增加,但总量偏小、结构不优等问题仍然突出,对外开放整体水平有待提升。吉林省的经济外向度较低,2023年吉林省外贸总额仅占全国的0.4%,外贸依存度为12.4%,开放型经济与全国平均水平相差较大,与全国33.1%的平均水平相比,还有很大差距。③ 外贸企业数量较少,外贸主体的竞争力不强,外贸进出口过度依赖少数外贸企业。区域发展不平衡,2023年长春市和延边州外贸进出口总额分别占全省的73.0%和17.6%,其他地区占比较低,发展相对缓慢。外贸综合竞争力有待提升,虽然汽车及零部件、农产品、化

---

① 胡玉亭:《政府工作报告——2024年1月24日在吉林省第十四届人民代表大会第三次会议上》,吉林省人民政府网,http://www.jl.gov.cn/zcxx/gzbg/202401/t20240128_3031250.html。
② 《优化"软"环境　铸造"硬"实力——开年"第一会"看吉林营商环境持续优化》,新华网,http://www.jl.xinhuanet.com/20240218/1fb0e7f581824e6aa097758b425d1497/c.html。
③ 根据国家统计局、吉林省统计局数据计算所得。

工等产业在外贸出口中占据一定分量,但能够占据国际产业链质量高地、形成行业标准、参与国际定价权的企业和产品较少,未形成外贸综合竞争力。

### (二)招商引资效益不足,产业附加值有待提升

2023年全省招商引资到位资金6008.15亿元,增长34.8%,固投转化率达到24.01%;实际利用外资5.53亿美元,增长23.2%,高于全国36.9个百分点。虽然近年来吉林省招商引资保持良好的增长态势,但利用外资的总体规模较小。引进投资规模大、科技含量高、带动作用强的重大项目较少,没有形成产业集聚效应和规模经济,产业链短,产业配套能力较弱,投资环境仍需完善,对龙头企业吸引力不强,招商引资质量效益有待提升。从产业投向看,外资主要投在第二产业,在制造业领域高度集中,对第一、第三产业的投资占比相对较低。这一方面表明老工业基地在吸收外商直接投资方面具有一定的资源优势,另一方面也反映了在商服领域的欠发达状况。

### (三)对外合作有待深化,全球资源配置能力不强

吉林省对外投资合作规模较小,"走出去"的步伐迈得不大,对外投资方向主要是境外资源开发和农林产品加工。在"走出去"上,对外投资合作总体发展质量、投资结构、抗风险能力等都有较大提升空间。此外,境外项目融资渠道有限、金融产品单一等也成为限制企业"走出去"的重要因素。2020~2022年吉林省对外经济合作情况如表2所示。

表2 2020~2022年吉林省对外经济合作情况

单位:万美元

| 指标 | 新签合同金额 | | | 实际完成合同金额 | | |
|---|---|---|---|---|---|---|
| | 2020年 | 2021年 | 2022年 | 2020年 | 2021年 | 2022年 |
| 合计 | 106161 | 189327 | 160341 | 52537 | 39542 | 28674 |
| 对外承包工程 | 94697 | 172370 | 139692 | 28773 | 15885 | 5240 |
| 对外劳务工程 | 11464 | 16957 | 20649 | 23764 | 23657 | 23434 |

资料来源:《吉林统计年鉴(2023)》。

## （四）开放型人才缺乏，新旧动能转换支撑不足

近年来，市场采购、跨境电商、服务外包、海外仓、保税物流、外贸综合服务等贸易新业态、新模式发展迅速，但吉林省开放型人才却相对匮乏，远远跟不上开放型经济的发展速度。吉林省的科技人才市场配置化程度与发达地区相比还存在较大差距，高层次人才流入较少，外流倾向明显，人才的流失与缺乏成为制约老工业基地振兴发展的重要因素。加之人才培训需要较长周期，种种因素叠加，一定程度上制约了吉林省开放型经济的发展壮大与开放型经济发展新旧动能的转换。

## （五）开放平台综合效应发挥不够，开放通道仍需强化

吉林省正在积极推进自贸区申建工作，辽宁自贸区、黑龙江自贸区已分别于2017年、2019年设立，配套出台了一系列优惠政策，虹吸效应明显，为推动当地外向型经济发展发挥了重要作用。目前，吉林省开放平台综合效应发挥得不够明显，缺少进博会、广交会那样影响力较大的国际性、国家级展会，对政策、资源、资金等要素的深度流通缺乏足够支撑，经贸交流的活跃度还不够高。国际大通道仍存在断点、堵点，边境口岸建设和跨境基础设施仍需完善，通关流程还需进一步优化。积极推进外贸综合服务体系尚需进一步完善，专业服务有待增强。

# 三　吉林省对内对外开放面临的形势

当今国际政治经济形势正在发生巨大变化，中国社会主义改革开放和现代化建设进入新阶段，当前吉林省对内对外开放面临的国际、国内形势均发生了复杂深刻的变化，挑战与机遇并存。

## （一）挑战与障碍因素

### 1.世界经济复苏缓慢且不均衡，增长前景乏力

在贸易紧张局势升级和政策不确定性增加的背景下，大宗商品价格走

高,各国经济增速修正相互抵消,世界经济裹足不前。国际货币基金组织(IMF)2024年7月预测全球经济增速与4月保持一致,预计2024年增长3.2%,2025年增长3.3%。其中,发达经济体预计2024年将增长1.7%,新兴市场和发展中经济体预计将增长4.3%(见表3)。局部地缘政治形势紧张、全球经贸碎片化迹象明显,通胀上行风险加大等增加了世界经济前景的短期风险。此外,多国举行选举,可能带来其经济政策调整与变化,从而对其他地区产生负面跨境溢出效应,增加了前景的不确定性。

表3 2022~2025年世界经济增长趋势及预测

单位:%

|  | 2022年 | 2023年 | 2024年 | 2025年 |
| --- | --- | --- | --- | --- |
| 世界产出 | 3.5 | 3.3 | 3.2 | 3.3 |
| 发达经济体 | 2.6 | 1.7 | 1.7 | 1.8 |
| 美国 | 1.9 | 2.5 | 2.6 | 1.9 |
| 欧元区 | 3.4 | 0.5 | 0.9 | 1.5 |
| 英国 | 4.3 | 0.1 | 0.7 | 1.5 |
| 日本 | 1.0 | 1.9 | 0.7 | 1.0 |
| 新兴市场和发展中经济体 | 4.1 | 4.4 | 4.3 | 4.3 |
| 俄罗斯 | -1.2 | 3.6 | 3.2 | 1.5 |
| 中国 | 3.0 | 5.2 | 5.0 | 4.5 |
| 印度 | 7.0 | 8.2 | 7.0 | 6.5 |
| 巴西 | 3.0 | 2.9 | 2.1 | 2.4 |
| 南非 | 1.9 | 0.7 | 0.9 | 1.2 |

注:2024年、2025年数值为预测值,印度数据为财年数据。
资料来源:IMF《世界经济展望》,2024年7月。

**2. 全球投资增长乏力,国际投资环境充满挑战**

联合国贸易和发展会议(UNCTAD)发布的《世界投资报告2024》显示,2023年全球范围内的外国直接投资规模为1.3万亿美元,同比下降2%。除了欧洲少数中转经济体吸引的外国直接投资从2022年的负1060亿美元增长至160亿美元,欧洲其他国家的外国直接投资下跌14%,北美的外国直接投资下跌5%,其余发达国家的外国直接投资基本陷入停滞。发展中国家表现亦不乐观，吸引外国直接投资额度下降7%。2024年，全球投资环境仍然充满挑战，受世界经济增长前景乏力、贸易摩擦和地缘政治紧张局势、各国工业政策调整和全球供应链重塑等多重因素影响，外国直接投资模式正在重塑，导致一批跨国企业在海外业务拓展上采取更加谨慎的态度。

3.地缘政治冲突和贸易限制措施增加，贸易复苏面临压力与风险

受贸易保护主义和地缘冲突影响，以及能源价格高企、持续的通胀导致全球贸易低迷，WTO数据显示2023年全球货物贸易量下降1.2%。2024年全球贸易企稳回升，呈现复苏态势，WTO于4月发布的《全球贸易展望与统计》报告预测，2024年全球货物贸易量将增长2.6%，2025年将延续复苏势头，预计增长3.3%。OECD预计，2024年全球货物和服务贸易将增长2.3%，2025年将增长3.3%。IMF在7月发布的《世界经济展望》报告中预测，2024~2025年，世界贸易增速将恢复至每年3.25%左右，再次与全球GDP增速保持一致。但是，全球贸易在呈现复苏态势的同时，在结构性层面仍面临一系列挑战，地缘政治冲突和一些国家贸易限制措施增加都将给贸易复苏带来压力与风险。地缘政治风险上升，使得资本和货物的自由流动面临威胁，红海危机和中东紧张局势导致运价暴涨，降低了全球海运运力，增加了供应链延迟风险。随着全球贸易保护主义抬头和技术变革加速，一些国家开始寻求建立更加自主和安全的供应链体系，导致全球价值链的碎片化趋势加剧。

## （二）机遇与有利因素

1.共建"一带一路"为全球合作发展创造更多新机遇

中国坚持高水平对外开放，推动共建"一带一路"高质量发展，十多年来，"一带一路"的世界影响力和吸引力日益增强，不断推动开放型世界经济建设。目前，中国已经与150多个国家、30多个国际组织签署了200多份共建"一带一路"合作文件，成立20多个专业领域多边合作平台，建立了一批跨境经济合作区和自贸区，促进双边和区域合作，引领多边合作稳步推进并取得重要进展。中国持续推进高水平对外开放，促进贸易投资自由

化便利化，2013~2023年的十年间，与"一带一路"共建国家进出口贸易总额超21万亿美元，年均增速为6.4%，高于同期中国整体外贸增速和全球贸易的增长水平。共建"一带一路"为世界各国开辟了合作新路径，共建"一带一路"倡议与东北亚国家发展战略对接持续深化，为吉林省高水平对外开放创造了更多新机遇。

**2. RCEP生效实施为吉林加强与日韩产业合作创造新契机**

《区域全面经济伙伴关系协定》（RCEP）对15个签署国全面生效一年多，政策红利不断释放。2023年，长春海关共签发RCEP原产地证书576份、货值4.2亿元，同比分别增长19%和119.3%，助力企业RCEP红利应享尽享。RCEP为中日韩经贸合作提供了良好的制度框架，中国、韩国与日本首次达成双边减税安排，实现了历史性突破，不仅使中日韩经贸合作空间扩大，而且为加速中日韩自贸协定谈判进程创造了良好条件。RCEP的全面生效实施有利于成员国发挥各自优势，巩固区域内产业链供应链稳定，中日韩三国GDP、贸易额占RCEP的80%以上，未来中日韩产业合作空间与潜力巨大。在东北亚局势趋缓向好的背景下，RCEP生效实施使吉林省的资源禀赋和比较优势更加凸显，为吉林省扩大面向日、韩的经济合作和贸易往来提供了新的机遇，而且为吉林省发展高端服务业、生产性服务业，以及数字经济等提供了重要的合作契机。吉林省应抓住机遇，大力提升与日韩等国家的合作水平，推进与日韩制造业产业链的深度融合，不断提高吉林省企业参与国际竞争合作新优势。

**3. 中俄深化新时代全面战略协作伙伴关系为深化对俄合作带来了机遇**

2024年5月，在中俄两国建交75周年之际，中俄两国元首在北京发表联合声明，强调了中俄两国深化新时代全面战略协作伙伴关系的各项内容。声明提出持续扩大双边贸易规模，不断提升两国投资合作水平。声明中表示，中俄双方将在中俄总理定期会晤委员会机制框架下成立中俄北极航道合作分委会，开展北极开发和利用互利合作，声明提到积极支持地方合作和边境合作，扩大两国地方间全面交流，并将同朝鲜就中国船只经图们江下游出海航行事宜开展建设性对话。这为吉林省深化与俄远东地区农业合作，深化能源合作，深化交通物流和口岸合作，扩大工业产品贸易往来等各领域合作的高质量发展提供了重要机遇。

## 四 吉林省进一步提升对内对外开放合作水平的对策

扩大开放是迈向高质量发展的必由之路，在新发展格局下，面对国际国内环境带来的新挑战，吉林省应以全面开放引领全面振兴为目标，全方位提升对外开放合作水平，促进吉林省经济高质量发展。

### （一）以深化东北亚区域合作为重点，深度融入共建"一带一路"

由于全球地缘政治格局发生深刻变化，加强与东北亚各国的深度合作，向东向北开放成为共建"一带一路"的重点方向。吉林省与东北亚国家开展合作具有天然的地缘和人文优势，与俄罗斯、日本、韩国、朝鲜、蒙古国等东北亚国家有着良好的合作基础，随着共建"一带一路"倡议与东北亚国家发展战略对接持续深化，吉林省面向东北亚开放合作有着更广阔的空间、更多的机会，应抓住中俄深化新时代全面战略协作伙伴关系，签署中俄经济合作重点方向发展规划联合声明的机遇，全面深化对俄贸易、投资、交通物流等各领域的合作。利用RCEP全面生效带来的新机遇，大力提升与韩国、日本等国家经贸合作规模和水平，充分融入RCEP大市场，稳定产业链供应链。支持企业加强与"一带一路"共建国家的经贸合作，积极开拓新兴国家市场，鼓励企业"走出去"，深化拓展与"一带一路"共建国家在商贸、产业、科技、劳务、教育等各领域的合作，全方位提升对外开放合作水平。

### （二）提升外贸规模质量，增强外贸发展内驱力

壮大外贸经营主体，重点培育龙头企业，充分发挥龙头企业的进出口带动作用，积极扶持和鼓励中小微外经贸企业开拓国际市场，增强对外贸易竞争力。在继续巩固和提升传统优势产品竞争力的基础上，进一步实施出口升

级战略，引导企业加大技术创新和产品创新力度，提高出口商品附加值，提升高新技术产品出口占比，全面提升产品竞争力，促进吉林省外贸总量结构不断提升。以跨境电商、二手车出口、外贸综合服务等新业态为抓手，培育壮大外贸新业态、新模式，利用好互市贸易进口商品落地加工试点政策，加快边境贸易创新发展和转型升级。巩固提升传统服务贸易，积极与日本、韩国、朝鲜、俄罗斯、"一带一路"共建国家合作开发建设国际旅游精品线路，提升国际旅游合作层次和水平。大力发展高端生产性服务外包，培育软件和信息服务、动漫设计、涉外中医药等服务贸易，推动服务贸易创新发展。引导外贸企业用好电商平台，进一步拓展数字化营销渠道，促进商贸企业数字化转型。加快转变外贸发展方式，培育新动能，打造外贸发展新增长点，推动全省外贸高质量跨越式发展。

### （三）精心谋划招商引资，促进形成新质生产力

统筹全省招商力量，为跨国公司投资和各市（州）招商引资搭建平台，加大外向型项目招引力度，充分利用国家和海外招商机构以及广交会、进博会、吉商大会、吉林绿色名优产品全球推介会、中国—东北亚博览会、"图洽会"等经贸平台，加强与国内外企业的对接，力争引进大型投资项目。坚持引育新质生产力，为高水平对外开放蓄势赋能，推动形成更高层次的开放型经济格局。瞄准"六新产业"和"四新设施"，围绕重点产业链和基础设施保障链，推动主导产业招商，加大产业集聚效应，围绕战略性新兴产业链关键环节，着力引进一批具有创新能力和资源整合能力的龙头企业、潜力企业，推动吉林省向高端产业链延伸。持续优化市场化法治化国际化营商环境，打造制度型开放体系，提高国内外企业来吉林省投资的吸引力。

### （四）畅通开放通道，全面提升基础设施现代化水平

充分利用吉林省沿边近海、通联海陆的天然优势，全面提升互联互通水平，发挥通道对于吉林省开放合作的先导和促进作用。进一步畅通国际开放通道，推进"滨海2号"国际交通走廊建设，加强对俄、朝、韩等国公路、

铁路、口岸、桥梁、港口等互联互通基础设施建设，全面提升基础设施现代化水平。提升"长满欧""长珲欧"中欧班列运营质量和水平，降低企业物流成本。加强与浙江省宁波港、山东省青岛港对接合作，培育内贸货物跨境运输航线，推进珲春经俄港口至韩国、日本航线恢复运行。完善机场基础设施，大力拓展国际航线，不断丰富国内航线，积极增加运力保障，持续畅通空中开放通道。加强省际高速公路联通建设，推进抵边通道建设。深化通关便利化改革，提升口岸功能和信息化水平，进一步优化监管模式，简化通关手续，提升通关服务水平。

### （五）推进高能级开放载体平台建设，更好地发挥示范带动作用

平台载体是引领地区开放发展的重要支撑和强劲引擎，吉林省应进一步扩充和提升开放平台能级，推进长春新区、中韩（长春）国际合作示范区、吉西南承接产业转移示范区、珲春海洋经济发展示范区、中新吉林食品区、吉林市冰雪经济高质量发展试验区等开放平台建设，打造开放合作新高地。全面促进综保区、跨境电商综试区、边合区、互贸区等平台加快建设和创新发展，在基础设施、产业布局、招商引资和专项资金使用等方面给予倾斜。立足吉林省区位优势，探索布局和建立新的开放平台。持续优化法治化、市场化、国际化的营商环境，以产业开放为重点，以高能级开放平台建设为抓手，在更大范围、更宽领域、更深层次上参与国内外分工合作，推进高水平对外开放。

### （六）构建多元合作体系，深化全方位对口合作

积极对接京津冀一体化发展、长江经济带发展和粤港澳大湾区建设等国家战略，全方位宽领域加强吉林省与国内各地区的产业合作和贸易投资合作。推进哈长城市群建设，推进东北区域特色经济带建设，加快产业转型升级，着力推动高水平对外开放合作，促进东北地区协同联动发展。深化吉浙全方位对口合作，推进吉浙科技创新合作，实现技术、人才、资本的合理流动和精准对接。深化产业链现代化合作，提升协作水平，优化省际产业链布

局。加强产业合作园区建设，学习借鉴各类功能区建设的成功经验做法和发展模式。持续推进"央企进吉林"行动，深化吉林省国有企业与中央企业的合资合作与人才交流。积极搭建交流平台，推进与国内外各类商协会的交流合作，持续办好"吉商大会"，吸引更多海内外吉商投资吉林。

### （七）培养、引进和使用开放型经济人才，促进人文交流深入互动

高质量发展离不开人才，吉林省应进一步创新人才引进机制，引进和使用开放型经济人才，落实重点产业人才支持政策，加大"吉人回乡"引才力度，大幅提升人才待遇，有效缓解人才外流。选派具有外语和法律基础、懂国际贸易规则的专业人才到国内知名高校或咨询管理机构进行培训。选拔具有较强开放意识、开拓精神的年轻干部挂职锻炼，加强干部轮岗交流。开展高水平对外合作办学，加强国际化人才培养，创新机制做好海外引才工作，融入全球创新体系。加强吉林省与"一带一路"共建国家在教育、文化、旅游、科技、体育等领域的合作。深化国际科技交流合作，促进科技成果转化落地。进一步拓展国际文旅交流，加大入境旅游市场开发力度，推动边境旅游产品开发，加快"冰雪丝路"创新先导区建设，促进"冰雪文化+旅游"融合发展，为区域合作提供新路径，提升吉林文旅国际知名度和影响力，对标"万亿级"产业目标，推动吉林省文旅产业高质量发展。

# B.16
# 吉林省对俄优势领域合作对策研究

崔小西*

**摘　要：** 近年来，随着中国和俄罗斯双方经贸合作政策的不断出台，吉林省发挥区位优势，与俄罗斯双边经贸合作不断加大，对俄进出口额逐年增加，在全国对俄贸易中的地位显著上升，成为中国向北开放的重要窗口。但发展中仍存在竞争力弱、进出口商品种类单一、通关能力低等问题。为此，吉林省应通过增加优势产业汽车产业竞争力、推动对俄农业多层次发展、加强医药企业之间交流、深化人文领域交流与合作等举措进一步增加对俄合作。

**关键词：** 对俄经贸合作　对俄优势领域　俄罗斯

## 一　吉林省对俄经贸合作现状

### （一）吉林省对俄经贸合作的基础不断夯实

**1. 政策基础不断夯实**

2023年9月，习近平总书记主持召开新时代推动东北全面振兴座谈会，明确了新时代新征程推动东北全面振兴的思路和举措，再次强调："东北是我国向北开放的重要门户，在我国加强东北亚区域合作、联通国内国际双循环中的战略地位和作用日益凸显。"[①] 2023年9月12日，俄罗斯总统普京在

---

\* 崔小西，吉林省社会科学院俄罗斯研究所副研究员，主要研究方向为俄罗斯问题。
① 《习近平主持召开新时代推动东北全面振兴座谈会强调：牢牢把握东北的重要使命　奋力谱写东北全面振兴新篇章》，中国政府网，https://www.gov.cn/yaowen/liebiao/202309/content_6903072.htm。

第八届东方经济论坛上强调开发远东地区是俄罗斯21世纪的绝对优先事项，这也标志着俄罗斯外交再一次"向东转"，将对深化中俄合作产生深远影响。2023年3月，中俄两国元首共同发布了《中华人民共和国主席和俄罗斯联邦总统关于2030年前中俄经济合作重点方向发展规划的联合声明》，明确了未来将"深挖两国地方合作和边境地区合作潜力，提高实效，发展中俄'东北—远东'地区互利合作"，并列出了八个重点领域。2024年9月召开的主题为"远东-2030：共同努力　创造机遇"第九届东方经济论坛上，俄罗斯总统普京强调远东是加强俄罗斯在国际舞台上地位的关键地区，俄罗斯整个国家的未来在很大程度上取决于远东地区的发展。普京宣布了一系列有助于该地区经济和社会进一步发展的重大决定。宣布为远东城市发展增拨1000亿卢布，强调同步建设具有社会意义的基础设施和新设施的重要性。有22个行政区的总体规划已经获得批准，并将确保这些地区的可持续发展。远东已成为巩固俄罗斯世界地位的最重要因素，成为俄罗斯在新的全球经济的旗舰。

2.基础设施建设基础不断夯实

俄罗斯转向东方的战略，使俄罗斯滨海边疆区成为俄罗斯最重要的运输和物流地区之一，该地区拥有从俄罗斯向亚太国家运输货物最有利的地理位置。俄方边境口岸之前一直存在基础设施落后的不足，而现在对于俄方来说，对于中国边境口岸的重建或改造升级将受到特别关注。目前，连接吉林省与俄罗斯滨海边疆区的克拉斯基诺边境口岸正在施工，俄方预期2024年完成现代化改造。口岸改造后的通行能力将增至每天750辆车，目前该口岸每天可通行110辆车，主要是货车。改造是通过在已有的通道上增设一条车道并优化交通模式实现的。在客运车道上没有客车经过时，货车可以通过，同时还引入了逆向行驶。俄方预测，未来俄罗斯滨海边疆区港口和陆路口岸的发展，到2030年将使出口到中国的货物量增加到3亿吨。

（二）吉林省对俄经贸合作规模逐步扩大

吉林省与俄罗斯滨海边疆区接壤246公里，地理位置十分优越。吉林省同邻近的俄罗斯许多城市保持着友好合作关系,与俄罗斯滨海边疆区、哈巴罗夫斯克边疆区、伏尔加格勒州、利佩茨克州、马里埃尔共和国和其他地区签署了合作协议,尤其与滨海边疆区的联系最为密切。近年来,吉林省积极参与中俄地方合作,成为中国向北开放的重要窗口,对俄进出口额逐年上升。2021~2023年,吉林省对俄贸易总额不断攀升(见表1)。

表1 2021~2023年吉林省对俄进出口贸易

单位:亿元,%

| 年份 | 进出口总额 | 同比增长 |
| --- | --- | --- |
| 2021 | 104.4 | 80.6 |
| 2022 | 173.3 | 66.0 |
| 2023 | 297.3 | 71.5 |

资料来源:根据长春海关公布的数据整理而成。

2021年,吉林省对俄贸易额首次突破100亿元。2022年,吉林省对俄进出口额高出全国35.7个百分点,规模创历史新高。其中,出口65.6亿元,增长123%,进口107.7亿元,增长43%。2023年,吉林省对俄进出口额增速高于全国38.8个百分点。其中,对俄出口同比增长210.7%,高出全国156.8个百分点,占吉林省出口总额的32.5%,俄罗斯已成为吉林省最大的出口目的地,同时也是吉林省进出口总额排名第二的贸易国(排名第一的贸易国是德国,2023年吉林省对德国的进出口总额为301.86亿元)。

(三)吉林省对俄经贸领域合作不断深入

1.汽车领域合作潜力巨大

俄罗斯汽车市场庞大,自受到西方制裁后,欧美及日韩汽车品牌纷纷撤离俄罗斯,为中国汽车企业提供了前所未有的机遇,中国汽车正强有力地冲击着俄罗斯本土拉达品牌汽车。目前中国在俄罗斯汽车市场销量排名前列的汽车品牌为奇瑞、吉利、哈弗、力帆、长城、一汽等,销售的车型以大型越野车或皮卡车为主。在俄罗斯滨海边疆区,皮卡车的月销售量已经超过了

100辆。俄罗斯人偏爱中国产的SUV。在俄罗斯远东地区，虽然普通家用型汽车多为日本汽车（日本汽车多是右舵汽车，俄罗斯人比较习惯，对汽车构造较为熟悉，且价格较便宜），但是车主对配置高的中国产汽车也很喜欢。俄罗斯人认为，中国汽车的质量在迅速提高，这一点在中国汽车工业中体现得尤为明显，这让汽车变得更可靠、更舒适，技术更先进。汽车是吉林省对俄主要出口商品，且对俄合作有巨大的潜力。2022年吉林省对俄出口整车8000余辆，贸易额26.3亿元，同比增长306%。2023年吉林省对俄罗斯的汽车出口总量达到5.7万辆，同比大幅增长600%以上。销售总额为130.8亿元人民币，同比增长475.4%，约占中国对俄贸易总量的43%。一汽集团计划在2024年将对外销售量提高到15.8万辆。

**2. 农业领域有良好的合作基础**

农业是吉林省与俄罗斯合作的重点领域，吉林省与俄罗斯远东地区接壤，具有对俄农业交流合作的区位优势，同俄罗斯农业具有良好的合作基础。吉林省东北部是中国重要的粮食基地，多年来一直发展现代农业体系，近年来，吉林省着力构建现代农业产业体系、生产体系和经营体系，进一步推进产业链现代化。吉林省人民政府办公厅2018年11月发布的《吉林省促进农业对外合作实施方案》中明确提到，"走出去"已经成为吉林省农业现代化建设的重要组成部分。吉林省同俄罗斯农业合作形式多元化，包括对俄劳务输出、在俄农业投资合作种植、双方进出口农产品等。在农业领域，吉林省不仅刺激了当地农业生产和农产品的市场供应，还为发展走出去战略提供了就业岗位和扩大了机会。俄罗斯近年来在农业生产方面取得了巨大进步，但其农业固有的一些问题仍未完全解决：一是农业发展创新水平不高，二是农业部门基础设施不发达，三是农业机械短缺，四是俄罗斯农业依然面临人力资源严重短缺。近几年，俄罗斯农产品，特别是海产品在中国市场具有较高的认可度，目前中国是俄罗斯农产品的最大进口国。例如，俄罗斯伊尔库茨克州自2024年初以来，已有超过100.5吨粮食（占所有产品的91%）运往中国。自2016年起，俄罗斯出口到中国的海产品首先运抵珲春，然后发往全国各地。吉林省已成为俄罗斯螃蟹出口中国的中心。2024年1~

8月，俄罗斯滨海边疆区向中国出口的螃蟹总重量为2152.6万吨。此外，农业领域已经成为中俄机械和电子工业产品贸易的重要领域，未来吉林省对俄农业机械出口也有很大潜力。

3. 医药领域合作将成为新的增长点

吉林省医药健康产业基础雄厚，具有极大的市场潜力，是吉林省的优势产业，吉林省"十四五"时期经济社会发展的战略性、基础性和先导性产业。吉林省是国家重点建设的中药现代化科技产业基地、生物产业基地、医药出口基地和创制药物孵化基地。到"十三五"末，吉林省医药健康产业总经营规模实现1450亿元，其中医药健康工业实现总产值627.5亿元，为吉林省经济发展提供了重要支撑。俄罗斯医药市场高度依赖进口，包括进口成品药及大部分现代化医药生产线。俄乌冲突后，一些外国制药商纷纷撤离俄罗斯，或停止在俄罗斯的投资及向俄罗斯供应药品。制药业面临严重的原材料进口问题，导致药品价格上涨。在这种情况下，俄罗斯对进口药品的依赖性更加强烈，对外国原材料的依赖程度达到80%。2023年，印度超过德国成为俄罗斯最大的药品供应国。以色列梯瓦公司（Teva）是俄罗斯市场上供应外国药品最多的公司，其次是印度的瑞迪博士公司（Dr. Reddy's）。目前，吉林省同俄罗斯医药领域合作交流，一是医疗领域开展的学术交流。例如，2024年延吉市中医医院同俄罗斯开展了中医药文化知识和中医传统诊疗技术的交流，为俄方提供了学习中医的平台，同时也向俄罗斯传播了传统的中医药文化知识。二是由政府牵头，同俄方医药企业对接。2019年在吉林省商务厅的支持下，省内金赛药业等8家医药企业同俄罗斯鞑靼斯坦共和国医疗机构在长春举行医药产业对接会，推动了吉林省与俄罗斯鞑靼斯坦共和国医药产业的经贸合作。中俄作为世界上的大国，在医学领域有着丰富的合作内容和广阔的发展前景。俄联邦卫生部副部长谢尔盖·格拉戈列夫在俄全国医疗大会上曾表示，俄罗斯愿意与中国合作发展制药业。吉林省作为医药大省，知名医药企业众多，无论是药品原材料的供应、药品生产、药品研发都位居全国前列。未来同俄罗斯医药领域合作有着巨大的潜力，或将成为吉林省对俄合作领域的新亮点。

**4. 人文领域合作日益紧密**

吉林省与俄罗斯人文交流是双方优势领域合作的重要一项。近年来，吉林省与俄罗斯不断加强在文化领域的交流，合作日益紧密。

首先，吉林文化旅游周自2011年以来已先后5次到访俄罗斯，向俄罗斯人民展示了独具特色的吉林文化，增进了中俄两国的人文交流和友好合作。2023年吉林文化旅游周在俄罗斯滨海边疆区符拉迪沃斯托克市马林斯基剧院拉开帷幕。俄罗斯国家芭蕾舞团经常到吉林省内，上演经典芭蕾舞剧。

其次，自2023年8月中俄两国启动团体免签政策以来，两国互访游客的数量显著增长。2024年以来，经珲春口岸出入境人员突破60万人次，创历史新高。旅客数量的增长，必然会带动当地旅游经济的发展。吉林省的旅游资源、东北饮食文化、传统民俗对俄罗斯人都具有吸引力，特别是自吉林省大力发展冰雪经济以来，省内冰雪旅游在全国具有较强的影响力。俄罗斯作为冰雪强国，俄罗斯人同样对冰雪有着深厚的情感，对滑雪尤为热爱。冰雪旅游未来或将成为吉林省对俄人文合作领域新亮点。

**5. 跨境电商发展成绩斐然**

吉林省有四个国家级跨境电子商务综合试验区：长春、吉林、珲春和延吉，其中珲春是我国对俄最大的跨境电商陆路口岸。2022年，珲春成立东北亚跨境电商产业园，园区内建有集商品展销、创业孵化、金融结算、仓储物流等多功能于一体的综合服务平台。2023年在俄罗斯乌苏里斯克、莫斯科及韩国仁川等地扩建海外仓。开通东北首条跨境电商包裹国际公路运输（TIR）业务，及俄罗斯首个中俄铁路邮政跨境电商业务，有效降低了企业运输成本，使珲春到莫斯科的运输时间缩短至5天，成为国内对俄跨境电商最便捷、最稳定、最优惠的通道之一。近几年，吉林省对俄跨境电子商务发展成绩斐然。2022年吉林省对俄跨境电商出口额18.7亿元，同比增长24.4%，珲春对俄跨境电商陆路B2C出口规模全国第一。2023年，吉林省跨境电商贸易额同比增长88.9%，达到53.2亿元。珲春市跨境电子商务进出口额达到51亿元，同比增长44%，巩固了全国最大对俄贸易陆路边境口岸。珲春跨境电商年贸易额由2018年的4300万元增长到2023年的50.8亿元，年均增长达90%以上。2024年上半年，珲春贸易额为27.2亿元，同比增长118%。跨境电商已成为吉林省对俄贸易新的增长点。

## 二 吉林省对俄合作面临的问题

### （一）对俄贸易竞争力弱

2024年1~9月，中俄贸易额达到1803.57亿美元，同比增长2%。其中，中国对俄出口831.48亿美元，增长2.4%；中国自俄罗斯进口972.09亿美元，增长1.7%。吉林省在2024年1~9月对俄贸易虽有增长，但无论是在全国对俄贸易占比，还是在东北对俄贸易占比，都未排在前列（见表2）。

表2 2024年1~9月吉林省与黑龙江省对俄进出口贸易

单位：亿元，%

| 省份 | 进出口总额 | 同比增长 | 对俄出口总额 | 同比增长 | 自俄进口总额 | 同比增长 |
| --- | --- | --- | --- | --- | --- | --- |
| 吉林省 | 204.7 | +0.8 | 142.3 | +7.5 | 62.5 | -11.9 |
| 黑龙江省 | 1768 | +15.8 | 266 | +34.2 | 1503 | +13.1 |

资料来源：根据长春海关公布的统计数据以及哈尔滨海关月报数据统计整理。

吉林省对俄贸易竞争力弱，一是占比小。2024年1~9月，吉林省对俄贸易进出口额占全国对俄贸易进出口额的1.6%，黑龙江省对俄贸易进出口额占全国对俄贸易进出口额的13.6%。二是差距大。黑龙江省对俄贸易进出口额是吉林省的8.6倍。吉林省对俄贸易进出口额占吉林省对外贸易总额的15.42%，黑龙江省对俄贸易进出口额占黑龙江省对外贸易总额的75.33%。三是增速慢。目前，俄罗斯是吉林省进出口总额排名第二的贸易国，2024年前9个月，吉林省对俄进出口贸易增长仅为0.8%；俄罗斯是黑龙江省的主要贸易伙伴，在黑龙江省对外贸易额中所占份额的增速为15.8%，增速是吉林省的19.75倍。

## （二）对俄陆路口岸通关能力有待提升

口岸基础设施和跨境物流的发展一直是中俄两国边境人员往来和货物运输的关键。2023年3月，《中华人民共和国和俄罗斯联邦关于深化全面战略协作伙伴关系迈入新时代的联合声明》发表，强调加强边境口岸建设和海陆运输合作的重要性。2023年5月，俄罗斯远东最大港口符拉迪沃斯托克港成为吉林省内贸货物中转枢纽。这一决定被视为中俄深化远东合作的重要标志。目前，吉林省与俄罗斯远东（滨海边疆区）之间的货物往来主要通过珲春—马哈林诺铁路口岸和珲春—克拉斯基诺公路口岸进行。珲春位于中俄朝三国边界的交界处，中国和欧洲之间的货物列车都经过这里。近年来，吉林省对俄贸易发展迅速，通过珲春的铁路口岸运输量大幅增加。至2024年7月，通过珲春铁路检查站的进出口货物量超过200万吨，未来过境货物量还有很大的上升空间。2024年1~11月，经珲春陆路口岸出入境人员突破60万人次。目前，经珲春口岸至对面的俄罗斯克拉斯基诺边检站存在等待时间长、通关效率慢的问题。吉林省与俄罗斯之间贸易的快速增长和人员往来的频繁，迫切需要改善边境地区的运输和物流体系，促进中俄间货物运输和人员往来。

## （三）对俄进出口商品种类单一

目前，吉林省对俄罗斯出口的商品主要是汽车及汽车零部件、机电产品。从俄罗斯进口的主要商品仍以矿物燃料（原油、石油产品、天然气、煤炭）为主，占吉林省从俄罗斯进口的绝大部分。黑龙江、吉林、辽宁三省以及内蒙古自治区东部地区使用来自俄罗斯的煤炭发电和供热，因此，吉林省对俄进口的矿物燃料以煤炭为主，对俄进出口商品种类较为单一。吉林省近几年进口俄罗斯的海产品（主要是螃蟹）份额虽出现快速增长，但总量同矿物燃料相比有很大差距。因俄罗斯政府旨在发展木材加工的政策（限制未加工木材的出口），俄罗斯对中国木材出口出现下降，这也影响俄罗斯对吉林省木材的出口。因国际局势的影响和西方对俄罗斯的制裁，俄罗斯市场对于中国商品的需求日渐增长，中国出口俄罗斯的商品尚不能满足俄罗斯市场的需求，因此，未来吉林省对俄进出口应增加吉林特色，优化商品结构。

## 三 吉林省推进对俄优势领域合作对策建议

在俄罗斯积极"向东转"和新一轮远东大开发背景下，要积极推进吉林省对俄经贸合作高质量发展，增加中俄贸易中的吉林份额，提升吉林省在全国对俄经贸合作中的竞争力和影响力，努力把吉林省打造成为中国对俄合作桥头堡，助力吉林省构建我国向北开放新高地。

### （一）深入俄罗斯汽车市场调研，有针对性地开展同俄汽车产业合作，增强一汽品牌在俄影响力

首先，深入俄罗斯汽车市场调研。一是研究俄罗斯汽车工业发展历史及俄罗斯汽车市场的潜力。二是调研俄罗斯本土汽车及零配件生产、销售及售后情况。三是全面了解俄罗斯当地汽车进出口现状，及俄政府针对汽车进出口颁布的法令。四是借鉴在俄已建立生产基地及销售汽车企业的成功经验，熟知相关政策、法律和环保等要求。五是分析俄罗斯主要联邦主体当地民众对汽车品牌、性能、价格、颜色及售后的需求，特别是对中国品牌汽车的认可度，未来可根据俄罗斯民众对汽车的喜好研发新型汽车。六是调研俄罗斯二手汽车市场，为今后进一步开拓俄罗斯二手汽车市场提供参考。

其次，制定相应的对俄汽车合作策略。选取俄罗斯有汽车工业基础和生产经验的地区（如利佩茨克州）合作建立生产汽车基地，选择俄罗斯人口密度大（人口在百万或几百万）的城市（如叶卡捷琳堡、新西伯利亚、伊尔库茨克、鄂木斯克、喀山）作为汽车销售主要地区，包括销售二手汽车。

最后，通过在俄罗斯媒体、俄最大互联网、电视台投放广告和在俄主要城市的城市出入口及商业中心设立大型广告牌，打造一汽品牌汽车体验馆等方式，为一汽品牌汽车做好宣传，提升一汽品牌在俄知名度，增强俄罗斯人对一汽品牌的认可度。

（二）把握农业领域对俄合作契机，深挖对俄农业合作潜力，推动对俄农业多层次发展

一是加大政府对农业的政策扶持力度，积极争取相关资金支持。二是加强吉林省与俄罗斯（主要是远东地区）在农产品加工以及农作物种植方面的合作。选择同俄罗斯农业发展基础好，有丰富的农作物种植经验的俄罗斯联邦主体，如库尔干州、秋明州、摩尔多瓦共和国和基洛夫州开展农业和农产品加工。三是加强省内农业院校同俄罗斯知名农业大学间的学术和科研交流，扩大交流领域，定期举办学术会议，会议主题围绕农作物种植、农作物病虫害的防治、农产品加工、农业机械等。四是吉林省与俄罗斯滨海边疆区合作建设集种植养殖、农产品生产和加工、仓储和物流于一体的多功能现代化农业产业园。五是双方定期开展食品文化节。通过食品文化节，可以将俄罗斯更多的知名食品企业引进吉林省，将吉林省老字号和知名的优秀食品企业推荐到俄罗斯，推动双方农业领域多层次、多领域发展。六是提升吉林省农业企业的国际竞争力和影响力。

（三）制定和实施医药+俄语复合人才的联合培养，加强医药企业之间的交流，积极开拓俄罗斯医药市场

一是加强双方医药大学间的校际交流。吉林省医药大学应积极同俄罗斯知名的医药大学进行校际交流，举办医疗领域发展合作论坛，增加双方互派教师和学生的数量，培养既懂俄语又懂医药知识的复合型人才。二是由省相关部门推动，举办中俄地方医药合作企业对接洽谈会，医药博览会，形成长期交流机制。三是省内医药企业深入俄罗斯医药市场进行调研，熟知俄罗斯政府出台的医疗保健方面的文件，了解相关法律，增加风险意识。四是了解俄罗斯人对药品需求的类别，为未来有针对性地开拓俄罗斯医药市场提供参考。五是在有条件的情况下和俄罗斯医药企业共同对药品进行研发。六是双方未来在数字化和个性化医疗方面发展新的合作领域。

## （四）加强对俄宣传工作，打造精品旅游线路，深化人文领域交流与合作

一是通过新闻媒体、电视广告、互联网、微信公众号、短视频等宣传方式，推介吉林省的人文环境和旅游资源。二是定期举办吉林省与俄罗斯人文合作论坛，形成机制，加深双方旅游企业全方位交流和合作，共同打造精品旅游路线。关于吉林省赴俄旅游线路的选择，不仅限于莫斯科、圣彼得堡、贝加尔湖和符拉迪沃斯托克等城市和景点，还应选择俄罗斯具有大量文化遗产的联邦主体，如下诺夫哥罗德（城区有600多座历史文化古迹）、托木斯克（城市的百年木制庄园）等城市。借助冰雪旅游的热度，吸引俄罗斯游客来吉滑雪，感受吉林冰雪文化。三是多渠道扩展双方文化交流，丰富文化交流内容，通过举办电影展、民族服饰展、绘画展、艺术展等，加深双方对彼此的文化理解，实现人文领域更深层次的合作。

## 参考文献

[1] 陶连飞：《我省对俄经贸合作生机勃发》，《吉林日报》2023年3月30日。

[2]《携手友城，共创未来 2023吉林文化旅游周在俄开幕》，《吉林日报》2023年10月26日。

[3] 韩东朔：《俄罗斯有望成为吉林省第一大贸易伙伴》，吉林省政府发展研究中心网站，http：//fzzx.jl.gov.cn/yjcg/202403/t20240313_8881948.html。

[4]《中俄珲春铁路口岸进出口货物突破200万吨》，吉林省人民政府网，https：//www.jl.gov.cn/yaowen/202407/t20240722_3266079.html。

[5]《跨境电商成吉林对俄贸易新增长点》，中国新闻网，http：//www.chinanews.com.cn/cj/2024/01-25/10152501.shtml。

[6]《跨境电商高速增长 吉林面向东北亚打造发展高地》，中国新闻网，http：//www.chinanews.com.cn/cj/2024/09-28/10294318.shtml。

[7]《珲春口岸出入境突破60万人次》，央广网，https：//jl.cnr.cn/jlyw1/20241108/t20241108_526968081.shtml。

[8] 陆南泉、于小琴、彭传勇等：《东北全面振兴与远东大开发：中俄区域合作视

角》，《城市观察》2023年第6期。

[9]《中国海关总署：今年前9个月中俄贸易额1803.57亿美元 同比增长2%》，中俄资讯网，http：//www.chinaru.info/zhongejmyw/zhongemaoyi/70917.shtml。

[10]《Приморье и провинция Цзилинь будут совместно развивать пункты пропуска》，远东新闻网，https：//www.dv.kp.ru/daily/27544.5/4810709/。

[11]《В Минздраве РФ отметили колоссальный потенциал сотрудничества с КНР》，俄塔斯社，https：//tass.ru/obschestvo/19433973。

[12]《В России усиливается дефицит импортного фармсырья》，俄罗斯生意人报，https：//www.kommersant.ru/doc/7213808。

[13]《Об основных трендах развития торговли России и Китая》，俄罗斯国际事务委员会网，https：//russiancouncil.ru/analytics-and-comments/analytics/obosnovnykh-trendakh-razvitiya-torgovli-rossii-i-kitaya/。

[14]《К осени товарооборот Хэйлунцзяна с регионами ДФО вырос на 16,4%》，俄罗斯国际事务委员会网，https：//prim.rbc.ru/prim/freenews/66f0e9779a7947f094e2011b。

[15]《Владимир Путин обозначил приоритеты развития Дальнего Востока на пленарном заседании ВЭФ-2024》，俄小城市-萨哈林网，https：//www.mk-sakhalin.ru/economics/2024/09/06/vladimir-putin-oboznachil-prioritety-razvitiya-dalnego-vostoka-na-plenarnom-zasedanii-vef2024.html。

[16]《Китайская провинция Цзилинь прогнозирует стабильный рост внешней торговли в 2024 году》，中国今天网，https：//prc.today/kitajskaya-provinczia-czzilin-prognoziruet-stabilnyj-rost-vneshnej-torgovli-v-2024-godu/。

[17]《Индия стала крупнейшим поставщиком лекарств на российский рынок》，俄罗斯商业咨询网，https：//www.rbc.ru/business/25/03/2024/65fd75399a7947fbff336ccd。

[18]《Крабовый бум：экспорт деликатеса из Приморья в Китай вырос на 13%》，符拉迪沃斯托克论证与事实网站，https：//vl.aif.ru/society/krabovyy-bum-eksport-delikatesa-iz-primorya-v-kitay-vyros-na-13。

[19]《Более 100 тонн зерна экспортировали из Иркутской области в Китай》，邮箱新闻，https：//news.mail.ru/society/63620446/。

# B.17
# 吉林省边境地区旅游业发展问题研究

倪锦丽*

**摘　要：** 近年来，吉林省边境地区旅游业繁荣发展，旅游模式多样，旅游人数和收入不断增加，已成为促进边境地区经济社会持续发展的重要力量，但边境地区旅游业发展也存在着旅游产品单一、品牌打造不足等问题。吉林省边境地区旅游业发展既面临机遇，又有挑战，需要充分发挥优势、挖掘潜能，通过加大优质旅游产品供给，强化市场营销与品牌打造，加强旅游基础设施建设等措施，不断提高吉林省边境地区旅游业的发展水平。

**关键词：** 边境地区　旅游业　吉林省

吉林省边境地区旅游业是吉林省旅游业的重要组成部分，也是实现兴边富民的重要途径。吉林省边境地区与朝鲜和俄罗斯接壤，旅游资源丰富，边境风光秀丽，少数民族风情浓郁，具有发展旅游业的巨大潜力。近年来，吉林省边境地区旅游业不断发展，亮点突出，但仍面临一些问题与挑战，应多方面调整与完善，不断促进边境地区旅游业全产业链发展，不断提高边境地区旅游业发展的整体水平。

## 一　吉林省边境地区旅游业发展现状

吉林省边境地区包括图们市、珲春市、和龙市、龙井市、安图县、抚松

---

\* 倪锦丽，吉林省社会科学院农村发展研究所研究员，主要研究方向为农业与农村经济。

县、长白朝鲜族自治县、临江市、浑江区、集安市等 10 个边境县（市、区），边境线总长 1438.7 公里。吉林省边境地区实行生态开发和保护并重，依托长白山生态资源优势、特色农产品资源优势、民俗文化资源优势等，旅游业快速发展。

## （一）边境地区旅游资源丰富

吉林省边境地区拥有优美的自然风光和天然的生态环境，其也是吉林省边境地区重要的资源之一。雄伟壮丽的长白山是世界自然遗产地和中国自然保护区，生态环境优良。边境地区广袤的森林、湿地、湖泊以及图们江、鸭绿江等众多自然景观景色四季各异，造就了边境地区唯美的自然风光。边境地区的安图县和集安市是国家级生态示范区，集安市是国家园林城市，安图县和抚松县连续六年入选"中国最美县域榜单"。

吉林省边境地区地域文化特色鲜明，文化底蕴深厚。吉林省边境地区是朝鲜族文化、萨满文化等少数民族文化和长白山文化、唐渤海文化、关东文化、鸭绿江文化的共生之地，各类文化在这里传承、汇聚和交融，形成了鲜明独特的文化氛围。在边境地区，可以体验到少数民族独特的生活方式，如朝鲜族传统的舞蹈、音乐和服饰。长白山文化、关东文化等也同样呈现独具特色的魅力。同时，边境地区还拥有满族剪纸、朝鲜族碟子舞等非物质文化遗产。

吉林省边境地区历史底蕴深厚，不乏名胜古迹。集安市的高句丽王城被列为世界文化遗产名录，好太王碑、长白山灵应宫、珲春边防军事遗址都展现了边境地区精彩厚重的历史文化。同时，吉林省边境地区还是东北抗联先烈们曾经战斗、工作和生活过的地方，是传承和发扬革命精神的重要阵地。

吉林省边境地区享有各种美誉。吉林省 10 个边境县（市、区）各具特色，被赋予各种美誉。其中，长白朝鲜族自治县素有"长白山下第一县、鸭绿江源第一城"之美誉，安图县是"中国矿泉水之乡"、"中国蜜蜂之乡"和"中国人参之乡"，珲春市是中国著名的虎豹之乡以及候鸟天堂，龙井市一直享有"松茸之乡"、"苹果梨之乡"和"歌舞之乡"的美誉,临江市是"国家北药基地"和"中国高山红景天之乡",抚松县是著名的"中国人参之乡"和"中国矿泉城",集安市是世界文化遗产地、中国历史文化名城、中国书法之乡和中国十大边疆重镇,这些美誉彰显着每座边境小城的独特魅力。

吉林省边境地区美食独特,共挖掘出63种边境村特色美食,60种特色伴手礼。① 长白山的野山参、珲春的帝王蟹、图们的果酒、龙井的松茸、和龙的大米、长白的虎眼万年青、临江的五味子、集安的冰葡萄酒和人参等边境地区的土特产深受各地游客的喜爱。

## (二)边境地区国家级旅游景区众多

吉林省边境地区拥有众多的国家级景区。国家5A级景区有2个,占全省的25%,分别是集安市的高句丽文物古迹景区和长白山风景区。边境地区的国家4A级景区有20个,占全省的22.7%。其中,延边朝鲜族自治州的安图县拥有红石石峰景区、二道白河名镇和原始萨满部落风景区等9个国家4A级景区,龙井市拥有琵岩山文化旅游风景区等2个国家4A级景区,珲春市拥有1个国家4A级景区——防川风景名胜区,和龙市拥有1个国家4A级景区——延边和龙渔业景区;白山市地区的抚松县拥有吉林松江河国家森林公园等4个国家4A级景区,临江市拥有1个国家4A级景区——四保临江纪念馆,长白县拥有1个国家4A级景区——望天鹅风景区;通化市地区的集安市拥有1个国家4A级景区——吉林五女峰国家森林公园。同时,国家3A级景区在吉林省边境地区也多达45家,占全省的31.5%。其中,延边州的安图县5个、和龙市4个、龙井市3个、图们市2个、珲春市2个,白山市地区的长白县6个、抚松县4个、临江市4个、浑江区2个,通化市地区的集安市13个(见表1)。

---

① 《一路风光无限——吉林省国道沿边开放旅游大通道建设走笔》,《吉林日报》2024年5月7日。

表1 吉林省10个边境县（市、区）拥有的国家级景区

单位：个

| 类别 | 图们市 | 珲春市 | 和龙市 | 龙井市 | 安图县 | 抚松县 | 长白县 | 临江市 | 浑江区 | 集安市 | 合计 |
|---|---|---|---|---|---|---|---|---|---|---|---|
| 4A | — | 1 | 1 | 2 | 9 | 4 | 1 | 1 | — | 1 | 20 |
| 3A | 2 | 2 | 4 | 3 | 5 | 4 | 6 | 4 | 2 | 13 | 45 |

资料来源：文化和旅游部公布的"国家A级景区"名单。

## （三）边境地区旅游模式多样

吉林省边境地区在旅游上不断做文章，开发了生态游、冰雪游、康养游、乡村游、民俗游和红色游等不同类型旅游，提供不同的旅游体验。同时，边境地区大力促进文化、体育与旅游的深度融合，互促发展。

吉林省边境地区乡村旅游蓬勃发展，建成了一批A级乡村旅游景区，打造了不同的边境乡村游线路，如位于临江市的珍珠门景区就被评为"国家4A级乡村旅游经营单位"。安图县的奶头山村，以及龙井市的东明村被评为"全国乡村旅游重点村"。抚松县的露水河长白山狩猎度假区和仙人桥温泉度假区入选了全国乡村旅游精品线路。图们市图们江朝鲜族文博园和碧海云天娱乐园，以及和龙市龙德民宿山庄入选吉林省"3A级乡村旅游经营单位"。集安市下解放村、长白县九道沟村被评为省级乡村旅游重点村。图们市白龙村百年部落每年能接待旅游者8万人次[1]，龙井市琵岩山温泉古村落旺季时酒店每天可接待游客300~500人次[2]。2022年边境村共接待游客96.72万人次，2023年上半年共接待游客122万人次。[3]

吉林省边境地区的冰雪旅游火爆。抚松县是世界三大粉雪基地之一，吸引了来自世界各地的游客。2023年11月至2024年2月底，抚松县共接待游

---

[1] 《探索"百年部落" 感受朝族文化》，《中国旅游报》2024年5月14日。
[2] 《在吉林一千四百多公里的边境线上——旅游热潮涌动 颗颗明珠闪亮》，《中国旅游报》2024年6月18日。
[3] 冯超：《吉林省边境村发展建设——聚人气 兴产业 富边民 固边防》，农业农村部网站，http://www.moa.gov.cn/xw/qg/202307/t20230704_6431421.htm。

客120.7万人次，收入6.38亿元。雪季日均接待游客8000余人次，同比增长182%，冰雪产业蓬勃发展。① 临江市冰雪旅游2023年接待游客数量和收入分别增长了60.8%和27.1%。② 集安市打造了冰雪大世界露天网红冰场，开发了冬钓、冬捕以及冬娱冰雪等项目。和龙市仙峰滑雪场已经准备投入试运营。

吉林省边境地区涌现了一批网红打卡地。如图们市的日光山森林公园、公信昌等3地被评为"发现最延边"网红打卡地。和龙市的金达莱村、光东村和柳洞村成为乡村田园热门打卡地。《人世间》和《搜救》等电视剧在抚松县也有很多取景地，成为游客打卡必去之地。

边境地区通过举办各类节庆活动带动旅游业发展，共打造了72个边境村文旅项目。③ 如临江市举办的鸭绿江文化旅游节，龙井市举办的"延边之春"梨花节、"朝鲜族百种节（农夫节）"，延边露营旅游嘉年华等节庆活动，都带动了旅游业的发展。和龙市举办的金达莱文化旅游节和冰雪嘉年华等节庆活动，珲春市举办的首届北冰洋帝王蟹节和国际东北虎豹节等活动，也都极大地促进了当地旅游业的发展。

吉林省边境地区通过举办各类体育赛事来扩大影响，实现以体促旅。如和龙市举办的半程马拉松等赛事活动，珲春市举办的防川边境国际自行车赛、边境马拉松，以及中俄城市足球邀请赛等活动，抚松县举办的中国滑雪巡回赛、迪桑特燃冬挑战赛等，都带动了旅游业的发展，实现了体育赛事和旅游业的融合发展。

### （四）旅游收入和游客数量增加

目前，随着旅游业的回暖和复苏，吉林省边境地区的旅游人数和旅游收入逐渐增长，基本恢复到了2019年的水平，部分边境县（市）甚至超过了

---

① 2023年抚松县《政府工作报告》。
② 2023年临江市《政府工作报告》。
③ 《一路风光无限——吉林省国道沿边开放旅游大通道建设走笔》，《吉林日报》2024年5月7日。

2019年的水平。

2023年延边地区，图们市全年共有210.6万名游客来此旅游，旅游收入达到7.5亿元，其旅游人数比2019年增加了21.4万人，旅游收入增加了2亿元。安图县全年游客数量达到767万人，旅游收入实现100亿元，分别比2019年增长了299万人和22亿元。珲春市全年旅游人数达到557.7万人，旅游收入达到65.1亿元，和2019年相比分别增加了99.7万人和10.3亿元。龙井市全年游客数量为478.3万人，旅游收入17.4亿元，分别比2019年增加了158.1万人和8.5亿元；2023年白山市地区，抚松县全年共接待游客数量为206万人，旅游收入达14.5亿元，与2019年相比还有待提升；2023年通化市地区，集安市全年共接待游客数量为300万人，旅游收入达到51亿元，基本恢复到2019年的水平。总的来看，延边朝鲜族自治州边境地区的旅游业恢复情况要较好于白山市和通化市边境地区的旅游业（见表2）。

表2 吉林省边境地区部分县（市）游客人数和旅游收入

单位：万人，亿元

|  | 图们市 |  | 珲春市 |  | 龙井市 |  | 安图县 |  | 抚松县 |  | 集安市 |  |
|---|---|---|---|---|---|---|---|---|---|---|---|---|
|  | 人数 | 收入 | 人数 | 收入 | 人数 | 收入 | 人数 | 收入 | 人数 | 收入 | 人数 | 收入 |
| 2019年 | 189.2 | 5.5 | 458 | 54.8 | 320.2 | 8.9 | 468 | 78 | 220 | 27.1 | 300 | 65 |
| 2023年 | 210.6 | 7.5 | 557.7 | 65.1 | 478.3 | 17.4 | 767 | 100 | 206 | 14.5 | 300 | 51 |
| 2023年增加 | 21.4 | 2 | 99.7 | 10.3 | 158.1 | 8.5 | 299 | 22 | -14 | -12.6 | 0 | -14 |

资料来源：相关县（市）国民经济和社会发展统计公报。

### （五）边境地区基础设施和服务明显改善

随着边境旅游的不断升温，吉林省持续加大边境地区基础设施建设力度，不断提升各项服务和接待能力。

边境地区的交通网络体系加快建立。截至2022年底，吉林省边境地区公路总里程已达到24615公里，其中的1196公里为高速公路，占比4.9%，所有边境地区的乡（镇）以及行政村都通有公路。吉林省G331沿边开放旅游大通道在2022年开始建设施工，松江河到长白以及白山到临江等地的高速公路在紧张地建设中。建成后，所有边境县（市、区）都将通达高速公路。长白山机场扩建、珲春机场、新建白山机场、和龙通用机场、龙井通用机场等项目都在有序推进中。长春至图们、珲春至东宁铁路、松江河至长白铁路3个扩能改造项目已被纳入《国家中长期铁路网规划》（2016~2030年）。随着G331沿边开放旅游大通道的建设，沿线的客运班次不断增加，并相应地延长了运营路线，逐步实现全线贯通。

网络通信设施建设逐步加强。吉林省边境地区实施"通信网络和广播电视保障工程"，边境村实现了光纤和4G信号全覆盖，全部免收数字电视收视费，其中上百个村实现了5G网络全覆盖。G331沿边开放旅游大通道计划新建238个基站，逐步实现网络信号全覆盖。[①]

旅游接待能力逐步提高，在众多边境村中已有38个边境村具备了一定的接待能力，这些边境村宾馆和民宿的数量已由2021年的462家增至2024年的663家，可同时接待5300人。[②]

## 二 吉林省边境地区旅游业发展面临的问题与挑战

近几年，吉林省边境地区旅游逐渐火热，旅游业的方方面面有了较大发展，但由于激烈的市场竞争，边境地区旅游业仍然面临一些问题与挑战。

### （一）边境地区旅游资源分散

吉林省边境地区虽然旅游资源丰富，有2个国家5A级景区、20个国家4A级景区、45个国家3A级景区，但由于缺少对旅游线路的科学规划和精

---

① 《一路风光无限——吉林省国道沿边开放旅游大通道建设走笔》，《吉林日报》2024年5月7日。
② 《一路风光无限——吉林省国道沿边开放旅游大通道建设走笔》，《吉林日报》2024年5月7日。

心安排，边境地区的旅游景区分散在10个边境县（市、区）的1438.7公里的边境线上，这种广泛散落的资源空间分布，造成游客"行大于游"的局面。同时，也不利于边境地区的旅游业形成规模效应和品牌打造，阻碍了旅游业的进一步发展。

### （二）旅游产品单一、水平低，同质化问题突出

吉林省边境地区多数为3A级景区和4A级景区，4A级景区主要集中在长白山脚下的安图县和抚松县，其他县市多数为3A级景区，这说明多数旅游景区和产品的规模不大，水平较低。由于10个边境县（市、区）资源禀赋相似，旅游景区和产品多数为自然风光、民俗风情、乡村旅游等，存在重复建设的问题。自然风光多为森林风光，民俗风情多为朝鲜族风情，乡村旅游多为采摘、看花海、吃特色美食，使得边境地区的旅游产品过于单一，且同质化现象严重，从一个景点到下一个景点总感觉缺少新意，服务项目大同小异，缺少优质旅游产品和精品线路，缺少竞争力和吸引力。同时，销售的旅游产品缺少文化创意，多数为地方特色农产品，且多数为初加工农产品，质量和档次较低，还有一些假冒伪劣产品混杂于旅游市场之中。

### （三）品牌打造不足

旅游品牌具有比较强的特殊性，它需要传递或表达出极强的价值期待，才能让游客"满怀期待"且"足够动心"并甘心付费。目前，吉林省边境地区虽然旅游资源丰富，但对自然景观、文化资源、民俗风情和历史遗产等资源没有进行深度挖掘，缺少文化创意和丰富内涵，提炼与整合也不足，无法形成具有独特定位和差异化特点的边境地区旅游品牌。同时，边境地区旅游业缺少统一的品牌，在宣传时缺乏统一的口号和视觉形象，品牌形象不清晰。缺少统一的品牌形象，就会导致游客的认知度和信任度不足。并且由于缺乏有效的营销策略和传播渠道，如传播渠道单一、缺乏创意和创新、没有对旅游市场进行细分、没有实施精准营销等，导致品牌的传播效果差，很难建立起强大的品牌认知度，对边境地区旅游业的发展不利。

### （四）基础设施及配套服务不完善

吉林省边境地区地理位置较偏，因此基础设施建设和配套服务显得尤为重要，虽然其水平一直在不断提高，但仍不完善。

一是边境地区的交通条件有限。如高速公路和铁路数量较少，县二级公路还没有实现互联互通，县、乡公路的路幅窄，部分路段的路况不好等。尽管吉林省边境地区有G331国道贯穿，但公路的通行能力和通信网络等方面还存在短板。

二是配套服务水平整体不高。边境地区住宿、餐饮等设施不足，尤其是星级宾馆和酒店少，食宿条件较差，娱乐和邮电通信设施不足，不利于吸引高端游客群体。G331国道沿线上的观景平台、停车区和服务区等服务设施不足。

三是服务意识和服务水平较差。边境地区旅游和相关服务业的从业人员大部分没接受过专业的培训，其服务意识、态度和服务水平不高，在一定程度上影响了游客的旅游感受。

## 三 促进边境地区旅游业发展的对策建议

吉林省边境地区要充分发挥资源优势，科学规划、整合资源、突出亮点，做强做优旅游产业。要通过强基础、塑品牌、优服务，增强边境旅游的接待能力和承载能力。要促进"吃住行游购娱"一体化，全面提升旅游业全产业链发展水平。要突出冰雪旅游，打造全季旅游。要落实"旅游+"战略，丰富旅游产品和业态，推动旅游产业提档升级。

### （一）加大优质旅游产品供给

边境地区要整合旅游资源，不断丰富旅游产品和业态，创新玩法，打造旅游新场景和消费新空间，增强以产品体验为核心的市场竞争力。

一是要打造边境旅游精品线路。规划和建设一批特色鲜明、主题突出的旅游线路，如集安"鸭绿江畔·二十八村"等边境乡村旅游精品线路、边境民俗风情游精品线路和G331国道边境自驾游精品线路等，让游客一路有惊喜，一路有看头。

二是要不断丰富旅游产品供给。针对不同的客户群体，边境地区要结合自身资源优势，因地制宜开发生态康养、秘境度假、历史民俗、亲子研学、水上漂流、山地运动、户外露营、特色旅拍、林地穿越等旅游产品，突出这些旅游产品的新体验。

三是要不断丰富旅游新业态。推出一批融合跨界新业态、带来新景区业态效应、呈现产业融合的新场景。比如，通过办好金达莱文化旅游节、图们江文化旅游节、长白山粉雪节、避暑消夏节等节庆活动带动旅游业发展，促进"节事+旅游"融合发展；通过举办边境马拉松、滑雪、自行车、足球等赛事活动带动旅游业发展，催生"赛事+旅游"新业态；通过以朝鲜族文化、高句丽文化、鸭绿江渔猎文化、农耕文化为核心开发人参采摘、打糕制作、朝鲜族服饰旅拍、露营、探险等项目带动旅游业的发展，促进"文化+旅游""农业+旅游""沉浸式体验+旅游"等的融合发展，打造旅游消费新空间。

四是突出发展冰雪旅游。吉林省长白山具有发展冰雪旅游的资源优势，要大力发展冰雪运动、冰雪主题文旅项目，深挖冰雪文化，打造冰雪品牌产品，科学优化和拓展冰雪旅游发展空间，推动冰雪旅游向高端化发展，推动边境旅游全季发展。

## （二）强化市场营销与品牌打造

目前，旅游业发展已不再是靠资源竞争的年代，而是步入了品牌竞争的旅游营销新时代。强化市场营销与品牌建设，是提升吉林省边境旅游知名度的关键举措。

一是要强化主流媒体宣传。制作旅游宣传片在省电视台播放，也可投入一定的资金在央视投放主题形象宣传片，强化旅游品牌宣传，让央视媒体引爆品牌效应。与广告公司进行合作制作户外广告，在长春市等一级客源市场城市的飞机场、车站、宾馆酒店等地投放广告，也可采取高铁广告、高速广告、车身广告、影前广告和报刊画册等宣传形式。

二是发挥网络营销优势。网络营销的最大优势就是传播速度快、覆盖面广，并且大数据还可提供精准营销。要以智慧旅游为核心，利用手机、网络、微信、微博、微电影等新型媒体，开展推介与宣传。也可招募和邀请一批热爱旅游、乐于分享、善于宣传，并拥有一定粉丝量的网红达人、知名博主，以及省内外文艺界、旅游界、新闻界、摄影界专家领导来边境地区考察采风、体验生活，通过他们创作的文艺作品和录制的视频等进行宣传，让他们成为吉林省边境地区旅游业的代言人。

三是打造边境地区特色旅游品牌。品牌已成为现代旅游业发展的核心动力。吉林省边境地区旅游只有以差异化的资源特性和鲜明的形象特征，才能赢得竞争优势，要找第一、做唯一。边境地区要串联国道G331沿线的重要节点，打造生态观光、边境自驾和文旅消费产品体系，做强边境休闲游品牌。要整合万达、鲁能度假区和长白山风景区等的核心资源，打造世界级的长白山生态度假品牌。要深耕边境地区的人文、历史和红色等资源，打响历史文化品牌。要放大朝鲜族餐饮、住宿、文化娱乐、文创等核心吸引力，做优朝鲜族风情品牌。

### （三）加强旅游基础设施建设

良好的基础设施是旅游业发展强有力的支撑。吉林省边境地区要进一步完善旅游景区的道路交通、通信网络、停车场、游客服务中心等基础设施和公共服务设施，提升旅游环境的舒适度。

一是要加强公路建设。以补短板、强联通、利便捷为目标，继续推进G331沿边开放旅游大通道建设，推进边境地区高速公路、旅游公路和铁路建设，县二级以上公路要实现互联互通。要尽快建成覆盖边境地区城乡、内外通畅的公路交通网。有关部门要积极做好主干公路和旅游景区道路连线建设工作，解决好进入景区的"最后一公里"问题，杜绝旅游旺季游客"进不来也出不去"等现象的发生。

二是提升住宿、餐饮条件。为了缓解旅游旺季时住宿、餐饮比较紧张的问题，要适当增加宾馆、酒店、饭店等的数量，尤其是星级酒店的数量，并应大力提升住宿、餐饮的卫生条件。同时，还要加强酒店、旅馆、度假村、农家乐和民宿等住宿设施的建设，为游客提供不同类型的住宿选择。

三是加强通信基础设施的建设。要不断扩大旅游景区和旅游公路沿线的4G或5G等无线网络的覆盖面，为游客提供快捷、稳定的网络服务，随时让游客了解旅游信息，并分享旅游体验和心得。

四是加强游客服务中心设施建设。要加强旅游景区游客服务中心的停车场、商超、电动汽车充电桩等基础设施的建设，为游客提供更多的一站式服务。

五是加强景区内的基础设施建设。如增加景区内旅游厕所、旅游观光车、休息长椅的数量，解决旅游高峰期游客排队等候时间长等问题，还要增加指示牌和引导牌，方便游客游览。

## （四）提升旅游服务质量

吉林省边境地区要不断提高旅游服务质量，持续优化旅游软环境。让来边境旅游的游客"吃得放心、住得舒适、行得顺畅、游得开心、购得称心、娱得舒心"，通过贴心优质的服务扩大品牌效应。

一是要通过科技和数字赋能，提高旅游业的服务信息化。如利用微信公众号等服务平台进行在线咨询、预订，利用互联网进行电子支付，来提高服务效率。还可利用大数据分析，为游客提供更精准的旅游服务和推荐。

二是优化流程简化手续。简化游客游览手续和服务流程，减少不必要的环节，缩短游客排队等候的时间。优化旅游线路，让游客出行更加便利。

三是加强安全与卫生管理。完善公共安全管理制度，尤其是涉及游客切身利益的设施安全、交通安全、卫生安全等方面不容忽视。要定期检查和维护景区各项游玩设施，确保设施的完好性和安全性。景区内要设置必要的紧急救援设施和安全警示标识。要加强宾馆、酒店、饭店在食品、卫生、用气、用电和用火方面的安全。

四是建立有效的反馈机制。通过在线客服、游客意见箱、扫二维码等渠道，方便游客提出意见、建议或投诉。对游客的反馈要及时处理，并进行总结和分析，相应地调整服务策略、方式、手段和流程，提高服务水平。

五是强化服务人员的技能。定期举办培训班和分享会，对景区、餐饮、住宿等一线服务人员和导游的专业素养进行培训，转变其服务态度，提升其沟通技巧和应急处理等方面的能力。

## （五）加强旅游市场监管

加强旅游市场监管是旅游业健康和有序发展的重要保障。要加强执法检查，打击违法违规行为。

一是强化经营资格监管。对经营场所的执照是否齐全、是否墙上公示进行重点检查，查处无照无证的违法经营行为。

二是强化价格监管。对旅游景区、旅游购物点、旅游饭店的价格进行监督检查，设置监测点对每日价格进行监测，严厉查处价格虚标、价格欺诈和不按规定明码标价等违法行为。

三是强化特种设备监管。对旅游区的各类实体店的计量器具进行专项检查，严厉打击缺斤少两等违法行为，确保游客明明白白消费。

四是强化不良经营监管。对旅游消费场所的商标侵权、虚假宣传、强制购物、以次充好、销售假冒伪劣商品、欺骗游客购物等扰乱旅游市场秩序的违法行为予以严厉查处。

五是加强食品安全监管。对大中型餐饮服务单位、农家乐和地方特色小吃店等旅游餐饮单位开展食品安全监督检查，包括餐具消毒、食品原材料采购、加工制作等环节是否符合食品安全标准，是否落实"明厨亮灶"和制止餐饮浪费，是否销售"三无"食品和过期变质食品等，对不法行为坚决查处，确保游客吃得放心。同时，旅游景区还应设立12315消费维权站，为游客消费维权提供渠道，快速处理投诉与举报，切实维护游客的合法权益不受侵害。

**参考文献**

[1] 相关县（市、区）《2023年国民经济和社会发展统计公报》。
[2] 相关县（市、区）2023年《政府工作报告》。
[3] 《吉林省文化和旅游发展"十四五"规划》，2021年11月。

# 民生篇

## B.18 吉林省人口高质量发展研究

周含[*]

**摘　要：** 习近平总书记强调，要以人口高质量发展支撑中国式现代化。本文通过对人口普查数据等统计数据进行分析和计算，发现吉林省近年的人口发展存在人口与人才外流、老龄少子化、城乡与地域间发展不平衡等困境，但同时也有人口平均受教育水平较高、男女平等程度较高等优势。为促进吉林省人口高质量发展，针对吉林省目前的人口现状，本文提出了要增加劳动力有效供给积极应对人口老龄化，加快完善生育支持政策体系，统筹人口与经济社会、资源环境协调发展，全面综合提升人口综合素质等对策建议。

**关键词：** 人口高质量发展　人口结构　人口素质　人口再生产

---

[*] 周含，吉林省社会科学院社会学研究所助理研究员，主要研究方向为人口社会学、婚育行为和生育政策。

习近平总书记强调，人口发展是关系中华民族伟大复兴的大事，必须着力提高人口整体素质，以人口高质量发展支撑中国式现代化。近年来，吉林省人口的总量、年龄结构、流入流出等问题广受关注，为提升吉林省人口发展水平，改善吉林省振兴发展环境，本文对吉林省人口高质量发展问题进行了研究。

# 一 吉林省人口发展现状

## （一）人口整体呈负增长趋势

人口总量下降。截至2023年末，吉林全省总人口为2339.41万人。全年出生人口8.84万人，出生率为3.77‰；死亡人口21.46万人，死亡率为9.16‰；自然增长率为-5.39‰。2023年末，人口性别比为99.58（以女性为100）；城镇常住人口1514.07万人，占总人口的比重（常住人口城镇化率）为64.72%，比上年末提高0.99个百分点。户籍人口城镇化率为48.98%。吉林省的总人口数量、占全国人口的比例，都相比十年前有所降低，城镇化水平则持续高于全国平均水平。

人口自然增长率下降。自2017年以来，吉林省人口出生率水平持续下降（见图1），且每年都显著低于全国同期的平均水平。同时，受老龄化等多方面因素影响，吉林省2019年的自然增长率降到负值，此后负值一直持续，并预计将至少持续至2040年左右。

## （二）人口结构趋向于老龄化

老年人口总量与占比均有所上升。2023年末，吉林省常住人口中，0~15岁人口为262.11万人，占全部人口的11.20%；16~59岁人口为1450.47万人，占比62.00%；60岁及以上人口为626.83万人，占比26.79%，其中65岁及以上人口为435.83万人，占比18.63%。与2010年第六次全国人口普查相比，0~15岁人口的比重下降了1.83个百分点，16~59岁人口的比重

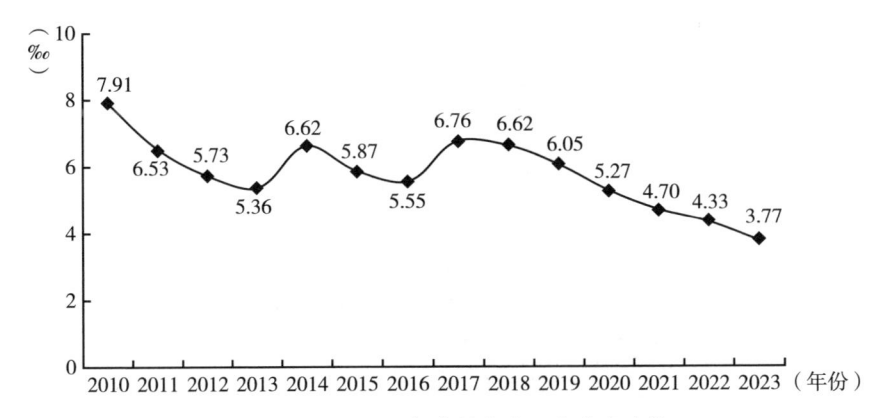

**图 1　2010~2023 年吉林省人口出生率走势**

资料来源：《吉林统计年鉴》。

下降了 11.75 个百分点，60 岁及以上人口的比重上升了 13.58 个百分点，65 岁及以上人口的比重上升了 10.25 个百分点。

老年抚养比上升，少年抚养比降低。根据《中华人民共和国 2023 年国民经济和社会发展统计公报》，我国 65 岁及以上老年人抚养比为 25.06%，吉林省则为 30.05%。抚养比在一定程度上体现了一个国家或地区的劳动力负担程度，随着老年人口比重的不断攀升，生育维持较低水平，未来老年抚养比还会不断攀升，在劳动力供给本就减少的背景下，将进一步加大劳动年龄人口的负担。通过第七次全国人口普查数据，推算出 2023 年吉林省人口金字塔（见图 2），与 2010 年第六次全国人口普查时的吉林省人口金字塔（见图 3）进行纵向对比可以发现，十年前的人口集中在青壮年，尽管 10 岁以下儿童人口较少，但受"一孩"与"一孩半"生育政策影响较大，属于可预测的范畴；到 2023 年，这些青壮年人口基本平移到即将步入老年的人生阶段，而少年儿童不仅没有随"两孩"政策增加，反倒进一步减少，尽管少年抚养比因此降低，但人口年龄结构也会进一步向老龄化发展。

人口金字塔接近倒金字塔形。2023 年的人口金字塔在 62~70 岁、42~48 岁这两个年龄范围都出现了明显的人口高峰。62~70 岁的人口在新中国

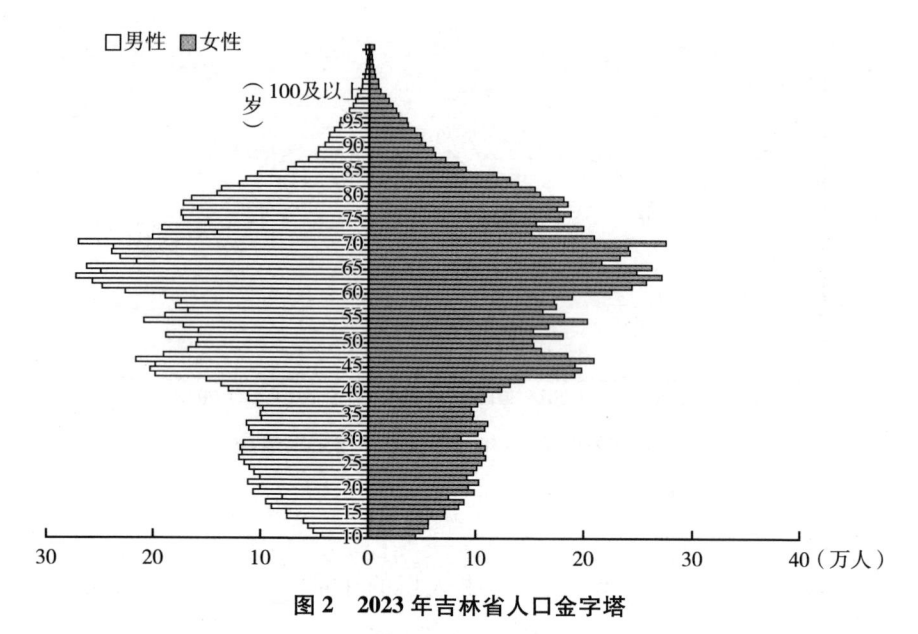

图 2　2023 年吉林省人口金字塔

资料来源：吉林省 2020 年人口普查数据资料。

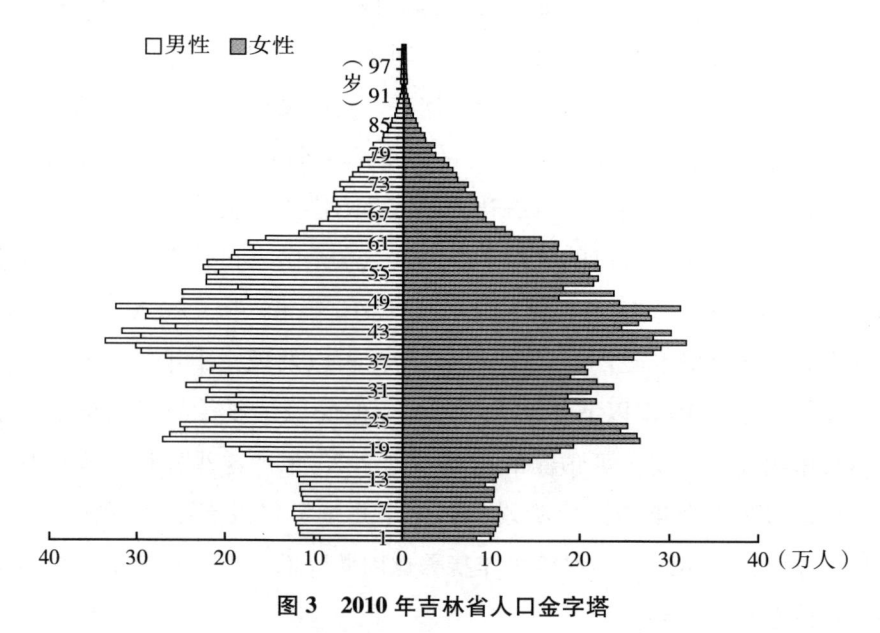

图 3　2010 年吉林省人口金字塔

资料来源：吉林省 2010 年人口普查数据资料。

成立后的工业化时期处于劳动力高峰年龄,他们中的一部分是作为支援"一五"计划的工业建设者来到吉林,并在此定居。他们的子女多为此时42~48岁的人口,子女的子女则主要为此时18~25岁左右的人口。在全国范围,人口数量的代际变化相当明显,并且在2016年"两孩"政策实施后,在5~7岁又出现了新的高峰。然而在吉林,25岁左右的人口尽管明显多于年龄相近的其他年龄段人口,但增加的曲线相对平滑,并未达到与他们的父母辈相近的幅度;到5~7岁这一年龄段时,则几乎没有改变邻近数年内人口出生率下降的趋势。在这样的人口年龄结构变迁下,到2023年,吉林省的18~40岁青壮年人口明显偏少,18岁以下的少年儿童人口更少,中老年人口众多,人口金字塔已接近倒金字塔形。

## (三)教育水平与人口素质提升

吉林省的教育具有较好基础,也有重视教育的传统,人口受教育程度长期高于全国平均水平,并且在义务教育维持良好的基础上,高层次受教育程度人口占比不断提高。

吉林省人口受教育程度较高。第七次全国人口普查数据显示,2020年,吉林省常住人口中,拥有大学(大专及以上)文化程度的人口为402.9万人,占比16.74%,相比第六次全国人口普查有大约7个百分点的提升,也高于全国同期的15.47%;拥有高中(含中专)文化程度的人口为411.2万人,占比17.08%,与第六次全国人口普查时大致持平,略高于全国同期的15.09%;拥有初中文化程度的人口为920.4万人,占比38.23%,比第六次全国人口普查时低约4个百分点,高于全国平均水平的34.51%;拥有小学文化程度的人口为537.3万人,占比22.32%,比第六次全国人口普查时低约2个百分点,也低于全国平均水平的24.77%;文盲率仅有1.33%,仅为全国同期2.7%的一半。

吉林省人口平均受教育年限较高。2020年,吉林省15岁及以上人口的平均受教育年限为10.17年,相比十年前均有一定增长,且高于全国平均受教育年限的9.91年。这主要得益于东北的高校建设,截至2021年底,东北

二省共有各类高校260所，相比2013年增加7所；每10万人拥有高校0.26所，显著高于全国平均0.18所。

### （四）人口分布与流动呈中心化趋势

人口主要分布在中部地区。根据《吉林统计年鉴（2023）》，截至2022年末，吉林省9个市（州）中，人口超过500万人的地区有1个，为长春市；在200万人至500万人之间的地区有2个，从多到少依次为吉林市和松原市；在100万人至200万人之间的地区有4个，从多到少依次为延边朝鲜族自治州、四平市、白城市、通化市；少于100万人的地区有2个，从多到少依次为辽源市和白山市。分区域看，东部地区人口为459.23万人，占吉林省总人口的19.56%；中部地区人口为1354.5万人，占比57.70%；西部地区人口为533.96万人，占比22.74%，人口分布以中部地区为主（见表1）。

表1 吉林省各市（州）常住人口

单位：万人，%

| 地区 | 人口数 | 占比 | | |
|---|---|---|---|---|
| | | 2022年 | 2020年 | 2010年 |
| 全省 | 2347.69 | 100.00 | 100.00 | 100.00 |
| 长春市 | 906.54 | 38.61 | 37.66 | 31.94 |
| 吉林市 | 352.12 | 15.00 | 15.05 | 16.08 |
| 四平市 | 169.79 | 7.23 | 7.54 | 8.35 |
| 辽源市 | 95.84 | 4.08 | 4.14 | 4.28 |
| 通化市 | 122.4 | 5.21 | 5.41 | 6.23 |
| 白山市 | 90.62 | 3.86 | 3.95 | 4.72 |
| 松原市 | 216.07 | 9.20 | 9.36 | 10.49 |
| 白城市 | 148.1 | 6.31 | 6.44 | 7.40 |
| 延边朝鲜族自治州 | 189.95 | 8.09 | 8.07 | 8.27 |
| 长白山管委会 | 6.06 | 0.26 | 0.25 | — |
| 梅河口市 | 50.2 | 2.14 | 2.12 | 2.24 |

资料来源：2020年人口普查公报、《吉林统计年鉴（2023）》。

人口外流和向中心城市流动并行。自2011年以来，吉林省流出人口多年大于流入人口，长期呈人口净流出趋势[1]，平均每年流失超过10万人。直到2023年，人口跨省净流入4.34万人，暂时结束了人口的净流出趋势，同年人口减少数量由上年的27.68万人下降至8.28万人，在自然增长率仍为负值的情况下，主要得益于人口流入。与2010年第六次全国人口普查相比，2023年的9个市（州）中，仅长春市常住人口有所增加，其他地区常住人口均有不同程度减少；而长春市的自然增长率整体为负值，人口增加主要是由于其他地区人口流入中心城市。吉林省曾经有长春市和吉林市两个主要人口流入地，但近年来的经济形势与老龄化发展之下，吉林市的人口也开始减少，同样仅在2023年出现回流，同年共有长春市、吉林市、延边州和梅河口市4个市（州）的常住人口净流入，分别流入人口6.75万人、3.50万人、0.83万人和0.23万人。由于是首年出现回流，未来的人口分布与流动趋势仍需继续观察，但预计短时间内总人口仍将处于下降趋势，且仍将总体向省会城市和大城市集中。

## 二 吉林省人口高质量发展主要困境

### （一）人口老龄化形势严峻使人口红利消失

当前，吉林省的人口红利丧失明显，老龄化问题相比全国平均水平更加严重。东北地区在新中国成立后鼓励生育的时期以及社会主义工业化建设时期，曾经拥有明显的人口红利；但随着时间推移，曾经的大批青壮年劳动力逐渐步入老年阶段，成为东北老龄化社会的主因，人口红利消失。

近年来，东北作为人口流入地的优势明显减弱，成为人口迁出地。我国自实行计划生育政策后，人口出生率大幅下降。而在出生率下降之前，死亡率已提早下降至较低水平，从而引发时滞效应，加速了人口转变。新中国成

---

[1] 《近十三年首现净流入 吉林省人口形势向好》，新华网，http://www.jl.xinhuanet.com/20240205/91752be0aaaf44f8877469cdcccc4aed/c.html。

立后到进行大规模工业化建设的时期,东北经济发展较快,不仅有较高的生育水平,作为重工业基地还有大量劳动力年龄人口迁入,形成了明显的人口红利。但在改革开放后,经济重心逐渐南移,重工业产值占GDP比重下降。在经济形势变化与时间推移的影响下,吉林省曾经的人口红利不能长期持续。通常用人口抚养比来衡量一个地区是否进入人口红利期,即进入人口红利期的标志是人口抚养比小于53%。2024年,吉林省的人口抚养比为61.28%,已经脱离人口红利期。随着总抚养比的不断上升,少儿人口占比下降,老年人口数量大幅上涨,劳动年龄人口负担加重,适龄劳动力占比大幅下降,后备劳动力严重缺乏。外加近年全省总人口呈不断减少趋势,外流人口又以劳动年龄的年轻人口为主,这种现象叠加年龄结构与自然老化,进一步加剧了吉林省的人口老龄化。

### (二)低生育水平长期持续

吉林省多年严格执行计划生育政策,使得"少生优生"观念深入人心,近年无论是计划生育政策的放宽,还是现有的生育激励政策,都未取得理想效果,人口出生率长期维持在较低水平。

改革开放后,我国开始实施严格的计划生育政策,东北作为老工业基地,国企占主导地位,城镇化程度较高,计划生育政策得到较彻底的贯彻。在1982年,吉林省的总和生育率为1.84,明显低于全国2.58的平均水平。此后,随着独生子女政策的进一步推行,吉林省的生育水平不断下降,2010年第六次全国人口普查显示,吉林省的总和生育率为0.76,远低于全国水平的1.2;到2020年,吉林省总和生育率为0.88,尽管有一定回升,但此时计划生育政策已全面放开"二孩"。这意味着,即使没有政策的控制,以当年的年龄别生育率来看,吉林妇女终生生育子女数明显少于1个,同期全国为1.3个。生育率下降在全国各地普遍存在,但东北地区的生育率长期低于全国平均水平。低生育水平首先会对相关产业造成一定影响,主要包括孕婴、托幼、教培等行业。其次,尽管生育率降低会在短时间内降低少年儿童抚养比和总抚养比,但也会导致后续人口缺少可持续性,长期来看会令经济和人口的高质量发展乏力。

生育行为在本质上是育龄妇女的生育行为，了解吉林省育龄妇女的现状，有助于理解吉林省居民生育行为的真实情况，并对未来的生育效果进行预测。本文运用2010年和2020年全国人口普查数据计算得出，截至2023年末，吉林省15~49岁育龄妇女共有约473.6万人，其中20~34岁的生育旺盛期育龄妇女约为169.8万人。去除非育龄期的妇女和男性人口的影响后，得到图4。可以看出，"单独两孩"政策实行一年后的2014年，和"全面两孩"政策实行一年后的2017年，育龄妇女生育率均出现明显提升，虽然补偿性生育高峰之后出现小幅回落，但之后的两三年仍然高于政策放开之前的水平，回落并没有改变生育率上升的总体趋势。但从2020年起，受疫情影响，妇女生育水平再次显著降低，仅在2021年出现过微弱回升，2022年起继续下降，并且在疫情结束后的2023年也没有回升。由于已经排除非生育主体人口的影响，当前的低生育率应当视为生育水平的真实下降。

图4　2010~2023年吉林省育龄妇女生育率折线图

### （三）人口减少与人才外流

改革开放以来，东北老工业基地面临经济不景气、收入水平较差、差别化激励机制不足等问题，使大批专业技术人才、大学毕业生等纷纷南迁，人才外流现象严重,近年流出人口又呈现年轻化、受教育水平高的特征。

进入21世纪以来,吉林省人口和人才整体呈持续流失状态。作为老工业基地,吉林省专业人才多集中于传统领域,而IT行业、生物工程、新材料、新能源、先进装备制造业等新兴产业领域的人才远不能满足需求,多沉淀于政府和大型国有企事业单位,而真正适应市场经济与产业结构调整大势的新型开拓型人才不足,高素质、高技能人才相当短缺,急需企业家、国际化人才、拔尖的技术人才、熟练的技术工人等。[①] 从平均年龄来看,吉林省外流人口平均年龄明显低于省内流动人口;从平均受教育年限来看,吉林省的流出人口平均受教育年限为11年,明显高于省内流动人口和流入人口。尽管2023年吉林省人口出现回流,但之前十几年中流失的人口与人才,仍然对当前的吉林省人口高质量发展存在一定的影响。在世界各发达国家通过移民政策引进青年劳动力,以缓解劳动力供给不足的背景下,吉林省多年来还面临着人口不断流出,尤其是青年劳动力不断流出的现象,导致育龄人群的总量不断减少,进一步导致了省内人口结构失衡,加快了少子老龄化进程。少子老龄化导致劳动力的平均年龄逐渐升高,劳动力老龄化将成为吉林省劳动力市场上的长期特征,这两者将对吉林省的人口高质量发展及未来的全面振兴全方位振兴带来挑战。

### (四)城乡与地域间人口发展存在不均衡现象

自然环境的差异是吉林省地域间人口发展不均衡的根基。吉林省根据自然环境,由东向西自然形成东部长白山地原始森林生态区、中东部低山丘陵次生植被生态区、中部松辽平原生态区和西部草原湿地四个生态区。其中,东部山区拥有大面积原始森林,属于重点生态功能区,西部地区相对干旱,属于生态环境敏感区和脆弱区等,这些区域自2016年起被划定生态保护红线,严格限制经济开发。"绿水青山就是金山银山",一方面,对这些地区的保护无疑具有重要的生态意义,也促进了旅游业发展;另一方面,山区与

---

① 周建平,《绸缪东北——新一轮东北振兴》,重庆大学出版社,2018。

经济脆弱地区的工农业发展能力长期弱于中部平原地区，目前旅游业对人口就业的承载力和对地区经济发展的拉动力尚显不足，导致省内地域间的经济和人口发展都存在不均衡现象。受教育水平分布方面的差距更加明显。2020年全国人口普查结果显示，吉林省每10万人中拥有大学文化程度的人口为16738人，但在松原市和辽源市，这一数字只有10126人和10782人，而在长春市则达到了22217人，是前者的2倍以上。当然，受教育程度较高的人口更倾向于向中心城市流动，但这样巨大的差距也会在客观上给地区的人口发展带来影响，如师资力量作为教育资源的一部分，其分布不均衡会影响地方下一代的教育水平等。

城乡之间也存在一定的人口发展不均衡问题。以人均可支配收入为例，根据《吉林统计年鉴》数据，2022年吉林省农村常住居民人均可支配收入为18134元，同期城镇常住居民人均可支配收入为35471元，是农村居民的大约2倍。而地域问题上，无论是城镇常住居民还是农村常住居民的人均可支配收入，2022年吉林省的最低地区都是位于东部的白山市和位于西部的白城市，只有同期长春市城镇居民和农村居民的3/4左右，与省内其他地区也存在一定差距。这种现象使得东西部地区的人口向中部流动，也在一定程度上影响了东西部地区的人口总量，并导致地域间的人口发展不均衡进一步加剧。

## 三 促进吉林省人口高质量发展的建议

### （一）增加劳动力有效供给积极应对人口老龄化

一要着力提升人口素质、稳定生育水平，深入挖掘人力资源潜力。构建高质量充分就业工作体系，稳步扩大就业规模，坚持积极的就业政策，加强灵活就业和新就业形态劳动者劳动保障权益维护，稳定重点群体劳动参与率。倡导正确的择业观，着力促进供需匹配，千方百计做好青年就业工作，优先做好高校毕业生就业工作。切实消除性别歧视，增加妇女劳动就业。支

持有劳动能力和就业意愿的残疾人就业创业。持续促进农村劳动力转移，破除妨碍劳动力流动的体制机制障碍，帮助农民工安心进城、稳定就业，持续推进农业转移人口市民化，提高常住人口和户籍人口城镇化率。加强农村就业基础工作，完善乡村公共就业服务体系，推进农村就业信息化建设，实现农村就业工作信息化、规范化。开展农民工技能培训，以返乡留乡农民工为重点，实施技能提升行动，提高综合素质和就业能力。

二要加快基本养老服务体系建设。积极应对人口老龄化是新时代推动人口高质量发展的一个重要方面，吉林省要支持养老资源重点向社区和群众身边集聚，加快构建居家社区机构相协调、医养康养相结合的养老服务体系。要大力培育银发经济。适应老年人需求结构转变，培育发展银发经济大市场，把增进老年人福祉、扩大内需消费、发掘经济新动能更好地结合起来。要深化社会保险制度改革，加快发展多层次、多支柱养老保险体系，提高第二、第三支柱占比，增加全社会养老财富储备。

三要建设全龄友好社会。面对老龄化问题，应当看到老年人对市场消费与社会文化带来的影响。老年人在医疗、护理、文体活动等社会服务方面有更高需求，加之东北居民有储蓄的习惯，给"银发经济"带来了广阔的发展前景，养老产业可能成为未来重要的就业增长点。但老年人占比增加的环境，也给作为基础设施的城市建设提出了更高要求。建设老年宜居环境，要针对老年群体的生理和心理特征，提升居住的安全性、环境的健康性、生活的便利性和环境的舒适性，改善老年人日常生活质量，延长老年人独立生活的时间，实现健康、积极老龄化的发展目标。

四要稳健发展人工智能养老科技。近年人工智能快速发展，一方面缓解了老龄化社会的养老服务供需问题，另一方面也对老年人形成了新的数字鸿沟。未来在发展人工智能养老科技的同时，必须更加关注社会治理的宜老适老，重点针对人工智能技术如何在老龄化社会"扬长避短"，避免人工智能技术伤老碍老。进行新技术的推广之前，必须事先充分通过实地观察、现场访谈、试点推进等形式，识别智慧社区建设对老年人等弱势群体的个体行为、心理以及基层服务的影响机制；用法律法规规范智能化厂商的技术开发,为各种弱势群体开发行之有效的无障碍模式;在广泛铺开智能化社会治理的基础上,保留数量充足的人工窗口、人工客服,为弱势群体遇到困难时求助人工协助留足空间,有效提升智慧养老能力。

## (二)加快完善生育支持政策体系

一要关注生殖健康,促进优生优育。增加免费婚检项目,加强孕前筛查,免费提供科学生育养育咨询,加大生育补助力度,提高子女养育补助力度,特别是多孩家庭补助力度应显著高于单孩家庭;健全托育服务体系,增加托育机构,引导社会力量参与,有效缓解3岁以下婴幼儿照顾负担。对多孩家庭改善居住条件给予政策支持,加大公租房、经济适用房供给,降低改善型住房首付比例和贷款利率;营造良好的社会支持环境,出台家庭友好型政策,关爱低收入家庭、单亲家庭和留守家庭。

二要做好托育服务支持,探索家庭养育新模式。持续鼓励兴办婴幼儿托育服务机构,提高托育服务质量。同时,针对东北地区的老龄化情况,尝试托育、养老一体化的社区服务模式,为其他地区提供参考。探索对老年人提供隔代育婴津贴,提高托育服务质量。考虑到东北地区老龄化情况严重,老一辈人正退休在家,负责起养育孙子孙女的重担,并且孩子由直系亲属抚养是我国的传统,整体而言东北地区的托育服务需求不高。对不需要进托育机构而由隔代直系亲属照料的,可探索为亲属家庭提供津贴,以提高隔代照料的积极性,减轻劳动年龄人群的育婴压力。

三要充分保障女性就业权益,消除女性生育的后顾之忧。辽宁省政府已经提出,要推进生育保险和基本医疗保险合并实施,确保职工生育期间的生育保险待遇不变;完善计划生育奖励假制度和配偶陪产假制度。除此之外,在企业税收方面也要制定特定的生育税收优惠,通过规章制度让政府、企业分担家庭的生育成本。其一,保障生育假、配偶陪护假的待遇,严格执行损害女性就业权益问题的经济或行政处罚。其二,考虑女性员工的规模及生育状况,减免一定比例的税收,分摊企业部分生育成本。

四要加强经济支持，打好政策"组合拳"。加快建立健全全方位、立体化、多层次、能落地的生育支持政策体系。要加强时间支持，规范设置和全面落实生育假期，落实政府、用人单位、个人等多方责任。将婚嫁、生育、养育、教育一体考虑，综合施策、精准发力，完善和落实财政、税收、保险、教育、住房、就业等积极生育支持措施。要加强服务支持，大力发展普惠托育服务体系，持续优化服务供给，不断提升服务水平。加强文化支持，倡导尊重生育的社会价值，重视家庭建设，推进婚俗改革，建设生育友好型社会。

### （三）统筹人口与经济社会、资源环境协调发展

一要充分重视人口变化对宏观经济运行的影响，有针对性地扩大消费和投资。为推动人口高质量发展，吉林省的经济、社会和生态建设都要适应人口发展新形势，推动人口与财政、货币、就业、产业、投资、消费、生态、区域等政策形成系统集成效应。顺应人口变化新趋势建设现代化产业体系，以需求结构升级和人力资本跃升引领产业转型升级。适应人口流动新要求优化区域经济布局，完善人员编制、土地供应、财政转移、公共服务与人口增减挂钩机制。把握人口城乡流动进程推进乡村振兴，大力培养新型职业农民队伍。抓住人口减量发展蕴含的新机遇推进环境保护和生态建设，加强生态环境修复工作。

二要大力解决吸引人才面临的历史遗留问题。进一步优化人才激励机制，提升薪酬水平，为人才提供更为实在的保障。坚持人才政策长效持续，确保政策落地见效，给外界人才以稳定预期。加强产学研合作，推动创新驱动人才培养和引进机制。优化人才引进渠道，加强本土人才的培养，完善创新创业环境。多方面彰显吉林省发展前景，吸引更多高质量人才，留住本地区劳动年龄及适婚年龄人口，进一步促进外流人口回流和外来人才流入。通过民生建设改善吉林省环境，提升人民群众的获得感、幸福感、安全感。

三要建设更加开放的营商环境，加大对民营企业的扶持力度。民营企业

是创造就业的重要市场主体，吉林省要进一步完善对中小企业的扶持政策，通过税收减免、完善融资支持体系、补贴补助、设立专项基金等方式，帮助中小企业在技术研发、市场拓展和产品升级等方面获得更多支持。加强法治保障，确保民营企业可以公平参与市场竞争。推动跨境电商的发展，依托东北亚区位条件，帮助企业开拓国际市场。通过与外资企业的合作、建立国际化的产业链，为本地企业提供更广阔的市场空间，在促进经济发展的基础上吸纳更多就业人口。

## （四）全面均衡提升人口综合素质

一要全面提升人口健康水平。深入实施妇幼健康促进行动，保障儿童健康成长，减少"小眼镜""小胖墩""小豆芽"。深入推进健康吉林建设，全方位全周期保障人民健康，延长健康预期寿命。要进一步提升人口思想道德素质。强化社会主义核心价值观引领，提高全民道德水平和文明素养。建立覆盖全生命周期、涉及多领域的人力资本投资和公共服务保障机制，全面提升人口教育素质、健康水平和文明素养。

二要全面推进素质教育，突出公平优质导向。把建设教育强省作为推动人口高质量发展的战略工程，夯实提升人口素质的教育基础。尤其注重农村地区、东部地区和西部地区的教育发展。改进劳动、体育、美育教育，做好新时代健康教育，推进法治、生态、国防和思政教育。借助城乡社区公共服务的设施和机构，构建政府主导、社会协同、公众参与的普惠型家庭教育公共服务模式。引导公众形成科学合理的成才观和教育观，减少社会焦虑，营造良好的教育环境。推进建设学前教育服务体系，全面提高基础教育质量，加快发展特色现代职业教育，构建高质量高校教育体系。优化教育结构，提高人才培养与经济社会高质量发展的契合度。培养拔尖创新人才，加快建设世界重要人才中心和创新高地。强化数字化赋能，建设学习型社会，促成吉林省人口全面、均衡、可持续地高质量发展。

## 参考文献

[1] 吉林省第六次人口普查领导小组办公室、吉林省统计局编《吉林省人口普查年鉴2020》，中国统计出版社，2022。

[2] 吉林省第六次人口普查领导小组办公室等编《吉林省2010年人口普查资料》，中国统计出版社，2012。

[3] 《吉林省国民经济和社会发展统计公报》（2011~2023年），吉林省统计局网站，http：//tjj.jl.gov.cn/tjsj/tjgb/ndgb/。

[4] 国务院人口普查办公室编《中国人口普查年鉴2020》，中国统计出版社，2022。

[5] 国务院人口普查办公室编《中国2010年人口普查资料》，中国统计出版社，2012。

[6] 周建平：《绸缪东北——新一轮东北振兴》，重庆大学出版社，2018。

[7] 《近十三年首现净流入 吉林省人口形势向好》，新华网，http：//www.jl.xinhuanet.com/20240205/91752be0aaaf44f8877469cdcccc4aed/c.html。

# B.19
# 吉林省养老服务业普惠式发展研究

韩佳均*

**摘　要：** 吉林省聚焦老年人所需所盼，加快推进基本养老服务体系建设，普惠式养老服务业覆盖人群更广泛，服务内容更丰富，服务主体更多元。基本养老服务制度化形式更加健全，政策保障更加有力，激励机制更加健全，服务设施覆盖面持续扩大，承载能力不断提高，但发展中仍旧面临着养老服务设施城乡差距大、服务供给与需求不衔接不匹配、养老和医疗床位转换难、普惠养老服务筹资机制不够完善等问题。推动吉林省老龄事业高质量发展不断取得新成效，要进一步强化制度引领，缩小城乡养老服务差距；加强政策扶持，提供更大范围更加精准的养老服务；引导多元参与，城企联动满足多层次高品质养老需求；培育养老服务新业态，协同推进机构、家庭和社区居家养老。

**关键词：** 养老服务　普惠养老　养老新业态

党的十八大以来，我国的基本养老服务的公平、可及性得到了显著提升，形成了多层次、多样化的养老服务供给格局。"十四五"规划中明确提出了扩大普惠型养老服务的覆盖范围，为所有老年人提供经济实惠、便捷易得、质量可靠的养老服务。其核心特点可得可及性、综合可靠性，旨在确保老年人能够公平地获得满足其多样化需求的养老服务。

---

\* 韩佳均，吉林省社会科学院社会学研究所副研究员，主要研究方向为社会保障、社会政策。

# 一 吉林省普惠式养老服务发展现状

吉林省积极推动普惠养老发展，社区养老服务网络不断健全，以标准化、品牌化降低养老服务成本，市场开放吸引多元主体参与，通过竞争提升服务质量，推动养老服务标准化高质量发展。

## （一）普惠式养老服务业发展更具公平性和全面性

### 1.覆盖人群更广泛

普惠式养老服务致力于为社会上所有老年人提供服务，服务的提供不区分城乡背景或职业状况，不再仅限于特定的老年人群体或高收入老年人。2023年，吉林省对企业和机关事业单位退休人员的基本养老金进行了统筹调整，惠及了超过400万名的退休人员。同时，城乡居民养老保险的基础养老金最低标准也得到了提升，增幅为5.9%，确保了发展质量和数量的协调。

吉林省是长期护理保险制度重点联系省份，有长春市等5个城市和省直单位启动了长期护理保险试点项目。截至2024年6月底，试点地区长期护理保险参保1476.69万人，基金累计结存48.74亿元，定点机构497家，定点机构服务人员逾万人。[①]

### 2.服务内容更丰富

普惠式养老服务旨在为老年人群体打造一个全方位、多层次的生活照料体系，不仅涵盖衣食住行的基本生活需求，更深入探索老年人的精神世界，满足他们对健康养老、实现自我价值、享受愉悦生活的高层次追求。吉林省在全国范围内率先出台了《为老年人办实事清单》，从优化居家环境、改善交通设施、助力残疾人融入社会，到加强体育设施建设、提供便捷的法律援助，开展一系列适老化改造和为老服务。截至2023年12月底，吉林省医疗

---

① 高峰：《吉林省政协：让长护险暖心"护长远"》，《人民政协报》2024年10月17日。

领域的成绩斐然：二级以上综合性医院中，设立老年医学科的比例高达72.33%；老年友善医疗机构的比例也达到了89.8%，营造了温馨、便捷的就医环境。① 同时，医养结合机构总数达到184个，床位数高达5.49万张，为老年人提供了从医疗到养护的一站式服务。通过签订合作协议，形成了1893对医养结合的对子，长春市等5个地区被确定为国家级安宁疗护试点城市，全省安宁疗护服务机构达104家，床位达1114张，进一步提升了养老服务的整体效能。②

在探索养老服务新模式的过程中，吉林省还充分利用自身的中医药资源，推出了国信南山、抚松仙人桥、通化云岭野山参基地等6个中医药健康旅游试点基地。还有6条旅游线路成功入选全国百条"乡村四时好风光——春生夏长，万物并秀"乡村旅游精品线路，彰显了吉林省在乡村旅游发展方面的独特魅力和显著成效。为了进一步激发乡村旅游市场的活力，吉林省还举办了首届乡村旅游节。老年人群体成为乡村旅游的新宠，不仅让老年人的晚年生活更加充实和精彩，也让他们成为乡村旅游的重要参与者和受益者。

**3. 服务主体更多元**

普惠式养老服务的构建，系由政府主导规划，并与多元主体进行协同推进。通过各方的深度融合，共同营造出浓郁的养老服务氛围，为老年人提供更加丰富、个性化的服务产品。2023年，吉林省构建了156个综合嵌入式社区居家养老服务中心及549个社区老年食堂。③ 这些设施通过委托运营模式，交由社会力量高效运营，为老年人提供了包括全托、日托、文体活动及上门服务在内的全方位服务。

目前，全省社区养老服务设施总数达1042个，其中社区依托型900个、综合嵌入型124个、延伸服务型18个，总床位数达到3958张，配备工作人员

---

① 《对省政协十三届二次会议D18号党派团体提案的答复-吉民议字〔2024〕25号》，吉林省民政厅网站，http：//mzt.jl.gov.cn/xxgk_2643/jytadf/202407/t20240703_8929258.html。
② 《厚植吉林全面振兴的健康底色》，《健康报》2024年1月30日。
③ 《吉林推动老龄事业高质量发展》，《吉林日报》2024年5月22日。

2407名。① 社区居家养老服务依托政府购买服务与市场化运作的有机融合，为居家老年人提供了细致周到的服务，获得了老人及其家属的高度评价。服务范围广泛，包括日托长托、生活照料、医疗康复、文体娱乐、精神抚慰等多个领域，并且还提供助餐、助医、助浴、助行、助购等便捷的上门服务。全省范围内，社区层面每年为居家老年人提供的服务人次超过200万。

2023年吉林省充分利用资源优势，积极开发包括养老社区、温泉康养、森林养生、医药健康等在内的多样化养老服务项目，并重点打造了长春净月休闲养老区、长春莲花山养老区、长春颐乐老年康复园区、万昌温泉保健养老园区、双阳康养文旅园区等特色园区，有效促进了养老行业与相关领域的深度融合与发展。

### （二）普惠式养老服务业发展更具规范性和高效性

**1. 制度化形式更加健全**

普惠型养老服务作为一种关键的社会制度安排，其核心目标在于为全体老年人提供标准化与可持续性的养老服务。该服务旨在构建一个规范化、高效率的养老服务体系。在此服务体系内，各参与主体在严格的制度约束下，其职责界定明确、边界划分清晰、协作流程顺畅。通过科学的制度设计，确保养老服务的规范化运行。吉林省致力于打造具有地方特色的"吉致吉品"品牌标准，不仅体现了对养老服务品质的追求，也展现了对老年人生活质量的深切关怀。修订并制定了包括《社区养老康养服务规范》《养老机构等级评定》在内的13项省级养老服务地方标准，这些标准的制定和实施，标志着一个全面覆盖服务要素、协调居家社区与机构养老服务的标准体系正在逐步建立和完善。

此外，吉林省积极推动"吉养天年"养老服务品牌的广泛应用，旨在通过这一品牌，将养老服务推向一个新的高度。深入探索多元化、多业态的

---

① 《对省政协十三届一次会议第W145号委员提案的答复-吉民议字〔2023〕20号》，吉林省民政厅网站，http://mzt.jl.gov.cn/xxgk_2643/jytadf/202306/t20230626_8728613.html。

旅居康养新模式，力求为老年人提供更加丰富多彩的晚年生活选择。代表性的旅居康养基地如"长春国色天莲""颐康医养中心"等，不仅成为老年人旅居康养的理想之地，也成了养老服务行业的新亮点和新标杆。这些基地的建立和发展，不仅为老年人提供了优质的养老服务，也为经济的发展注入了新的活力。

2. 服务更具有效性和便捷性

吉林省在确保养老服务供给均等性的基础上，积极依托市场、家庭、社区等多元载体，充分利用科技手段和互联网技术，致力于为老年人提供更加高效、便捷的养老服务。2022年，吉林省印发了《推广"仁大医养"养老服务模式实施方案》，推广整合医养结合、嵌入社区、智慧赋能、按需服务的综合服务模式。仁大医养中心全面推行智能化养老服务系统，机器人送餐送药、智能床垫、智能枕头，实时监控血压、心跳、睡眠状态，通过一系列科技含量高的老年产品提升了养老服务质量。在居家服务方面，引入心电监测仪、智能防褥疮照护床、生命体征监测仪、应急呼叫器等智能居家养老的远程照护产品。长春仁大医养业务已经向全省多个地区拓展，服务模式获得当地政府和老年人的认可。

吉林省积极推广综合嵌入式社区居家养老服务中心，将养老机构与社区有机融合在一起，为老年人提供就近养老专业化、个性化、便利化的养老服务，目标是2025年底前实现所有县（市、区）的全覆盖，街道覆盖率达到60%。通过老年友善医疗卫生机构建设，提升老年人看病就医满意度。截至2023年12月底，全省1319个一级以上医疗机构中，已开设老年人绿色通道1317个，占比达99.85%。

（三）普惠式养老服务业发展更具可负担和优惠性

1. 政策保障更加有力，激励机制更加健全

普惠型养老服务不仅满足了基本的保障需求，更进一步强调了以优惠和可负担的价格，提供更高层次的养老服务。吉林省政府从财政补助、税费优惠、房租减免、金融扶持、场地支持、人力支持、社会参与、购买服务八个

方面，完善了对普惠型养老服务的支持政策。

2023年，吉林省财政筹措安排养老服务补助资金2.1亿元，同比增加0.4亿元，增长率达到24%。其中，社区老年食堂按照每平方米1000元的标准给予一次性补助，每个补助不超过50万元；依托农村养老大院建设的老年食堂，按照每个不超过5万元的标准给予一次性补助。对已投入使用且运营3个月以上的老年助餐服务场所，根据各地上年度老年人就餐人次和补助标准，连续给予3年运营补助。这些举措不仅提升了养老服务的整体水平，也确保了老年人能够享受到更加舒适、便捷的晚年生活。

2023年，吉林省财政对养老服务人才的补助项目给予了大力支持，通过设立入职奖励和岗位补贴，激励护理人员投身这一重要领域。例如，对于专职从事护理服务工作的护理员，本科及以上学历的奖励标准为1万元，专科为8000元，中专为5000元，而对于脱贫人口、低保和低保边缘家庭、留守妇女等困难群体，则提供3000元的奖励。① 为了进一步提升护理服务的专业水平，政府还实施了技能等级奖励制度，这些措施极大地提升了养老服务机构从业人员的专业技能和服务质量。

**2. 服务设施覆盖面持续扩大，承载能力不断提高**

近年来，吉林省通过新建、改扩建、整合撤并等措施，对养老机构进行全面升级，同时壮大养老护理员队伍，加大对社会养老服务的支持力度。目前，全省共建有养老机构1549家，其中公办养老机构420家，占比27%；民办养老机构1129家（含嵌入式养老机构309个），占比73%。总床位数达到14.48万张，其中公办床位数为4.45万张，民办床位数为10.03万张。入住老年人数为7.1万人，其中公办养老机构入住老年人1.7万人，民办养老机构入住老年人5.4万人。从业人员总数为15090人，其中养老护理员8058人。②

---

① 《吉林省民政厅 吉林省人力资源和社会保障厅 吉林省财政厅关于印发〈关于建立养老（孤残儿童）护理员奖励制度的指导意见〉的通知》，《吉林省人民政府公报》2023年第20期。
② 《对省政协十三届一次会议第W145号委员提案的答复-吉民议字〔2023〕20号》，吉林省民政厅网站，http://mzt.jl.gov.cn/xxgk_2643/jytadf/202306/t20230626_8728613.html。

随着社会资本逐步向养老领域集聚，养老行业小散弱的状况正在得到改善，机构养老的承载力不断增强。全省年收入500万元以上的（规模以上）养老机构已增至13家。全省100张床位以上的养老机构达到417家，占养老机构总数的27%，全省最大的养老机构床位数达到3311张。截至2023年初统计，全省公办养老机构拟申请政府专项债项目21个，投资总额为13.6亿元。① 目前已获批4个项目，总投资额为2.54亿元。省内有实力的企业开始进军养老行业，民办养老机构已开始从单一的机构养老方式向多元化的养老业态发展。

## 二 吉林省普惠式养老服务业发展的困境

在普惠养老政策中，政府和市场合作，利用财政补贴和优惠政策吸引社会资本，推动养老服务产业化和市场化。在这一过程中，政府追求福利政绩与市场主体依附式合作，导致行政与市场机制结合偏离，造成普惠式养老发展的福利错位。

### （一）养老服务设施城乡差距大

基本养老服务的发展现状呈现城市与农村之间的显著差异。农村养老机构和城市相比，在质量上存在着明显差距。虽然农村养老服务机构数量多，但空置率也比较高。城市养老机构在硬件设施和专业服务人员的配备上普遍优于农村地区。例如，城市养老机构通常拥有先进的医疗设备和康复训练设施，而这些在农村养老机构中往往缺失。城市养老机构不仅拥有更多的专业服务人员，而且提供的服务质量更高，能够为老年人提供更全面和细致的照顾。相比之下，农村养老机构在建设资金和运营资金方面相对不足。与城市相比，农村养老机构的数量和规模都较小。城乡之间信息不对称也是造成养

---

① 《对省政协十三届二次会议第W25号委员提案的答复-吉民议字〔2024〕5号》，吉林省民政厅网站，http://mzt.jl.gov.cn/xxgk_2643/jytadf/202407/t20240702_8928646.html。

老服务设施城乡差距大的原因之一。吉林省农村老年人对养老服务的认知和接受程度较低，部分老年人甚至对养老服务持怀疑态度，这给养老服务在农村地区的普及和推广带来了较大挑战。

此外，吉林省农村地区由于生活条件相对较差，难以吸引和留住养老服务专业人才，导致农村养老机构面临人才短缺的问题，进一步加剧了城乡养老服务设施的差距。根据统计数据，吉林省城市地区的养老机构床位数和入住率普遍高于农村地区。以2023年初的数据为例，全省公办养老机构拟申请政府专项债项目的21个项目中，大部分位于城市地区，而农村地区的项目数量相对较少。这也从侧面反映了吉林省养老服务设施城乡差距大的现状。

### （二）服务供给与需求不衔接不匹配

服务内容与老年人实际需求之间存在显著偏差，导致服务利用率偏低。以吉林省为例，农村地区所提供的养老服务项目与老年人的实际需求不相匹配，如部分老年人更倾向于获得日常照料和健康管理服务，而现有的服务项目却偏重于文化娱乐和休闲活动。服务提供者对老年人的个性化需求缺乏深入理解，导致服务设计缺乏针对性。超过六成的老年人表达了对定制化服务的需求，然而，能够提供此类服务的服务提供者比例不足三成。

服务提供者与老年人之间的信任关系尚未完全建立，影响了服务的有效推广和老年人的接受度。根据吉林省某养老机构的统计数据，尽管该机构提供了高质量的服务，但由于与老年人之间的信任关系尚未完全建立，部分老年人对服务持怀疑态度，在一定程度上阻碍了服务的普及和接受。一方面，龙头企业缺乏，专业化服务管理人才不足，这直接影响了养老服务的质量和效率；另一方面，大数据和人工智能等新技术的应用还不够广泛，这些技术本可以为养老服务提供更加精准的需求分析和资源配置，提高服务的个性化和智能化水平。然而，对于老年人来说，昂贵的智能设备和系统难以在家庭中普及，而且老年人在操作上也面临一定的困难。

## （三）养老和医疗床位转换难

转换流程的复杂性与行政手续的烦琐性显著降低了转换效率。医疗与养老体系的相对独立性导致床位转换需经过多部门审批与协调，流程冗长，影响了急需转换床位的老年人的便利性。吉林省尚未建立医疗机构与养老机构间的信息共享平台，导致双方在床位转换时难以获取对方的服务内容和质量信息，从而增加了转换难度。政策层面缺乏明确的指导和激励措施，使得床位转换缺乏动力。尽管吉林省已经出台了一系列支持养老服务业发展的政策措施，但在养老与医疗床位转换方面尚未形成明确的指导和激励机制，影响了服务提供者与需求者的积极性。

养老床位与医疗床位在功能定位上存在差异。养老床位通常旨在满足老年人的基本生活需求与日常护理，而医疗床位则侧重于提供专业的医疗服务与治疗。医养结合的成功经验表明，医疗机构内设养老床位的经营模式较为成功。因此，当老年人的健康状况发生变化，需要从养老机构转移到医疗机构接受更专业的治疗时，床位的转换就显得尤为复杂。一方面，养老机构与医疗机构在服务标准与质量控制上存在差异，这增加了转换的难度与风险。吉林省部分养老机构与医疗机构在服务标准、护理流程、药品管理等方面存在差异，导致老年人在转换床位后需适应新的服务环境与标准，从而增加了转换难度与风险。另一方面，老年人及其家属对转换后的服务内容与质量存在顾虑，担心无法得到与医疗同等水平的护理。例如，养老机构在接收从医疗机构转入的老年人时，发现其原有的医疗护理方案与养老机构的服务标准存在冲突，需要进行调整与优化。老年人从医疗机构转入养老机构后，因服务质量下降引发的不满事件，加剧了老年人及其家属对床位转换的担忧。

床位转换还涉及费用问题。不同的养老机构与医疗机构在收费标准上存在差异，而且医疗保险的报销政策也不尽相同。老年人及其家属在面对床位转换时，不仅要考虑医疗需求，还要考虑经济承受能力，这无疑增加了转换的难度。同时，床位转换还受到地域限制的影响。由于养老机构与医疗机构

在地域分布上的不均衡，老年人在转换床位时可能会面临地理位置上的不便，尤其是对于那些生活在偏远地区的老年人来说，这种不便尤为明显。

### （四）普惠养老服务筹资机制不够完善

当前，普惠养老服务的资金来源主要依赖于政府的财政支持，筹资渠道相对单一，缺乏多元化的资金来源。这种筹资模式的单一性限制了养老服务的规模和质量，难以满足老年人日益增长的多元化需求。尽管吉林省已经出台了一系列政策措施，旨在鼓励社会资本积极参与养老服务，但在实际操作过程中，由于投资回报周期较长、风险较大等因素，社会资本对养老服务的投资意愿并不强烈。这导致养老服务产业的市场潜力未能得到充分挖掘和释放。

此外，缺乏针对普惠养老服务的专项财政补贴和税收优惠政策，也在一定程度上降低了社会投资的积极性。这些政策的缺失使得社会资本在投资养老服务时面临更多的不确定性和风险，进一步削弱了其参与养老服务产业的意愿。因此，为了促进养老服务产业的健康发展，需要政府和社会各界共同努力，拓展多元化的筹资渠道，制定更具吸引力的政策措施，以激发社会资本的投资热情，满足老年人的多元化需求。

## 三 吉林省普惠式养老服务业发展对策

随着人口老龄化的加剧，吉林省面临着养老服务业发展的巨大挑战和机遇。为了应对这些挑战，吉林省需要制定一系列有效的对策，以促进普惠式养老服务业的健康发展。

### （一）强化制度引领，缩小城乡养老服务差距

2024年5月，民政部等21个部门印发了《关于加快发展农村养老服务的指导意见》，首次在全国层面专门对发展农村养老服务作出了总体性、系统性部署。为了进一步提升养老服务的质量和效率，需要强化规则的引领作

用，确保政策能够落实落细，并在执行中不断对政策进行调整和优化，确保养老服务的公平性和可及性得到持续的提升，确保养老服务的提供不仅符合老年人的实际需求，而且能够覆盖到社会的各个层面，特别是对于那些经济条件较差、居住在偏远地区的老年人群体。缩小城乡养老服务设施差距，政府层面应出台一系列具有针对性的扶持政策。这些政策应包括税收减免、财政补贴、土地使用优惠等措施，以吸引和激励社会资本参与农村养老服务设施的建设。同时，政府应设立专项基金，用于支持农村养老服务业的发展，确保资金的持续投入和项目的顺利实施。

提升农村养老服务人员的专业技能和服务水平至关重要。这不仅需要通过定期的培训课程来提高现有人员的专业知识和操作技能，还应鼓励和支持专业人才向农村地区流动。通过建立人才引进机制，如提供住房补贴、职业发展路径规划等激励措施，吸引更多的医疗、护理、社工等专业人才投身农村养老服务行业。用现代信息技术，如远程医疗和智能监护系统，可以有效缓解城乡在养老服务上的信息不对称问题。通过这些技术的应用，农村老年人可以享受到与城市居民同等水平的医疗咨询和健康监测服务。智能养老设备的普及，如紧急呼叫系统、健康监测手环等，可以为农村老年人提供更为便捷和安全的生活保障。建立城乡一体化的养老服务网络，促进资源共享，是提高整体养老服务效率和质量的关键。通过整合城乡养老资源，建立统一的服务标准和管理机制，可以实现服务的无缝对接和高效运转。鼓励城乡养老机构之间的合作与交流，通过经验分享和资源共享，共同提升服务水平，确保每一位老年人都能享受到高质量的养老服务。

## （二）加强政策扶持，提供更大范围更加精准的养老服务

党的二十届三中全会提出"完善基本公共服务制度体系，加强普惠性、基础性、兜底性民生建设"的目标。这一决策体现了党和国家对民生问题的高度重视，旨在通过制度创新和政策优化，为全体人民提供更加公平、更加全面的基本公共服务。为确保养老服务供给与不断增长的需求相适应，吉林省亟须实施一系列切实有效的策略。比如，开展全面且细致的老年人口需

求调研，该调研应涵盖老年人口数量、分布情况的统计分析，以及老年人的健康状况、经济条件和对养老服务的具体需求与期望的深入探究。通过这些数据的收集与分析，能够为制定精准的养老服务政策提供科学的依据。

在养老服务供给方面，应积极倡导并支持构建多层次、多样化的养老服务供给体系。不仅要增加对公立养老机构的投资并加强管理，以确保其服务品质与效率，还应为民间资本进入养老服务市场营造有利环境，以促进民办养老机构的发展。社区养老服务作为家庭与专业机构之间的纽带，政府应推动社区养老服务的完善，使其成为老年人日常生活中不可或缺的组成部分。通过实施这些综合性的措施，逐步构建一个供需平衡、服务多样、质量优良的养老服务市场，为老年人提供更加贴心、专业的服务。这不仅能够显著提升老年人的生活质量，使他们在晚年能够享有应有的尊严和幸福，同时也能够促进社会的和谐稳定，实现老有所养、老有所乐的社会目标。

## （三）引导多元参与，城企联动满足多层次高品质养老需求

2024年8月3日，国务院印发《关于促进服务消费高质量发展的意见》，提出"加快健全居家社区机构相协调、医养康养相结合的养老服务体系"。通过构建一个多元化的养老服务体系，确保老年人能够享受到更加个性化、人性化的养老服务。解决养老和医疗床位转换难，一方面，要构建统一的养老服务信息平台，该平台应具备实时更新床位资源信息的功能，并实现资源的共享化。促进需求方与供给方的高效对接，进而提升床位资源的利用效率。通过灵活的政策，鼓励养老机构与医疗机构之间的合作。通过签订合作协议，明确双方的权利与义务，促进床位资源的合理流动，缓解转换难题。另一方面，建议加强养老服务人员的专业培训，以提升整体服务质量，使养老机构能提供更贴近医疗需求的服务，降低床位转换的障碍，更好地满足老年人的需求。

构建政府与企业间的合作机制，借助政策导向与市场激励手段，激励企业对养老服务业进行投资，尤其是针对中高端市场的开发。政府可实施一系列优惠政策，包括税收减免、财政补贴等，以吸引企业参与养老服务业。同

时，通过市场激励机制，如设立养老服务基金，激励企业增加投资，促进养老服务业的发展。特别是针对中高端市场的开发，政府应提供更多的政策支持和市场引导，推动企业开发更多满足中高端市场需求的养老服务产品。通过政府购买服务、公私合营等模式，引入多元化的养老服务供给，满足不同老年人群体的特殊需求。例如，可与民营企业合作，共同开展养老服务项目；也可通过公私合营的方式，引入社会资本参与养老服务产业的发展。通过多种方式引入多元化的养老服务供给，可更好地满足不同老年人群体的特殊需求，提升养老服务的质量与水平。

（四）培育养老服务新业态，协同推进机构、家庭和社区居家养老

为有效应对吉林省普惠养老服务的资金挑战，应采取多元化的筹资策略。政府应履行其责任，增加对养老服务的财政支持，确保老年人能够获得基础养老服务，这不仅有助于保障老年人的基本生活需求，而且能为养老服务市场提供稳定的资金保障。激励社会资本参与养老服务市场，通过税收优惠、财政补贴等政策激励手段，吸引民间资本投资养老服务业。可考虑发展养老产业基金，通过公私合营模式引导社会资金流向养老服务领域。养老产业基金的建立可为养老服务项目提供长期稳定的投资，推动养老服务设施的建设与完善。

养老服务新业态的培育是推动普惠式养老服务业发展的关键一环。需要从技术创新、模式创新、产业融合、品牌建设以及人才培养等多个方面入手，全面提升养老服务的品质和效率，推动吉林省普惠式养老服务业的持续健康发展。推进养老机构与社区服务的深度整合，社区养老服务可与家庭养老相结合，形成多层次、全方位的养老服务网络。应鼓励技术创新与模式创新，结合互联网、大数据、人工智能等现代信息技术，开发智能化养老产品和服务，提升养老服务的科技含量和智能化水平。推动养老服务与医疗、健康、旅游、文化等产业融合发展，形成多元化、综合化的养老服务产业链。还应积极培育养老服务品牌，提高养老服务的质量和信誉度。通过品牌化运作，推动养老服务标准化、专业化、品牌化发展，增强老年人对养老服务的

信任感和满意度。同时，加强养老服务人才培养和引进，提高养老服务从业人员的专业素养和服务水平，为养老服务新业态的发展提供有力的人才保障。

**参考文献**

［1］白维军：《普惠型养老服务：释义、短板与发展策略》，《中州学刊》2023年第4期。

［2］《扩大普惠型养老服务覆盖面》，《经济日报》2024年8月26日。

［3］田川：《基本养老服务：让老年人生活更美好》，《社会科学报》2023年10月5日。

［4］张丽霞：《谋发展求创新推动养老服务高质量发展》，《中国社会报》2023年8月4日。

［5］黄瑶：《着力优化供给　健全"三大体系"　擘画"十四五"养老事业高质量发展新格局》，《中国社会工作》2022年第14期。

［6］穆光宗：《普惠养老如何才能做到普惠》，《人民论坛》2019年第36期。

［7］杜鹏、王飞：《中国式养老：内涵、特征与发展》，《社会建设》2024年第1期。

［8］陆杰华、林嘉琪：《共同富裕目标下推动养老服务高质量发展的理论思考》，《江苏行政学院学报》2022年第2期。

［9］俞建良：《加快推动中国特色养老服务体系成熟定型》，《旗帜》2021年第2期。

# B.20
# 吉林省残疾人事业高质量发展研究

朱月琦[*]

**摘　要：** 残疾人事业是中国特色社会主义事业的重要组成部分。党的十八大以来，以习近平同志为核心的党中央坚持"以人民为中心"的发展思想，立足于残疾人的切实需求，不断完善残疾人的社会保障和社会服务体系，显著改善了残疾人的生存发展状况，残疾人获得感、幸福感、安全感不断增强。吉林省残疾人事业在康复、教育、就业等领域获得全面发展，残疾人的生存状况显著改善，但同时也存在多元主体参与不足、社会保障制度和关爱服务体系碎片化、服务供给不足等问题。未来，在东北全面振兴的新征程上，吉林省应积极完善社会化主体的参与机制，健全积极适宜的残疾人社会政策体系，持续推进残疾人基本公共服务均等化，促进吉林省残疾人事业高质量全面发展。

**关键词：** 残疾人事业　社会保障体系　基本公共服务均等化

## 一　吉林省残疾人事业发展现状

残疾人事业是中国特色社会主义事业的重要组成部分，扶残助残是社会文明进步的重要标志。自党的十八大以来，国务院及其相关组成部门制定并印发了多份关于残疾人事业的发展规划、行动计划和实施方案。在此背景下，吉林省委省政府坚持以人民为中心的发展思想，落实"全面建成小康

---

[*] 朱月琦，吉林省社会科学院社会学研究所助理研究员，主要研究方向为社会政策、残障研究等。

社会，残疾人一个也不能少"的要求，围绕残疾人工作作出一系列重要部署，在残疾人社会保障制度和关爱服务体系建设、残疾人基本公共服务水平提升以及残疾人参与社会生活等方面取得了历史性成就。

## （一）残疾人社会保障制度和关爱服务体系日益完善

吉林省委省政府深入学习贯彻习近平总书记关于残疾人事业重要论述和重要指示批示精神，按照中央决策部署，陆续出台了一系列关于残疾人事业的发展规划、行动计划和实施方案，残疾人社会保障制度和关爱服务体系进一步完善。

吉林省政府围绕残疾人康复先后出台了一系列政策。具体来看，《吉林省残疾人康复服务"十三五"实施方案》《吉林省辅助器具推广和服务"十三五"实施方案》《吉林省"十四五"残疾人保障和发展规划》《吉林省"十四五"残疾人康复服务实施方案》等文件先后出台，上述政策文件聚焦残疾人康复服务体系建设、残疾人康复保障制度完善、康复服务机构设置、康复人才培养等方面，着力满足残疾人基本康复需求，提升康复服务质量，不断满足残疾人美好生活的需要。

吉林省政府围绕残疾学生教育陆续出台了一系列政策。具体来看，出台的政策有《吉林省特殊教育提升计划实施方案（2014~2016年）》《吉林省第二期特殊教育提升计划（2017~2020年）》《吉林省"十三五"加快残疾人小康进程规划纲要》《吉林省"十四五"特殊教育发展提升行动计划》等，就残疾学生特殊教育的政策目标、财政投入、师资队伍建设、组织保障实施以及义务教育阶段残疾学生不同安置形式支持计划等基本问题做出规划设计，提供制度保障。

此外，吉林省政府还围绕残疾人就业陆续出台了《吉林省残疾人就业促进"十三五"实施方案》《吉林省残疾人人才培养"百千万"工程实施方案》《吉林省促进残疾人就业三年行动实施方案（2022~2024年）》《吉林省农村残疾人"智志双扶"工程实施方案》等文件，相关政策就残疾人就业形式、职业技能培训、制度保障等方面制定具体的实施细则，促进残疾人多种形式就业。同时，吉林省政府还围绕残疾人文化体育事业发展、托养服务、无障碍环境建设等方面制定并颁布了一系列政策文件，如《吉林省"十四五"提升残疾人文化服务能力实施方案》《"十四五"提升残疾人文化服务能力实施方案》《吉林省残疾人托养服务工作"十三五"实施方案》《吉林省无障碍环境建设"十三五"实施方案》等。

与此同时，吉林省政府将残疾人事业发展规划主要目标纳入民政、人社、教育、卫生等专项事业规划，纳入政府部门年度考核范围，统筹安排，同步推进，使残疾人权益保障机制不断完善。在此基础上，还进一步加强了残疾人权益法治保障，建构起以政府、残联、社会组织和市场助残力量共同参与的残疾人工作机制，为残疾人事业健康发展提供了有效的法律和组织保障。

### （二）残疾人基本公共服务水平稳步提升

在相关政策的支撑和保障下，吉林省残疾人基本公共服务水平稳步提升，残疾人基本生活得到制度性保障，特别是康复、教育等基本公共服务水平获得明显提升，残疾人事业治理能力和服务水平进一步提高。

吉林省在残疾人基本生活保障方面取得了一定成效。截至2021年底，全省9.75万名农村建档立卡贫困残疾人全部脱贫，30.04万名困难残疾人得到最低生活保障，29.4万名困难残疾人得到生活补贴，32.6万名重度残疾人得到护理补贴，[①] 重度残疾人护理补贴目标人群实现政策全覆盖。截至2023年，吉林省共有55.7万名残疾居民参加城乡社会养老保险，22.6万名残疾居民领取养老保险金，[②] 城乡残疾人基本养老保险参保率已经超过了90%，基本医疗保险的参保率已经达到了95%。此外，政策补贴水平也在稳

---

① 《〈吉林省"十四五"残疾人保障和发展规划〉政策解读新闻发布会实录》，吉林省人民政府网微信公众号，https：//mp.weixin.qq.com/s?__biz=MzI5NjU2ODgOOA==&mid=2247509607&idx=1&sn=90f269402ae73037ce3da1cd1ed3ab95&chksm=ec40b718db373e0e1e421f8ede7d98b72878329cb4560e6b81eb2dcf19275bceeae74bac4c3d&scene=27。

② 中国残疾人联合会编《2023中国残疾人事业统计年鉴》，中国统计出版社，2023。

步提升，自2024年1月1日起"两项补贴"标准提高至每人每月85元，并强化精准管理和资金保障。

吉林省残疾人基本公共服务水平不断提高。第一，吉林省残疾人康复工作成效持续提升，残疾人获得康复的机会以及可及性不断增强。残疾人康复服务机构数量不断增加，截至2023年底，残疾人康复机构共有243个，康复机构在岗人员8042人。[1] 吉林省持续开展精准康复行动，残疾人基本康复服务覆盖率、辅助器具适配率均超过80%。[2] 同时，吉林省建立了较为健全的残疾人康复救助制度，康复服务范围和服务水平持续提升。截至2023年，吉林省有33个市辖区开展了社区康复服务，38个县（市）开展了社区康复服务，共有社区康复协调员11240名。[3] 第二，残疾人教育是我国教育事业的一个重要组成部分，也是残疾人赋权增能的重要部分。吉林省残疾儿童少年义务教育普及水平显著提高。残疾儿童少年接受义务教育的比例超过95%，[4] 对于重度残疾或多重残疾、不能到校学习的残疾儿童少年，采取了送教上门的教学办法，并把送教上门的残疾儿童少年纳入特殊教育学籍管理。与此同时，吉林省残疾人非义务教育稳步发展。吉林省积极扩大残疾人接受高中教育的机会，截至2023年，全省共有特殊教育普通高中5个，在校生186人，其中聋生72人，其他114人。[5] 吉林省加快发展残疾人职业教育。2023年，全省有残疾人中等职业学校2所，在校生426人，毕业生67人。[6]

---

[1] 中国残疾人联合会编《2023中国残疾人事业统计年鉴》，中国统计出版社，2023。
[2] 《〈吉林省"十四五"残疾人保障和发展规划〉政策解读新闻发布会实录》，吉林省人民政府网微信公众号，https：//mp.weixin.qq.com/s？__biz=MzI5NjU2ODg0OA==&mid=2247509607&idx=1&sn=90f269402ae73037ce3da1cd1ed3ab95&chksm=ec40b718db373e0e1e421f8ede7d98b72878329cb4560e6b81eb2dcf19675bceeae74bac4c3d&scene=27。
[3] 中国残疾人联合会编《2023中国残疾人事业统计年鉴》，中国统计出版社，2023。
[4] 《〈吉林省"十四五"残疾人保障和发展规划〉政策解读新闻发布会实录》，吉林省人民政府网微信公众号，https：//mp.weixin.qq.com/s？__biz=MzI5NjU2ODg0OA==&mid=2247509607&idx=1&sn=90f269402ae73037ce3da1cd1ed3ab95&chksm=ec40b718db373e0e1e421f8ede7d98b72878329cb4560e6b81eb2dcf19675bceeae74bac4c3d&scene=27。
[5] 《2023年吉林省残疾人事业发展统计公报》，吉林省残疾人联合会网站，http：//www.jldpf.org.cn/xxgk/tjgb/202405/t20240508_3155422.html。
[6] 《2023年吉林省残疾人事业发展统计公报》，吉林省残疾人联合会网站，http：//www.jldpf.org.cn/xxgk/tjgb/202405/t20240508_3155422.html。

吉林省稳步发展残疾人高等教育，努力畅通残疾人接受高等教育的渠道。截至2023年，共有2000余名残疾学生进入高等院校学习，1万人（次）残疾大学生和残疾人子女得到扶残助学金资助。[1] 2023年招收889名残疾学生，其中高职317人、本科496人、硕士研究生69人、博士研究生7人，总体招收人数相较于2021年增加了31%。[2] 第三，在残疾人就业方面，城乡新增3.8万名残疾人就业，残疾人就业状况稳步提升。第四，残疾人文化和体育活动参与率大幅提高，在国际和国内残疾人各项体育比赛中共获得奖牌151块。其中，吉林省特奥羽毛球队在2023年世界特奥会上获得金牌5枚、银牌2枚、铜牌1枚。[3]

残疾人事业治理能力和服务水平进一步提升。在工作机制上，党委领导、政府负责的残疾人工作领导体制进一步健全。基层残疾人组织建设得到加强，截至2022年，吉林省现有省（自治区、直辖市）级残联事业单位4个，地级残联10个，县（县级市、市辖区）级残联71个，乡（镇、街道）级残联893个，村（社区）残疾人组织9034个，[4] 各级残联认真履行"代表、服务、管理"职能。各类残疾人专门协会更加活跃，吉林省现有省级盲人协会、聋人协会、肢残人协会、智力残疾人及亲友协会、精神残疾人及亲友协会各1个，市（地、州）级各类专门协会50个，县（县级市、市辖区）级各类专门协会313个，基层残联组织的服务能力和水平有了一定程度的提高。[5] 在工作方法上，通过数字赋能，提高了残疾人工作的精细化、精准化程度，提升了残疾人服务的可获得性和便利性。各级残联积极开展科技助残活动，通过盲人义眼、智能导盲犬、AI手语翻译官等科技产品，为

---

[1] 《2023年吉林省残疾人事业发展统计公报》，吉林省残疾人联合会网站，http：//www.jldpf.org.cn/xxgk/tjgb/202405/t20240508_3155422.html。
[2] 《2023年吉林省残疾人事业发展统计公报》，吉林省残疾人联合会网站，http：//www.jldpf.org.cn/xxgk/tjgb/202405/t20240508_3155422.html。
[3] 《2023年吉林省残疾人事业发展统计公报》，吉林省残疾人联合会网站，http：//www.jldpf.org.cn/xxgk/tjgb/202405/t20240508_3155422.html。
[4] 中国残疾人联合会编《2023中国残疾人事业统计年鉴》，中国统计出版社，2023。
[5] 中国残疾人联合会编《2023中国残疾人事业统计年鉴》，中国统计出版社，2023。

残疾人的美好生活提供更多机会和可能,进一步提高残疾人的生活质量。同时,为残疾人开展数字技能培训,如网上便捷支付、网上点餐、网约车等,帮助残疾人更好地融入数字生活。此外,吉林省政府注重加强残疾人事业信息化建设,截至2022年,吉林省现有残疾人门户网站20个,其中省级1个、地级5个、县级14个。吉林省政府积极推动残疾人基本公共服务项目纳入政府政务服务一体化平台,实现助残服务全面融通融合。加强残疾数据的收集、研究与应用,是推动残疾人事业高质量发展的客观要求。吉林省高度重视完善残疾人人口基础数据,开展涉残信息交换共享,为残疾人事业科学决策、精准服务提供数据支撑。吉林省残疾人的数字素养和技能稳步提升,残疾人服务更加便捷和高效,残疾人的获得感、幸福感、安全感不断提升。

### (三)残疾人平等参与社会生活的环境和条件不断优化

残疾人参与社会生活的环境和条件不断优化,无障碍环境建设加快推进。吉林省政府颁布了《吉林省无障碍环境建设管理办法》,为无障碍环境建设提供法规保障。吉林省积极推进道路、公共建筑、公共交通设施等无障碍设施的建设和改造,确保新建项目符合无障碍标准,将村庄无障碍环境建设纳入新农村建设规划,对农村残疾人服务场所进行无障碍改造。城乡无障碍环境明显改善,3万户残疾人家庭实施了无障碍改造。

在对基础设施进行无障碍改造之外,吉林省在其他服务领域也着力推进无障碍化建设。在金融服务领域,银行机构与残疾人协会签署协议,提供无障碍金融服务,保障残疾人公平获得金融服务的权利。为了消除残疾人的信息障碍,全省共16.7万名残疾人享受到通信资费优惠。[①] 关爱帮助残疾人的社会氛围日益浓厚,"光明影院"等一批助残项目得到有效实施,助残志

---

① 《〈吉林省"十四五"残疾人保障和发展规划〉政策解读新闻发布会实录》,吉林省人民政府网微信公众号,https://mp.weixin.qq.com/s?__biz=MzI5NjU2ODgwOA==&mid=2247509607&idx=1&sn=90f269402ae73037ce3da1cd1ed3ab95&chksm=ec40b718db373e0e1e421f8ede7d98b72878329cb4560e6b81eb2dcf19275bceeae74bac4c3d&scene=27。

愿者达到20万人。① 与此同时，残疾人文化体育生活更加丰富，残疾人自强模范和助残先进典型的发掘和宣传，激发了残疾人的社会参与热情。此外，就业是残疾人融入社会、参与社会生活最为重要的途径之一。吉林省积极开展农村困难残疾人实用技术培训，为7001人次残疾人赋能。全省136个残疾人就业帮扶基地共安置708名残疾人就业，带动1492户残疾人家庭增收。② 2023年全年共培训盲人保健按摩人员280人次、盲人医疗按摩人员230人次，2人获得盲人医疗按摩人员初级职务任职资格。截至2023年，共有残疾人保健按摩机构362个、残疾人医疗按摩机构38个。③

## 二 吉林省残疾人事业面临的困境与挑战

《吉林省"十三五"加快残疾人小康进程规划纲要》提出的目标任务如期实现，吉林省残疾人事业整体发展水平迈上一个新台阶。但囿于发展阶段和多种因素，多元主体参与不足、社会保障制度和关爱服务体系碎片化以及残疾人服务供给不足、服务能力较弱等问题还比较突出。

### （一）多元主体参与不足

福利多元主义是社会政策的一个宏观分析范式，它关注福利的多元来源、供给、传输的结构。福利多元主义强调国家、家庭、市场、志愿组织等多元福利提供者的职责并重。笔者在调研时发现，在促进我国残疾人事业发展的政府、市场企业以及其他社会力量、社区和残疾人（家庭）等多元主

---

① 《〈吉林省"十四五"残疾人保障和发展规划〉政策解读新闻发布会实录》，吉林省人民政府网微信公众号，https://mp.weixin.qq.com/s?__biz=MzI5NjU2ODgoOA==&mid=2247509607&idx=1&sn=90f269402ae73037ce3da1cd1ed3ab95&chksm=ec40b718db373e0e1e421f8ede7d98b72878329cb4560e6b81eb2dcf19275bceeae74bac4c3d&scene=27。
② 《2023年吉林省残疾人事业发展统计公报》，吉林省残疾人联合会网站，http://www.jldpf.org.cn/xxgk/tjgb/202405/t20240508_3155422.html。
③ 《2023年吉林省残疾人事业发展统计公报》，吉林省残疾人联合会网站，http://www.jldpf.org.cn/xxgk/tjgb/202405/t20240508_3155422.html。

体中，绝大多数受访者认为促进残疾人事业发展作用最为明显的是政府主导作用，其次是残疾人及其家庭能动作用和社区支持作用，而市场和社会力量参与推动残疾人事业发展作用有待提高。

首先，在政府层面，尽管政府在逐年提高对残疾人事业的财政投入，但政策扶持仍有待加强。同时，残疾人社会保障制度和关爱体系尚不完善，对政策执行过程缺乏有效的监管和评价反馈机制。

其次，在社会组织与企业层面，残疾人社会组织能够灵活地、多元化地面向社会筹集人力、技术、资金等资源，从而满足残疾人多样的、丰富的生活需求。但社会组织参与度仍较低，缺乏有效机制和平台鼓励支持其积极参与。残联作为代表残疾人共同利益的人民团体，是推动残疾人事业发展的主要力量，但在实践过程中，残联组织角色功能尚不清晰。其具体表现，第一，残联机构在具体运行过程中呈现浓厚的行政化管理倾向，突出表现为残联组织社会化程度不高，多数专门协会发挥的作用有限，服务质量有待提升，助残志愿者组织发育尚不完善。第二，残联工作方式呈现"管理大于服务"的特点，未能凸显其"非政府性质、社会公益性组织"的自治性质。在代表残疾人利益和为残疾人提供服务方面主动性欠缺，缺乏群众团体工作特色与组织方式，动员社会力量"开门办残联"的共识尚未形成。在企业方面，企业聘用残疾人的积极性不高，企业内部为残疾人提供的职业技能培训和就业指导服务匮乏。

最后，在公众层面，公众对残疾人的认知和态度存在偏见和歧视，一定程度上阻碍了残疾人的社会融入和社会生活参与。

### （二）社会保障制度和关爱服务体系碎片化

我国已经建成世界上覆盖人群最为广泛的残疾人社会保障制度，残疾人的生活水平得到显著提升。但囿于发展阶段和多种因素，仍存在政策之间配套程度较低，政策体系碎片化等问题。

第一，政策之间相互配套程度较低，与其他公共政策配套衔接总体不足。残疾人康复政策与教育、就业政策在年龄覆盖上存在空档。例如，康复政策主要覆盖0~14周岁或16~59周岁的残疾人，而教育政策则关注适龄儿童，导致15周岁的残疾人在政策上缺乏支持。同时，残疾人康复与教育、就业等政策链接不通畅。残疾人就业服务在政策和实践上存在不足，包括就业数量少、劳动关系不稳定等问题，缺乏有效的政策链接来支持残疾人就业。此外，现有残疾人政策主要是对残疾后的政策干预，缺乏对后天致残因素的提前干预。在残疾人养老的问题上，政策主要关注60周岁及以上的残疾人群体，缺乏对60周岁以下残疾人的政策措施，难以满足残疾人多样的、复杂的养老需求。

第二，城乡残疾人的社会保障制度和关爱服务体系发展存在一定程度的差异。由于我国长期处于城乡二元化结构状态，与城镇相比，农村残疾人存在着家庭生活水平较低、社会保险覆盖面窄、社会救助功能较弱和社会福利水平较低等问题。

第三，残疾人政策落地缺乏强有力的监督机制。很多残疾人工作未能纳入政府整体规划体系，一些残疾人政策存在较大执行难度或流于形式，政策强制性与督查力明显偏软。此外，残疾人优惠保障政策落实不到位，存在着规范性差、随意性大等问题，使得一些能够惠及残疾人的政策和法律法规得不到很好的实施。

第四，缺少残疾人照护者能力增长相关的支持政策。"残疾人的改变要从家庭开始"，残疾人家庭常常作为社会福利政策的统计单元，缺乏对残疾人家庭特别是残疾人照护者的政策支持。现有政策缺乏对残疾人照护者能力增长的政策干预，零星的政策支持难以形成系统性的政策，难以完善残疾人照护者赋能与支持体系建设。从现有残疾人政策来看，更多的是宣传提倡"加强残疾人家庭支持服务"，但是残疾人家庭政策普遍缺乏具体的、可操作的政策措施，并且也普遍缺乏社会工作者专业人员参与。

## （三）残疾人服务供给不足，服务能力较弱

吉林省有193万名残疾人，伴随着人口老龄化加快等因素，残疾仍会多发。残疾人事业还面临着一些问题，第一，残疾人保障水平还有待提升，目

前残疾人生活水平较社会平均水平仍有差距，残疾人收入水平只相当于健全人的60%。并且，残疾人就业能力偏低，就业稳定性差，就业质量不高。全省按比例安排残疾人就业岗位少，就业数量连年下滑，普遍存在残疾人就业层次低、就业稳定性差问题。相当数量的低收入残疾人家庭返贫致贫风险高。第二，残疾人公共服务总量不足、分布不均衡、质量效益不高，多样性需求尚未得到较好满足。残疾人康复需求与服务供给之间存在较大差距，供需矛盾突出，部分地区虽然建立了残疾人服务机构，但由于人员配置不足、专业水平不高，服务质量难以满足残疾人的实际需求。农村地区缺乏专业康复人才的问题尤为突出。农村残疾人口占残疾总人口的58.83%，农村残疾人工作仍相对薄弱，农村残疾老人集中供养服务仍存在适用范围狭窄、补贴资金不足、服务项目单一、服务水平低下等问题。第三，残疾人服务能力仍较弱。社区康复服务体系建设不足，包括制度、政策、机构、能力、人才、项目等方面的建设滞后，社区康复机构与综合医院康复医学科的业务衔接体系尚未形成。与此同时，社区康复服务能力建设停滞。康复设备配备率低，现代康复技术手段缺乏，康复工作者技术水平和管理能力与残疾人康复需求存在差距。残疾人家庭无障碍改造等需求较大，尚难以满足。

## 三 吉林省残疾人事业高质量发展的对策与建议

在东北全面振兴的新征程上，残疾人有更多的诉求、更多的梦想，他们需要更多的关心、理解、尊重与支持。我们应当积极创造条件，使残疾人能够更好地融入社会，与其他社会成员一起，共同建设现代化国家，共享经济社会发展的成果，走上共同富裕的康庄大道。这就需要更多主体积极参与残疾事业建设，需要一个更加完善的政策支持体系，从而实现残疾人事业的持续高质量发展。未来，吉林省残疾人事业发展需要重点加大政府对残疾人事业的投入，完善残疾人组织的机构设置，加大政府残疾人服务购买力度，提升相关工作人员专业能力，完善残疾人政策间的配套与衔接，完善社会组织助残服务机制等方面。

第一，凝聚残疾人事业发展合力。以党建引领残疾人事业发展，巩固发展残疾人事业取得的成果，促进残疾人组织更好地发挥桥梁纽带作用，协调资源、引导社会力量积极参与残疾人事业发展。促进社会组织深度参与残疾人服务，积极探索政府、残疾人家庭、社区、残疾人组织和社会助残力量的联动机制。搭建社会组织与政府部门间互助共赢的合作平台，积极推进政府购买服务，扩大购买总量规模，优化购买服务结构，提升残疾人专业化服务水平与服务质量。积极培育各类残疾人服务组织，优化助残社会组织结构，为其提供能力提升的相关培训和咨询服务，整合现有社工服务组织的资源优势，更好地满足残疾人的多元服务需要。完善残疾人社会组织发展的相关规章制度，进一步优化残疾人服务购买流程、购买内容和服务标准等。完善残疾人服务的评价和督导机制，建立健全由购买主体、残疾人服务对象以及第三方组成的项目综合评价机制。

第二，整合政策工具，完善积极适宜的残疾人社会政策体系。健全残疾预防的相关政策体系，完善由残联、民政、卫计、文教、民政等部门组成的残疾预防协同机制，加强对相关群体的宣传教育，织就一张由个人、家庭、社区和社会组成的支持网络，从而降低残疾风险。完善残疾儿童少年的政策体系，为不同残疾类型、残疾等级和年龄的残疾儿童少年，提供适合其发展需要的教育、康复、医疗等服务。健全残疾老年人社会支持服务体系，着重加强对重度肢体、精神、智力和多重残疾老年人的政策倾斜，进一步完善重度残疾人、经济困难残疾人等照护等级标准。健全残疾人群体的基本社会保障体系，推动残疾人两项补贴的服务对象和服务标准逐步扩大和逐年提高。

第三，完善残疾人基础设施和信息化建设。支持省内各地残疾人康复、托养综合服务设施建设，为各类残疾人服务机构发展提供政策支持。增强基层为残疾人服务的能力，发挥残联枢纽型社会组织的作用，将各类残疾人社会组织联合起来，发挥党组织在社会组织发展中的领导核心和政治引领作用。强化相关工作组织管理，完善残疾人服务工作者的考核机制，提升从业人员的年轻化和受教育水平，促进工作人员队伍稳定。推动五大残疾人专门协会独立注册，提高残疾人专门协会发展活力。在现有基础上，持续推动残疾人事业深度纳入发改、民政、社会保障、卫生健康、统计等职能部门发展规划。提高残疾人服务的数字化水平，实现助残服务与其他公共服务全面融通融合，提升残疾人服务的便利性和可及性。加大对科技手段的引进力度，推广使用辅助设备和辅助技术，实现对残疾人需求的精准对接，为残疾人参与社会生活提供技术支撑。在此基础上，加快残疾人事业数字化转型，加强残疾人服务需求和服务供给调查统计，完善残疾人人口基础数据，逐步完善残疾人"一人一档"，推进残疾人大数据的建设、分析、研究和应用，为残疾人事业科学决策、绩效管理与精准服务提供数据支撑。

**参考文献**

[1] 关信平：《论残疾问题的实质及残疾人去障碍公共行动》，《残疾人研究》2017年第1期。

[2] 郭德华：《无障碍理念视野下孤独症儿童融合教育研究》，《现代特殊教育》2020年第19期。

[3] 焦若水、陈禹舟：《乡村振兴战略中的农村残疾人公共服务：现实困境与调适策略》，《残疾人研究》2024年第2期。

[4] 梁德友、周沛：《中国特色残疾人事业发展的三个向度》，《河南社会科学》2015年第1期。

[5] 廖慧卿、张兴杰、张开云：《社会救助提升农村贫困残障者的生活机遇了吗？——残障污名与街头官僚、救助政策的交互效应研究》，《公共行政评论》2020年第6期。

[6] 刘婧娇、郭琦：《从"少数特殊"到"普遍公共"：残障观的认识跃升与实践变革》，《兰州学刊》2022年第9期。

[7] 刘婧娇：《从国家本位到需要本位：中国残疾人社会保障的目标定位转向》，《社会科学战线》2018年第7期。

[8] 乔庆梅：《中国残疾儿童社会福利：发展、路径与反思》，《社会保障评论》2018年第3期。

[9] 宋宝安、刘婧娇：《强调差异性：新自由主义对残疾人社会保障的启示——兼论残疾人特殊社会保障的必要性》，《社会科学战线》2014年第12期。

[10] 徐成铭、刘川峰：《"三重嵌入"：社会组织参与社区残疾人服务的案例研究》，《残疾人研究》2024年第3期。

# B.21 吉林省职业教育高质量发展面临的问题与对策研究

王浩翼 孙冰[*]

**摘　要：** 职业教育作为国民教育体系和人力资源开发的重要组成部分，是培养高素质技能型人才、促进人的全面发展的基础性工程。近年来，以新技术、新经济和新业态构成的新质生产力加速推动了生产效率的跃升，对职业教育的高质量发展也提出了更高要求。近年来，吉林省积极推动产业结构调整，推进传统工业向高新技术、绿色环保和现代服务业方向转型，同时将职业教育的高质量发展视为吉林全面振兴的重要支撑，取得了诸多显著成效。当前吉林省的职业教育仍面临一些问题，包括职业教育供需矛盾依然突出、对区域产业发展的支撑力度不足、校企合作层次和深度亟待提升，以及部分地区职业院校办学条件仍然薄弱，制约了职业教育在推动产业升级和经济高质量发展中的作用。针对上述问题，本文提出扩大职业本科院校教育规模，优化职业院校资源布局；完善校企合作激励机制，增强企业在合作中的参与度与话语权；健全职业教育专业动态调整机制，强化中—高—本专业衔接；加强人力、资金和物资保障，夯实职业教育发展基础等具体建议，旨在推动吉林省职业教育向更高质量发展迈进。

**关键词：** 职业教育　校企合作　产教融合

---

[*] 王浩翼，吉林省社会科学院社会学研究所副研究员，主要研究方向为基层社会治理；孙冰，吉林省交响乐团演奏员。

党的十八大以来，以习近平同志为核心的党中央高度重视职业教育，先后颁布了《国家职业教育改革实施方案》《关于推动现代职业教育高质量发展的意见》《关于深化现代职业教育体系建设改革的意见》等一系列政策文件，并修订了《中华人民共和国职业教育法》，为职业教育的发展提供了坚实的政策保障和明确的方向指引。2021年，习近平总书记在调研中强调，"在全面建设社会主义现代化国家的新征程中，职业教育前途广阔、大有可为"[1]。这一重要论述标志着我国职业教育正加速迈入提质增效、赋能增值的高质量发展新阶段。

近年来，以新技术、新经济和新业态为核心的新质生产力不断形成，推动了生产效率的极大跃迁，也对培养能够适应现代产业体系和未来经济发展的高技能人才提出了更高要求。在这一时代背景下，吉林省如何准确把握职业教育发展的新变化和新趋势，特别是新质生产力对高技能人才需求的变化，积极抢抓机遇、深化职业教育改革、推动高质量发展，不仅是助力地方经济转型升级的关键所在，也是解决供需失衡、提升区域产业竞争力的重要抓手。

## 一 吉林省职业教育发展现状

### （一）职业教育体系得到进一步完善

**1. 高等职业教育发展取得新突破**

自2019年以来，吉林省陆续出台了《吉林省职业教育服务"全面振兴全方位振兴"改革实施方案》《关于加快推动现代职业教育高质量发展的若干措施》等一系列政策法规，着力强化制度供给，坚持高位推动和整体发力，为吉林省职业教育的高质量发展提供了"制度原动力"。2022年9月，吉林省创新建立了由省领导和省直相关部门联系职业院校的制度，构建了

---

[1] 《习近平对职业教育工作作出重要指示》，中国政府网，https://www.gov.cn/xinwen/2021-04/13/content_5599267.htm。

省、市、县三级联动的推进工作机制。同时，省委省政府将职业本科院校建设纳入目标绩效责任制，并列入《吉林省"十四五"高等学校设置规划》。在机制创新和政策保障的双轮驱动下，2024年2月，长春汽车工业高等专科学校升格为长春汽车职业技术大学，成为东北地区首家公办职业本科高校，标志着吉林省初步建成了"中—高—本"立体化的现代职业教育体系。截至目前，吉林省拥有1所职业本科院校和29所高职院校，其中，综合型院校6所、理工院校12所、农业院校1所、医药院校6所、师范院校2所、财经院校1所、政法院校1所，全日制在校生总数达22.85万人，专任教师1.03万人，[①] 为吉林省的经济发展和产业转型升级提供了有力的人才支撑。

2. 中等职业教育进入提质培优新阶段

作为培养技术技能型人才的重要支撑，吉林省的中等职业教育在经济社会发展和教育体系调整的背景下迎来了新的挑战和需求。近年来，吉林省不断优化中等职业教育的专业设置和结构，通过资源整合、学校布局优化等措施，以撤销、合并、兼并、划转等多种方式精简中职院校数量，推动优质教育资源的集中化发展。目前，全省中等职业学校数量已减少至108所，较2021年减少133所，在校生人数达12.31万人，专任教师数量为1.3万人。全省中等职业院校的整体规模已趋于均衡，学校类型和结构也更加合理，为满足产业发展和区域经济需求奠定了良好基础。

## （二）职业院校整体办学水平得到大幅提升

### 1. 打造高水平专业群与课程体系

专业设置和课程体系是职业教育高质量发展的核心要素，也是引领职业院校内涵建设的关键。为推动职业院校的办学定位和服务更加贴近"一主六双"高质量发展战略，吉林省近年来通过"一校一策"的方式，推动职业院校的专业结构优化调整，着力打造高水平专业群，完善课程体系，开发

---

[①] 本文所引用的吉林省职业教育数据均来自《吉林省高等职业教育质量报告（2023年度）》《吉林统计年鉴2023》《吉林省2023年国民经济和社会发展统计公报》。

优质教材，加快提升专业设置与产业发展的匹配度。2020年，吉林省发布《吉林省特色高水平高职学校和专业群建设项目遴选管理办法》，遴选出13所高职院校及130个高水平特色专业群。2023年，在对特色高水平学校和专业群的中期评价中，13所高职院校中9所被评为"优秀"，130个专业群中47个获得"优秀"评级。此外，吉林省遴选出省级一流核心课程59门，153本教材入选国家"十四五"职业教育规划教材，另有9本教材荣获2021年首批全国优秀教材奖。这些成果标志着吉林省"高水平高职学校和专业建设计划"在三年建设期内已取得显著阶段性成效。

**2. 大力推动职业教育数字化资源建设**

吉林省职业教育积极响应数字化转型需求，依托区域产业结构，推动信息技术与教育教学深度融合，不断加强和创新数字资源建设。2021年，吉林省有3所高职院校入选国家级职业教育示范性虚拟仿真实训基地培育项目。到2023年，17所院校入选教育部职业院校数字校园建设试点。此外，吉林省遴选出20所职业教育信息化标杆学校，38个示范性虚拟仿真实训基地建设项目，34个职业教育专业教学资源库，以及11项具有国际影响力的职业教育标准和资源。其中，长春汽车工业高等专科学校的智能网联新能源汽车虚拟仿真实训基地成功入选教育部2022年度职业教育示范性虚拟仿真实训基地培育项目典型案例。

**3. 推进"双师型"教师队伍建设**

吉林省将建设高素质教师队伍作为推动职业教育高质量发展的基础工程。2022年发布了《职业院校教师队伍建设评价参考体系》，从教师队伍规模、师德师风、专业能力、兼职教师配备、企业实践经验、培训基地建设等八个维度对职业院校教师队伍进行全面评价和改进。2023年，吉林省修订并发布了《吉林省职业教育"双师型"教师认定标准》，认定省级"双师型"教师3249人，占比超过70%。吉林工程职业学院、长春职业技术学院、长春汽车工业高等专科学校和吉林铁道职业技术学院被列为国家级"双师型"教师培训基地。全省高职院校双师素质专任教师比例相比2022年上升了12.29个百分点。

## （三）校企合作与产教融合发展初见成效

### 1. 打造多层次的产教融合平台

为破解职业教育与区域发展不协调、与产业发展联系不紧密的难题，吉林省紧扣"一主六双"高质量发展战略，搭建了六大"市域产教融合联合体"，涵盖长春市的汽车、现代农业、医药产业，吉林市的化工产业，辽源市的装备制造产业，以及延边州的跨境电商产业，初步形成了支撑产业与教育深度融合的广泛基础。其中，长春汽车产业集群市域产教融合联合体成功入选首批28个国家级市域产教融合联合体，为全省产教融合发展起到了示范作用。此外，吉林省还围绕碳纤维、农机装备、智慧轨道交通等六大省内优势产业，搭建了行业导向的"产教融合共同体"。并以"市域产教融合联合体""产教融合共同体"建设为依托，探索构建了政、校、行、企及科研机构全面参与的协作平台，集聚资金、技术、人才和政策等关键资源，实现产教深度对接、双向赋能，助力技术改造、工艺优化、产品升级，逐步形成条块结合、矩阵式的产教融合新范式。

### 2. 开展多元化的校企合作生产实践项目

吉林省积极探索产学研深度融合，构建了多元化的校企合作生产实践项目，为学生提供真实的产业实践机会。2023年，全省共组织了31个典型的校企合作生产实践项目，不仅强化了学生的实践能力和就业竞争力，更为企业注入了新鲜的创新动力，助力工艺改进、产品研发和产业升级。其中，由吉林铁道职业技术学院的"祥隆铁路应急救援生产实践项目"和长春汽车工业高等专科学校的"解放商用车装配调整项目"等7个校企合作典型项目被推荐参与国家级遴选，为校企双方提供了互利共赢的合作平台，有力推动了区域产业升级和创新型人才的培养。

### 3. 建立多类型现代产业学院协作体

吉林省积极推进多类型现代产业学院协作体建设，打造校政企协同的创新教育平台。2023年，吉林省成立了涵盖汽车、冰雪、医药健康、光电信息、人工智能、新能源、碳纤维、文化旅游、现代农业、休闲康养、智能制造、电子商务、乡村振兴和现代肉牛产业等14个现代产业学院协作体。通过这些产业学院,省内高职院校进一步完善了产教融合和协同育人机制,形成了高等教育与产业集群的联动发展模式,为人才培养、科研创新、企业服务和学生创业提供一体化支持。

### (四)学生成长成才通道得到进一步拓宽

**1. 升学通道进一步拓宽**

自2014年起,吉林省开展了高职院校与中职学校联合的中高职贯通培养项目,为全省初中毕业生开辟了职业教育通道。2023年,共有1.66万名初中毕业生通过这一模式进入职业院校学习,实现"一次招录、分段培养"的衔接式教育。学生在完成中职阶段教育后直接进入高职阶段学习,顺利毕业即可获得高职学历,为学生提供了更连贯的成长路径。此外,吉林省积极完善"职教高考"制度,每年春季开展高职分类考试,吸引普通高中和中职学校学生报考职业院校。2023年,共有7.96万人报名参加考试,录取人数达4.54万人。其中,539名中职学生通过对口招生考试成功升入本科院校。这一制度也为职业教育学生提供了更加多元的发展通道,满足了不同层次学生的升学需求。同时,高职毕业生还可通过专升本考试继续深造至本科阶段。过去三年中,共有4.5万名高职学生成功通过专升本考试,进入本科院校进一步学习。

**2. 就业质量显著提升**

吉林省通过优化专业设置、深化校企合作、强化实践教学,进一步提升了学生技能与岗位需求的契合度,使职业院校毕业生的就业质量显著提高。2023年,全省高职毕业生达到65343人,同比增长14.10%。其中,落实就业去向的人数为55710人,同比增长14.69%。全省就业去向落实率达73.51%,较2022年提升了4.6个百分点。此外,毕业生的平均月收入达到3770元。

## 二 吉林省职业教育高质量发展面临的突出问题

吉林省职业教育在改革发展的进程中加速推进,已取得了一系列显著成就。然而，经过深入调研分析，本文认为，面对未来经济社会发展的需求及教育改革的趋势，吉林省职业教育在迈向高质量发展的过程中仍然面临一些问题与挑战。

（一）教育资源供需矛盾依然突出

一是本科层次职业教育力量依然薄弱。作为"十四五"时期职业教育发展的重点，我国《职业教育法》突破了以往对职业教育办学层次的限制，积极推动本科层次职业教育的发展。虽然长春汽车职业技术大学成为东北地区首家公办职业本科高校，然而首批职业本科招生专业仅有6个，招生人数仍然有限，与中共中央、国务院发布的《关于推动现代职业教育高质量发展的意见》中提出的"到2025年，职业本科教育招生规模将不低于高等职业教育招生规模的10%"的任务目标尚有较大差距。

二是市际职业院校布局仍不均衡。吉林省的29所高等职业院校分布呈现明显的地域集中性，其中长春市14所、吉林市4所，而辽源市、白山市和松原市各仅有1所。此外，全省4所参与国家"双高计划"建设的院校中，有3所位于长春市。虽然区域经济发展的不平衡在一定程度上导致了职业教育资源的分配差异，但院校资源的过度集中，一方面不利于中职与高职院校开展贯通培养合作，另一方面也难以满足地区经济发展需要，限制了职业院校服务地方经济社会发展中的潜在作用。

三是部分地区中职院校生源压力较大。近年来，受教育"内卷"泛化影响，"普高热"现象加剧，以及产业升级和技术进步对劳动者技能素质提出更高要求，学生和家长对高层次教育的需求日益提升，选择就读中职院校的意愿偏低。此外，受人口结构变化的影响，预计未来吉林省初中毕业生总体规模将持续下降，部分地区的中职院校将面临较为严峻的生源萎缩压力。

四是高等教育与职业教育、普通教育与职业教育以及职业教育内部的"交互"体系仍不完善。例如，延边州地区中职学生升学意愿强烈，但本科院校招生计划偏少。又如，通化地区仅有一所医药健康大类高职院校，中职院校与其开展贯通培养合作存在障碍。

## （二）对区域产业发展支撑力度仍然有限

职业教育是与产业联系最为密切的教育类型，具备"植根"于地方、"特色"源于产业、"精准"对接产业发展需求的独特优势。《吉林省国民经济和社会发展第十四个五年规划和2035年远景目标纲要》明确指出，吉林省将重点发展智能制造、数字经济、人工智能、航天航空、光电信息和生物医药等高新技术产业。2023年数据显示，在吉林省紧缺急需职业中，制造业相关职位的需求占比已超过50%。然而，由于部分职业院校在教学设施设备、师资力量等软硬件条件上的限制，在专业设置、课程体系和实习实训内容方面仍主要迎合短期市场需求，以就业率较高的传统制造业和服务业为主，基于地方产业发展和区域特色做出的专业课程动态调整力度仍然有限，专业设置的前瞻性不足。此外，吉林省作为我国重要的工业基地和农业大省，近年来加快推动新型工业化，力求实现先进制造业的高质量发展，对一线工程技术岗位的技能型人才需求日益增加，但目前全省职业院校在农业和工程技术大类专业的招生规模仍与作为农业与工业大省的实际需求不匹配，亟须进一步优化。

## （三）校企合作层次和深度亟待提升

近年来，吉林省职业教育在产教融合方面取得了积极进展，校企合作呈现蓬勃发展的态势。然而，在推动产教融合的过程中仍面临一些亟待解决的问题，特别是在合作的持续性和融合深度方面仍显不足。具体表现为职业院校在合作中的积极性要远高于企业，出现了"学校热、企业冷"的不平衡现象，与实现"校中厂""厂中校"等深入合作和深度融合仍有较大差距。究其原因，主要是职业院校在产教融合方面仍主要依赖于行政力量的"指令性合作"推动，或者是依靠校企工作人员之间的"人际关系"来维系，政府在校企合作方面相关的配套政策尚不完善，尤其是缺乏有效的激励机制。从职业院校的角度来看，尤其是中职院校，其在校企合作、技术服务和社会培训方面的收入管理和分配方式仍不清晰。而对以盈利为导向的企业来说,参与产教融合和校企合作需要投入大量的人力物力,但由于缺乏利益回报,其内在动力和参与积极性必然受限。此外,产教融合评价体系的不完善还导致了诸如"展示性合作"、资源利用效率低下等问题得不到及时纠正,阻碍了校企合作的高质量发展和产教融合的深度推进。

（四）部分地区职业院校办学条件仍然薄弱

近年来,吉林省各级党委和政府不断加大对职业教育的投入力度,全省中、高职院校的办学环境和教学条件得到了显著改善。然而,在延边州、白山和白城等经济发展相对滞后的地区,由于地方财政压力较大,对职业教育的支持力度明显不足,导致这些地区的职业院校整体办学条件相对薄弱。具体而言,这些问题主要体现在两个方面。一是在硬件条件上,随着在校生规模的不断扩大,部分院校的基本办学条件已难以满足现有学生的需求,设备更新滞后,无法充分保障学生的学习和生活需求。二是在软件资源上,受地理位置、薪酬待遇和编制限制等因素影响,部分地区的师资队伍面临显著的结构性短缺问题。外聘专业教师的经费不足,专业课教师的培训资源匮乏,缺少具有企业工作经验或在生产一线实践经历的专业教师,高水平科研教学团队的引入也存在困难,"双师型"教师的比例相对较低。这些问题不仅对教学质量产生了直接影响,也制约了职业教育整体发展效能的提升。

## 三 关于加快推动吉林省职业教育高质量发展的建议

（一）扩大职业本科院校教育规模,优化职业院校资源布局

吉林省作为教育大省、人口小省,在发展职业本科教育方面不仅具备显著的优势,还拥有巨大的潜力。当前,吉林省在高等职业教育规模上仍有进一步扩展的空间,加快推动更多高职高专院校升格为本科层次的职业大学,既具可行性,也是满足全省教育发展需求的必要举措。

一是建议相关部门在扩大现有职业本科院校办学规模的基础上,积极探索推动更多有条件的高职院校"升本"。对于整体实施本科教育存在困难的院校,可与普本高校联合设置职业教育本科学院,或优先推动具有竞争力和特色的学院或专业优先升级,从而更好地满足吉林省"一主六双"高质量发展战略对高层次技能型人才的需求。

二是考虑到吉林省的产业布局特点,以及梅河口医药健康产业创新发展集聚区、白城市国家级新能源战略性新兴产业集群和松原市新能源产业集群等新兴产业集聚区的快速发展,吉林省有必要在这些产业集聚区配套建设若干高职院校,通过将教育资源与产业需求紧密对接,系统培养契合地方产业升级需求的技能型人才,形成更加专业化、技术化的劳动力市场,提升区域经济的竞争力和可持续发展能力。

三是根据市场供需关系和人口结构变化趋势,及时优化职业教育资源的空间布局。比如,进一步加快生源较少地区中职院校的资源整合和专业调整,合理优化专业设置,提高资源利用效率,更好地适应区域经济发展需求。

四是适当扩大省内本科院校面向中职院校毕业生的招生规模,打通职业教育与普通高等教育互联互通的"立交桥",进一步提升职业教育的吸引力。

## (二)完善校企合作激励机制,增强企业在合作中的参与度与话语权

校企合作与产教融合是一项复杂的系统工程,政府部门的监督与指导不能仅停留在"指令式"管理上,而应建立一套行之有效的工作机制,切实提供资金保障和政策支持。针对目前吉林省职业院校校企合作中存在的"协作多、融入少"的问题,核心解决方案在于确保企业在合作中能够切实受益,使其真正成为合作的受益者,从而促进更深入、更可持续的合作模式发展。

在具体做法上,一是加快完善企业参与校企合作的激励机制。对《吉林省职业教育校企合作促进条例》进行修订,充分利用金融、财税等政策工具,如校企合作专项补贴、税收减免、员工培训专项基金等,从而有效提升企业

参与校企合作的积极性和热情。

二是探索社会资本参与校企合作，鉴于地方政府财政投入的有限性，职业教育的发展可以通过引入民间资本予以有力补充和支持。例如，可以探索"招标项目"等方式，积极吸引优质社会资本参与校企合作与产教融合项目。同时，鼓励校企共同设立专业组织机构、独立学院或合资企业，拓展合作形式，在充分考虑企业需求的基础上提升其在校企合作中的话语权，从而推动校企间的互惠互利，实现共同发展。

三是通过第三方监督评估跟踪问效。通过引入专业化、权威性的评估机构，科学构建以校企合作质量和产教融合深度为核心的评价体系，重点考查学生培养质量、校企合作的稳定性和拓展性、资源共享水平、产学研成果转化及社会效益等关键指标，为政府制定激励政策提供科学指导。

四是发挥吉林省中华职业教育社等团体在职业教育领域专题调研、产教融合、校企合作方面的资源链接优势，通过搭建校企合作桥梁，促进职业院校与企业之间的交流协作，共同开发实训项目、调整课程内容，提升职业教育的实践性和市场适应性。

## （三）健全职业教育专业动态调整机制，强化中—高—本专业衔接

职业教育在人才培养上存在一定的滞后性，这是由产业需求侧与教育供给侧之间的差异所决定的，二者之间呈现一种动态适应的关系，具有独特的匹配逻辑。为应对这一情况，职业院校在专业设置和课程设计上需要具备前瞻性与敏锐性，以更好地适应和满足地方产业发展的需求。为此，建议建立健全职业教育专业适应区域产业发展的动态调整机制。充分利用各地政府领导及其相关部门联系职业院校的工作制度，与职业院校分析地方经济发展趋势的研究和评估结果，为职业院校根据需求变化动态调整专业设置和课程内容提供支持，逐步形成衔接合理、层次分明的职业教育专业体系，从而更有效地适应区域产业发展需求，提升人才培养的针对性和实效性。此外，应进一步完善中职、高职与职业本科之间的专业衔接体系，尤其是在通化、白山、松原、辽源等仅有一所高职院校的地区。中职院校在专业设置上应主动

对接当地高职院校，在专业开设和培养内容上尽量保持方向一致，确保课程内容相互衔接、技能要求相互匹配，为实现贯通培养合作创造条件。同时，各地教育部门可出台指导政策，鼓励中高职和职业本科院校间的联合办学、资源共享和师资交流，进一步完善覆盖中职到本科的多层次职业教育体系。

### （四）加强人力、资金和物资保障，夯实职业教育发展基础

尽管近几年吉林省对职业院校的财政性教育经费投入有了大幅增长，但全省职业院校改革发展的资金需求仍然较大，资金缺口依然存在。为此，建议在保持目前财政投入增长的基础上，积极采取市场化手段强化人、财、物要素方面的保障力度。一方面是增加职业院校的编制总量和职称指标。部分地区可以根据在校生规模重新核定职业院校教师编制总量，确保教师数量与学生规模相匹配。同时，适当增加职业院校中级及以上职称的指标，以实现"以编引才、以编留才"的目标，吸引更多高水平专业人才加入职业教育队伍，弥补职业院校教师短缺问题。另一方面是适当扩大职业院校经费管理使用自主权。目前，全国已有多个地区出台了关于落实职业院校办学自主权的相关文件，在经费筹措、管理、使用等方面给予职业院校更大的自主权。例如，山东省允许公办职业院校的绩效工资水平按照省、市、县相关规定灵活浮动，最高可达到事业单位绩效工资基准线的5倍。此外，职业院校通过对外开展技术开发、技术转让、技术咨询、技术服务等取得的收入结余，可提取50%以上用于教师劳动报酬，并不纳入单位绩效工资总量管理。这一政策不仅提升了职业院校对教师的激励力度，也增加了学校办学的灵活性和活力。吉林省可适当借鉴这些措施，以推动职业院校办学自主权的落实，更好地支持职业教育的发展和高质量人才的培养。

**参考文献**

［1］吉林省教育局：《吉林省高等职业教育质量报告（2023年度）》，2024年2月。

[2] 吉林省统计局、国家统计局吉林调查总队编《吉林统计年鉴2023》，中国统计出版社，2023。

[3]《吉林省2023年国民经济和社会发展统计公报》，吉林省统计局网站，http：//tjj. jl. gov. cn/tjsj/tjgb/ndgb/202403/t20240326_ 3128572. html。

# 专题篇

## B.22 吉林省乡村旅游高质量发展的对策建议

刘 瑶 林丽敏*

**摘 要：** 乡村旅游是吉林省实现全面乡村振兴的重要着力点，在旅游需求愈加旺盛、产业融合不断推陈出新、数字技术日新月异的新时期，乡村旅游发展面临着新的发展机遇与趋势。吉林省乡村旅游近年来市场规模迅速扩大、特色产品渐成体系、品牌价值日益凸显，但仍存在产业融合程度不深、产品与业态不够丰富、文化内涵不足、配套与服务有待提高等不足之处。新时期，吉林省要补齐乡村旅游发展中的短板，需要借鉴国内外其他地区乡村旅游发展的成功经验，通过深化乡村文旅资源开发与整合、拓展乡村旅游产品与业态、创新乡村文旅展示载体、加快乡村旅游链式发展、加强乡村旅游品牌塑造、提高乡村旅游智慧化水平等路径，推动乡村旅游产业走向高质量发展。

**关键词：** 业态融合 乡村旅游 链式发展 多元宣传

---

\* 刘瑶，吉林省社会科学院软科学开发研究所副研究员，主要研究方向为文旅业、服务业；林丽敏，吉林大学东北亚学院编辑，主要研究方向为日本产业经济。

乡村旅游是实现乡村振兴与推动城乡一体化发展的重要力量，吉林省乡村旅游产业发展迅速、市场前景广阔，是吉林省打造万亿级旅游产业集群、提升农村经济的重要抓手。随着旅游需求的不断转变与产业升级的日新月异，乡村旅游业的高质量发展亟须新的策略与思路。

# 一 吉林省乡村旅游发展现状

## （一）产业规模持续扩大

乡村旅游是吉林省旅游业发展版图的重要组成部分，也是乡村振兴的重要抓手。近年来，吉林省乡村旅游持续升温，从小到大、从弱到强，已发展成为吉林特色文化符号。2019年，吉林省乡村旅游游客接待量和旅游收入增速分别为24.77%、35.65%，均高于吉林省旅游业游客接待量和旅游收入增速2倍左右。"十三五"时期，吉林省乡村旅游接待游客累计超过1.7亿人次，实现旅游收入约980亿元，年均增速超过全省旅游业平均增速的2倍。截至"十四五"中期，吉林省各类乡村旅游经营主体已超2000家，其中，A级乡村旅游经营单位603家，占比超过27.5%；培育打造全省十大乡村旅游精品村，乡村旅游重点村镇达到174个，其中全国乡村旅游重点村镇45个，占比26%；新遴选乡村旅游精品村204个，其中省级10个、市级32个。2023年，全省5A、4A级乡村旅游经营单位接待游客1486万人次，同比增长151%；营业收入7.09亿元，同比增长123%。当前，乡村旅游已经成为推动吉林省城乡一体化高质量发展的重要力量，获得了良好的社会效益、经济效益和生态效益。

## （二）特色产品形成体系

吉林省乡村旅游已从粗放式发展方式向精细高效方式转变，突破了初始的"农家乐"单一发展模式，纷纷向休闲度假综合体方向转变，不断探索"乡村旅游+"模式，特色产业与业态不断丰富。目前，许多乡村旅游龙头企业均已涉及采摘体验、拓展训练、民俗文化、农业研学等内容，乡村旅游体验不断丰富，文化内涵不断拓展。以长春市九台区马鞍山村为例，该村以乡村旅游为抓手，集生态休闲、农事体验、红色文化旅游等功能于一体，打造了马鞍山影视文化基地、长吉游客服务中心、马鞍山田园综合体、长春市九台革命英雄纪念馆、如美乡村民宿等众多文旅项目，成为省内乡村旅游的典范。延边州龙井市的良田百世运动假日小镇以"文旅+农业+体育"为主题，打造了生态运动景观带、现代农业科技产业园、生态宜居康养区、码头文化区等六大功能区，其中休闲度假区以全民运动为导向，构建全产业链运动休闲模式。作为国家乡村旅游观测点的长春市玉潭镇友好村打造了全域特色文旅体验综合体，培育花海搭配农庄项目，形成"观光游览+健康休养"组合，其后又陆续建成了游客服务驿站、湿地公园、数字化农业中心、种子博览中心、乡村博物馆、中医药博物馆、东北亚国际康养及民族风情文化展示区、药膳馆等，致力于打造多功能乡村文旅综合示范基地。

### （三）政策法规不断完善

吉林省文旅厅从规划指导层面加强文旅融合引导，不断助力乡村旅游的文化内涵提高和服务水平提升，推动乡村旅游规范、有序、可持续发展。政府部门加强顶层设计，陆续出台了《关于印发支持特色小镇和特色小城镇建设若干政策的通知》《大力推动乡村旅游发展的十七条政策措施》《吉林省乡村旅游扶贫工程实施方案》《关于推进乡村旅游高质量发展的实施意见》《关于促进吉林省休闲农业提档升级发展的实施意见》等政策措施，发布《乡村旅游产业发展报告》，实施乡村旅游"十百千万"工程，引入行业规范和统一标准，指导全省乡村旅游改变零散、无序的发展状况，走向系统性、规范性、统筹性发展之路。为了促进资源价值兑现，全省开展乡村旅游资源普查，做好资源登记与分类，建立全省乡村旅游资源档案库，完善资源保护与利用体系。相关部门不断加强乡村旅游规划引领，将乡村旅游发展需要纳入经济社会发展规划、国土规划以及生态环境保护规划中进行协同发展和整体布局，并积极修订乡村旅游业态标准，开展标准化示范试点建设工作，完善乡村旅游经营单位服务质量等级评定标准和管理办法。一系列工作规范了乡村旅游的经营管理，为乡村旅游发展提供了良好的政策环境和投资环境。各地在规范化指导下深入挖掘资源优势，因地制宜开发乡村旅游产品，全省乡村旅游呈现既协调统一又各具特色的差异化发展格局。

### （四）品牌效应不断提升

随着旅游产业与业态的不断丰富和服务质量的不断提升，吉林省乡村旅游已进入快速发展阶段，形成了"吉乡"品牌效应，品牌影响力持续扩大。目前，已形成资源依托型、区位依托型、市场依托型、产业依托型、政府推动型等模式，打造了一批乡村旅游典范，推出十大乡村旅游精品村，构建全方位、多层次的品牌体系。十大乡村旅游精品村各具特色，分别为都市近郊型——长春市净月高新技术产业开发区玉潭镇友好村、资源依托型——吉林市龙潭区乌拉街满族镇韩屯村、雪场依托型——吉林市永吉县北大湖镇南沟村、产业依托型——辽源市东辽县安石镇朝阳村、农业拓展型——通化市集安市太王镇钱湾村、文化传承型——白山市抚松县漫江镇锦江木屋村、景区服务型——松原市前郭尔罗斯蒙古族自治县查干湖镇西索恩图村、生态保护型——白城市通榆县向海蒙古族乡向海村、边境旅游型——延边朝鲜族自治州珲春市敬信镇防川村、民族风情型——延边朝鲜族自治州和龙市西城镇金达莱村。

## 二 吉林省乡村旅游发展的制约因素

### （一）产业融合程度有待加深

吉林省乡村旅游基本要素及产业融合的拓展要素已基本具备且单项发展较好，但产业融合深度还不够，存在简单堆叠项目的情况，尚未发挥出产业融合的辐射效应。乡村旅游产业融合发展缺少整体规划和高层次指引，产业格局中的融合意识不足，导致乡村旅游各要素之间缺乏产业化系统组合，结

合不够紧密，尚未形成具有价值纵深的复合型产业链条，农文旅融合在深度、广度方面均不够充分，难以发挥集聚效应和规模效应，资源优势转化效率不高，尚未能有效延伸乡村旅游产业链、价值链。产业融合涉及的管理部门较多，存在多头管理和监管真空现象，规划较为零散，休闲农业发展多依赖自发性，以观光农业等小而分散的形态存在。在区域资源整合不足的情况下，不仅农文旅之间有效联动不足，乡村旅游与其他产业的融合效果也不佳。

## （二）产品与业态有待丰富

吉林省乡村旅游发展在早期表现为投资较少、收效较快、历时较短，乡村旅游项目与规模快速增长，但对应的资源整合、产业规划、空间布局与融合拓展发展滞后，导致目前乡村旅游发展虽然要素齐全，但产品形式不丰富、业态结构单一，复合型产业与业态供给紧缺。乡村旅游项目仍以休闲度假村、观光农家乐为主，融合型、一体化、服务功能齐全的乡村文旅产品与业态在吉林省还处于探索阶段，尚未形成规模与趋势。且受制于吉林省乡村科技化水平与智慧化建设的落后，新兴技术对乡村旅游产业创新的推动作用尚未得到充分发挥，产品更新速度与创新能力还有较大的提升空间，许多技术创新型乡村文旅新业态在吉林省尚未兴起，对乡村文旅业态创新中融入科技元素的认知普遍不足。

## （三）差异化发展有待加强

吉林省乡村旅游对自身特色把握不足，产品缺少清晰的品牌定位，从而导致精品项目开发不足，品牌不够突出，游客熟知度较低。各地乡村都只考虑自身发展，缺少区域资源整合与项目互补，出现了低水平的同质竞争局面，相邻村落之间的差异化特色不明显。孤立式发展模式造成了乡村文旅企业规模小，经营理念落后，缺少实力强大的龙头企业带动发展，导致乡村旅游产品特色不明显，创新程度低，号召力不足，知名度不高，尚未达到产业集群效应，市场竞争力不足。

## (四)配套服务有待提升

吉林省乡村旅游基础设施建设主体较为单一,虽然在绿化和道路等基础建设上取得了进步,但与新时期休闲旅游发展所需要的配套设施水平仍然存在差距。例如,部分交通道路过于狭窄,增加了错车时的交通安全风险;景区停车场设计不合理,导致停车难、停车乱、人车混流等情况;公共交通配套不足,往返旅游目的地之间的公共交通衔接服务和换乘体系还不完备,尚未建立实现"快旅漫游"的慢行交通体系,乡村休闲只能依靠自驾。相关基础设施和接待配套设施较为薄弱,尤其是通信、医疗安全、服务水平等方面亟待提高,有些地区通信信号尚未完成覆盖;有些乡村旅游景区安全管理不足,消防设施不完善,医疗救治配套缺位;有些地区公共设施不够完善,饭店、酒店、超市等设施难以满足游客需求,道路指示标牌不清晰,监控系统、卫生条件不达标;景区建设注重观赏性,娱乐设施少,项目单一,可玩性不强;部分智慧网络平台服务不健全。

## 三 国内外乡村旅游产业发展的经验借鉴

### (一)日本爱媛县——打造农文旅品牌IP

日本在农业发展上的区域商标实名制大大促进了农业品牌培育,以"柑橘王国"闻名世界的日本爱媛县,正是将农产品打造成目的地品牌IP、培育农文旅完整产业链的典型代表。

重视农产品研发与品牌投入。爱媛县专门设立了柑橘研究院,研究开发爱媛特色品种,夯实农业基础,做精农业品牌。目前已推出40多种柑橘品种,市场供应期覆盖全年,产量与品种数量均居日本首位。爱媛县利用柑橘加工了各类果汁果干、柑橘啤酒、柑橘调味品等食品,还开发了柑橘精油、柑橘洗护用品等,衍生品产业链丰富。日本还为爱媛柑橘注册商标品牌,注重知识产权保护与品牌维护。

产业链延伸带动农文旅消费。爱媛县通过文化植入与附加服务等手段,

将特色农业融入文旅活动的多个环节。爱媛县以柑橘为形象创造了吉祥物MICAN家族卡通形象作为品牌宣传大使，为其安排了许多宣传活动与IP联动，并开发了MICAN家族文创衍生品。县官方网站也以柑橘色为主色调，加入柑橘元素与MICAN形象，并设立了专门的柑橘科普页面，展示柑橘的生产技术、柑橘文化、品种谱系及果期日历等。爱媛县的果园体验项目包含鲜果采摘、现场榨汁、柑橘火锅、柑橘沐浴、橘皮手工制作等特色项目。日本将4月14日定为爱媛Orange Day，当地人会互赠柑橘或橘色礼物，丰富多彩的体验活动吸引了众多游客。

### （二）法国普罗旺斯区——突出特色产业的培育

法国普罗旺斯的乡村旅游产业为典型的特色产业依托型，当地以薰衣草种植业为支撑，在产业链延伸上深挖文化内涵，形成核心竞争力。

主导产业规模化。普罗旺斯在自身优势农产品中选择薰衣草作为区域农产品地理标志，很重要的原因是薰衣草适合规模化生产与集中管理。普罗旺斯十分重视薰衣草自动化发展，目前种植、间苗、收获、加工、精油提炼等环节均已实现了自动化，极大地提高了工作效率和产品质量。普罗旺斯各地有香料农业合作社和薰衣草委员会，严格管控管辖区域内的出品，对农户送交的精油样品进行检测与人工分级，检测合格才可送至研究机构进行化学分析。规模化、高标准的生产提高了普罗旺斯薰衣草品牌的市场认可度与知名度，夯实了品牌竞争力。基于普罗旺斯薰衣草开发的产品多达上千种，覆盖香薰、化妆品、花茶、食品、医药等多个领域。

文化加持拓展农业体验业态。普罗旺斯在乡村文旅项目中植入薰衣草文化，将农业生产与旅游观光有机结合，建立科研、生产、加工、娱乐、文化、度假等多功能旅游区。在当地种植户和香料加工厂设置薰衣草加工场景展示区、薰衣草博物馆等，古法蒸馏设备、加工工具、各色香料原料等一一陈列，还可以参与精油或香水制作过程。政府成立了专门的营销组织负责薰衣草主题创意宣传与营销工作，当地还会在每年的薰衣草花期举办薰衣草采摘节和薰衣草市集。

## (三)浙江省丽水市——注重区域品牌标准化

丽水市大力推动山区生态产品价值实现,打造了国内最早的地级市区域公用品牌——"丽水山耕",并拓展了丽水山居、山泉、山景、山路等"山"系列公用品牌。数据显示,旅游业极大地带动了丽水市农村常住居民可支配收入提高,增幅全省"十二连冠"[①]。

打造区域公用品牌体系。丽水市立足"山"的生态优势,构建了潮玩山地、旅居山水的山地旅游体系,结合当地八大农业产品和主导产业,凝聚山水田园文化特色,充分利用公用区域品牌政策红利,架构起地区及企业间的母子品牌体系,不断推进山区旅游集聚化发展,提高山区生态产品附加值。"丽水山居"已由最初的农家乐模式更迭到第四代"乡村生活";"丽水山景"发展全域旅游,加强培育度假农庄、采摘基地、运动休闲基地、自驾营地、乡村酒店等示范基地。

制定区域公用品牌服务标准。丽水市为保证"山"系公用品牌的品质,对各类公用品牌制定了建设与服务标准,"丽水山耕""丽水山泉"对标国际标准,制定了涉及全过程的安全规范与地方标准,确保食品安全与饮食健康;"丽水山景""丽水山居""丽水山路"制定了地方标准,引导生态资源集约化利用。浙江省还自发开发了农产品溯源系统,实现了区域公用品牌旗下的农产品均可溯源,引入第三方检测机构,解决检测技术瓶颈问题。构建了丽水市生态产品价值 GEP 核算体系,出台《丽水市生态产品价值核算技术办法》,对生态系统的价值总量进行了科学量化,有效促进了丽水对生态旅游产品定价的探索。

## (四)北京市平谷区——打造城郊乡村微度假目的地

近年来,本地游与周边游成为市民休闲度假的热门选择,平谷区依托自身优良的农业资源和毗邻北京市区的地理优势,大力发展休闲农业,深耕桃

---

[①] 丽水市统计局:《2010年丽水市国民经济和社会发展统计公报》,2011年3月22日;《2022年丽水市国民经济和社会发展统计公报》,2023年3月21日。

文化，不断丰富农文旅精品供给，拓展农文旅消费场景，成为京郊乡村微度假的主要目的地。

拓展农业文化价值链。平谷区注重对本地文化遗产和传统农业的保护与传承，并通过现代设计创新产品形式。以平谷桃特色农业为基础，以桃文化为底蕴，开发了"两节两品三养生"系列产品，实现了农业与文化、健康、科技、体育、旅游等领域的深度融合。其中"两节"——春季桃花节和秋季采摘节，文娱活动众多，旅游接待量屡创新高；"两品"——文化桃和桃木艺术品，通过文创产品的不断创新，取得了良好的经济效益和品牌效益；"三养生"——桃花宴、桃食品、桃保健，已开发出百余种食品及保健品，广受市场欢迎。

建设高品质乡村休闲综合体。平谷区致力于打造世界休闲谷，利用传统文化与现代文明的有机结合，建设高品质国家全域旅游示范区，已编制完成《平谷世界休闲谷概念性规划》，升级打造18个乡镇街文旅IP。现已建成万亩桃花海、马昌营田园综合体、玻璃台村等一批休闲农业精品，又开工建设了平谷兴谷新消费综合体、渔阳滑雪场、嘻谷拾光等项目，开设了"平·趣"夜市和俄罗斯进口商品馆，丰富新消费业态。同时，举办了首届中国北京金海湖帆船赛等赛事及"驻华使节感知北京——走近高大尚平谷"等外事活动。不断升级的乡村休闲体验，令平谷区乡村旅游摆脱了过去的低端印象，走向高品质发展阶段。

## 四 吉林省乡村旅游高质量发展的路径

### （一）深化乡村文旅资源开发与整合

文化特色是乡村旅游发展的灵魂，要重视对乡村文化价值的系统挖掘，组织开展乡村文化资源普查，全面而系统地对本地可开发的乡村文旅资源做出价值评估与开发规划。重视对乡村综合价值的整体开发、统一管理、合理利用。把民俗文化、乡贤文化、历史文化、饮食文化、非遗文化等多种资源优化整合起来，加以适当的设计包装，打造有代表性的农文旅项目。有效利用文物古迹等历史文化遗产资源、生态自然资源，形成具有本地风貌特色的乡村观光体系；深入挖掘红色文化遗产资源、农业科技资源，创新开发农文旅融合产品；整合乡村文旅资源，打造精品乡村文旅线路，通过多元和有序开发加速农文旅资源的转化利用。

## （二）拓展乡村旅游产品与业态

整合"山水草湖林"和"农林畜牧渔"等农业资源要素，推进乡村民俗文化、休闲文化、历史文化与旅游的融合开发，开发一系列具有民俗、休闲、历史、创新元素的农文旅融合项目，打造丰富的乡村旅游产品体系。健全现代农业观光旅游，拓展休闲采摘、精品民宿、有机食品、研学体验、农耕文化体验、非遗文化体验、民俗文化体验、田园观光、康养旅居等产品与业态，加大对新业态的支持与更新力度。打造乡村"美玩、美购、美行、美宿"模式，健全农文旅融合业态功能，开发夜游项目、市集项目、旅游演艺、音乐节等多元形式与模式，开发特色鲜明的乡村旅游线路，以传统吉林乡村美景为重点，围绕乡村休闲、特色农业，结合特色小镇、民俗风情，打造休闲农业与乡村文化结合的农文旅融合型旅游线路。

## （三）创新乡村文旅展示载体

一是盘活乡村公共文化设施，推动农村文化站、农家书屋、文体公园、文化广场等公共文化展示场所建设，拓展陈列展示功能，建立城乡公共文化协同发展的交流平台。除传统静态展示方式以外，还要常态化举办非遗文化入户、文化活动入场、文化符号上墙、传统礼仪进家、文化景观进村等活动。

二是打造农文旅融合小镇，在乡村旅游目的地引入文化艺术平台，打造集乡村旅游、艺术欣赏、文化科普、民俗体验等功能于一体的农文旅融合综合体，依托农耕文化与农村生活开发农文旅融合娱乐游戏，将娱乐与乡村文旅融于一体，设计解谜游戏、亲子活动、团体竞技等娱乐活动，引导游客在娱乐中探索乡村特色文化。

三是鼓励乡村文旅节庆发展，围绕我国传统节日和与农耕文化紧密相关的二十四节气，统筹推进乡村节气活动，举办多元参与的农业嘉年华盛会，继续办好农民节、乡村文化节、少数民族节庆活动等。

### （四）加快乡村旅游链式发展

着力推动链式发展，以现有产业为基础，拓展上下游产业，加强农业、文化和旅游业之间的协作与对接，提高乡村文旅产业附加值和核心竞争力。强化"大农业""大旅游"理念，归纳现有农业科技园、农田、民宿、生态观光业等资源，做好资源整合，建设休闲农业精品园区、农文旅融合发展示范园区，开发乡村酒店与民宿、房车营地、露营基地、户外运动等功能业态，推动休闲农业与科普教育融合，建立一体化农文旅融合体系，通过文旅业态创新与融合，加强乡村生活、农业生产、乡村文化等要素与旅游产业互融互促，拓宽乡村旅游资源等文化输出能力。聚焦全产业链发展，拓宽产业链布局，提升农业与文化、教育、科技、体育等产业的关联度，助推乡村旅游产业链向多元化形式延伸，从基础农业发展至农业休闲，最终迈向综合性服务生态基地。

### （五）加强乡村旅游品牌塑造

利用省内各个区位的突出特色优势，聚焦差异化特色与文化内涵，找到形象定位与发展方向，集中资源打造特色品牌，从而在全省形成各具特色、品牌鲜明的差异化发展格局。加强特色文化等创新性提炼与创造性转化，打造一批具有吉林省特色，并具备一定辐射带动效应和区域影响力的重点项目，形成优势农文旅IP，积极开展品牌宣传与营销。一方面要加快升级现有的乡村旅游景区与农文旅项目，对接当前的市场供给缺口，打造引流产品与网红项目。另一方面要推进创新形式开发，抓住亮点，打造个性化、差异化的乡村旅游品牌。加大对乡村旅游品牌的政策扶持与资金投入力度，鼓励特色品牌IP塑造。充分发挥品牌代表性龙头企业在资本、市场、管理等方面的经验与优势，在创新研发与营销推广上加大力度，提升乡村旅游品牌的影响力，对当地乡村文旅发展起到充足的示范效应与带动作用。

### （六）提高乡村旅游智慧化水平

一是发展乡村数字旅游新业态。在传统乡村文旅项目中，加大智慧化投入，扩大新技术场景应用，借助全息投影、虚拟现实、立体成像等技术，开发农耕类景观或体验性的旅游项目，如3D麦田漂流记、虚拟现实麦田、食品加工过程展示、4D模拟农作物生长展示等。增设VR主题公园、VR旅游演艺、VR虚拟时空等体验装置，通过虚拟时空与实景结合，展示传统农耕文化、民俗文化、乡村历史等，增强游客沉浸式体验感。

二是推进乡村旅游数字化服务。向乡村旅游消费者提供覆盖旅游活动全程的智慧化服务，包括线上预订、接送服务、导游服务，行程中的线下付款、语音讲解、自助购物、景区安全监控服务与智能提醒服务等，游览结束后的售后评价、售后保障、社交平台分享、纠纷处理等。

## 五　加快吉林省乡村旅游高质量发展的对策建议

### （一）坚守绿色发展的农业本色

必须充分考虑生态资源与历史文化资源的有效利用与可持续开发，避免因急功近利造成的资源浪费与环境破坏。鼓励建设生态环保主题度假区、建设有机种植基地、拓展绿色农庄模式，倡导低碳旅游，采用"减量—回收—再利用—可再生能源"的模式减少环境污染，充分利用太阳能等可再生能源建立可再生能源供应系统，督促游客在旅游过程中保护乡村生态环境，减少使用一次性餐具，提高节能环保意识。采用奖励机制、监督及普法讲座等形式向乡村旅游项目参与者传递绿色发展理念，调动其保护本地生态环境的主动性。

### （二）加强政策支撑与引导

邀请专业领域人才会同农业、文旅、工商等相关部门共同制定乡村旅游发展规划，坚持高位规划，对标国际标准，加强规划的前瞻性与可操作性。

统筹各相关部门，明确职责划分，建立协同机制，解决交叉管理与管理真空问题。鼓励社会力量为乡村旅游发展建言献策，释放农民的积极性，发挥农民的主体作用，加强对乡村旅游项目的管理与指导，政府做好服务，营造良好的市场运营环境，充分调动各类资源实现有机融合。设立专项发展资金，制定税收优惠政策，鼓励各类经营主体积极参与乡村旅游发展，开发多种形式的农文旅项目。

### （三）完善乡村旅游配套设施

首先，加快旅游交通基础设施建设，完善城乡公共交通服务体系，整合旅游交通路线与公交路线。提升乡村道路交通安全的现代化管理水平，加强乡村景观之间的交通建设，提高景观之间的通达性，合理增设停车场。

其次，完善乡村旅游项目配套服务设施，加强环境卫生管理和网络建设，优化道路标识、景区指南、医疗服务站、公共卫生间、公共休息区、消费设备、监控设备等公共设施。提升乡村民宿建设水平与服务水平，选择一批有实力、带动效应好的民宿加大宣传力度，鼓励乡村民宿品牌化发展，形成高中低档分布合理的乡村民宿格局。

### （四）构建多元宣传矩阵

鼓励省内各乡村旅游经营主体积极参加相关展会与活动，加大对吉林省乡村旅游品牌的推广力度。同时，扩大与提升自主举办的农文旅相关节庆与展示活动的规模与频率，借助活动进行各种营销推广，增加乡村旅游产品在游客面前展示的机会，激发游客消费欲望。在活动中邀请媒体与网红主播进行宣传报道，开展活动现场直播与公益助农活动等。加强新媒体宣传与网络营销，充分利用微信、微博、抖音、快手、小红书、美团等社交媒体，整合网络营销资源，为消费者提供最新、最有趣的乡村旅游项目资讯，发挥社交媒体传播力快、互动性强的优势。利用农特产品网络销售渠道，加强对乡村旅游项目的营销与推介，探索直播电商、社交分享网站、搜索引擎等营销创新模式。利用大数据推介功能，向潜在客户精准推送。

## （五）建设乡村旅游专业人才队伍

一方面，借助省内外相关领域专家团队的智慧，聘请行业资深专家组建乡村旅游发展智库，协调各区域乡村旅游发展，完善乡村旅游示范园区规划建设，制定高层次人才下乡的激励政策及产业扶持政策，吸引一批专家学者、投资者投身乡村旅游发展领域。

另一方面，加强对乡村本地人才的培养与培训。建议吉林省充分发挥高校教育优势，建立产学研联合机制，对各地区乡村旅游从业者、管理人员进行分批、分类的业务培训，提高乡村旅游从业者的职业素养、技术能力与专业水平，更新发展观念，提升其创新能力与应对新业态发展的能力，激发"新农人"的主观能动性。鼓励大学生或本地外出务工人才返乡就业创业，加大对本地人才返乡创业的技术支持与资金投入力度，为"新农人"的集聚和落地搭建交流平台。

**参考文献**

[1] 方世敏、王海艳：《农业与旅游产业融合系统演化机制研究》，《湘潭大学学报》（哲学社会科学版）2019年第2期。

[2] 黄莉、何志贵：《农旅融合视角下的全域旅游发展困境与出路》，《农业经济》2020年第8期。

[3] 赵放、刘雨佳：《农村三产融合发展的国际借鉴及对策》，《经济纵横》2018年第9期。

[4] 潘超：《基于特色农业产业的区域品牌构建——以"丽水山耕"为例》，《江苏农业科学》2018年第5期。

[5] 李鹏翔：《吉林省农业与旅游业融合发展水平及对策研究》，硕士学位论文，吉林农业大学，2022。

[6] 李玉磊、李华、肖红波：《国外农村一二三产业融合发展研究》，《世界农业》2016年第6期。

[7] 吉林省统计局：《吉林省国民经济和社会发展统计公报》（2016~2020年）。

# B.23
# 吉林省与俄罗斯远东地区旅游业合作可持续发展战略与机遇研究

陶 丽[*]

**摘 要：** 吉林省为了进一步促进旅游业的繁荣，持续强化基础设施建设，提高旅游服务品质，并推出多样化的旅游优惠政策，吸引了更多的国内外游客。同时，吉林省积极拓展对外交流与合作，与邻近的国家和地区建立了密切的旅游合作关系，共同开发旅游路线和产品，致力于打造区域旅游品牌。在中俄全面战略伙伴关系的宏观背景下，吉林省与俄远东地区一直加强紧密合作，尤其在旅游业领域更为突出。双边积极探索新的合作机遇，更好地促进在旅游业的可持续发展。

**关键词：** 旅游伙伴关系 旅游品评 俄远东地区旅游业 吉林省

## 一 吉林省旅游业蓬勃发展

吉林省旅游业近年来呈现蓬勃发展的态势，在冬季旅游优势方面更是凸显。在省政府的积极推动下，通过各种政策和宣传手段，进一步提升了吉林省在国内外旅游市场的知名度和影响力。

### （一）吉林省政府加大对旅游业发展的政策扶持力度

积极培育旅游万亿级产业。吉林省在2023年10月正式对外发布了《吉

---

[*] 陶丽，吉林省社会科学院俄罗斯研究所研究员，主要研究方向为俄罗斯政治与文化。

林省旅游万亿级产业攻坚行动方案（2023~2025年）》（以下简称《方案》）。《方案》详细阐述了吉林省在未来几年内将如何大力发展旅游产业，以实现万亿级的产业规模。《方案》中特别强调了要打造富民兴边的旅游名村、名镇和名城，形成边境旅游产业集群，力争在2023~2025年使这一产业集群的规模达到500亿元人民币。为了实现这一宏伟目标，吉林省从全省层面为边境旅游的发展制定了详细而全面的规划。

努力提升沿线区域旅游品质。为了进一步推动吉林省边境旅游的发展，2024年6月，吉林省发布《吉林省沿边开放旅游大通道旅游发展规划》，全力推动331国道走向世界。这一规划的主要目的是优化空间布局，提升旅游价值，并推动沿线区域的协同发展。通过这一规划，吉林省希望将331国道沿线打造成一条景观优美、配套设施完善、旅游体验丰富、旅游业态创新的美丽边境风景道。这不仅将为游客提供更加丰富多彩的旅游体验，也将为当地经济的发展注入新的活力，进一步促进富民兴边的目标。

加强三省一区旅游业协同。《吉林省人民代表大会常务委员会关于促进东北三省一区旅游业协同发展的决定》（以下简称《决定》）于2024年5月29日通过，并于2024年7月1日起施行。《决定》明确指出吉林省推动三省一区旅游业协同发展方面的主要任务：建立专项工作机制，开展协作执法和信用监管；鼓励地方间建立跨区域旅游合作，共同开发特色旅游产品和线路，打造区域旅游圈；利用冰雪资源，发展冰雪旅游，打造国际品牌；利用自然环境，发展避暑旅游，打造"旅居东北"品牌；弘扬红色文化，打造红色旅游品牌；利用工业遗产，发展工业旅游；依托乡土文化，发展乡村旅游；融入"一带一路"，发展边境和跨境旅游；推动旅游与多领域融合，优化产品供给；统一旅游宣传推广，提升区域辨识度；推动旅游交通一体化，建设快速客运网络；建立旅游市场监管协作机制，提升监管能力；推动旅游标准一体化，建设统一市场；共建旅游信用体系，优化发展环境；共建智慧旅游服务体系，提高信息化水平；共建旅游安全保障体系，共享预警信息；共建旅游市场主体合作平台，促进交流与合作；等等。

### （二）吉林省冬季旅游优势凸显

成为冰雪旅游黄金地带。吉林省凭借其得天独厚的冰雪资源，已经成为冰雪旅游的黄金地带，其独特的优势日益凸显。这里的冬季漫长而寒冷，降雪量丰富，为冰雪旅游提供了绝佳的自然条件。在吉林，冬季娱乐活动种类繁多，包括松花湖度假、北大湖滑雪、火山温泉、长白山狩猎、查干湖冬钓等。此外，吉林省还举办了一系列国际知名的冰雪节庆活动，如长春国际冰雪节，进一步提升了其在冰雪旅游领域的知名度和影响力。这些优势不仅推动了当地旅游业的发展，也为经济增长注入了新的活力。

冬季旅游业绩显著。2024年，吉林省旅游业持续展现高质量发展的积极趋势。在第一季度，吉林省累计接待国内游客达到9071万人次，较上年同期增长了95.4%；国内旅游收入达到1682亿元，同比增长107%。端午节假期，吉林省全省接待国内游客840.1万人次，同比增长69.1%；国内旅游收入达到70.2亿元，同比增长72.4%。[1] 省内冬季旅游相关话题在互联网上成为热门，显示了吉林省冬季旅游业的蓬勃发展态势。

冬季旅游业加速提升。《吉林省冰雪产业高质量发展规划》确立了"生态优先、绿色发展"的原则，并构建了"一心、三廊、两区、三组团、两环线、多点支撑"的空间发展格局。目标是将冰雪产业打造为对外开放和区域协同发展的关键，同时建立综合保障体系，探索可持续发展路径。到2025年，吉林省冰雪产业将初步形成高质量发展体系，产业规模达到2500亿元，成为国际知名的冰雪旅游胜地。到2035年，产业将向价值链中高端转型，深化国际合作，成为寒地冰雪经济高质量发展的示范区。

### （三）吉林省文旅市场从"一季热"转向"四季红"

旅游业业绩增长显著。2024年前三季度，吉林省的5A级和4A级旅游

---

[1] 《锚定万亿级目标 吉林旅游向新而行》，文化和旅游部网站，https：//www.mct.gov.cn/whzx/qgwhxxlb/jl/202406/t20240613_953469.htm。

景区共接待游客6241.1万人次，较上年同期增长了19.2%；旅游总收入达到27.2亿元，较上年同期增长了42.7%。同时，接待的入境游客数量为75.24万人次，同比增幅高达148%。全省范围内，114家博物馆共举办了超过5200场活动，并推出了284个临时展览，吸引了1003万人次的观众，与上年同期相比增长了62.3%。在前8个月中，全省新增注册的文化和旅游相关经营主体共计1.5万户，同比增长了13.2%。此外，全省在前三季度共审批了2.54万场营业性演出，票房总收入达到1.9亿元，观众人数累计达到214万人次。①

长白山引领运动旅游新潮流。在2024年10月26日举行的中国户外运动产业大会上，长白山保护开发区被认定为2024年度户外运动·登山户外运动目的地之一，并跻身十大特色目的地之列。长白山以其动静皆宜的自然景观，提供了森林骑行、四季徒步、自驾越野等多样化的亲近自然方式，让游客能够尽情享受大自然的宁静。同时，野外探险、高山攀岩、森林露营等活动，又让游客体验到了穿越崎岖地形的刺激与乐趣。长白山天池云路登山赛、环长白山森林自行车赛等特色品牌赛事享誉国内外，使得前往长白山体验山地运动成为一种新兴的旅游趋势。

331国道沿边旅游通道成为吉林省文旅新名片。331国道吉林段贯穿10个边境县（市、区），穿越长白山脉的核心地带，与源自长白山的鸭绿江、松花江、图们江交汇，连接了众多国家级的旅游景点，以及国内顶级的秋季公路景观，展现了自然与历史的交融之美。沿着这条国道，从长春出发，游客可以探访高句丽王朝的遗迹、鸭绿江国门景区、溥仪宣布退位的旧址、十五道沟、长白山天池、中朝俄三国边境交界点、东北虎豹国家公园等众多历史与自然景观，一路游览，追溯历史，领略吉林独有的壮丽风光。331国道在吉林省境内沿中朝边境蜿蜒前行，这一路不仅见证了中朝边境的神秘与魅力，也体现了历史与现实的交融。

---

① 《人人人你人人人！吉林省文旅就是这么火》，中国吉林网，https://news.cnjiwang.com/jwyc/202410/3895200.html#20898。

## 二 俄远东旅游业助推当地发展

俄远东地区的旅游业近年来得到了显著的发展，这一趋势不仅为当地带来了更多的游客，还有效地推动了该地区的经济增长。随着基础设施的不断完善和旅游资源的逐步开发，俄远东地区吸引了越来越多的国内外游客前去观光旅游。

### （一）俄远东地区游客数量显著增加

2023年，俄远东地区游客数量增长至630万人，较2022年有显著增长。其中，俄滨海边疆区接待游客最多，其次是哈巴罗夫斯克边疆区和布里亚特共和国。2024年上半年，俄远东地区的游客数量相较于上年同期增幅达到了21%。这一增长势头表明，俄远东地区的旅游业正在蓬勃发展，成为吸引游客的新热点。预计到2030年，前往俄远东地区的游客数量将显著增长，达到目前数量的1.5倍。俄远东地区的旅游业增长速度已经超过了俄全国平均水平，入境旅游也被认为是对俄远东地区旅游业发展具有重大贡献的一个领域。为了进一步推动俄远东地区旅游业的发展，俄罗斯政府已投入超过20亿卢布的资金支持。预计到2030年，俄远东地区游客数量将增加160万~190万人，并将新增6000多间高级客房。

### （二）中国游客成为俄远东地区主要旅游群体

目前，俄远东地区来自中国游客的数量逐渐回升。中国游客偏好选择距离较近的滨海边疆区、萨哈林岛、楚科特卡、布里亚特以及贝加尔湖等地区。目前萨哈林地区吸引了众多中国游客的兴趣。2024年上半年，滨海边疆区接待了近17万名游客，其中中国公民的数量比上年增长了22%。当地旅游部门指出，在邻近的哈巴罗夫斯克边疆区，每年有超过100万名游客前来度假，占比最大的是中国游客，其后的是来自日本、韩国和美国的游客。2024年1~7月，外贝加尔湖吸引了超过31200名游客，其中90%为中国游客。楚科奇自治区，作为俄罗斯最难抵达的地区之一，也逐渐吸引了越来越多的外国游客。

### （三）俄远东地区旅游业对当地发展起到了积极的推动作用

俄远东地区旅游流量的增加无疑是推动俄远东地区旅游基础设施建设的重要动力。根据俄滨海边疆区旅游局提供的数据，过去20年间，滨海边疆区的酒店、旅馆以及其他各种住宿设施的数量有了显著的增长。这些住宿设施的数量从2000年的169家激增到2023年的1064家，增长了5倍多。这一增长不仅体现在数量上，住宿地点的质量和多样性也有了大幅提升。目前，俄滨海边疆区拥有大约7.3万个住宿地点，这一数字几乎是20年前的4倍。旅游业对俄滨海边疆区经济的贡献也不容忽视。2023年的数据显示，旅游业企业为边疆地区预算贡献了高达23亿卢布的税收，这一数字几乎是2019年水平的2倍。这一显著的增长表明，旅游业已经成为俄滨海边疆区经济的重要支柱之一，为当地带来了可观的经济效益和就业机会。

## 三 吉林省与俄远东地区在旅游业领域合作前景广阔

吉林省与俄远东地区在旅游业领域拥有广阔的合作前景。双方地理位置相邻，具有丰富的自然资源和独特的文化背景，这为旅游业发展提供了良好的基础。双边的政策支持更好地推动了在该领域的合作发展。吉林省可以通过与俄远东地区加强合作，共同开发跨境旅游线路，打造具有特色的旅游产品，吸引更多国内外游客。

### （一）吉林省积极推动与俄远东地区旅游业合作

吉林省旅游推介大会促进双边旅游业发展。2024年6月29日，由吉林省文化和旅游厅主办的"好邻如亲·精彩吉林"旅游推介会在俄罗斯滨海边疆区符拉迪沃斯托克举办。2024年恰逢中华人民共和国与俄罗斯联邦建交75周年纪念，同时也是中俄文化交流年，两国的文化交流活动显得尤为

适时。吉林省文化和旅游厅代表团在滨海边疆区成功举办了文化旅游交流推广活动，其目的在于深化俄罗斯旅游市场的拓展，并加强与俄滨海边疆区在旅游领域的交流与合作。此次活动为吉林省与俄滨海边疆区在文化、旅游及情感交流方面搭建了桥梁。借此机会能够增进双方的相互了解，构筑友谊的桥梁，共同为两地居民创造更加美好的未来。在会议期间，双方签订了旅游领域的合作协议，并举办了文化交流活动，以促进各地区对彼此文化的深入了解。

通关流程的便捷性促进了边境旅游的国际化发展。据延吉海关消息，2024年上半年，延吉海关航空口岸共监管进出境航班2398架次，国际旅客吞吐量达到35万人次，同比分别增长了1.1倍和1.5倍。[1] 延吉海关的相关负责人表示，将充分发挥海关职能，利用科技手段优化通关体验，全力支持延吉朝阳川机场航线的增加和扩展，确保旅客能够高效通关。为确保跨境旅游者在抵达中国后的首个入境点即能感受到旅游的便捷，吉林边检总站珲春边检站致力于创新勤务模式。在珲春公路口岸，该站实施了"7天×10小时"的工作制度，并持续完善相关配套措施。此举旨在大力促进旅行社开展国际团体旅游业务，优化口岸接待团体的流程。边检站允许旅行社及其代理机构在边检执勤现场接团入境，并在客流量较大的区域增派警力，设立排队等候缓冲区。同时，边检站及时提供咨询引导服务，维护秩序，并积极为老年人、体弱者、病患、残疾人及孕妇等特殊群体提供人文关怀，从而提升跨境旅游的体验。[2]

吉林省积极开辟新旅游路线以满足双边旅游需求。为了进一步推动区域经济发展和文化交流，满足中俄朝三国面向日本海的跨境铁路旅游需求，自2024年8月10日起，珲春铁路口岸开行东北亚"长旅号"国际旅游观光客运列车。该线路将对中国游客以及俄罗斯公民同时开放，列车每日运行，旅

---

[1] 《跨境游持续火爆 中外游客在延边实现"双向奔赴"》，凤凰网吉林，https://i.ifeng.com/c/8bBDsOvUSBm。
[2] 《首次突破50万人次！吉林珲春公路口岸出入境客流量创历史新高》，网易网，https://www.163.com/dy/article/JB3LLOVG05509UST.html。

客可在 3 小时内乘坐舒适列车，沿着与朝鲜接壤的边境线游览，其中包括一个设有观景台的停车场，旅客可在此欣赏与朝鲜接壤的河流边界风光。列车线路规划共有三期，初期开通珲春南（长岭子）—图们（荒山明洞）国内旅游专列，中期开通珲春南—符拉迪沃斯托克国际旅游专列，远期开通珲春—符拉迪沃斯托克—莫斯科国际旅游专列和珲春—符拉迪沃斯托克—环日本海对接北冰洋国际邮轮旅游。第一期国内边境游列车已于 2024 年 8 月 8 日首发。

## （二）吉林省边境城市跨境旅游成为新热潮

吉林省边境风情备受国外游客青睐。随着吉林省边境旅游政策的逐步放开和基础设施的不断完善，越来越多的游客选择来到这里，感受与邻国接壤的独特魅力。这些边境城市不仅地理位置优越，还拥有丰富的旅游资源。游客们可以在这里欣赏到壮丽的自然风光，体验多姿多彩的民族文化，品尝地道的边境美食。无论是漫步在边境线上的小镇，还是参观历史悠久的口岸，都能让人感受到浓厚的边境氛围。为了更好地迎接这股跨境旅游热潮，当地政府和相关部门也在不断努力提升旅游服务质量。加强旅游基础设施建设，完善旅游标识系统，提高旅游服务水平，确保游客能够享受到舒适便捷的旅游体验。

延边正成为俄远东游客的集聚地。长久以来，延边一直是俄远东地区游客的热门度假地，周末跨境旅游如同串门一般频繁。延吉与符拉迪沃斯托克之间常年有直通航班，飞行时间仅需一小时；珲春陆地口岸的团体签证也更加便捷。旅行社推出的延边至符拉迪沃斯托克旅游线路通常为 3~5 天，团费起价为 1300 元；而从符拉迪沃斯托克至延边的线路则为 4~5 天，还可选择加入大连等国内城市，价格起价为 1800 元。自 2023 年中俄免签双向重启以来，通过珲春口岸入境延边的俄远东地区游客数量显著增长。吉林省唯一的对俄口岸城市珲春，其接待的俄罗斯游客量已恢复至 2019 年同期水平。俄罗斯游客对延边的人文氛围、民俗文化以及休闲体验项目情有独钟，延吉百利城、中国朝鲜族民俗园、恐龙王国、龙井琵岩山风景区、温泉，以及珲春防川村、哇斯托克欢乐岛等均是俄罗斯游客青睐的旅游目的地。俄罗斯游客在体验延边民俗文化的同时,也为这座城市增添了国际化的色彩。

积极打造跨境旅游精品路线。2024年5月5日,24位游客驾驶9辆私家车,组成了中俄跨境自驾游首发团。从珲春口岸出发,途经俄罗斯克拉斯基诺、安德烈夫卡、符拉迪沃斯托克,以及乌苏里斯克、斯拉夫扬卡等地观光后返回珲春,进行了为期5天的跨境自驾游。珲春市的多家旅行社积极把握这一机遇,推出了多种多样、精心策划的旅游精品线路。除了跨境自驾游之外,珲春至哈桑、珲春至符拉迪沃斯托克的三日游、四日游等多条跨境旅游线路也深受游客喜爱,能够充分满足游客对于跨境旅游的需求。众多游客了解到珲春口岸的通关手续简便快捷,出境旅游的周期合理且费用经济实惠,因此选择在延吉停留后,通过珲春口岸出境,以体验不同的异国风情。

### (三)俄远东地区旅游业政策助力双边合作发展

俄远东发展部批准了远东旅游路线的发展项目。2024年5月,俄远东发展部批准了关于制定远东旅游路线发展项目的建议。该建议包括各区域项目必须符合的约40项标准,这些标准涵盖了人口覆盖率指标、土地使用许可证的适当类型、相关基础设施、道路全季节使用的可能性、吸引预算外资金实施项目的潜力等诸多方面。各地区提交了60个项目,总金额达到39亿卢布,旅游小径总长为419.5公里。经过专家委员会的评审,选出了18个项目,实现这些项目的目标需要17亿卢布的联邦预算支持。远东地区将建立和发展118.2公里的旅游小径。旅游区的专业规划不仅能够为该地区的发展设定总体基调,从长远来看增加游客流量,还能在该地区创造额外的就业机会,增加预算收入。

俄远东和北极地区将在2024年获得15亿卢布用于旅游发展。随着俄罗斯国家项目"旅游与酒店业"基础设施的持续发展,远东及北极地区的休闲活动逐渐受到公众的青睐。俄罗斯联邦政府对远东地区旅游业的发展投入了极大的关注,2024年,该地区将获得15亿卢布的财政支持,用于发展旅游业。其中约10亿卢布将作为统一补贴发放,各地区有权自主决定资金的具体使用方向。例如,布里亚特共和国在 2024 年将获得约 1.03 亿卢布的特定补贴。哈巴罗夫斯克边疆区则将获得 7320 万卢布的补贴。外贝加尔地区将获得 4080 万卢布的特定补贴。值得关注的是,俄滨海边疆区在 2024 年不仅在远东地区,而且在俄全国范围内成为单一补贴金额最高的地区。俄远东地区实施的项目中有 1/10 是旅游项目,实施了约 300 个旅游项目,总投资额达到 1513 亿卢布,预计可创造超过 12000 个就业机会。

优惠贷款使俄远东地区客房数量增加近 10%。在俄远东地区已经有 21 家酒店通过优惠利率政策成功建成,这些酒店总共提供了 4500 间客房。2024 年秋季,俄罗斯将对模块化酒店进行新一轮的选择,这一轮选择将为期三年。在这三年的时间里,俄政府计划向全国拨款 150 亿卢布,用于支持最优秀的酒店建设项目。这些资金将为相关项目提供丰厚的支持,以确保其顺利进行。为了进一步促进俄境内和入境旅游的发展,俄罗斯联邦政府还推出了一系列投资项目优惠贷款方案。这些方案旨在降低旅游企业的融资成本,鼓励更多的投资者参与到俄远东地区的旅游基础设施建设中来。通过这些优惠政策,俄政府希望能够吸引更多资金投入旅游业,推动远东地区成为更具吸引力的旅游目的地。

## 四 吉林省与俄远东地区在旅游业合作过程中遇到的问题

吉林省与俄远东地区在旅游业界的合作前景广阔,然而,在推进合作过程中,亦面临若干挑战。从语言能力、基础设施建设以及数字化水平等方面,尚需进一步优化。有效解决当前面临的问题对于促进两地在旅游领域的合作与进步具有至关重要的意义。

### (一)语言能力在合作过程中构成障碍

吉林省许多服务人员无法流利地使用俄语或其他外语与外国游客进行有效沟通,这在一定程度上限制了他们的服务范围和质量。由于在专业知识方面的缺失，一些服务人员对当地的旅游资源、历史文化、风俗习惯等了解不够深入，无法为游客提供详尽的解答和建议。为了提升整体旅游体验，加强旅游服务人员的培训和教育显得尤为重要。通过系统的培训，服务人员可以在语言能力、专业知识和服务态度等方面得到显著提升，从而更好地满足游客的需求，提高游客的满意度。

### （二）旅游基础设施尚待完善

吉林省与俄远东地区在交通、住宿和餐饮等基础设施方面的建设相对较为落后，这在很大程度上限制了两地旅游业的发展。随着越来越多的游客对这一地区的兴趣日益浓厚，现有的基础设施已经无法满足日益增长的旅游需求。交通方面需要增加更多的道路、铁路和航空线路，以提高两地之间的通达性。同时，还需要提升交通工具的舒适度和安全性，确保游客能够享受到便捷和愉快的出行体验。在住宿方面，应增加酒店、旅馆和民宿的数量，提高住宿设施的质量，以满足不同层次游客的需求。

### （三）旅游信息化建设滞后

在当今数字化时代的大背景下，吉林省与俄远东地区的旅游信息化建设明显滞后。缺乏高效的在线预订系统，这使得游客在规划和预订行程时面临诸多不便。同时，智能导览服务的缺失也让游客在游览过程中难以获得及时、准确的信息，降低了旅游体验的质量。此外，实时信息更新平台的缺乏导致游客无法获取最新的旅游资讯，如天气预报、交通状况和活动安排等，这不仅影响了游客的出行便利性，还使得他们在旅途中难以做出及时的调整和应对。旅游业作为一个高度依赖信息和服务的行业，信息化水平的高低直接影响其竞争力和发展潜力。缺乏先进的信息化手段，旅游业难以实现高效管理和优质服务，进而影响整个行业的可持续发展。

## 五 提升吉林省与俄远东地区旅游业发展的对策建议

为推动吉林省与俄远东地区旅游业的进一步发展，现提出以下对策建议，旨在解决双边合作过程中出现的问题，并更好地拓展及提升该领域的合作空间与品质。

## （一）加强旅游基础设施建设，提升旅游宣传推广效果

吉林省应加大对旅游基础设施的投入，提升交通、住宿、餐饮等配套设施的水平，确保游客能够享受到舒适便捷的服务。同时，加强与俄远东地区的合作，共同改善跨境旅游的基础设施，提高旅游体验的质量。利用各种媒体渠道，加大对吉林省与俄远东地区旅游目的地的宣传力度。通过举办旅游节庆活动、制作宣传片、开展网络营销等方式，提升两地旅游品牌的知名度和吸引力。

## （二）优化旅游服务与管理，强化旅游安全保障

提升旅游从业人员的专业素质和服务水平，加强旅游市场监管，确保游客的合法权益得到保障。同时，建立两地旅游合作机制，加强信息共享和协调合作，提高旅游管理的效率和质量。加强旅游景区的安全设施建设，制定应急预案，定期进行安全演练，以及加强对游客的安全教育和提示。同时，应设立旅游安全服务中心，为游客提供紧急救援和咨询服务，确保游客在旅游过程中安全无忧。

## （三）推动旅游产业融合，促进绿色旅游发展

鼓励旅游与文化、体育、农业等其他产业的融合发展，打造具有特色的旅游综合体。通过举办各类节庆活动、体育赛事、农业体验等活动，丰富旅游内容，提升旅游吸引力。在推动旅游业发展的同时，吉林省与俄远东地区应注重生态环境保护，倡导绿色旅游理念。通过推广低碳交通、节能减排的旅游设施，以及引导游客参与生态保护活动，减少旅游业对环境的负面影响。同时，加强旅游区域的环境监测和治理，确保旅游资源的可持续利用。

## （四）推动智慧旅游建设，加强旅游人才培养

利用现代信息技术，推动吉林省与俄远东地区旅游业的智慧化发展。建

立智慧旅游服务平台,整合旅游资源信息,提供个性化、智能化的旅游服务。通过大数据分析,精准把握游客需求,优化旅游产品和线路设计。同时,推广电子门票、在线支付等便捷服务,提升游客的旅游体验。注重旅游人才的培养和引进,提升旅游从业人员的专业技能和服务水平。通过校企合作、职业培训等方式,为吉林省与俄远东地区的旅游业发展提供强有力的人才支持。

### (五)深化跨境旅游合作,鼓励民间交流与合作

鉴于吉林省与俄远东地区地理位置相近、旅游资源互补性强,双方应进一步深化跨境旅游合作。可以共同开发跨境旅游线路,推动旅游产品的互认互销,实现旅游市场的互利共赢。同时,加强双方在旅游政策、法规、标准等方面的沟通与协调,为跨境旅游提供更加便捷、高效的服务。还应鼓励民间团体、企业和个人在旅游领域开展交流与合作。通过组织旅游考察团、举办旅游论坛等方式,增进两地人民之间的了解和友谊。同时,鼓励民间资本参与旅游项目的开发和运营,为旅游业的发展注入新的活力。

# B.24
# 吉林省县域经济高质量发展研究*

赵光远 姚堃 李雪松**

**摘　要：** 目前我国已经进入县域发展全面转型的新时期，在进一步全面深化改革的背景下，县域经济正呈现新的发展趋势。从实践看，吉林省县域经济发展与东北地区平均水平相当，吉林省东部地区县域经济发展水平较高，同时县域经济规模与经济发展水平存在不一致现象。从深层次原因看，这些情况是由吉林省县域经济总体上处于工业化发展初期、外生带动发展期、资源依赖惯性期、风险挑战倍增期等特定发展时期所决定的。针对吉林省县域经济发展存在的问题和深层次原因，本文提出了开展县域经济资源清查意愿调查，制定"吉林省县域经济促进条例"，着力降低全省县域经济运行成本，用好群众路线促进县域经济发展等八个方面的对策建议。

**关键词：** 县域经济 城乡融合 吉林省

县域经济是指以县级行政区划为地理空间、以县级政权为调控主体、以国内市场为导向优化资源配置、具有鲜明地域特色和完备产业功能的一种区域经济，是我国经济体系中处于最基础层面的行政区划型经济形态。在构建新发展格局中，县域经济以其耐性强、韧性足、可持续性明显、支撑性突出等优势，为转变经济发展方式、调整优化经济结构和发展新质生产力腾出更

---

\* 本文为吉林省社会科学院项目"吉林省县域经济竞争力评价研究"的阶段性成果。
\*\* 赵光远，吉林省社会科学院农村发展研究所研究员，主要研究方向为科技创新与"三农"发展；姚堃，吉林省社会科学院农村发展研究所副研究员，主要研究方向为农业经济；李雪松，吉林省发展改革委经济研究所助理研究员，主要研究方向为区域经济。

广阔空间，成为我国经济社会高质量发展的重要能量。受历史和现实等诸多因素的影响，吉林省县域经济总体规模较小，发展质量较低，县域工业化发展滞后。要实现经济高质量发展，研究县域经济高质量发展、做大做强县域经济具有重要战略意义。

## 一 县域经济发展呈现新趋势

2024年3月，习近平总书记在湖南考察时强调，要深入推进城乡融合发展，壮大县域经济，畅通城乡要素双向流动，科学统筹乡村基础设施和公共服务布局。2024年7月18日，《中共中央关于进一步全面深化改革 推进中国式现代化的决定》就县域经济发展指出要推动"完善财政转移支付体系，清理规范专项转移支付，增加一般性转移支付，提升市县财力同事权相匹配程度""壮大县域富民产业，构建多元化食物供给体系，培育乡村新产业新业态""稳妥推进人口小县机构优化"等改革。2024年7月28日，国务院印发的《深入实施以人为本的新型城镇化战略五年行动计划》就县域经济发展指出要推动"省级政府要'一县一策'明确主导产业发展方向和培育要求，引导重大产业项目在潜力地区集群布局""推进以县城为重要载体的城镇化建设……促进农业转移人口就近城镇化，深化赋予特大镇同人口和经济规模相适应的经济社会管理权改革""引导人口持续减少的县（市、区）转型发展，促进人口和公共服务资源适度集中""以县域为基本单元推进城乡融合发展……促进县乡村功能衔接互补"等任务。2024年9月11日，国家发展改革委城市和小城镇改革发展中心主任高国力撰文指出，县域将成为我国经济高质量发展的新引擎、城镇化下半场的主阵地和破解城乡二元结构、推动城乡融合发展的突破口，并从做优做强特色产业、融入区域产业分工体系、建设魅力县城三个方面提出了对策建议。这些情况表明，县域经济正在呈现新的发展趋势，成为全面深化改革的最前沿阵地、城乡深度融合的最标准场景、特色产业发展的最基础集群以及共同富裕实现的最标准网格。从学者观点看，目前我国已经进入县域发展全面转型的新时期，县域经济是国民经济的基本单元，是国家现代化建设的重要内容，是推进共同富裕的关键环节，县域成为城乡融合发展的重要切入点具有明显的优势，县域层面何时实现共同富裕、怎样实现共同富裕，直接关系全体人民实现共同富裕的进度和成色等，也都表明县域经济发展在国民经济发展和中国式现代化进程中的重要意义，且指出了县域经济要全面转型、县域经济要加速现代化进程、县域经济要更加关注共同富裕等未来发展趋势。可以说，县域经济高质量发展是推进中国式现代化的着力点，全社会各类资源要素有望加速向县域经济体流动，关键是县域经济体能否适应这一趋势尽快自我转型，并承接各类资源要素进行全新组合，形成县域新质生产力发展的新模式。

## 二 吉林省县域经济发展研判

在2024年7月31日《2024中国县域经济高质量发展研究》成果"2024赛迪百强县"中，吉林省没有县域经济体进入其百强县名单，东北三省只有辽宁省的瓦房店、海城、庄河进入该名单。在2024年9月20日发布的"2024年中国中小城市高质量发展指数研究成果"中，梅河口市进入2024年度全国综合实力百强县市，延吉市、梅河口市进入2024年度全国绿色发展百强县市，磐石市、梅河口市进入2024年度全国投资潜力百强县市，延吉市进入2024年度全国科技创新百强县市。由于县级统计制度原因，本节以《吉林统计年鉴2023》《中国县域统计年鉴2023》公布的2022年统计数据进行分析。

### （一）县域经济发展基本情况

《吉林统计年鉴2023》显示，吉林省共有42个县域经济体（见表1）。2022年，42个县域经济体常住人口1367.99万人，占全省总人口的58.29%；地区生产总值5641.27亿元，占全省的43.16%；人均地区生产总值为41238元，比全省低25.49%；三次产业比例为27.9∶23.2∶48.9，非农产业占比低于全省15个百分点；地方财政收入226.55亿元，占全省的26.62%，其中非税收入占比达到45.96%，比全省高13个百分点；地方财政支出1771.23亿元，占全省的43.80%，其中科学技术支出仅2.61亿元，仅占全省的11.66%。

**表1 吉林省42个县域经济体分组分布情况**

| 指标 | 标准 | 省域中部（长春、吉林、四平、辽源） | 省域东部（通化、白山、延边） | 省域西部（松原、白城） |
|---|---|---|---|---|
| 人口 | 50万人及以上 | 九台、农安、榆树、德惠、公主岭、梨树 | 延吉、梅河口 | |
| | 20万~50万人 | 双阳、永吉、蛟河、桦甸、舒兰、磐石、伊通、双辽、东丰、东辽 | 辉南、柳河、抚松、敦化、珲春 | 前郭、长岭、扶余、镇赉、通榆、洮南、大安 |
| | 10万~20万人 | | 通化县、集安、江源、靖宇、临江、龙井、和龙、汪清、安图 | 乾安 |
| | 10万人以下 | | 长白、图们 | |
| GDP | 300亿元及以上 | 公主岭、农安 | 延吉 | |
| | 100亿~300亿元 | 榆树、德惠、九台、双阳、桦甸、蛟河、磐石、舒兰、双辽、梨树、伊通、东丰、东辽 | 梅河口、抚松、敦化、珲春 | 扶余、长岭、前郭、大安、通榆 |
| | 50亿~100亿元 | 永吉 | 集安、通化县、辉南、柳河、江源、临江、靖宇、汪清 | 乾安、洮南、镇赉 |
| | 50亿元以下 | | 长白、图们、龙井、和龙、安图 | |
| 规上工业企业营收 | 200亿元及以上 | 磐石 | 延吉、珲春 | |
| | 100亿~200亿元 | 农安、公主岭、德惠、九台、东丰 | 敦化、梅河口 | 长岭 |
| | 50亿~100亿元 | 榆树、双阳、舒兰、梨树、双辽 | 通化县 | 前郭、扶余、通榆、大安 |
| | 20亿~50亿元 | 永吉、蛟河、桦甸、东辽 | 辉南、柳河、集安、抚松、靖宇、临江 | 洮南、镇赉 |
| | 20亿元以下 | 伊通 | 江源、长白、图们、龙井、和龙、汪清、安图 | 乾安 |
| 县域财政收入 | 10亿元及以上 | 农安、公主岭 | 梅河口、延吉 | 前郭 |
| | 5亿~10亿元 | 榆树、德惠、九台、桦甸、磐石 | 敦化、珲春 | 乾安、大安 |
| | 2亿~5亿元 | 双阳、蛟河、舒兰、永吉、双辽、梨树、伊通、东丰、东辽 | 集安、通化县、辉南、柳河、临江、江源、抚松、靖宇、龙井、和龙、汪清、安图 | 长岭、扶余、洮南、镇赉、通榆 |
| | 2亿元以下 | | 长白、图们 | |

吉林省县域经济体之间差距较大。地区生产总值最高和最低的县域之间相差12.38倍，第一产业增加值最高和最低的县域之间相差71.99倍，第二产业增加值最高和最低的县域之间相差19.77倍，第三产业增加值最高和最低的县域之间相差12.58倍，人均地区生产总值（按常住人口计算）最高和最低的县域之间相差2.81倍，人口最多和最少的县域之间相差15.42倍，城镇人口最多和最少的县域之间相差15.72倍，乡村人口最多和最少的县域之间相差44.31倍，地方财政收入最多和最少的县域之间相差16.34倍，其中代表经济发展水平的企业所得税最多和最少的县域之间相差119.18倍。

## （二）县域经济发展水平比较

根据《中国县域统计年鉴2023》数据，本文筛选了相关指标，在东北三省154个县域经济体范围内，对吉林省41个县域经济（不含双阳区）的发展水平进行了分析。如表2所示，吉林省县域经济发展水平总体上略低于东北三省平均水平，在非农化水平和中小学在校生占人口比重方面具有一定优势；同时，吉林省东部地区县域经济发展水平总体较高，多个指标高于东北三省的平均水平。

表2  吉林省县域经济发展水平与东北三省比较

| 项目 | 东北三省 | 吉林省 | 吉林东部 | 吉林中部 | 吉林西部 |
| --- | --- | --- | --- | --- | --- |
| 人均GDP（万元） | 3.47 | 3.15 | 4.19 | 2.81 | 2.75 |
| 非农化水平（%） | 67.7 | 71.7 | 87.6 | 64.3 | 60.9 |
| 人均存款余额（万元） | 5.83 | 5.72 | 8.07 | 4.93 | 4.82 |
| 人均财政收入（元） | 1681.22 | 1520.92 | 2169.09 | 1118.79 | 1763.90 |
| 财政收支比（%） | 18.07 | 15.33 | 16.85 | 13.64 | 16.44 |
| 每万人规上工业企业数（户） | 1.21 | 0.99 | 1.43 | 0.88 | 0.73 |
| 中小学在校生占人口比重（%） | 6.73 | 7.42 | 7.13 | 7.59 | 7.31 |

从人均GDP（按户籍人口计算）看县域发展基本水平。吉林省高于东北三省平均水平的县域经济体共14个，自高到低包括延吉、临江、长白、靖宇、梅河口、珲春、江源、抚松、东丰、通化、敦化、集安、镇赉、公主

岭。其中，人均GDP超过6万元的县域经济体2个，超过5万元不到6万元的县域经济体3个。

从非农产业比重看产业结构情况。吉林省高于东北三省平均水平的县域经济体共27个，自高到低包括非农化水平超过90%的4个（延吉、图们、珲春、梅河口），非农化水平超过80%不到90%的12个（江源、临江、集安、靖宇、通化、龙井、和龙、敦化、东丰、长白、安图、永吉），低于80%但高于东北三省平均水平的11个（九台、东辽、抚松、辉南、柳河、汪清、磐石、乾安、公主岭、蛟河、大安）。

从人均存款余额看县域居民富裕情况。吉林省高于东北三省平均水平的县域经济体共18个，自高到低包括高于东北三省平均水平2倍以上的1个（延吉），达到9万元以上的2个（珲春、图们），达到8万元以上不到9万元的4个（龙井、前郭、集安、敦化），低于8万元但高于7万元的4个（梅河口、临江、汪清、通化），其他还包括长白、抚松、和龙、永吉、公主岭、辉南、江源。

从贷款存款比看县域资金运用能力。吉林省高于东北三省平均水平的县域经济体共26个，自高到低包括贷款存款比大于100%的2个（靖宇、永吉）、低于100%但高于80%的6个（镇赉、珲春、通化、磐石、大安、安图），低于80%但高于70%的5个（和龙、通榆、前郭、抚松、敦化），其他还包括长岭、东辽、延吉、洮南、榆树、汪清、公主岭、集安、农安、江源、乾安、舒兰、桦甸。

从每万人规上工业企业数看县域实体经济发展情况。吉林省高于东北三省平均水平的县域经济体共14个，自高到低包括达到每万人2户以上的包括珲春、通化、图们、靖宇4个，每万人1.5户以上的包括敦化、九台、临江、和龙、梅河口5个，其他还包括江源、集安、公主岭、抚松、龙井。

从中小学在校生占人口比重看县域人口可持续能力。吉林省高于东北三省平均水平的县域经济体共27个，自高到低包括高于10%的1个（延吉），高于9%低于10%的1个（公主岭），高于8%低于9%的8个（珲春、前郭、长岭、农安、双辽、桦甸、通榆、梅河口），其他还包括德惠、抚松、靖宇、通化、伊通、镇赉、敦化、柳河、东丰、梨树、磐石、辉南、九台、蛟河、洮南、临江、榆树。

从人均财政收入看县域财政创造能力。吉林省高于东北三省平均水平的县域经济体共10个，自高到低包括高于东北三省平均水平2倍以上的1个（梅河口），达到3000元以上的3个（靖宇、延吉、珲春），达到2000元以上不到3000元的3个（大安、乾安、镇赉），低于2000元但高于东北三省平均水平的3个（前郭、公主岭、龙井）。

从财政收支比看县域财政自给率情况。吉林省高于东北三省平均水平的县域经济体共8个，自高到低包括梅河口（37.0%）、延吉（31.3%）、公主岭（24.0%）、扶余（21.6%）、大安（20.7%）、乾安（19.8%）、长岭（19.5%）、珲春（18.3%）。

## 三 吉林省县域经济存在的问题

吉林省县域经济存在着和全国县域经济一样的共性问题，这些问题包括产业基础整体薄弱，内生性经济发展动力不足，乡村全面振兴任重道远，城乡经济发展差距依然明显，基础设施配置和公共服务能力偏弱，人才吸引和县域经济发展缺乏支撑，政府治理成本高昂，挤压经济发展调控空间；领先型县市受限于空间范围狭小、行政等级偏低等问题，潜力型县市面临过早过快"去工业化"、人口和资金外流、经济调控能力弱、开发区作用不突出等问题，基础型县市肩负着保障国家粮食、生态、能源和边疆安全重任，客观上牺牲了发展权，统筹发展和保护压力大、缩小与全国发展差距难度高等问题，我国县域经济在高质量发展过程中存在诸多困境，具体到法治领域，存在"法治不彰"的问题，如法律制度不健全，依法执政、依法履职法律意识不强，公共法律服务供给不足等问题等。这些共性问题在吉林省也是或多或少地存在的。结合吉林省县域经济发展实践和所处发展阶段看，吉林省县域经济高质量发展还存在如下四个方面深层次问题。

### （一）县域经济发展处于工业化发展初期，与当前的工业化后期的政策体系相矛盾

按照《吉林统计年鉴2023》数据，吉林省县域经济中第一产业比重高达27.9%，第一产业比重超过40%的县域经济体有9个，比重在30%到40%之间的县域经济体有8个，梨树县第一产业比重最高，达到了55.6%。总体来看，县域经济发展处于工业化初期水平，个别县域可能处于农业发展阶段。而国家、省级层面的政策体系则是以工业化后期甚至后工业化时期为背景的，大多数县域经济体很难于国家、省级政策体系中实质受益。这就导致政策制定和基层需要有所脱节，从而约束了大多数县域经济发展步伐。

### （二）县域经济发展处于外生带动发展期，与当前的内生高质量发展的要求相矛盾

按照《吉林统计年鉴2023》数据，吉林省县域经济的人均GDP（按常住人口计算）仅有4.12万元（不足6000美元），有14个县域经济体人均GDP不足5000美元，人均GDP最低的龙井市尚不足4000美元。从我国的实践看，人均GDP在1万美元以下时属于生产要素驱动发展时期，特别是需要大量的外来投资、外来劳动力等要素进行支撑，全要素生产率难以发挥作用。而国家、省级层面的发展要求是内生发展、高质量发展，特别是进一步全面深化改革又对招商引资等工作进行了相关约束，吉林省县域经济如不进行更大力度的改革，短期内仍然很难适应内生的、高质量发展的要求。

### （三）县域经济发展处于资源依赖惯性期，与当前的品牌化市场化发展要求相矛盾

吉林省县域经济体资源依赖惯性强，存在着"靠山吃山、靠水吃水"思维惯性，要么围绕土地资源、粮食资源搞发展，要么围绕矿产资源、生态

资源、国有资源搞发展，而且短期思维、线性思维浓厚，缺少战略思维、长期思维。这种发展思维的结果就是评价结果中体现的品牌意识弱，都在卖资源不愿搞品牌，驰名商标或者地理标志产品比较少，能走到全国甚至全世界的商标则更少。吉林省市场监督管理厅关于商标等方面的统计数据表明，42个县域经济体中有13个县域经济体没有驰名商标，有7个县域经济体没有地理标志商标，这些都是具体的反映。

### （四）县域经济发展处于风险挑战倍增期，与当前的县域经济财政收入实际相矛盾

吉林省县域经济发展处于风险挑战倍增期。《吉林统计年鉴2023》数据显示，一方面，县域经济财政收支不平衡现象严重，42个县域经济体中财政收入占财政支出比例不足20%的达到39个，其中低于10%的有16个；比例最低的梨树县财政收入仅占财政支出的5.2%。另一方面，42个县域经济体中，非税收入占比超过50%的县域经济体达到21个，比重最大的洮南市非税收入比重达到了73.6%。财政收入能力弱，很难在应对风险挑战中及时有效地发挥作用。

## 四 吉林省县域经济高质量发展的对策建议

国内很多学者对县域经济发展提出了政策建议。如县域产业发展一定要走园区化道路、县域经济发展中一定要激活民营经济的活力，培育县域现代产业体系、分类施策促进城乡深度融合、提高资源要素保障能力、加速县域绿色低碳发展、增强县域文化软实力，因地制宜发展特色产业、壮大新型农村集体经济、优化二次分配结构促进城乡基本公共服务均等化、循序推进县域行政系统改革、打造县域多元人才政策服务体系，领先型县市以改革创新为核心，扩权赋能激发县域发展自主性和能动性，潜力型县市以锻长补短为核心，启动新型工业化和新型城镇化两大引擎，培育县域经济新增长点，基础型县市需要国家和省级层面统筹协调和利益补偿，推动点上开发、面上保

护,将资源环境优势转化为发展优势,县域经济要加强立法,合理配置经济职权,依法行政,切实优化营商环境,公正司法,保护创新创造活力,重视普法,提升公众法律素养。结合前述分析和上述建议,本文就短期和中期视域下的吉林省县域经济高质量发展从8个方面提出建议。

### (一)开展县域经济资源清查相关工作

由于县域经济体中新型统计机制的不完善,以及新业态等向县域经济延伸具有随意性的特点,目前迫切需要针对县域经济资源特别是"新经济组织、新社会组织、新就业群体"和"新就业形态"等基础情况以及县域经济体中不同年龄人群发展意愿两个问题,开展细致、精准的县域经济新型资源清查和发展意愿调查工作,为"十五五"乃至中长期的县域经济发展战略制定、推动县域经济特色发展提供支撑。此外,还应重视县域经济体的全国乃至全球社会关系资源的调查和普查,为县域经济开放发展和强化外生动力提供决策参考。

### (二)制定"吉林省县域经济促进条例"

针对县域经济发展与全国经济发展具有阶段性差异和模式上差异的特点,同时也为制定具有吉林省特色、在吉林省能够产生效果的县域经济政策提供支撑,迫切需要制定"吉林省县域经济促进条例"或相关地方性法规。通过这样的地方性法规,促进在县域经济范围内要素流通、城乡融合等政策顺利落地,让省级以上高能级的政策体系可以和县域经济发展实际有机衔接,让省级相关政策能够更好地满足县域经济发展需要,让县域经济决策者决策行为有法可依。

### (三)着力降低全省县域经济运行成本

县域经济财政支出水平远超财政收入水平,在未来发展中不仅将成为县域经济的巨大风险挑战,也将影响省域经济的高质量发展进程。为此,要借助进一步全面深化改革之机,按照"持续精简规范会议文件和各类创建示范、评比达标、节庆展会论坛活动,严格控制面向基层的督查、检查、考核总量,提高调研质量,下大气力解决过频过繁问题"的要求,至少从以下四个方面降低县域经济运行成本。一是推进人口小县机构优化,按人口规模分类确定领导职数、编制总量和机构设置。二是优化事业单位结构布局,按照人口结构和人口规模,压缩甚至取消一部分县域经济体中的医疗类、养老类、教育类、文化类相关事业单位。三是推进行政办公数智化,更多运用大数据、AI手段直接调取相关情况,取消一些非国家要求的必要检查、调研活动,减少基层部门写材料、编文件、开会接待等方面的综合行政成本。四是率先制定乡镇(街道)履行职责事项清单,健全为基层减负长效机制。

### (四)用好群众路线促进县域经济发展

县域经济发展最基础的就是走群众路线,而且越是落后地区越要践行好群众路线,通过"把社会期盼、群众智慧、专家意见、基层经验充分吸收到改革设计中来"促进科学决策和高质量发展。第一,吉林省县域经济发展一定要遵从当地群众意愿,在群众有传统、喜欢干的事情中找发展机遇,决定要干的事情要和群众讲清楚,争取群众最大支持。第二,吉林省县域经济发展一定要支持群众去干事情,只要不是违法的事情都要支持群众去干,不只是用资金支持,更要用服务支持。第三,吉林省县域经济发展一定要控制并减少非税收入,少收费、少罚款,多宽容、多联系,让群众能够放下心、有胆量去干事情。

### (五)明确县域经济非税收入红线标准

非税收入是县域经济形象的第一影响因素,要按照党的二十届三中全会要求"规范非税收入管理"。要在省级预算管理和第二条建议中提到的"吉林省县域经济促进条例"中对非税收入特别是罚没收入做出规定。第一,要用地方性法规形式确定非税收入占比,如确定非税收入比重不得高于本级财政收入的40%,超过这一比重的要约谈地方党政领导,要在相关考核中扣分以及降低相关立项的资金支持力度。第二,省级预算管理中可根据年度

经济增长情况对"吉林省县域经济促进条例"中规定的比例按年度进行适度浮动，但最高浮动比例不能超过5个百分点。第三，与前两条相配套的，要实事求是，防止设置硬性指标导致基层乱收费、乱罚款、乱搞非税收入。第四，要将县级财政收入的非税收入比重下降纳入各级政府年度工作计划中，纳入"十五五"规划任务中。

### （六）实施面向县域的对口帮扶机制

县域经济要发展，离不开外生力量的支持。第一，要推动省直部门、省属国企与县域经济之间建立对口帮扶机制，年度预算金额越多的省直部门、效益越好的省属国企要对口帮扶竞争力越低的县域经济体。第二，将对口帮扶的县域经济发展情况纳入帮扶部门或者帮扶国企的经营业绩考核中，以此督促提高帮扶效果。第三，支持省属高校、省属科研院所参与对口帮扶工作，帮助县域经济找项目、育人才和推动科技成果转化，以逐步改变县域经济发展的资源依赖惯性。第四，支持城区的各类开发区针对所在市州的县域经济体开展对口帮扶工作，支持国家级开发区针对全省的县域经济体开展对口帮扶工作。

### （七）支持县域经济加快孵化市场主体

新增市场主体少显示了县域经济活力不足。针对这一情况，一是要学习浙江等地联合孵化、异地孵化、飞地孵化等相关经验，在对口帮扶机制下创新县域经济孵化模式、提升孵化能力，尤其是要在长春新区、长春自创区等地建立与县域经济体的联动孵化基地。二是要学习榕江等地经验，将每一个自然人主体都当作市场主体去培育和孵化，而不是将培育对象限定在既有的市场主体上。三是要探索运用吉浙、长津等对口合作机制，在浙江、天津的相关孵化基地中采用异地孵化、飞地孵化等方式孵化吉林省县域经济市场主体。四是要科学把握市场主体成长周期，要久久为功，不能急于求成，更不能拔苗助长。

## （八）支持县域经济开展知名品牌建设

县域经济没有知名品牌支撑很难走出新路。针对这一情况，吉林省需要实施县域品牌建设工程，要实施"四拼"行动，即"拼特色强品质、拼创意强魅力、拼体验强服务、拼流量强传播"，进而塑造成"产品品质+创意魅力+区域服务+网红传播"的共助品牌成长的系统性架构。在这一过程中，要把讲信用和公信力提升起来，把信用体系和品牌体系联动起来，力争千方百计克服困难，推动县域经济体形成"有品牌、有信用、有未来"的发展新局面。

## 参考文献

［1］魏后凯、陈立生主编《县域发展与共同富裕》，社会科学文献出版社，2023。
［2］董雪兵、韩奇：《县域经济发展：问题透视与对策》，《国家治理》2024年第5期。
［3］潘彪、黄征学、党丽娟：《县域经济高质量发展的差异化路径：基于经济—人口—资源环境三维分类框架》，《中国软科学》2024年第1期。
［4］许昕、余多芬：《法治视域下县域经济高质量发展路径研究》，《广东经济》2024年第15期。
［5］赵光远：《论新质生产力优先赋能农村发展》，《延边大学学报》（社会科学版）2024年第5期。
［6］赵光远：《新质生产力空间形态刍论》，《科技智囊》2024年第3期。
［7］赵光远、李平：《论新质生产力与"三生"空间融合——二论新质生产力空间形态》，《新经济》2024年第5期。

# B.25
# 吉林省城乡融合发展对策研究

李 平*

**摘　要：** 城乡融合发展是中国式现代化的必然要求。近年来，吉林省在城乡产业融合、农业转移人口市民化、农村改革、城乡基础设施建设、国家城乡融合示范区建设等方面取得了一定的成效，然而依然存在城乡产业融合有待提升、城乡要素流动不畅、城乡公共服务不平衡、城乡生态融合水平不高等问题。围绕建立健全城乡融合发展体制机制、深入推进城乡产业融合发展、增强和完善城乡的生活服务功能、促进要素在城乡之间自由流动、持续推进城乡生态融合等方面提出切实可行的促进吉林省城乡融合健康发展的对策，以期能够加快形成吉林省城乡全面融合发展、共同发展的格局。

**关键词：** 城乡融合　产业融合　生态融合　要素流动

当前，我国正处在全面深化改革、全面建成社会主义现代化国家的关键时期，城乡发展不协调已经成为阻碍我国经济社会高质量发展的重要因素之一。自改革开放以来，我国的城乡关系经历了动态的变化过程，基本呈现从城乡二元结构逐步到城乡一体化，再到城乡融合的变化趋势，可以说城乡融合发展是我国的城乡关系发展到一定阶段的必然要求，是现代化的重要标志。党的十六大提出工业反哺农业，统筹城乡发展，党的十八届三中全会提出健全城乡发展一体化体制机制，党的十九大报告明确提出建立健全城乡融合发展体制机制和政策体系，加快推进农业农村现代化，党的二十届三中全

---

\* 李平，理学博士，吉林省社会科学院城市发展研究所副研究员，主要研究方向为城市发展与产业经济。

会对完善城乡融合发展体制机制作出重要战略部署，要求全面提高城乡规划、建设、治理融合水平，促进城乡要素平等交换、双向流动，这标志着我国的城乡融合发展必将迎来新的发展机遇。吉林省既是典型的农业大省，又是重要的老工业基地，推进城乡的融合健康发展意义重大，是实现吉林省高质量发展的关键所在。

## 一　吉林省城乡融合发展现状

近年来，吉林省高度重视城乡融合发展，为了加快推进城乡融合发展进程，2019年吉林省委省政府印发了《关于建立健全城乡融合发展体制机制和政策体系的实施意见》，从五大方面提出72条措施建立健全城乡融合发展体制机制和政策体系。同年，长吉接合片区被列入国家城乡融合发展试验区，赋予其在城乡融合发展方面进行先行先试的政策，经过几年的探索也取得了较好的成效。

### （一）城乡产业融合发展取得成效

吉林省在城乡产业融合发展方面进行了积极有益的探索，取得了一定的成效。吉林省为发挥特色资源优势，重点培育特色产业，自2019年开始创建省级特色产业小镇，吉林省第一批特色产业小镇包括规划类、培育类和成长类，共计55个。2020年，吉林省创建第二批特色产业小镇，共计29个。截至2024年，吉林省省级特色产业小镇共计80个，特色城镇为周边农村提供服务的能力不断增强。如双阳区的鹿乡镇，是吉林省级梅花鹿特色产业小镇，为了给鹿业发展提供平台载体支撑，双阳区成立了鹿港集团，全面建设国家级鹿业产业园，目前园内有鹿业新型经营主体208家，精深加工企业9家，并且组建了吉林省首家梅花鹿产业研究院和中国双阳梅花鹿产业创新战略联盟，先后培育了一批落地见效快、带动能力强，产业前景好的重点项目，为小镇建设及城乡融合发展提供了强大的产业支撑。特色产业小镇的建设，为吉林省城乡产业融合发展提供了平台和载体。同时，各类产业园区在推进吉林省城乡产业融合发展中也发挥了较大的作用。如中新吉林食品区积极推动城乡融合相关工作，搭建城乡产业协同发展平台，聚焦城乡产业项目建设，并以提升农产品附加值为导向，积极建设农产品、食品加工园，引导各类农业龙头企业下乡，发挥食品区的融合联结城乡的功能，通过"以工促农""以工带农"实现三次产业联动发展。2024年上半年，中新吉林食品区共有8个项目签约落地，总投资达7.15亿元，德祥肉鸡全产业链、修正药业大米提取蛋白等8个产业项目有望年内签约。辽源市东丰县充分利用食用菌产业发展基础，大力推动乡村振兴食用菌三产融合示范园区建设，项目建成后将采用"企业+基地+农户"的产业化经营发展模式，可极大地促进农村一二三产业的融合发展。

### （二）农业转移人口市民化稳步推进

吉林省作为农业资源大省，常住人口城镇化率不高，农业人口占总人口的比例较大，加快农业转移人口市民化，是推进城乡融合发展的首要任务。近年来，吉林省深化户籍制度改革，农业转移人口市民化取得积极进展，吉林省逐步建立起了城乡一体化的户籍登记制度，省域内的落户通道进一步地拓宽，不断地降低了农业转移人口的落户门槛。截至2024年，吉林省已经全面放开了各县区和建制镇之间的落户限制，省域内常住人口已经全面开始实施居住证制度，这一政策为吉林省内的城乡人口流动提供了极大的便利，农业转移人口的市民化待遇得以进一步的完善。省内居住证持有人与城镇居民同样享有在适龄儿童接受义务教育、基本的公共医疗卫生服务、相应的就业服务等方面的权利。2022年，为加快推进农业转移人口市民化，吉林省财政厅出台了《省财政农业转移人口市民化奖补资金管理办法》，用于增强各市县落实农业转移人口市民化政策的财政保障能力，推动各市县为农业转移人口提供与当地户籍人口同等的基本公共服务，促进基本公共服务均等化。2023年，吉林省农村劳动力转移就业294.43万人，95%以上的农业转移人口随迁子女在公办义务教育学校就读。随着吉林省农业转移人口市民化制度的不断完善，区域内的公共服务便利化程度得以提高，各县（市、区）基本实现了公共服务均等化。

### （三）农村改革深入推进

农村的持续深化改革加快了城乡融合发展的进程。近年来，吉林省在农村体制机制的改革方面不断进行探索，取得了一定的成绩。吉林省围绕处理好农民与土地的关系，基本完成了承包地确权登记颁证。其中，长春市九台区的"三块地"改革是吉林省农村改革的典型成功案例。2015年3月，九台区开始开展农村集体经营性建设用地入市改革试点，截至2024年，九台区集体经营性建设用地入市改革试点共组织实施入市地块235宗，总面积达到108公顷；2024年，九台区颁布了《农村集体经营性建设用地入市管理办法（暂行）》，从入市规则、路径和机制等方面为全面开展集体经营性建设用地入市工作提供了更为完善的制度、政策和措施保障。2016年9月，九台区开展了农村土地征收制度改革试点，在征地制度改革中，通过提高旱田和水田补偿标准，使得被征地农民的收入有所增加。在农村土地入市改革中，通过引进相关的产业项目，直接带动附近村民的就业。2017年，九台区开展了农村宅基地制度改革试点，通过积极探索宅基地所有权、农户资格权和宅基地使用权"三权分置"，九台区坚持"一户一宅"，探索农村集体经济组织主导下的有偿使用制度，收取农村宅基地有偿使用费。长春市九台区的"三块地"改革为乡村产业的发展提供了用地保障能力，在一定程度上促进了城乡要素的流动，在实现较好的经济效益的同时带来了良好的社会效益，逐步释放了改革活力，为吉林省的乡村振兴注入了新动能。

农村金融改革成效显著，吉林省在2015年底成为全国唯一的省级农村金融综合改革试验田，积极探索一条可操作可复制的普惠型农村金融发展之路，力争通过金融综合改革，促进农业转型升级，率先实现农业现代化。2016年，积极探索组建吉农金服公司，主要承担农村金融综合改革试验中的农村基础金融服务体系和平台建设任务。至2023年末，吉林省共在415个村建立了农村金融综合服务站，破解了农村金融服务"最后一公里"难题。平台累计为农户发放贷款3.23亿元，有力支持了各地备春耕生产，助力乡村振兴。

## （四）城乡基础设施逐步完善

近年来，吉林省加快城乡基础设施建设，重在补齐短板，城乡基础设施日益完善。在交通基础设施建设方面，吉林省综合交通网络基本形成，截至2023年末公路总里程达到了11.05万公里，等级公路总里程10.79万公里，高速公路短板也已基本补齐，总通车里程达到4644.02公里，所有市（州）92%的县（市）通高速，大力实施农村公路新改建，基本实现了村村通公路，吉林省92.5%的自然村屯通硬化路。此外，吉林省深入推进水利基础设施建设、5G基础设施建设、配电网升级改造，积极推动农村基础设施建设提档升级。2023年，吉林省新改建农村公路总计3175公里，整治"畅返不畅"总计6217公里，共改造农村危房3306户。农村自来水普及率达到97.8%，24小时供水工程比例达到40.2%，改造农村厕所4.7万户，快递服务建制村通达率达到100%。与此同时，吉林省深入实施城镇老旧小区改造、基础设施补短板、市容市貌环境整治等一系列工程和举措。2023年，吉林省开工改造棚户区1.99万套、城镇老旧小区830个，为136.3万户城镇居民改造燃气管阀，并更新改造2030公里的市政老旧管网。吉林省持续推进农村环境整治，加快"美丽乡村"建设，打造高标准美丽乡村示范村201个、美丽村995个。

## （五）国家城乡融合示范区建设取得成效

长吉接合片区是东北唯一的国家城乡融合发展试验区，范围包括长春市的四个区，分别是长春新区、长春净月高新技术产业开发区、九台区和双阳区，吉林市的四区一县，分别是中新（中国—新加坡）食品区、船营区、昌邑区、丰满区、永吉县，总面积为11081平方公里，在面积上仅次于重庆西部片区和山东济青局部片区。在城乡融合发展方面，长吉接合片区具备开展试点示范的先天优势条件，区域内拥有1个国家级新区、2个国际开放合作平台、3个国家级开发区和12个省级开发区，无论是产业基础还是发展平台，都具有不可比拟的优势。近年来，长吉接合片区在城乡产业协同发展方面积极探索，取得了一定的成效。种花海、造民宿、建展馆，常安驿站、林海雪原、农泉岭等成规模山庄积极发挥着旅游龙头作用，友好村全域特色文化旅游体验综合体的建设既带动了周边农村的劳动力就业，又增加了农民的收入。长春市九台区上河湾镇立足国家级农业产业强镇，不断打造"南林果、北棚膜、东生态、西养殖、中商贸"的"一核两区四基地"的绿色农业空间。将上河湾镇打造成为现代农业发展的试验田、东北瓜果蔬菜的集散区、生态乡村旅游的休闲区和全省肉鸡绿色养殖的示范区，实现"果菜米肉药"全系列供应，以乡村产业发展助推乡村全面振兴。

## 二 吉林省城乡融合发展中存在的问题

吉林省城乡融合发展取得了一定的成效，但是，我们在看到成绩的同时，也应该关注到吉林省城乡融合发展仍然面临着一些问题亟待突破和解决。

### （一）城乡产业融合度不足

近年来，吉林省大力实施和推进乡村振兴战略，在加快农村发展方面有一定的政策倾斜，农村地区也得以加快发展。吉林省在乡村振兴战略的推动下，一些农村地区为促进发展，大力发展乡村旅游以及农产品加工等产业，在一定程度上吸引了城市居民和资金流向农村，在产业融合发展方面取得了一定的成绩，对促进地方经济发展起到了一定的推动作用，但是吉林省城乡的产业融合的程度还相对不高，还有较大的提升空间。一方面，乡村产业规模有待提升。乡村产业形式较为单一，在吉林省大部分农村地区，农产品的生产、加工以及衍生品的发展依然相对落后，一些农产品加工企业仍然停留在初加工的阶段，产品的附加值相对较低，还不能充分发挥农业产业价值。如吉林省乡村旅游的发展依然处于起步阶段，乡村旅游资源的挖掘深度依然不够，大多数的乡村旅游景区依然处于简单的"农家乐"阶段，普遍存在产品开发层次较低的问题，"农家乐"的经营模式也相对比较粗放，市场开

发力度还远远不够，乡村旅游产品较为单一，且旅游品质和服务升级也跟不上，难以长期吸引游客的观光旅游，可持续发展难度较高。另一方面，城市和农村在产业的布局上存在不平衡。城市产业发展规模一般较大，但由于和乡村产业之间的关联性不强，城市对乡村的辐射和带动作用难以发挥。城乡产业融合发展催生的一些新产业和新业态大多没有落位在乡村空间，对优化城乡产业空间布局没有推动作用，带动农村经济发展的效果也不明显。

### （二）城乡要素双向流动不畅

实现城乡人口、土地、资金等要素的双向流动是城乡融合发展的重点。城乡要素流动不畅依然是吉林省甚至是全国城乡融合发展中存在的亟待面对和解决的问题。首先，人口从乡到城流动过度。由于城市能够提供比农村更好的就业机会、生活条件和公共设施，对农村劳动力具有很强的虹吸效应，导致农村地区的人口长期处于净流出的状态。其次，土地在城乡之间的流转不畅通。当前，农村集体经营性建设用地依然没有盘活，闲置的宅基地资源利用率较低，且转让和流通受到较多的限制。最后，资本、技术等城市先进的生产要素向农村流动依然面临着较多的障碍。目前的农村各项产权制度在一定程度上制约了城市资本流向农村，并且尚未建立起引导城市资金有序适当地进入农村的制度和机制。与此同时，科研人员在农村地区兼职和科研成果转化相关机制尚不健全，制约了技术向农村地区的流入。

### （三）城乡基本公共服务不平衡

吉林省推进城乡融合发展以来，城乡基本公共服务的差距在日益缩小，但是城乡在社会服务、社会保障方面依然存在不平衡的问题。首先，城乡教育不均衡问题较为突出。农村教育无论是在教育经费的投入、教育的配套设施，还是教学质量等方面都难以与城市教育相比拟，农村地区的教育无论在软件设施还是在硬件设施方面都极大地落后于城市。由于农村优质教育资源明显不足，对优秀教师的吸引力也明显不如城市，导致农村优秀教师外流的情况多有发生。其次，城乡在医疗卫生服务领域的差距较为明显，农村医疗卫生服务资源有限，在医疗卫生环境和医疗卫生水平方面都远不如城市。农村现有医疗机构无法满足农村居民医疗服务的需求，大量的优质医疗卫生资源主要集中在城市。最后，城乡在社会保障方面依然存在较大差距。虽然吉林省现已基本实现城乡社会保障全覆盖，但是乡村社会保障水平相对较低，在社会保障的公平性方面还有待提高。

### （四）城乡生态融合水平不高

随着吉林省城乡融合发展的推进，城乡生态融合水平还有待提高。虽然吉林省通过农村人居环境整治行动，农村的人居环境有了较大的改善，但在城乡融合发展的新形势下，农村环境基础设施建设落后，城乡人居环境依然存在较大差距，吉林省农村生活污水治理率依然较低，2023年吉林省农村生活污水治理率为27.7%，已建设施运行维护资金缺口大，农村人居环境整治仍然面临较大挑战。此外，由于传统农业转型缓慢，农业面源污染较为突出，农作物在种植过程中使用大量化肥农药，秸秆综合利用率有待提高，根据《中国农业绿色发展报告2023》，2022年全国秸秆综合利用率保持在86%以上，同期吉林省为78.9%。

## 三 吉林省城乡融合发展的对策

针对吉林省在城乡融合发展中存在的问题，提出未来吉林省城乡融合发展的针对性对策，以期更好地促进吉林省城乡整体持续、快速和高质量发展。

### （一）建立健全城乡融合发展体制机制

首先，农村劳动力不断向城市转移，在这一过程中，要加快建立起统一和规范的人力资源市场，制定有针对性的促进农业转移人口就业的政策，加强对农业转移人口的相关技能培训，使其掌握城市产业发展需要的相关的技能，让农业转移人口既能离得开，还能留得住，让进城的农民工更好地在城市留住和生活。

其次，吉林省应继续深化"人地钱挂钩"的相关政策，对于吸纳农业转移人口较多的市县，给予相应的政策支持，安排一定的资金用于鼓励市县接纳农业转移人口，加大对落户较多市县的支持力度。逐步提高人地挂钩工作在新增建设用地计划指标下达中的权重，提高节约集约用地水平。继续保留进城落户农民在农村享有的相关权利，遵循自愿的原则，引导进城落户农民依法自愿，并且有偿地转让相关的权利。

最后，在吉林省范围内统筹规划城市基础设施以及对城乡发展有重要作用的市政公用设施。加快推进吉林省多规合一进度，有效衔接各类专项规划，统一供水、排水、道路、供电等基础设施建设标准，积极推进城市附近的农村地区纳入城镇相应管网。在吉林省城乡道路建设方面，在吉林省国土空间规划的框架范围内编制交通运输专项规划，实现城乡道路的互联互通、一体化发展。

### （二）深入推进城乡产业融合发展

推动城乡产业融合发展，培育壮大县域产业，立足区域资源禀赋优势，引导优势产业集聚发展，提高城乡经济发展的联动性。

一是大力推进特色产业小镇和特色小城镇建设，特别是重点建设吉林省的矿泉水小镇、水稻小镇、鹿乡小镇、人参小镇等特色产业小镇，加大对特色产业发展的支持力度，从而增强特色小镇对周边农村的带动能力。

二是构建农村一二三产业融合发展体系，发挥三次产业融合的乘数效应。吉林省重点推行"龙头企业+基地+合作社+农户"等产业化经营模式，促进第一产业发展，提高农民的积极性，带动农民就业增收；在发展第一产业的同时，不断延伸产业链条，推动农产品加工、乡村旅游、农村电商等新产业和新业态与农业的融合。

三是加快农业平台载体建设，着力改善产业园基础设施条件，不断提升农业园区的建设水平，促进先进的农业生产技术率先在现代农业产业园进行推广和示范，对吉林省现代农业的发展起到示范引领的作用。以县为单位创建农业现代化示范区，在大中城市郊区等地区，创建一批以都市农业和智慧农业为重点的示范区，在产业集中度高、特色鲜明、比较优势突出的地区，创建一批以园区化、融合化为主的示范区，在中西部粮食主产区创建一批以粮食产业为重点的示范区，探索差异化、特色化农业现代化发展模式。依托龙井市国家级沿边黄牛现代农业产业园、公主岭市国家现代农业产业园等国家和省级农业科技园区，大力发展与农业相关的产业，培育龙头骨干企业，增强科技创新能力，提高对农业产业的带动能力。

### （三）增强和完善城乡的生活服务功能

在吉林省城市的建设过程中，要坚持以人为本的原则，完善城市的生活功能，城市建设要与产业发展步调一致。

首先，贯彻共享发展的理念，建立城市生活服务设施的长期投入机制，不断提升城市居民的幸福感和获得感。

其次，城市的不断发展和壮大，势必吸引外来人才以及农村转移人口，因此在生活空间方面增加优质居住建筑建设，营造有特色的品质社区，完善道路、广场、给排水、供暖等基础设施、健全各规模城市的教育、医疗等配套设施，高标准配套公益性设施，提升公共服务层次和水平，构建较为便捷的"生活圈"、功能完善的"服务圈"和繁荣兴旺的"商业圈"，增强城市的生活服务功能，提高城市的生活舒适度以及居民的幸福感，打造宜居"生活空间"，为城市的进一步发展留住人才和集聚人才。

再次，根据吉林省人口的区域分布特征，完善各地的公共服务设施，尤其是补齐农村地区在公共服务设施建设方面的短板，逐步加大财政资金的投入，逐步缩小城乡公共服务领域的差距，探索建立多元化的公共服务运行机制。加快建立起城乡一体化的教育发展机制，加快推进城市地区优质学校对口帮扶乡镇中心校工作。

最后，完善基层公共就业服务体系，坚持政府引导与市场主导相结合的原则，结合各地重点发展的特色产业，主导产业和优势产业的用人需求，有针对性地组织相关的就业技能培训，为相关产业发展提供人才支撑。

## （四）促进要素在城乡之间自由流动

进一步加快推进吉林省城乡融合的发展进程，促进吉林省城乡土地、科技、人才等相关要素自由流动、融合和协调发展，从而提高资源要素的配置和利用效率。

首先，在农村宅基地改革方面，吉林省相关地区可以参照长春市九台区的做法，不断深入探索农村宅基地的多项权利分开管理，创新盘活利用模式，提高吉林省农村宅基地的利用效率，构建统一的流转机制，开放农村宅基地交易市场。在农村集体经营性建设用地入市方面，加快颁布《农村集体经营性建设用地入市基本流程操作指南》，有序推进农村集体经营性建设用地入市，规范相应的入市活动。应积极探索采取集体经营性建设用地出让、出租、作价出资等入市方式保障项目用地，重点鼓励发展乡村民宿、农产品初加工、电子商务等农村产业。

其次，在城乡人才自由流动方面，制定完善的鼓励城市人才积极到农村发展，进一步畅通各类人才的返乡下乡渠道，为农村发展吸引更多的人才，从而带动农村转型。

最后，在推进科技要素在吉林省城乡自由流动方面，应加快建立科技成果入乡转化机制，推动农业科技成果转化平台建设，提高农业科技成果转化率。

## （五）持续推进城乡生态融合发展

加快完善有助于城乡生态融合的制度体系，共同推进城市和乡村的生态环境建设，从而实现城乡生态环境一体化融合发展的良性互动。一方面，吉林省应建立健全城乡统一的生态环境保护体制机制，对城市与乡村环境进行监管，保护乡村生物多样性，建立生态廊道，加大自然保护区保护力度。城乡生态融合离不开科学合理的规划，合理规划吉林省生态空间，推动生态环境持续优化。另一方面，城乡生态融合的关键就是要建立生态宜居、环境优美的新农村。吉林省开展农村生态环境保护，要继续深入推进农村人居环境整治提升行动，开展乡村建设"千村示范"行动，进一步推进农村生活垃圾治理，提升农村生活垃圾资源化利用水平，精准开展农村污水处理设施建设，鼓励有条件的地区将高标准农田建设、农田水利建设与污水治理相结合，加强乡村公共空间和庭院环境整治，继续实施村庄美化、绿化、亮化工程，促进人居环境的提升，加强乡村生态环境建设。推动城乡生态深入融合，助力加快城乡融合的脚步，实现乡村振兴。

## 参考文献

［1］范根平：《中国式现代化视域下城乡融合发展的理与路》，《河海大学学报》（哲学社会科学版）2024年第4期。

［2］彭钰淇、李俊高：《新发展阶段我国推进城乡融合发展的基本内涵、主要障碍及路径选择》，《现代农业研究》2023年第8期。

［3］涂圣伟：《县域城乡融合发展的内在逻辑、基本导向与推进路径》，《江西社会科学》2024年第8期。

［4］王小广：《加快城乡融合发展是畅通城乡循环的重要路径》，《新型城镇化》2023年第8期。

［5］张涛、刘欣、方晓彤：《西部地区城乡融合发展的典型模式与对策建议》，《上海市经济管理干部学院学报》2023年第4期。

［6］张宇宁：《吉林省城乡融合发展时空演变及影响因素研究》，硕士学位论文，东北师范大学，2023。

［7］《中共吉林省委  吉林省人民政府关于建立健全城乡融合发展体制机制和政策体系的实施意见》，《吉林省人民政府公报》2020年第1期。

［8］余晓洋、刘帅、吴迪等：《农村土地承包权退出的缘起及实践模式比较》，《新疆社会科学》2020年第3期。

［9］苏成凤：《新发展阶段我国城乡融合发展实现路径研究》，硕士学位论文，河北师范大学，2023。

［10］胡玉亭：《政府工作报告——2024年1月24日在吉林省第十四届人民代表大会第三次会议上》，《吉林日报》2024年1月29日。

# B.26 吉林省黑土地保护的长效机制研究

丁 冬*

**摘　要：** 自从中国科学院和吉林省人民政府在长春共同启动"黑土粮仓"科技会战，黑土地保护已经上升为国家战略。近年来，吉林省黑土地保护取得了一定成绩，但是仍然存在过渡开垦、主体的作用发挥不足、黑土地长效保护支撑不足等短板。本文从创建新质生产力对黑土地保护的长效驱动体系、搭建黑土地保护长效机制的人才保障体系、创新与完善黑土地长效保护的制度体系、健全吉林省黑土地保护长效政策体系与治理体系四个视角提出构建黑土地保护长效机制的路径，促进黑土地资源长效、可持续利用。

**关键词：** 黑土地保护　保护性耕作　吉林省

黑土地作为"耕地中的大熊猫"，是我国重要的战略资源，在生态文明建设背景下，探索黑土地资源的可持续利用之路是现代农业发展的主基调。自从2021年中央一号文件提出"实施国家黑土地保护工程，推广保护性耕作模式"，《吉林省黑土地保护条例》与《中华人民共和国水土保持法》《中华人民共和国土地法》《中华人民共和国土地管理法》等国家法律共同对土地资源进行保护与规范。吉林省是我国重要的商品粮基地，提高以黑土地为基础的资源集合能力，提出黑土地保护的长效机制，对保障国家粮食安全与生态安全具有重要意义。

---

\* 丁冬，吉林省社会科学院农村发展研究所副研究员，主要研究方向为"三农"问题与乡村振兴。

## 一 吉林省黑土地资源开发与保护现状

### （一）吉林省黑土地资源丰富

黑土地土壤表层深厚，有机质含量较高，有益于优质玉米、水稻等粮食作物的生长。第三次全国国土调查结果显示，吉林省黑土耕地面积为9811.01万亩，占全省耕地面积的87.8%，其中，典型黑土区耕地面积7202.4万亩，覆盖了全省22个产粮大县。这些土壤肥力好、土层较厚，作为世界上仅存的三大黑土区，为吉林省发展有机农业、高效农业提供了优质的自然条件。吉林省的黑土地开发较晚，初垦时黑土层在80~100厘米，经过近年来的保护，2023年黑土耕地平均耕层较上年增厚0.1厘米，增至20.3厘米，土壤有机质平均含量较上年提升0.55克/千克，增至26.86克/千克，耕地质量平均等级较上年提高0.03等，达到4.46等。

### （二）高标准农田建设力度加大

耕地是粮食生产的命根子，建设高标准农田是巩固和提高粮食生产能力的重要举措。习近平总书记强调，逐步把永久基本农田全部建成高标准农田，优先把黑土地建成高标准农田。近年来，吉林省对标对表习近平总书记的重要指示精神，不断加大灌溉排水、田块整治、田间道路、农田电网及农田防护等高标准农田基础设施工程建设力度，大力推进高标准农田建设，逐步补齐基础设施短板。吉林省统计局数据显示，2023年，吉林省建设高标准农田791.2万亩，完成率209%，居全国第3位。同步实施高效节水灌溉面积173.7万亩，超额完成国家下达的年度建设任务。全省累计建成高标准农田4380.2万亩，占永久基本农田的53.4%。2024年截至8月底完成工程进度719.8万亩，是近年建设进度最快、建设面积最多的一年。通过实行田、土、水、路、林、电、技、管"八位一体"综合配套建设，项目区基本实现了"田成方、树成行、路相通、渠相连、旱能灌、涝能排"的农田生产新格局。

## （三）加快升级并推广"梨树模式"

"梨树模式"可以节省劳动时间和强度，成本降低、产量增加、促进增收，可以大大调动新型经营主体保护黑土地的积极性，发挥其主体作用，促使保护措施落地。当前，吉林省越来越重视黑土地自我修复能力和黑土地生态持续性恢复能力，积极推动黑土地保护培肥地力、盐碱地治理工作，促进秸秆以及其他生物质资源和黑土地深度融合，推进形成地表生物圈和地下生物圈的有效互动。当前，吉林省不断探索与推广"梨树模式"升级版，拓展"梨树模式"在建设良田中的作用。以"梨树模式"秸秆还田为主体，探索实施更加节本增效的黑土地保护"4+2梨树模式"升级版，即"秸秆覆盖免耕种植模式、秸秆覆盖条带旋耕种植模式、秸秆覆盖垄作种植模式和高留茬垄侧栽培种植模式（包含留茬少耕）"+"秸秆科学离田和粪肥堆沤还田"。到2023年推广面积达到了近21.6万公顷，占梨树县玉米耕作面积的95%以上，为实现吉林省百亿斤粮食增产目标提供了重要的科技支撑。

## （四）保障政策逐步完善

近年来吉林省颁布实施的政策中，以专门保护黑土地为主的条例与规范主要包括《吉林省黑土地保护条例》《黑土耕地土壤肥力评价技术规范》《吉林省黑土地保护总体规划（2021~2025年）》等。在数量层面，吉林省限制了建设项目对黑土地资源造成的减少数量；在质量层面，制定了耕地保护制度，明确了"耕地占补平衡"的原则。此外，吉林省还成立了我国第一家"黑土地保护与利用院士工作站"，举办了五届"梨树黑土地论坛"，营造了较好的黑土地资源保护氛围。

## 二 吉林省黑土地利用与保护存在的问题

尽管近年来吉林省对黑土地的保护力度不断加大，但是同时仍面临过度开垦、黑土地保护主体的作用发挥不足、长效保护支撑能力不强等情况，对其长期利用与保护产生了一定的负面影响。

### （一）过度开垦使生态资源承载能力逐渐弱化

《东北黑土地保护规划纲要（2017~2030年）》显示，近60年来，东北黑土地耕作层土壤有机质含量平均下降了33.3%，部分地区下降近50%，黑土地存在侵蚀加剧、有机质和养分元素衰退、结构改变和蓄水能力下降等现象。长期以来对黑土区不合理的开垦利用，加上吉林地区的自然特性，导致黑土区水土流失严重，部分黑土区耕地数量和质量逐渐下降。此外，受种植习惯不同、黑土地集约化规模化不足、农户对保护性耕作缺乏充分认知等影响，部分地区的农业生产依然以粗放型农业为主，存在土地使用不合理现象，成为制约黑土资源可持续利用与保护的重要因素。

### （二）黑土地保护主体的作用发挥不足

现行的黑土地保护机制对土地使用的主体——农户和农民组织的相关保护规定较宽泛，政策示范性、引导性不足，对其在黑土地资源保护过程中应获得的长期权益也缺乏明确规定。相当一部分农民合作组织没有建立起科学的黑土地保护机制，无法用利益关系来吸引成员维持持续稳定的保护合作关系，对资源的利用与保护存在内部不稳定性，黑土地特色文化的传承与保护黑土地的主体作用出现乏力。受城市文化的冲击，受年龄、传统思想、文化程度、身体状况等影响，农户接受新技术、新培训等的意愿不够，使得黑土地保护与生态农业发展需求不符，不利于调动其黑土地保护的主观能动性，难以发挥其主体作用。

此外，黑土地保护相关人才与新型经营主体的缺口较大，专业人才梯队尚未成型。吉林省现代农业发展的总体人才不足，特别是在新质生产力发展模式下，黑土地长效保护机制整体规划人才、技术型人才、相关保障与服务型人才等都存在较大缺口。加上受制于人口老龄化、空心化等因素，相关主体对黑土地保护虽有一定的应用意愿但参与感不强，导致当前

黑土地保护工作更多地依赖政府、国企推进，长效保护机制制定与实施的支撑不足。

### （三）黑土地长效保护支撑能力不强

一是相关政策与制度体系支撑不足。黑土地保护是一个周期较长的系统工程，需要统筹规划、配套资金、多主体协调、多技术集成，形成合力才能形成保护的长效机制。当前，受政策制度、经济下行压力、地域位置、社会文化等方面的综合环境影响，吉林省缺乏黑土地长效保护的针对性制度体系。

二是农业科技水平瓶颈尚存，技术与平台支撑不足。农业部农村经济研究中心数据显示，发达国家农业科技进步贡献率一般在80%左右，而我国仅为40%左右，农业科技成果转化率仅为30%~40%，东北地区农业科技水平的利用率还不足30%。涉农数据壁垒、信息孤岛等现象依然存在，数据标准不统一、共享机制尚未健全等问题也亟须破解，难以满足对黑土资源长期利用和保护的应用需求。

三是基本生产条件的支撑能力不强。相对于实际需求的投入不足，以及基础设施建设的产权、经营以及管护制度不健全，导致吉林省农田水利等农业基础设施仍显薄弱，高标准农田占比不高，农田灌溉和生产机械的现代化受到限制，也难以有效融入现代化农业产业体系和生产体系，基础性条件亟待改善，导致吉林省黑土地长效保护生产条件支撑能力不强。

### （四）高精度黑土资源环境综合保护能力不足

传统的资源环境信息分析技术和产品服务能力，已难以满足大数据时代高精度黑土资源环境信息综合应用需求。当前，我国已经初步建立了基于高分系列卫星为主体的对地观测网络，但已有的卫星遥感系统设计大多针对地表覆盖信息（尤其是植被信息）提取，受传感器谱段设计、空间分辨率和卫星重访周期制约，在土壤质地监测、土壤侵蚀信息提取等方面存在较大挑战，难以满足对黑土资源高效利用和保护的应用需求。吉林省黑土地若要获得长效保护，亟待融合5G技术，开展黑土资源环境感知系统研发，构建包含"卫星遥感、无人机、地面物联网"的"天—空—地"一体化多尺度立体观测网络，突破多角度、高精度、准实时的黑土资源环境信息主动获取关键技术，提升吉林省黑土资源环境大数据的深入分析与综合服务能力。

## 三 构建吉林省黑土地保护长效机制的路径

针对当前吉林省黑土地开发与保护面临的主要问题，落实好习近平总书记"要把黑土地保护作为一件大事来抓，把黑土地用好养好"的重要指示精神，着眼全球农业发展规律和生态建设视野，本文从创建新质生产力对黑土地保护的长效驱动体系、搭建黑土地保护长效机制的人才保障体系、创新与完善黑土地长效保护的制度体系、健全吉林省黑土地保护长效政策体系与治理体系四个视角提出构建黑土地保护长效机制的路径，促进黑土地资源长效、可持续利用。

### （一）创建新质生产力对黑土地保护的长效驱动体系

新质生产力是农业农村现代化工作中的"驱动力"，可以作为保护黑土地质量安全"持续力"。近年来，吉林省逐步打通"氢动吉林"等新能源全产业链，形成了一定的新质生产力发展的绿色优势。

1. 聚力科技攻关

结合省情，围绕率先实现农业农村现代化发展大局，把科学技术作为黑土地保护的第一抓手，突出新质生产力中科技创新的主导作用，聚力科技攻关。统筹多类型黑土地保护、多类型黑土地生物发展、多类型粮食品种种植、轮作间作等多类型种植方式以及多类型腐殖质成分赋能土壤，建立集品种、栽培和农机于一体的高产增效保护性耕作综合技术，在"梨树模式"基础上开创黑土地保护的新样板。合理规划全省耕地质量数据采集点，搭建信息资源相互融合的省、市、县三级联动耕地质量数据库，打造吉林省耕地质量云平台。完成黑土地保护示范区、高标准农田建设区、盐碱地改良区等

地物联网建设，完成全省耕地土壤采样分析，完成耕地质量标准化评价体系，实现耕地质量实时跟踪。基本完成基于大数据的作业响应及预警模型，借助数字信息实现吉林省耕地质量保护与提升。

与此同时，面向吉林省黑土地保护与利用关键科学技术需求，全面建立科技创新体系。重点围绕六个方面增强黑土区的自主创新能力：一是黑土地退化的关键过程、机理与阻控关键技术研究，二是黑土地土壤健康和保育技术研发，三是黑土地产能和质量提升的现代生物学技术研发，四是黑土地智能化农机关键技术研究和装备研制，五是黑土资源环境天空地一体监测与感知体系研发，六是提出用好养好黑土地的政策与长效保障机制。通过打造黑土地保护科技攻关样板，建立融科研攻关、技术研发、示范推广和人才培养于一体的黑土地保护技术研发团队，加强种质资源保护和利用、种子库建设，加强高标准农田、农田水利设施、现代智能农机装备建设。科学分类，因地制宜，综合施策，系统开展厚层黑土保育与产能高效关键技术、盐碱地生态治理与高效利用关键技术、退化黑土保育与粮食产能提升关键技术、规模农业水土资源高效利用关键技术、黑土地智能化农机关键技术集成与产业化应用、黑土粮仓全域定制技术模式、退化黑土地力恢复与循环农业关键技术等研发与示范，为夯实国家粮食安全"压舱石"提供科技支撑。

2. 搭建黑土地保护领域新平台

"互联网+生态农业"背景下，可以通过物联网、大数据、人工智能等现代信息技术新路径，建设黑土地保护领域新平台，将黑土地保护与现代农业、智慧农业相结合，以解决相关政策、人才、金融、科技和市场问题，推广黑土地保护长效经营模式。开发精准农业智能决策云平台，以推广黑土地保护新型经营模式。通过开发应用系统，构建节本增效应用模式，提高园区农业产出率、劳动生产率、资源利用率，探索和积累物联网技术在农业生产、管理、经营、服务等领域融合集成的经验和模式。引导多种力量参与物联网观测技术研发应用、数据产品开发等。例如，可通过"绿色农业+可视农业+田间档案+质量追溯"的经营模式，或者种养结合、绿色循环农业的经营模式，促进企业、农业专业合作组织以及农场不断提高食品安全水平，并间接提升黑土地的安全指数。以新型生态农产品网络营销模式促进和创新管理，降低中间环节，减少流通成本，提高发展效率。

此外，通过构建黑土地科技创新基础科技平台，提升科技支撑能力。面向用好、养好黑土资源，建设黑土粮仓的科技攻关目标，利用"天—空—地"一体化监测手段，系统、全面调查我国黑土资源情况；建设高光谱/红外一体多源异构无人机遥感系统、探地雷达系统、一体化黑土地数据交互与感知系统；利用多平台、多手段提供持续而稳定的黑土地土壤、水、植被覆盖及生长信息，提供多维度的完整中国黑土地基础数据；构建多分量、多系统结合的全域一体化用好养好黑土地智能管控与决策支持系统，形成黑土地全要素信息一张图。通过构建粮食生产全程精准化作业体系，形成吉林省黑土地保护与长效保护的技术模式。建设智慧农业指挥中心，开发黑土地大数据平台，建立"土壤—作物"系统模型，建立农作物病虫害预警与诊断系统。

### （二）搭建黑土地保护长效机制的人才保障体系

#### 1. 培养长期保护黑土地的文化和人群，护黑土地于人

黑土地保护长效机制的建立是一个人本工程，只有从最符合人民利益的角度出发，才能产生活力并形成内生优势。基于保护黑土地新型职业农民和家政行业技能人才的现实需求，以"需求导向、农民中心、全程跟踪"的理念，集成一线师资、开发优质课程，研发趣味性与简易性相结合的多样化学习平台，通过线上线下相结合的方式，培养有文化、有技能的知农爱农人才，孵化有竞争能力集约化经营的农业经营组织。

#### 2. 强化智库支撑，联合多方主体

可聘请院士、省内外专家，组建吉林省黑土地保护专家委员会，为黑土地保护提供长效的政策和技术保障。并着力培育黑土地长效保护领军创新主体，鼓励领军涉农企业增加研发投入，推动领军涉农企业与中央级—省级—地市级农业科研院所，以及农业高校实行产教学研合作，择优组建融合创新体，协同开展农村科技创新工作。家庭农场、合作组织、农户融入龙头企业

产业链，结合科技人员、青年群体、老龄群体、返乡农民等新型主体，在龙头企业的扶持下实现技术创新，家庭农场、合作社、农户等主体秉持"工匠精神"，通过平台联合各创新主体实现融合创新，共同形成黑土地保护长效机制的人才梯队。

**3. 激发各主体创新活力，强化新型主体带动能力**

通过提高各级政府及有关部门对黑土地保护的主观意识，以观念创新为先导，以自主创新为根本。通过制定"鼓励发展、政策倾斜、经营放宽、规范管理"的方针，激发农民合作组织创新活力、激发家庭农场创新活力、激发农业产业化龙头企业创新活力，以点带面，形成良性循环，强化新型主体带动黑土地长效保护的能力。

## （三）创新与完善黑土地长效保护的制度体系

机制的主要作用在于持续对黑土地保护各主体实施有效管理，同时其自身的管理活动需要特定的制度来维持运转。黑土地保护的长效机制构建核心是制度约束，在明确各管理部门职能权责的基础上，针对吉林省省情、农情的需要，结合生态农业发展，建立研究开发体系、技术服务体系和科技管理体系。借鉴国内国外先进地区的可持续发展观念、制度体系构建思路，结合省情创新制度体系，基于黑土地发展现状建立学科结构合理、人员梯队合理、具有国内外比较优势的制度体系。

**1. 建立绿色农业技术标准，构建黑土地利用与保护体系**

技术标准是保障黑土地保护与利用高质量发展落地实施的有力工具。吉林省要构建黑土地利用与保护长效机制，需要在国家技术标准的基础上建立地域特色农业技术标准。以特色产业、优势产业发展需求为导向，加快吉林省东中西三大板块黑土地开发与保护发展，引领现有产业转型升级，促进乡村全面振兴。以东北地区循环农业为基础，以绿色发展为理念，以科技创新为内涵，以加快吉林省粮食生产全产业链数字化为目标，保障国家粮食战略安全。黑土地保护与利用根据黑土地自然地理本底、主要作物、栽培技术等多元化特点，以"用好养好"黑土地和增加绿色优质产品供给为目标，进一步加强黑土地资源环境调查、保护与利用关键技术模式、高效模式、农田基础设施建设、配套技术设计和工程、农业技术成果转化、产业化等领域的技术标准和规范制定，科学推动黑土地保护与利用的标准化、规模化、智能化、装备化、工程化，建立院省协同常态化工作机制，为黑土地的可持续利用提供保障。

#### 2. 构建多方共同参与的技术服务体系

建立以黑土地示范区为主导、社会多方经营主体共同参与的技术服务体系。将目标、任务、分工明确，并完善示范区管理体系。引进和培育一批适应示范黑土地开发与保护区发展需要的技术创新企业，并建立与其相适应的运行机制。

#### 3. 制定合理的补偿机制

针对黑土地保护的发展需求，确定补偿主体、补偿对象、补偿标准、补偿方式等，通过合理的补偿机制，调动广大农民及利益相关者参与保护黑土地的积极性。加强黑土地保护长效金融支撑。黑土地保护长效机制需要强大的金融支撑，单靠地方财力远远不够。需要向省、向国家申请政策支持。一是向吉林省政府申请，发行示范区创建专项债券，设立示范区发展基金，支持示范区创建。二是向国家申请国家级黑土地保护金融支持政策，在示范区建设过程中，给予项目、资金倾斜，引导各类金融资源投向示范区产业。三是设立示范区贷款"助保金池"，支持企业融资。通过探索实施PPP投融资政策模式，完善投资项目贴息政策。

### （四）健全吉林省黑土地保护长效政策体系与治理体系

在《中华人民共和国黑土地保护法》等法律法规的基础上，吉林省政府应尽快根据区域实际情况完善地方专门针对黑土地保护性质的法律规范，形成中央与地方协同互补的"吉林特色"黑土地保护长效政策体系，为黑土地保护工作可持续地提供政策与法律保障。在进行保护性耕作的同时，结合吉林省内不同区域特点，探索多种综合治理模式，结合高标准农田建设叠加应用黑土地保护措施，形成并完善吉林省东部固土保肥、中部提质增肥、西部改良培肥的政策体系。

此外，有序开展示范区治理试验工作，特别是针对吉林省西部特殊土地环境，应积极推动黑土地保护培肥地力、盐碱地治理工作。根据局部地区未开发盐碱地较多的实际，不断扩大盐碱地治理及高效利用示范区实施辐射面积，并把盐碱地治理相关工作纳入地区"一城三区"重点工作中。针对被推广地区的实际，统筹整体推广、优化推广、部分推广等不同方式，"一区一策、一区一式"，防止"一刀切"式推广，让"梨树模式"和不同地区实际更加紧密地结合起来，更加务实地发挥作用。在此基础上，各级政府出台具体管理条例，制定黑土地保护执行的监督检查、奖励激励、责任落实等办法措施，建立"五位一体"管理治理体系。在推广示范过程中，需同时完善工作的责任机制、考核机制，让制度体系最大化发挥作用，及时发现吉林省黑土地保护中存在的问题，科学预防问题、精准解决问题，形成健全的黑土地保护长效治理体系。

**参考文献**

[1] 高佳、朱耀辉、赵荣荣：《中国黑土地保护：政策演变、现实障碍与优化路径》，《东北大学学报》（社会科学版）2024年第1期。

[2] 蒲晓磊：《建立黑土地保护基金形成长效机制》，《法治日报》2022年4月20日。

[3] 韩颖、王峰等：《现代耕作技术在黑土地保护长效机制中的集成应用浅析》，《农场经济管理》2022年第1期。

[4] 魏素豪、魏广成：《农机作业服务对农户黑土地保护行为的影响及机制——来自吉林省典型黑土区农户的证据》，《资源科学》2024年第7期。

[5] 林国栋、吕晓等：《黑土地保护的实践逻辑及其关键机制分析——基于典型试点区域的多案例分析》，《自然资源学报》2023年第10期。

# Abstract

In 2024, the implementation of the Northeast Revitalization Strategy enters its third decade. At a new starting point, the Jilin Provincial Party Committee and Provincial Government study the important speeches and instructions of General Secretary Xi Jinping during his inspection in Jilin and Yanbian, implement the guiding principles from the Party's 20th National Congress and the Second and Third Session of the 20th Party Central Committee, and made every effort to promote economic growth and development to achieve the annual economic and social development goals and tasks. However, the tasks of reform, development and stability are still arduous in 2024 with the unpredictable international situation and complex regional environment. In this new context and trend, the "Jilin Blue Book" objectively describes the current situation of economic and social development in Jilin Province, deeply analyzes the problems and reasons in development, scientifically judges the opportunities and challenges facing by Jilin Province's economic development. It analyzes and predicts the economic development trend of Jilin Province in 2025, and deeply explores the countermeasures for Jilin Province to achieve new breakthroughs in revitalization.

The report points out that in the first three quarters of 2024, with continuous deepening of the policy effectiveness on fiscal, monetary, industries, and employment, positive factors in the economic development of Jilin Province have gradually accumulated. Although the economic growth rate has slowed down, the economic operation still maintains a stable trend. Emerging driving forces continue to converge, people's livelihood construction is accelerating, economic and social development shows strong resilience and stability. The main macro indicators are in a reasonable range, some of which exceed the national average growth rate.

The report points out that in the first three quarters of 2024, Jilin Province has intensively introduced a series of policy measures aimed at stimulating domestic demand growth and optimizing the supply structure. The supporting role of the three major industries has been steadily strengthened, achieving comprehensive growth in agricultural production, quality improvement and stable quantity of industrial economy, and further improvement of the added value of the service industry, which lay the foundation for boosted steady economic recovery and growth and achievement of annual economic targets. Agriculture, forestry, animal husbandry, and fishery increased by 4.8% year-on-year, which is 1.2 percentage points higher than the national average. The added value of industries above designated size increased by 3.0% year-on-year, with significant support from key industries such as automobile manufacturing, metallurgy and building materials, and information technology. The added value of the service industry grew by 3.9% year-on-year, accounting for 57.9% of the regional GDP, which effectively boosted economic growth. However, the three major demand supports showed divergent trends, including slowing-down consumption growth, slight boosting in effective investments, and rapid increase in foreign trade growth rate. In the first three quarters, the consumption growth rate in Jilin Province grew only 2.9% year-on-year. Among the total retail sales of consumer goods above designated size, the retail sales of grain, oil, and foodstuffs, as well as beverages, remained strong. New types of consumption such as digital and entertainment achieved growth, while the retail sales of related products such as home decoration, cosmetics, jewelry, and automobiles declined significantly, dragging down the consumption growth rate. Industrial investment increased sharply, with a year-on-year growth of 18.6% in the first three quarters, exceeding the growth rate of all investment by 17.2 percentage points. It accounted for 30.8% of the province's fixed assets investment. However, infrastructure investment growth was weaker than expected, as a result, fixed assets investment grew by only 1.4% year-on-year. In the first three quarters, Jilin Province achieved a year-on-year increase of 11.1% in the province's total trade volume, by continuously deepening its foreign trade exchanges, actively leading enterprises to explore international markets, and accelerating the cultivation of new growth points in foreign trade. Since 2024, Jilin Province has attached great importance to the development of people's livelihood and increase investment, which effectively promoted the continuous increase of employment opportunities, steady growth of residents' income, continuous recovery of consumer expenditure, and continuous improvement of people's livelihood.

The report points out that the current economic development in Jilin Province still faces problems such as unbalanced regional economic development, insufficient effective demand, deepening of the aging, low fiscal self-sufficiency rate, and government debt burden.

The report points out that although the global economic growth remains resilient in 2024, it still faces multiple challenges, including intensified local conflicts in many regions, continued turbulence in financial markets, high global public debt, trade and investment difficulties, uncertain prospects for Federal Reserve's interest rate cuts, significant decline in commodities prices, and the new stage of China's socialist reform and opening-up and modernization. 2025 is the final year of the 14th Five Year Plan. Faced with complex domestic and international situations and various arduous reform tasks, steady progress in economics will still be the main task for sustainable development in Jilin Province. The whole province should deepen reform, expand opening-up and coordinate development by focusing on industrial upgrading, innovation-driven development and domestic demand expansion, to further consolidate and enhance the positive trend of economic recovery, and accelerate the high-quality development of the economy and society.

**Keywords**: Economic Situation; Economic Operation; Revitalization of Northeast China; Jilin Province

# Contents

## I  General Report

**B.1** Analysis and Forecast of Economic and Social Situation from 2024 to 2025 in Jilin Province
              *Xu Zhuoshun, Wang Tianxin* / 001

**Abstract:** In 2024, Jilin Province actively implemented the strategic deployment of the CPC Central Committee and intensively introduced a series of policy measures aimed at stabilizing growth, expanding domestic demand, and maintaining employment. The economic scale has steadily expanded, new quality productivity has been formed at a faster pace, and high-quality development has achieved remarkable results. However, as the international and domestic situation becomes increasingly complex, Jilin Province faces the dual pressures of external risk challenges and internal structural and cyclical problems. At present, there are still problems such as unbalanced economic development, insufficient effective demand, deepening aging, low fiscal self-sufficiency, and government debt. In the coming period, Jilin Province needs to thoroughly implement General Secretary Xi Jinping's important instructions on the comprehensive revitalization of the Northeast and the spirit of the Third Plenary Session of the 20th CPC Central Committee, actively seize the opportunities brought by the policies of "building security capabilities for major national strategies and key areas" and "a new round of large-scale equipment renewal and consumer goods replacement", systematically implement a package of incremental policies, focus on accelerating industrial upgrading, innovation-driven, expanding domestic demand, deepening reform, expanding opening up, and coordinated development, further consolidate and enhance the positive economic situation, and accelerate the promotion of high-quality economic and social development.

**Keywords:** Economic Operation; Economic Situation; Expanding Domestic Demand; Jilin Province

## II  Industry Chapter

**B.2**  Research on Countermeasures for Developing New-quality Productivity Based on Local Conditions in Jilin Province

*Cui Wei, Wu Yan / 033*

**Abstract:** This paper explores the connotation, significance, and current status of developing new-quality productivity based on local conditions in Jilin Province. New-quality productivity, characterized by innovation, efficiency, sustainability, and intelligence, has become a key driver for promoting high-quality regional economic development. Jilin Province boasts abundant resources and an industrial base but faces challenges such as an irrational industrial structure. The paper proposes countermeasures and suggestions, including enhancing total factor productivity, increasing the proportion of high-tech enterprises, strengthening the construction of new infrastructure, developing producer services, deepening institutional reforms, and reinforcing talent cultivation and introduction. These measures aim to promote the development of new-quality productivity in Jilin Province, achieve high-quality economic development, technological innovation, talent aggregation, and green and sustainable development.

**Keywords:** New-quality Productivity; Technological Innovation; Upgrading of Traditional Industries

**B.3** Research on Accelerating the Integration of Manufacturing and Artificial Intelligence in Jilin Province

*Cui Jianfeng, Yang Yufeng* / 047

**Abstract:** Artificial intelligence is an important field for the development of new quality productivity, and accelerating the integration of manufacturing and artificial intelligence is crucial for the future development of manufacturing. The artificial intelligence industry in Jilin Province has already developed a certain basic research capacity, and is striving to expand the application scenarios and intelligent product system, at the same time, the policy support is also increasing. At present, there are still a series of problems in the integration of artificial intelligence and manufacturing in Jilin Province, such as the lack of the key elements of industrial development, the weak ability to develop application scenarios, and the imperfection of the top-level design and policy system. In order to accelerate the integration of manufacturing and artificial intelligence in Jilin Province, we should vigorously develop specialized artificial intelligence and widely implement the "AI +" action in manufacturing; widely expand the application scenarios in manufacturing to create a good artificial intelligence industry chain ecology; strengthen policy support and guidance, and pry more social resources into the field of artificial intelligence; optimize the allocation of core resources and elements, and tailor regional advantageous industrial clusters according to local conditions; strengthen the protection of national strategic industries, balancing industrial development and data security.

**Keywords:** Manufacturing Industry; Artificial Intelligence; Application Scenarios; Industrial Chain Ecology; Computing Power

Contents

**B.4** Research on Countermeasures for High-quality Development
of Producer Services in Jilin Province

*Zhang Li'na, Shao Dong / 058*

**Abstract:** Since the 20th National Congress, the producer services sector in Jilin Province has gradually strengthened its support for the provincial economy, with an increasing proportion of producer services and a substantial rise in the operating revenues of enterprises above a certain size. The sector has exhibited characteristics such as an enhanced contribution from the financial services industry, the booming development of the e-commerce industry, the dual improvement in scale and quality of the software and information technology services sector, and the overall stable operation of the logistics industry. However, challenges persist, including limited contributions to overall economic growth, inadequate support for the province's innovation-driven development, weak capacity to attract talent and employment, and an urgent need to improve the industry ecosystem. In response, we propose targeted strategies focusing on key breakthroughs tailored to local conditions, optimizing industry structure and layout, intensifying policy support, and cultivating and attracting high-quality talent. These suggestions aim to promote the transformation, upgrading, and high-quality development of the producer services sector in Jilin Province.

**Keywords:** Producer Services; High-quality Development; Jilin Province

**B.5** Research on the Accelerated Development of New
E-commerce Industry in Jilin Province  *Ji Minghui / 074*

**Abstract:** Jilin Province vigorously cultivates the new e-commerce industry, which shows a thriving development trend. The development of the new e-commerce industry has effectively driven the prosperity and development of multiple fields, helped upgrade and expand consumption, promoted agricultural transformation and upgrading, promoted innovative development in the industrial sector, revitalized traditional commerce, and driven rapid growth in foreign trade. The development of e-commerce in Jilin Province starts late, with a poor foundation and a weak foundation. Compared to other developed provinces and cities, the development of the new e-commerce industry is still at a backward level. At the same time, there are also prominent problems such as a shortage of local leading enterprises, a single structure of online sales products, and a lack of high-quality talents. In the face of the new stage, new trends, and new characteristics of the development of the new e-commerce industry, it is suggested that Jilin Province should do a good job in seven "accelerations", namely accelerating the upgrading of the new e-commerce market level, accelerating the strengthening of the new e-commerce business entity team, accelerating the promotion of the "e-commerce +" new model, accelerating the smooth flow of new production and sales channels in Jilin, accelerating the construction of the Jilin brand system, accelerating the improvement of the professional quality of practitioners, and accelerating the creation of a first-class industrial development environment.

**Keywords**: New E-commerce; Live Streaming E-commerce; Cross Border E-commerce; Jilin Province

**B.6** Countermeasures Research on Accelerating the Cultivation of New Advantages in Culture and Tourism in Jilin Province

*Tian Zhenxing, Gu Jianing* / 088

**Abstract**: With the rapid development and consumption upgrade of the domestic tourism market, Jilin Province, a province with rich natural resources and deep cultural heritage, is facing unprecedented opportunities for development. However, how to stand out in the fierce market competition and accelerate the cultivation of the new advantages of culture and tourism in Jilin Province has become an urgent problem to be solved at present. This paper proposes specific countermeasures and suggestions in terms of planning leadership, innovation drive, functional development, capital and talent introduction, and the combination of major strategies, with a view to promoting high-quality development of the cultural tourism industry in Jilin Province.

**Keywords**: Cultural Tourism Industry; Cultural Tourism Convergence; Coordinated Development

**B.7 Research on Countermeasures for the High-quality Development of Health Care Industry in Jilin Province**  *Liu Yueqiao / 103*

**Abstract**: In recent years, Jilin Province has developed a variety of models to develop the health care industry according to local conditions, facing the aging trend and planning health care ideas. The development of the health care industry has promoted the integrated development of the medical and health industry, health care and tourism in Jilin Province. However, in the development of Jilin Province in recent years, there are some problems in the health care industry in Jilin Province, such as the lack of unified management of the organization, the lack of technical organization and related talents, the asymmetry of the participants, the industrial supply can not meet the people's health needs, the degree of industrial integration and cluster agglomeration effect need to be improved, and the shortage of industrial development factors. Therefore, the high-quality development of the health care industry in Jilin Province should optimize the existing system and improve the practicability and effectiveness of the health care industry standards. play a financial role and increase policy support for standardization work; increase project promotion; Strengthen operational promotion; increase the attention to the elderly group, and continuously enhance the function of comprehensive community pension services; Vigorously promote the development of traditional Chinese medicine.

**Keywords**: Health Industry; Deep Aging; Combination of Health and Wellness

# III  Momentum Chapter

**B.8**  A Study on Improve Consumption Level in Jilin Province

*Zhao Xi* / 115

**Abstract:** The enhancement of consumption levels plays a multifaceted positive role in the economic and social development of Jilin Province. Currently, while the consumption level in Jilin Province maintains a slight increase, consumption policies are becoming more refined, the consumption structure is undergoing changes, and there is a noticeable shift in concepts and group characteristics. At the same time, there are constraints such as insufficient differentiated supply, subpar quality, inadequate digital technology empowerment, insufficient regulation, and development of new business formats. In the new era, efforts should be focused on meeting diverse consumer demands, creating a high-quality consumption supply system, strengthening digital empowerment, improving policy guidance, and expanding new scenarios, new business formats, and new projects to continuously unleash consumption potential and promote the improvement of consumption levels.

**Keywords:** Consumption Level; New Consumption Business Forms; New Consumption Scenarios

**B.9**  Research on Development Path of Innovation-oriented County (Cities) in Jilin Province

*Xu Jia* / 127

**Abstract:** The development of county economy is the focus and difficulty of the current regional economic development, and the construction of innovative county (cities) is also an important part of the construction of innovative city. In recent years, Jilin Province has increased innovation investment and improved the construction level of state-level innovative cities. Correspondingly, accelerating the construction of innovative counties (cities) is also imminent, improving the source of innovation driving power, accelerating the conversion efficiency of scientific and technological achievements, increasing enterprise R&D investment, improving the reform of innovation system and mechanism, and accelerating the industrial transformation and upgrading of counties (cities). Relying on scientific and technological innovation to achieve leapfrog economic development, innovation-driven as the core element, to create a high-level innovative county (cities), improve the overall regional innovation province construction efficiency, build an efficient, high-quality and high-energy collaborative innovation system, to achieve high-quality economic development.

**Keywords**: Innovation-oriented County (Cities); County Economy; Innovation Driven; Jilin Province

**B.10** Research on Countermeasures to Accelerate the Development of Financial Technology in Jilin Province　　　　　　　　　　　　　　*Jia Xuesong* / 140

**Abstract**: In the global context of rapid development of financial technology, as a key force driving financial innovation and transformation, fintech is of great significance for improving the efficiency of financial services and promoting high-quality economic development. This article conducts an in-depth analysis of the current development status of fintech in Jilin Province, and finds that Jilin Province is facing many challenges in the field of fintech, such as the need to improve financial support policies and regulations, a lack of professional fintech talents, low financial security guarantees, and lagging fintech innovation. In response to the challenges, this study proposes a series of specific countermeasures and suggestions, including establishing a distinctive positioning, strengthening industrial collaborative innovation, cultivating fintech talents, and creating a convenient entrepreneurial environment, to build a development model for fintech in Jilin Province, increasing policy and regulatory support, promoting cooperation and innovation among financial institutions, strengthening the popularization of scientific and technological financial knowledge and talent cultivation, and optimizing the fintech entrepreneurial environment.

**Keywords**: Financial Technology; Technological Innovation; Industrial Synergy; Jilin Province

## Ⅳ  Regions Chapter

**B.11**  Research on Pilot Construction of Data Element Market in Changchun City　　　　　　　　　　*Ren Peng* / 156

**Abstract**: Building a data element market is an important support for promoting high-quality development of the digital economy. Currently, the market-oriented reform of data elements in China is showing a rapid development trend, highlighted by the pilot construction of data element markets. As an important provincial capital city, Changchun plays an important leading role in accelerating the construction of the data element market, achieving new breakthroughs in Jilin's comprehensive revitalization, and assisting in the construction of a unified national market. This article delves into the relevant policy directions for the construction of the national data factor market, and based on the actual situation of the pilot construction of the data factor market in Changchun City, conducts a multidimensional analysis of the main problems and challenges in the current pilot construction. Based on this, targeted countermeasures and suggestions are proposed.

**Keywords**: Data Elements; Pilot Construction; Degital Economy; Changchun City

**B.12** Pilot Study on the Experience of the Creation of "Two Health" Pioneer Areas in the New Era of Tonghua City　　　　　　　　　　*Zhang Chunfeng* / 168

**Abstract:** Since August 2022, Tonghua City has been selected as one of the 12 pilot cities for the creation of the "two health" pilot zones in the new era in China. Tonghua City has taken a series of measures to continuously strengthen private market entities, vigorously promote entrepreneurial spirit, build a new type of government business relationship, continuously optimize the business environment, and achieved significant results. However, there are also widespread problems that hinder the healthy development of the private economy and the healthy growth of private entrepreneurs, such as difficulty in financing, shortage of high-end talents, and insufficient innovative development momentum. Next, we should vigorously promote investment attraction and accelerate the construction of private projects. Based on characteristic advantageous industries, we should improve the innovation capability of the private economy, increase financial support to ensure the demand for private economic factors, establish an effective talent supply system to provide human resource security, and continue to promote policy implementation to reduce the production and operation costs of private enterprises, in order to better promote the healthy development of the private economy and the healthy growth of private entrepreneurs.

**Keywords:** "Two Health"; Business Environment; Pro Clean Political and Business Relationships

**B.13** Research on the Development Path of Hunchun Cross-border E-commerce Comprehensive Pilot Zone　　　　　　　　　　*Xiao Guodong, Yang Hui* / 182

**Abstract:** Since Hunchun was approved as a city for China's comprehensive development pilot zone for cross-border e-commerce, the Hunchun Cross-border E-commerce Comprehensive Development Pilot Zone has fully leveraged its geographical, resource, policy and other advantages to achieve continuous expansion of trade volume, increasing capacity of industrial parks, enhancing the advantages of comprehensive service platforms, providing convenient and efficient transportation network services, and promoting innovative development of e-commerce models. But the Hunchun Cross-Border E-commerce Pilot Zone also faces challenges such as logistics and customs clearance pressure during peak shopping periods, increasing market competition among platforms, and policy and regulatory differences between countries. Against the backdrop of the gradual improvement of the policy environment for cross-border e-commerce development, technological progress, and international trade facilitation to accelerate the development of cross-border e-commerce, it is necessary to promote the intelligent development of Hunchun Cross border Comprehensive Pilot Zone, further improve the policy guarantee system, promote the globalization and branding of the supply chain, expand international market cooperation space, and make every effort to build an important hub city for cross-border e-commerce in Northeast Asia.

**Keywords**: Cross Border E-commerce; Comprehensive Pilot Zone; E-commerce Model; Hunchun

**B.14** Research on Countermeasures for Supporting the Transformation and Development of Liaoyuan City with the New Energy Industry *Liu Xinbo, Zhang Shiyue* / 193

**Abstract**: With the constant acceleration of urbanization and urban scale, the growth of the urban population has greatly promoted the demand and consumption of resources and energy. Under the background of the dual carbon goal, how to achieve low-carbon emissions while promoting high-quality development of the urban economy has become a key link in the transformation and development of cities in China. The new energy industry is a sunrise industry and a new exploration for Liaoyuan to expand the industrial scale and optimize the industrial structure. In recent years, Liaoyuan City has seized the major opportunity of the leapfrog development of Jilin Province's new energy industry, led the transformation of the industrial structure with new energy, and promoted Liaoyuan's transformation from a traditional coal base to a modern zero-carbon highland. Based on the analysis of the current development situation and existing problems of Liaoyuan City's new energy industry, this study proposes countermeasures and suggestions on how Liaoyuan City can promote urban transformation and development with new energy.

**Keywords:** New Energy Industry; Transformation and Development; Liaoyuan City

# V  Opening-up Chapter

**B.15** Research on Enhancing the Level of Domestic and External Opening up and Cooperation in Jilin Province  *Shao Bing* / 205

**Abstract:** In recent years, the trade level of Jilin Province has significantly improved, breakthroughs have been made in connectivity, the platform level has risen, cultural exchanges have continued to deepen, the business environment has continued to improve, and the level of internal and external opening up have been continuously improved. However, compared with developed regions, there are still a series of prominent contradictions and problems, such as low economic extraversion, insufficient investment benefits, weak global resource allocation capabilities, lack of new trade talents, and the need to strengthen the construction of open channels and platforms. In the new development pattern, facing new challenges brought by the international and domestic environment, Jilin Province should take comprehensive opening up to lead comprehensive revitalization as the goal, comprehensively improve the level of opening up and cooperation with the outside world, and promote high-quality economic development in Jilin Province.

**Keywords**: Foreign Trade; Interconnectivity; Investment Attraction; Counterpart Cooperation; Business Environment

**B.16** Research on Countermeasures for Jilin Province's Cooperation in Advantageous Areas with Russia

*Cui Xiaoxi* / 219

**Abstract**: In recent years, with the continuous strengthening of economic and trade cooperation policies between China and Russia, Jilin Province has leveraged its geographical advantages to increase bilateral economic and trade cooperation with Russia. The import and export volume to Russia has been increasing year by year, and its position in national trade with Russia has significantly risen, becoming an important window for China to open up to the north. However, there are still problems in development such as weak competitiveness, single types of imported and exported goods, and low customs clearance capabilities. To this end, Jilin Province should further increase its cooperation with Russia by enhanci ng the competitiveness of its advantageous industries in the automotive industry, promoting multi-level development of agriculture in Russia, strengthening exchanges between pharmaceutical enterprises, and deepening cultural exchanges and cooperation.

**Keywords**: Economic and Trade Cooperation with Russia; Field of Advantage with Russia; Russia

**B.17** Study on the Development of Tourism in the Border Areas
of Jilin Province  *Ni Jinli / 231*

**Abstract:** In recent years, the tourism industry in the border area of Jilin Province has developed prosperously, the tourism modes are diversified, the number of tourists and the income are increasing, which has become an important force to promote the sustainable development of economic society in the border area. However, there are some problems in the development of tourism industry in the border area, such as single tourism product and insufficient brand building. The development of tourism in the border areas of Jilin Province faces both opportunities and challenges, so it is necessary to give full play to its advantages and mining out potential, and continuously improve the development level of tourism in the border areas of Jilin Province by increasing the supply of high-quality tourism products, strengthening marketing and brand building, and strengthening the construction of tourism infrastructure.

**Keywords:** Border Areas; Tourism; Jilin Province

## VI People's Livelihood Chapter

**B.18** Researth on High-quality Population Development in
Jilin Province  *Zhou Han / 245*

**Abstract:** President Xi Jinping emphasized the need to support Chinese-style modernization with high-quality population development. By analyzing and calculating various statistical data, this paper finds that the population development of Jilin Province in recent years has certain dilemmas, mainly including population and talent outflow, aging and fewer children, and imbalance of development between urban and rural areas and geographic regions, etc., but at the same time, there are also advantages such as a higher average level of education of the population. In order to promote the high-quality development of Jilin's population, for the current demographic situation in Jilin Province, this paper puts forward a number of specific countermeasures and suggestions in terms of comprehensively improving the comprehensive quality of the population, accelerating the improvement of the fertility support policy system, striving to increase the effective labor force of the whole society, supplying a positive response to the aging of the population, and better integrating the coordinated development of the population with the economy, society, resources and the environment, and so on.

**Keywords**: High-quality Population Development; Population Structure; Population Quality; Population Reproduction

**B.19** Research on the Inclusive Development of Elderly Care Service Industry in Jilin Province *Han Jiajun / 261*

**Abstract**: Jilin Province focuses on the needs and expectations of the elderly, accelerating the construction of a basic elderly care service system. The inclusive elderly care service industry covers a wider range of people, with richer service content and more diverse service providers. The institutionalization of basic elderly care services is more sound, policy guarantees are more powerful, incentive mechanisms are more sound, service facility coverage continues to expand, and carrying capacity continues to improve. However, in the process of development, there is still a large gap in elderly care service facilities between urban and rural areas, a mismatch between service supply and demand, difficulties in converting elderly care and medical beds, and inadequate financing mechanisms for inclusive elderly care services. To continuously achieve new results in promoting high-quality development of the elderly care industry in Jilin, it is necessary to further strengthen the guidance of rules, continuously improve the fairness and accessibility of elderly care services, strengthen policy support, provide a wider range and more accurate elderly care services, guide diversified participation, and promote the linkage between urban and enterprise to meet the multi-level high-quality elderly care needs, cultivate new formats of elderly care services, and jointly promote home-based elderly care in institutions, families, and communities.

**Keywords**: Elderly Care Services; Inclusive Elderly Care; New Formats of Elderly Care

**B.20** Study on the High-quality Development of the Cause of Persons with Disabilities in Jilin Province　　*Zhu Yueqi* / 275

**Abstract**: The cause of persons with disabilities is an important part of the socialist cause with Chinese characteristics. Since the 18th CPC National Congress, the CPC Central Committee with Comrade Xi Jinping at its core has adhered to the development ideology of "people-centred", based on the practical needs of people with disabilities, and continuously improved the social security and social service system for people with disabilities, which has significantly improved the living and development conditions of people with disabilities, and the sense of obtaining, happiness, and security for people with disabilities has been continuously strengthened. The cause of the disabled in Jilin Province has achieved comprehensive development in the fields of rehabilitation, education and employment, and the living conditions of the disabled have improved significantly, but at the same time, there are also problems such as insufficient participation of diversified subjects, fragmentation of social security system and caring service system, and insufficient service supply. In the future, on the new journey of comprehensive revitalisation of the Northeast, Jilin Province should actively improve the participation mechanism of socialised subjects, improve the active and appropriate social policy system for persons with disabilities, and continue to push forward the equalisation of basic public services for persons with disabilities, so as to promote high-quality and comprehensive development of the cause of persons with disabilities in Jilin Province.

**Keywords**: Cause of Persons with Disabilities; Social Security System; Equalisation of Basic Public Services

**B.21** Challenges and Enhancement Pathways for High-quality Development of Vocational Education in Jilin Province

*Wang Haoyi, Sun Bing / 287*

**Abstract:** As an essential part of the national education system and human resource development, vocational education serves as a foundational framework for cultivating highly skilled talent and promoting comprehensive personal development. In recent years, new productivity driven by emerging technologies, the new economy, and new business models has accelerated production efficiency and raised higher standards for the quality development of vocational education. Jilin Province has actively promoted industrial restructuring, advancing traditional industries towards high-tech, environmentally friendly, and modern service sectors. Vocational education has been prioritized as a key driver in Jilin's comprehensive revitalization, yielding significant achievements. However, field research has revealed ongoing challenges for vocational education in Jilin Province, including a persistent mismatch between supply and demand, insufficient support for regional industrial development, a need for deeper, more integrated industry-academia collaboration, and underdeveloped educational facilities in certain areas. These issues limit vocational education's potential to drive industrial upgrades and support high-quality economic growth. In response, this study offers four specific recommendations: accelerating the improvement of educational levels, optimizing the distribution of vocational school resources; enhancing industry-academia collaboration incentives to strengthen enterprise engagement and influence; establishing a dynamic mechanism for vocational program adjustments to improve alignment from secondary to higher vocational education; and bolstering human, financial, and material resources to reinforce the foundation of vocational education. These measures aim to advance the high-quality development of vocational education in Jilin Province.

**Keywords:** Vocational Education; Industry-academia Collaboration; Industry-education Integration

## VII  Special Topics

**B.22**  Strategies for the High-quality Development of Rural Tourism in Jilin Province  *Liu Yao, Lin Limin* / 300

**Abstract:** Rural tourism is a key focus for achieving comprehensive rural revitalization in Jilin Province. In this new era, where tourism demand is increasingly robust, industry integration is continuously innovating, and digital technology is rapidly advancing, rural tourism development is facing new opportunities and trends. In recent years, the market size of rural tourism in Jilin Province has expanded rapidly, distinctive products have gradually formed a system, and brand value has become increasingly prominent. However, there are still issues such as insufficient depth of industry integration, a lack of richness in products and business forms, insufficient cultural connotations, and room for improvement in supporting facilities and services. In this new period, to address the shortcomings in the development of rural tourism in Jilin Province, it is necessary to draw on successful experiences from other domestic and international rural tourism developments. This can be achieved by deepening the development and integration of rural cultural tourism resources, expanding rural tourism products and business forms, innovating in the display of rural cultural tourism, accelerating the chain development of rural tourism, strengthening the branding of rural tourism, and improving the level of smart tourism in rural areas, thereby promoting the high-quality development of the rural tourism industry.

**Keywords:** Business Integration; Rural Tourism; Chain Development; Diversified Promotion

**B.23** Development and Countermeasures of Tourism Industry in
Jilin Province and the Far East of Russia           *Tao Li* / 314

**Abstract**: In order to further promote the prosperity of the tourism industry, Jilin Province has continuously strengthened infrastructure construction, improved the quality of tourism services, and introduced diversified tourism preferential policies, attracting more domestic and foreign tourists. At the same time, Jilin Province actively expands external exchanges and cooperation, establishes close tourism cooperation relationships with neighboring countries and regions, jointly develops tourism routes and products, and is committed to building regional tourism brands. In the macro context of the comprehensive strategic partnership between China and Russia, Jilin Province has been strengthening close cooperation with the Russian Far East, especially in the field of tourism. Both sides actively explore new opportunities for cooperation to better promote sustainable development in the tourism industry.

**Keywords**: Tourism Partnership; Brand Tourism; Russian Far East Tourism; Jilin Province

**B.24** Research on High-quality Development of County Economies in Jilin Province
*Zhao Guangyuan, Yao Kun and Li Xuesong* / 327

**Abstract**: China has entered a new stage of comprehensive transformation in county development. In the context of further deepening reform comprehensively, county economies are exhibiting new development trends. In practice, the development of county economies in Jilin Province is comparable to the average level in Northeast China, with higher levels of development observed in the eastern regions of Jilin Province. Meanwhile, there is a discrepancy between the scale of county economies and their levels of economic development. From a deeper perspective, these situations are determined by the characters that Jilin's county economies are in specific development stages such as the early stages of industrialization, externally driven development, resource dependence inertia, and increased risks and challenges. In response to the issues and underlying causes of county economic development in Jilin Province, this paper proposes eight aspects of countermeasures and suggestions.

**Keywords:** County Economy; Urban-rural Integration; Jilin Province

**B.25** Research on the Countermeasures of Urban-rural Integration Development in Jilin Province　　*Li Ping* / 340

**Abstract:** The integrated development of urban and rural areas is an inevitable requirement of Chinese modernization. In recent years, Jilin Province has achieved certain results in the integration of urban and rural industries, the urbanization of the agricultural transfer population, rural reform, the construction of urban and rural infrastructure, and the construction of national urban-rural integration demonstration zones. However, there are still some problems such as the integration of urban and rural industries, the flow of urban and rural factors, the imbalance of urban and rural public services, and the low level of urban and rural ecological integration. Practical countermeasures to promote the healthy development of urban-rural integration in Jilin Province should be put forward in terms of establishing and improving the system and mechanism of urban-rural integration development, further promoting the integrated development of urban and rural industries, enhancing and improving the life service functions of urban and rural areas, promoting the free flow of factors between urban and rural areas, and continuously promoting the ecological integration of urban and rural areas, so as to accelerate the formation of a pattern of comprehensive integrated development and common development of urban and rural areas in Jilin Province.

**Keywords:** Urban-rural Integration; Industrial Integration; Ecological Integration; Factor Flow

**B.26** Study on Long-term Mechanism of Black Soil Protection in Jilin Province　　　　　　　　　　*Ding Dong* / 352

**Abstract**: Since the Chinese Academy of Sciences and Jilin Provincial People's Government jointly launched the "Black Soil Granary" science and technology battle in Changchun, black soil protection has risen to the national strategy. In recent years, black soil protection in Jilin Province has made some achievements, but there are still shortcomings such as over-reclamation, insufficient role of the main body, and insufficient long-term protection of black soil. The report focuses on improving the technical standard system of black l protection and utilization, playing the driving role of new quality productivity on the long-term mechanism of black soil protection, building the talent echelon of the long-term mechanism of black soil protection. To innovate and improve the system of long-term protection of black soil. To improve the long-term policy system and governance system of black soil protection in Jilin Province and put forward the path of building a long-term mechanism of black soil protection. Finally it makes the improvement of the long-term and sustainable utilization of black soil resources.

**Keywords**: Black Soil Protection; Conservation Tillage; Jilin Province

社会科学文献出版社

# 皮 书
## 智库成果出版与传播平台

### ❖ 皮书定义 ❖

皮书是对中国与世界发展状况和热点问题进行年度监测，以专业的角度、专家的视野和实证研究方法，针对某一领域或区域现状与发展态势展开分析和预测，具备前沿性、原创性、实证性、连续性、时效性等特点的公开出版物，由一系列权威研究报告组成。

### ❖ 皮书作者 ❖

皮书系列报告作者以国内外一流研究机构、知名高校等重点智库的研究人员为主，多为相关领域一流专家学者，他们的观点代表了当下学界对中国与世界的现实和未来最高水平的解读与分析。

### ❖ 皮书荣誉 ❖

皮书作为中国社会科学院基础理论研究与应用对策研究融合发展的代表性成果，不仅是哲学社会科学工作者服务中国特色社会主义现代化建设的重要成果，更是助力中国特色新型智库建设、构建中国特色哲学社会科学"三大体系"的重要平台。皮书系列先后被列入"十二五""十三五"" 十四五"时期国家重点出版物出版专项规划项目；自2013年起，重点皮书被列入中国社会科学院国家哲学社会科学创新工程项目。

**权威报告・连续出版・独家资源**

# 皮书数据库
## ANNUAL REPORT(YEARBOOK) DATABASE

### 分析解读当下中国发展变迁的高端智库平台

**所获荣誉**

- 2022年，入选技术赋能"新闻+"推荐案例
- 2020年，入选全国新闻出版深度融合发展创新案例
- 2019年，入选国家新闻出版署数字出版精品遴选推荐计划
- 2016年，入选"十三五"国家重点电子出版物出版规划骨干工程
- 2013年，荣获"中国出版政府奖・网络出版物奖"提名奖

皮书数据库　　"社科数托邦"微信公众号

**成为用户**

登录网址www.pishu.com.cn访问皮书数据库网站或下载皮书数据库APP，通过手机号码验证或邮箱验证即可成为皮书数据库用户。

**用户福利**

- 已注册用户购书后可免费获赠100元皮书数据库充值卡。刮开充值卡涂层获取充值密码，登录并进入"会员中心"—"在线充值"—"充值卡充值"，充值成功即可购买和查看数据库内容。
- 用户福利最终解释权归社会科学文献出版社所有。

社会科学文献出版社 皮书系列
卡号：858276837379
密码：

数据库服务热线：010-59367265
数据库服务QQ：2475522410
数据库服务邮箱：database@ssap.cn
图书销售热线：010-59367070/7028
图书服务QQ：1265056568
图书服务邮箱：duzhe@ssap.cn

# 法律声明

"皮书系列"(含蓝皮书、绿皮书、黄皮书)之品牌由社会科学文献出版社最早使用并持续至今,现已被中国图书行业所熟知。"皮书系列"的相关商标已在国家商标管理部门商标局注册,包括但不限于LOGO( )、皮书、Pishu、经济蓝皮书、社会蓝皮书等。"皮书系列"图书的注册商标专用权及封面设计、版式设计的著作权均为社会科学文献出版社所有。未经社会科学文献出版社书面授权许可,任何使用与"皮书系列"图书注册商标、封面设计、版式设计相同或者近似的文字、图形或其组合的行为均系侵权行为。

经作者授权,本书的专有出版权及信息网络传播权等为社会科学文献出版社享有。未经社会科学文献出版社书面授权许可,任何就本书内容的复制、发行或以数字形式进行网络传播的行为均系侵权行为。

社会科学文献出版社将通过法律途径追究上述侵权行为的法律责任,维护自身合法权益。

欢迎社会各界人士对侵犯社会科学文献出版社上述权利的侵权行为进行举报。电话:010-59367121,电子邮箱:fawubu@ssap.cn。

社会科学文献出版社